薛军，北京大学法学院教授，博士生导师，意大利罗马第二大学法学博士。

外国民法典译丛

主编　徐国栋

Collected Translation of Foreign Civil Code

埃塞俄比亚民法典

Civil Code of Ethiopia

薛　军◎译

厦门大学出版社 XIAMEN UNIVERSITY PRESS | 国家一级出版社 全国百佳图书出版单位

民法典译丛总序

“民法典译丛”是厦门大学法学院罗马法研究所与其他高校的学者进行广泛合作的成果，其目的在于为我国民法典的制定提供广泛的参考资料。

民法典是一个国家的百年大计。只有经过充分的理论准备，所制定的民法典才能经得起时间的考验。我国正处在制定民法典的前夜，全国人大的主要负责人、民法理论界的执牛耳者计划在近几年内，完成中国民法典的制定。尽管立法部门充分理解、理论界高度重视这一事业，由于长期的民法文化断层带来的缺憾，制定中国民法典的资料准备和理论准备仍嫌薄弱，急需加强。由于民法的法典编纂在很大程度上是一种罗马法现象，作为一个专业性的罗马法研究机构，为制定一部如此重要的立法文件提供资料准备和理论准备，实属份内的工作，为此，我们注重“藏”、“译”、“研究”外国民法典，并以私人的方式“编纂”中国民法典草案。

所谓“藏”，指力争收全世界各国的民商法典。在合同法的起草过程中，我痛感连许多著名法典也极难到手利用，认识到“藏”的工作虽简单，但极必要。由于我国理论化的民商法研究起步较晚，而国外许多国家较早就有了民商法典以及成熟的民商法理论，在强调中国的法律和经济要与国际上的相应秩序接轨的前提下，更有必要借鉴国外的成熟经验。收藏外国的民商法典，是对它们代表的法律经验进行借鉴的必要准备步骤。为此，本所收集了 128 部外国民商法典。欧洲、拉丁美洲的民商法典，除少数不具典型意义外，已经无遗；其他大洲具有典型意义的民商法典，亦已尽备。令人自豪的是，在外国民商法典的收藏上，厦门大学罗马法研究所在全国居于前列，已成为中国最好的外国民商法典中心。

所谓“译”，指对收藏的外文形式的民商法典进行翻译，俾能为广大读者直接利用。由于本所人力有限，我们与其他高校进行了广泛的合作，诸外国民法典的译者有的在长江之滨，有的在大漠之北，有的身处岭南荔枝之乡，有的舌耕京华弦歌之地，颇似当年各路大军会战原子弹。今天，我们为了重要的民法典，又协作在一起。

所谓“研究”，是在上述资料工作的基础上，推动研究外国著名民法典的专著的诞生，以提高我国的民法理论研究水平，直接为我国立法服务。

所谓“编纂”，即根据上述三方面之工作的成果编订中国自己的民法典草案。如果说上述三项任务的目标在于外国民商法典的获得、传播、掌握，那么，此项任务，则以中国现有民商立法的整理为目标。为此，我们已起草《绿色民法典草案》，希望以此举带动其他高校也起草自己的民法典草案建议稿，集思广益，加快中国民法典的制定进度。

现在，我们把“译”的工作成果奉献给公众，它主要分为“亚洲”、“非洲”、“美洲”和“欧洲”4 个系列。《越南民法典》、《蒙古国民法典》是周边国家系列的头两本，以后还会有《泰国民商法典》、《菲律宾民法典》等相继出版。设立这个系列的主要目的，是加强对我们邻国法律的了解，有利于人民的交往和贸易。“美洲”系列将以拉丁美洲国家的三大典型民法典为主干，它们是《智利民法典》、《阿根廷民法典》和《巴西新民法典》，其他拉美国家的民法典都或多或少与它们类同。当然，新近的《秘鲁民法典》也会被我们考虑为工作对象。欧洲国家的民法典，除了《荷兰民法典》、《西班牙民法典》和《葡萄牙民法典》外，大都已被译成了中文，对此我们只能做拾遗补缺的工作。另外，我们已组织对非洲国家的重要民法典进行翻译，如《阿尔及利亚民法典》和《埃塞俄比亚民法典》，以拓展我们民族的法律视野。

民法典是一个民族之生活的镜子，是一个民族文化之精华的表现，它凝聚了一个民族的价值观和生活经验。欲了解一个民族的生活样态，看一下它的民法典就够了。无怪乎《意大利民法典》被译成中文后，意大利驻华使馆的工作人员有点伤感地说：“你们把我们最好的东西都拿走了。”如果把这个世界看作是一个由国家组成的市民社会，各个民族都是这个社会的成员，人们生活方式的普遍性决定了民法典的普遍性，那么，各个民法典又是比较类似的，可以跨文化地移植或借鉴的万民法的成分居多。他山之石，可以攻玉。对于我国民法典的制定者来说，可以参考的外国民法典是愈多愈好，从根本上说，本丛书主要是为制定我国民法典服务的。如果可以提得更高一些，我们可以说，翻译外国民法典不仅仅是一项文化基本建设工作；它除了能满足立法、司法和学术研究的需要外，还可以满足通商的需要，因为在与一个国家进行贸易之前，了解其民商法是必不可少的。

愿我们的“民法典译丛”能够像狄得罗的《百科全书》和格林兄弟的《德语词典》一样，成为一项伟大的事业！

徐国栋

2009 年 4 月 2 日重写于胡里山古炮台之侧

目录

第二编 家庭与继承

第三编　物

第四编　债

第五编　合同分则

埃塞俄比亚民法典:两股改革热情碰撞的结晶

※ 徐国栋

在撒哈拉以南的非洲国家中,埃塞俄比亚属于一个非常特别的国家,其特点有三:

其一,埃塞俄比亚有悠久的文明史,其人民存在了3000年以上,因此,除埃及外,埃塞俄比亚是非洲最古老的独立国家。公元2世纪,这里兴起了伟大的文化中心阿克苏姆。由于其辉煌,同时代的罗马皇帝君士坦丁说,阿克苏姆的公民有资格和罗马公民享受同等的待遇。扎格维王朝后,有所罗门王朝,它统治到1855年。此时孟尼利克二世皇帝即位,埃塞俄比亚进入一个立法时期。

其二,埃塞俄比亚人很早(公元300年)就有了自己的文字,用以记载自己的历史,保存自己的文明。这是作为撒哈拉以南非洲国家的埃塞俄比亚的最大特点和优点,因为其他撒哈拉非洲国家在殖民者到达之前都无自己的文字,因此无法储存和交换知识,使文明取得进步。在文字的基础上,埃塞俄比亚还创造了自己的成文的法律文化,1世纪的一位希腊水手记载,阿克苏姆的阿杜利斯港是“根据法律建立起来的港口”。在这个国家,确实曾有一部叫作“国王的法律”(Fatha Negast)的汇编[①]。它是基督教的埃塞俄比亚人口的主要的传统法律渊源,是13世纪的科普特教徒伊本·阿萨尔用阿拉伯文写成的规则集,受到拜占庭影响,内容既有教会法,也有民法和刑法[②]。在埃塞俄比亚为

① [英]理查德·格林菲尔德:《埃塞俄比亚新政治史》,钟槐译,商务印书馆1974年版,上册,第37页;第98页。

② [英]理查德·格林菲尔德:《埃塞俄比亚新政治史》,钟槐译,商务印书馆1974年版,下册,第675页。

了实现现代化而颁布诸法典之前，它一直是这个国家最受人尊重的法源[①]。

其三，埃塞俄比亚的土著宗教是土生土长的基督教。其居民信仰的基督教的科普特教派是土生土长的，而非从欧洲传入，由宗主国强加。事实上，科普特教会是基督教的东派教会之一，这也表明了埃塞俄比亚文化的源远流长。但埃塞俄比亚的宗教并非单一的，也有35%的穆斯林人口，他们遵守哈乃斐教派的教法[②]。

由于上述特点和高山环境，埃塞俄比亚尽管像其他非洲国家一样受到西方列强的凌迫，但没有很快被征服。在所有的非洲土地都被瓜分完毕之后，埃塞俄比亚差不多是唯一的独立国。在它最终被征服后，西方殖民者在这里看到的也不是像其他撒哈拉以南的非洲国家一样贫乏的文化，而看到一个具有深厚文化底蕴的国度。

埃塞俄比亚最早接触的欧洲人是葡萄牙人。1493年，葡萄牙派了大使到埃塞俄比亚。1535年，由于格兰圣战者的入侵，埃塞俄比亚向葡萄牙人求援。1541年，援兵到达，打败了穆斯林军队。从此葡萄牙文化在埃塞俄比亚发生影响，但到了1633年，他们就被全部赶出了这个国家。在半个世纪的平静后，1868年，英国发动了侵略这个国家的战争。到了1895年，瓜分非洲的后来者意大利对这个国家开始发生兴趣，因为1919年的凡尔塞和约未考虑这个国家对“阳光下的土地”的要求，而葱郁的埃塞俄比亚高原令其垂涎。于是，在1936年到1941年的期间，意大利人入侵埃塞俄比亚，他们先是在阿杜瓦战役中战败，直到1935年，墨索里尼的意大利才征服了这个国家。先进的意大利军队与封建时代的埃塞俄比亚军队打仗，前者使用了毒气，战争十分惨烈，使这个国家的政治人物充分明白了落后就要挨打的道理。1936年5月9日，墨索里尼宣布，埃塞俄比亚的领土和人民已经并入“意大利王国的完全和完整的主权之中”，意大利国王维多利奥·埃曼鲁尔三世已为他“自己和继承人”取得埃塞俄比亚皇帝的称号。意大利人把埃塞俄比亚分为6个省，统称为“意属东非”，厄立特里亚为其中的一省。

埃塞俄比亚亡于意大利后，其皇帝海尔·塞拉西一世流亡英国，饱受辛酸。在落难的日子里，他有机会充分观察欧洲的文明，探寻其力量的来源，可

---

① 《世界各国宪政制度和民商法要览·非洲分册》，上海社会科学院法学研究所编译室译，法律出版社1987年版，第42～43页。

② Cfr. Rodolfo Sacco, Il Diritto Africano, UTET, Torino, 1995, p. 267.

以设想他当时就下定了一旦光复河山就进行深入的法律改革的决心。

天遂人愿,二战期间,英国人和印度人在非洲打败了意大利人,埃塞俄比亚得以光复[①]。1941 年 5 月 5 日,海尔·塞拉西回到了亚的斯亚贝巴,宣布是日是埃塞俄比亚历史上一个新纪元的开始[②]。从此他立意改革,尤其进行法律改革。

1955 年,海尔·塞拉西颁布了其帝国的第二部宪法,表达其改革决心。为了改革,埃塞俄比亚设立了法典编纂委员会,其工作成果反映为《民法典》、《商法典》(1960 年)、《海事法典》(1960 年)、《刑法典》(1957 年)、《刑事诉讼法典》(1961 年)、《民事诉讼法典》(1965 年)等。据勒内·达维德报道,这些法典与法国的拿破仑诸法典相当[③]。因此,其策划者显然有追步拿破仑的意思。《埃塞俄比亚商法典》也是由法国人起草的。此外还创建了海尔·塞拉西一世大学,其法律系主要由加拿大魁北克的迈克基尔(McGill)民法学院的毕业生组成,因为埃塞俄比亚的民法制度以《法国民法典》为来源。

最可道者,海尔·塞拉西于 1954 年邀请了世界著名的比较法学家勒内·达维德为自己的国家起草一部民法典,经过长期的工作,达维德博采法国法、瑞士法、以色列法、葡萄牙法、南斯拉夫法、英国法甚至希腊和埃及民法典中的优良因素[④],充分发挥自己作为比较法学家的优势完成了这一委托。其工作成果于 1960 年 5 月 5 日,即海尔·塞拉西即位 30 周年纪念日颁布,于同年 9 月 11 日生效。不难看出,这部民法典是埃塞俄比亚的痛史的产物,它的产生,与日本民法典、大清民律草案的产生非常类似,都是为了变法自强。正如海尔·塞拉西在该法典的前言中所说的,制定这部法典,是为了使"朕的帝国的社会的法律框架实现现代化以便与今日的这个世界的外部环境保持步调一致"[⑤]。只有理解了这一点,才能理解这部法典,才能理解要何要由一位法国

---

① [美]戴维·拉姆:《非洲人》,张理初、沈志彦译,上海译文出版社 1998 年版,第 259～260 页;第 16 页。

② [英]理查德·格林菲尔德:《埃塞俄比亚新政治史》,钟槐译,商务印书馆 1974 年版,中册,第 524～525 页。

③ [法]勒内·达维德:《当代主要法律体系》,漆竹生译,上海译文出版社 1984 年版,第 534 页。

④ 《世界各国宪政制度和民商法要览·非洲分册》,上海社会科学院法学研究所编译室译,法律出版社 1987 年版,第 44 页。

⑤ See Preface of Civil Code of Ethiopia, V.

人为其制定对它最重要的民法典。

为了理解这一法典，我们还必须了解法国人存在已久的改进自己的民法典的愿望。《法国民法典》制定于 1804 年，到起草《埃塞俄比亚民法典》的 1954 年，已经整整过去了 150 年。在这一漫长的时期，先后有两次完全由官方动议的全面修订民法典或起草一部新民法典的尝试。第一次发生在 1904 年《法国民法典》百岁大寿之际；第二次发生在 1945 年，甚至设立过专门的委员会负责这一尝试，但 1958 年戴高乐复出后放弃了这个打算①，此举可能是因为考虑到《法国民法典》负载了太多的光荣。在这种选择下，法国民法的现代化工作不能以弃旧图新的痛快方式进行，而只能满足于对旧法典修修补补。到今天，我们看到的这一法典尽管维持着旧的结构，但其内容已被作了大量的补充。旧结构、旧条文与新问题、新条文并陈，形成了一个十足的百衲本《法国民法典》。旧法典中的一个条文，现在却可能埋伏着一个长达数十条的特别法。从美学的角度看可谓丑矣，实在有必要重订法典（Recodification），就像荷兰人所做的那样，但法国人维护这部法典的保守情绪恰如他们制定这部法典的革命情绪一样强烈。不难想象，法国有许多人根据一个半世纪以来的理论和实践的变化设想了诸多重构《法国民法典》的方案以及对一些细节的新设想——例如，是否要把广受诟病的损害规则取消，是否要把罗马法式的包括物的租赁、劳动力和技艺的租赁和牲畜的租养的三合一的租赁概念改造为通行的物的租赁概念——但他们并无机会将之实施于自己的国家，而只能实施于外国。法国人的这种变革法典的被压抑的热情一旦遭遇到埃塞俄比亚人的求新法于西方以实现国家现代化的愿望，马上爆出一声惊雷，紧接着西方法雨纷纷而下，直到在亚的斯亚贝巴挺立起《埃塞俄比亚民法典》。不妨可以这样描述它的属性：如果法国由一些比较激进的人当政，他们打算重订法国的民法典，这部民法典将是什么样子？答曰，八成就是《埃塞俄比亚民法典》的样子。因此，观埃国之法典，尚可窥法国未来民法典的可能样态。

《埃塞俄比亚民法典》首先对《法国民法典》的结构作了改良。众所周知，后者的结构是三编制，第 1 编，人；第 2 编，财产以及所有权的变更；第 3 编，取得财产的各种方式。而《埃塞俄比亚民法典》的编制是这样的：第 1 编，人，规

---

① [美]艾伦·沃森：《民法法系的演变及形成》，李静冰、姚新华译，中国政法大学出版社 1992 年版，第 184 页；另参见马育民译：《法国民法典》，北京大学出版社 1982 年版，中译本代序，第 3 页。

定了自然人和法人;第2编,家庭与继承法;第3编,物法,规定了各种物权,包括对文学和艺术作品的所有权;第4编,债法;规定了债的各种发生根据和代理;第5编,合同分则。这一结构以《法国民法典》的结构为基础,又进行了发展。显然,《法国民法典》的第1编变成了《埃塞俄比亚民法典》的第1编和第2编,由此把关于主体的规定与关于自然人以家庭为核心发生的人身关系和财产关系的规定分开,如此,法典对材料的处理将更具有分析性。《埃塞俄比亚民法典》第3编基本上沿袭了《法国民法典》第2编的内容,但把《法国民法典》放在其第3编中的关于占有和取得时效的典型的物权性规定移到这编中来了,并且增加了文学艺术作品的所有权等现代性的内容。被公认为大杂烩的《法国民法典》第3编的内容被《埃塞俄比亚民法典》作了大规模的分解,除了把占有和取得时效分离出去以外,还把其中关于公司的规定分离至第1编关于主体的规定中;把关于夫妻财产制的规定分离至第2编关于家庭法的规定中,关于继承的规定也是如此。这样,《法国民法典》第3编的内容剩下的只有债了。对这部分内容的安排,《埃塞俄比亚民法典》的设计者又根据拉丁语族国家的通例把合同分则独立成编,即第5编,其他的内容被归纳在第4编,冠之以"债法"的标题。其内容为合同总则、债的其他发生根据和代理。如上结构除了不设总则,不将继承法独立成编,把债法的内容分两编规定外,已经很接近《德国民法典》的结构了,这表明了大陆法系的两个分支——罗马法族与日耳曼法族间的趋同。不过它们之间还有一点值得注意的差别:《埃塞俄比亚民法典》的物权法未规定担保物权,它们被规定在第5编合同分则中。当然,每种担保物权都是以合同的途径设立的,从合同的角度理解它们也未尝不可。《埃塞俄比亚民法典》的这种安排,表明了以不同手段处理同一问题的可能。

从内容来看,《埃塞俄比亚民法典》也在《法国民法典》的基础上作了许多改革。首先,它改变了《法国民法典》采用的三合一租赁概念,采用单纯的物的租赁概念,将法国式的广义租赁分解为租赁(第18题第2章)、雇佣(第16题第1章)、承揽(第16题第3章)等,在这一问题上,同样受《法国民法典》影响的《阿尔及利亚民法典》也是这样选择的(第467条至第537条);其次,它没有采用《法国民法典》第1674条至1685条规定的"损害规则",因而对一场激烈的争论作了一个结论[①]，立法者终于从客观价值论走向了主观价值论，后者当然更符合市场经济的现实；第三，由于其灵感来源的多元性，它甚至采用了不少地道的英美法制度，如第 2353 条规定了预期违约制度；第 2363 条规定了替代购买和保护性销售作为违约的补救，这些条文证明了由比较法学家起草一部民法典的优势。从其他方面来看，《埃塞俄比亚民法典》也是一部美仑美奂的法典，我毫不怀疑它汇集了法国自其颁布民法典 150 多年以来的特别法立法经验、判例和学说的精华以及上面提到的诸国的先进经验，因此这部法典的许多规定深值我国借鉴。不妨举例说明。

第 555 条规定："即使产生姻亲关系的婚姻已解除，它导致的直系和旁系姻亲关系应继续存在。"此条十分符合人们的正义观，不能因为夫妻离婚了就不再称呼一个被如此称呼了几十年的老妇为岳母。

第 559 条第 1 款规定，被收养儿童可保持与其原家庭的亲属关系。这与我国人民向被收养子女隐瞒其被收养的事实的做法形成对照。亲子关系是自然法上的；收养关系是市民法上的，后者不能改变前者，因此，《埃塞俄比亚民法典》的这条规定比我国的习惯法做法更合理。

第 573 条第 1 款规定："对违反婚约不负有责任的未婚夫或未婚妻或其家庭，可判给合理的赔偿，以填补因违反婚约导致的精神损害。"我国过去不保护婚约，主要是为了防止在缔结婚姻的过程中掺入父母的干预。几十年来，这种情况已发生根本变化，青年男女基本上能做到婚姻自主。许多地方盛行结婚前订婚，以昭慎重的习惯法，对这种婚约如果不保护，不合统一合同法保护形成中的契约关系的精神，因为婚姻也是一种民事契约，以精神损害来保护这种强烈地涉及人的感情的关系，十分必要。

第 640 条第 2 款规定了夫妻的同居义务的内容："在婚姻中，他们应相互保持正常的性关系，此等关系对他们的健康导致严重损害之风险的，除外。"在我国婚姻法中，同居的概念从未作过正式的界定而放任人们猜测，《埃塞俄比亚民法典》的这一款勇敢地揭示了同居的内容就是性关系，十分人文主义。

第 758 条至第 761 条涉及奸生子的父亲应承担的扶养义务问题。规定如

---

① 关于围绕《法国民法典》中的"损害规则"进行的讨论，参见徐国栋：《公平与价格—价值理论——比较法研究报告》，载《中国社会科学》1993 年第 6 期。另参见尹田：《自由与公正的冲突——法国合同法理论中关于"合同损害"问题的纷争》，载《比较法研究》1995 年第 3 期。

果查明孩子在受孕之时母亲受诱拐或强奸的,可通过法院确认父亲身份,强制这样的父亲履行扶养义务。这样的规定合情合理,可以为我国发生的类似事件之处理的借鉴。

人工授精生育子女已成为一种普遍的克服生育障碍的做法,它隐含着丈夫不承认如此生的孩子的可能。面对这一问题,第 794 条规定:"当证明孩子是经母亲的丈夫书面同意以人工授精受孕时,不许否认父子关系。"

一个被收养的孩子在养父母死亡的情况下能否被再收养?这是我国宜粗不宜细的收养法不曾明文规定的问题。这部民法典的第 801 条第 2 款规定"在收养人死亡的情形,对被收养人可以进行新的收养",为这一问题提供了一个答案。

我们知道,以不特定人为相对人的法律行为很难执行,尤其在法律行为的内容是捐赠的情况下。《埃塞俄比亚民法典》第 925 条第 1 款和第 2 款规定:"笼统地以穷人为受益人的遗赠,未指定任何具体的穷人为受益人的,亦得有效。除非有相反的证据,它应被视为以遗嘱人死亡时有主要居所之地的穷人为受益人作出的。"如此拯救了一个慈善行为的效力,有利于穷人。

这部法典还对水的问题作了无比明确的规定。其第 2 编第 7 题专设一节:"水的所有权和使用",凡 28 条,规定了水的村社使用、家庭使用、邻人的权利、灌溉、家用的优先权、水利、雨水、排水、取水、水道、航行等问题,宗旨在于合理地利用稀缺的水资源。可以说,多数国家民法典的物权法皆以对土地的权利为中心,很少涉及水。《埃塞俄比亚民法典》的这方面规定反映了当前世界严重缺水的现实并作出了应对。

《埃塞俄比亚民法典》还作出了就消耗物可设立用益权的规定(第 1327 条),突破了罗马法的用益权定义[①]。该条对这一问题的处理是使消耗物的用益权人成为其所有人。在用益权消灭时,课加他偿付设立用益权时计算的用益物的价值的责任。相信这一规定可满足那些希望就货币、粮食设立用益权的人的需要。

这也许也是罗马法不曾考虑到的一个问题:某项权利的行使以取得另一项权利为条件,前一种权利可称为目的权利,后一种权利可称为手段权利,那

---

① 按 I. 2. 4pr. 所给的定义:"用益权是在保全物的实体的情况下,使用和收益他人之物的权利。事实上,它是一种对有体物的权利。有体物消灭,它本身也必然被消灭。"参见[古罗马]优士丁尼:《法学阶梯》,徐国栋译,中国政法大学出版社 1999 年版,第 141 页。

么，某人获得了目的权利是否意味着也获得了手段权利？《埃塞俄比亚民法典》第1372条至少就这一问题的地役权方面给出了答案：地役权的存在应导致为享有此等地役权所必需的手段的存在。因此，有权从水井汲水的人，应享有通往此等水井的通行权。这是一项合乎逻辑的规定。

在公共建设中，经常发生对私人土地的征用问题。一些私人利用这种机会突击营造地上附着物，以图谋取国家更多的补偿。《埃塞俄比亚民法典》有办法料理这种麻烦事。其第1452条规定："当规划计划显示，某一已有建筑物的土地处于公路中时，此等土地应被课加退后地役。此等土地的所有人不得以加固该土地上的任何建筑物为目的建造任何工程。"如果土地所有人不顾此条的禁令疯狂营造，怎么办？第1476条第3款规定："估价委员会不得考虑在送达征用命令后，以获得更多的赔偿金额为目的建造的任何建筑或对现存建筑所作的改良。"如此，疯狂建造等于白造。我们另外还可注意此条创立了一种新的地役权：退后地役，这是在建造公共工程时十分必要的一种地役权。

由于实行城市规划，私人在规划区域为建筑必须得到市政府的批准，其中的官员就得到了以权谋私的机会，例如，他们可以要求建筑申请人雇佣自己的关系户等，看来法国人在处理这种问题上早有经验，遂规定："授予许可，不得以申请人在建造该建筑物时雇佣特定人员为条件，或以该建筑物由某特定公司建造为条件"（第1546条）。

在法律行为的瑕疵问题上，这部民法典要么采用了一些新因素，要么对一些旧因素进行了深化处理。

错误是导致法律行为无效的原因，但《埃塞俄比亚民法典》不采用这种一刀切的处理，而是具体情况具体对待，只赋予决定性的错误（即当事人如果知道真相就不会缔结合同的错误，第1697条）和根本的错误（第1698条）等类型的错误以这种效果，而对于非根本性的错误（如就订约动机发生的错误和计算错误），则不影响合同的效力。另外规定，发生错误的当事人不得滥用错误的结果，而必须诚信行事。如果对方同意履行合同的，他不得在宣告合同无效等事项上进行纠缠（第1702条）。这些规定使对错误的处理更具有可操作性，更加实事求是。

胁迫也是导致法律行为无效的原因，但什么是"胁迫"也是一个不那么容易把握的问题。《埃塞俄比亚民法典》首先把行使某项权利的威胁排除在胁迫的范围之外，但这种威胁被用于获得某种过分利益的，不在此限（第1708条）。这就确立了合法性阻却胁迫的原则，限制了胁迫的范围。

在人们习见的错误、欺诈和胁迫等导致法律行为无效的原因外，这部民法典还复活了罗马法中“敬畏”的范畴，并将之从侵权行为法的一个范畴改造为关于法律行为无效一个原因[①]。所为“敬畏”，是在具有从属关系的人之间，被从属者利用从属者对自己的支配力的担心获得利益的行为。例如，我的老爸在我面前半遮半掩地拿我的钱包，我可能就一时半会儿说不出“住手”二字。老人家可能正好利用我对他的“敬畏”一口咬定钱是我自愿借给他的。法律如何处理此等事件？《埃塞俄比亚民法典》第 1709 条规定，通常情况下如此实施的法律行为有效，但利用敬畏者获得了过分利益的除外。依据这条规定，我的老爸是该把钱包还给我了。如果因为这种敬畏我让可以起诉我爸的时效期间白白经过，怎么办？第 1853 条规定，法院可驳回我爸的基于诉讼时效的抗辩。从这些规定来看，把敬畏作为独立的一种影响法律行为效力的因素规定于立法，有其合理性。

在法律行为的缔结中，虚假表示是常见的现象，《埃塞俄比亚民法典》对之创造了一种或可名之为“认假作真”的处理（第 2123 条）：“某人通过其作为或不作为制造某种假象的，第三人基于对此等假象的信赖所实施的行为，可被宣告可用来对抗假象的制作人。”若适用这一条文，相信为虚假表示者会痛苦不堪，其相对人会痛快淋漓。

不可抗力也是影响法律行为效力的因素。各国民法典的传统做法是把不可抗力分为自然的因素和人的因素两种，它们都是法律行为的当事人以外的因素。《埃塞俄比亚民法典》第 1793 条遵循了这种普通的路径，但增加了“债务人死亡或遭遇严重事故或出乎意料的重病”作为不可抗力的一种情形，这无疑更加人道。

在某国进行的交易原则上应以该国的货币为支付手段，这是其主权的体现。但如果有些人偏偏喜欢在合同中规定美元为支付手段，怎么办？这部民法典第 1750 条规定，原则上债务可按债务到期日的汇率用当地货币支付。相信此条如引入中国，会有许多适用机会。

我们知道，《法国民法典》未规定情势变更原则，而以当事人合同中的情势变更条款来解决合同关系利益失衡问题，以维护合同关系的尊严。这是法国人 1804 年的选择，到了 20 世纪 60 年代，法国人如果愿意放弃这种安排，他们

---

① D. 47,2,92(91)。[意]桑德罗 · 斯契巴尼选编：《民法大全选译 · 债 · 私犯之债(II)和犯罪》，徐国栋译，中国政法大学出版社 1998 年版，第 64 页。

会在埃塞俄比亚找到把这种改变予以实现的机会。然而我们看到,《埃塞俄比亚民法典》仍未规定情势变更原则,其第1764条明确规定:"即使合同的履行条件已发生变化,一方当事人承担的义务变得比他预见的更重,合同仍然有效。"对于由此造成的合同关系失衡仍然采用法国式的处理:由当事人而非法院在原合同或新协议中进行调整。另外可采用在合同中预先规定如果发生情势变更则由第三人仲裁的方法解决(第1765条)。当然,如果当事人间有导致他们有可能不公正对待他方的亲属关系或其他关系,法院也可不顾"法院决不为当事人订合同"的原则变更合同(第1766条)。情势变更原则的存在前提是当事人于订约时不可能预见将来的一切事件,如果人们能采取一定的技巧控制未来的不确定性,这一原则的适用机会当然会减少。第3213条第2款为我们提供了使用这种技巧的例子:"特许状可规定,价格或收费标准的改变可根据某些原料、商品或服务之价格发生的改变并按此等改变的比例自动进行。如果确定新价格或收费标准的准据是某一变动公式适用的结果,则在发生争议时,法院应确定该不定条款之适用产生的新收费标准和价格。"如此,通过设立不定条款的方式来应对将来的不确定事件,导致合同的最终内容总是要根据特定时空的参照系确定,造成合同条款的相对化。它实际上是一种值得引进的克服许多不可预见情形的机制。

不规定情势变更原则是对"合同必须信守"之原则的强调,那么,如果一方当事人违约,是否仍然要为贯彻这一原则而强制实际履行?对这一问题,《埃塞俄比亚民法典》似乎采取了一个相反的处理,其第1776条以强制实际履行为例外,"除非强制实际履行合同对提出此要求的当事人特别重要,并且合同能被强制执行而不影响债务人的人身自由,不得命令强制实际履行合同"。这种安排当然符合自由市场经济的原则,但它是否与不规定情势变更原则的做法构成体系违反,值得探讨。

在侵权行为法领域,这部民法典也有许多非常有意思的规定。它把缔约过失责任规定为侵权责任而非合同责任(第2055条:某人如果在宣告其订约意图并诱使他人为与之订约发生费用后,任意放弃其意思,他实施了过犯)。干扰他人契约关系的第三人的责任也是如此(第2056条:任何知道另外两人间存在合同的人,如果与其中一人缔结合同,由此使第一个合同的履行成为不可能,他实施了过犯)。这样,合同法就与侵权行为法交叉起来了。它还规定了证人作证不实的侵权行为类型(第2061条),其责任的受益人是"基于对该陈述的信任采取行动的第三人"。但如果他是受他人不实陈述的蛊惑而作不实证言的，他可向陷他于错误者追究责任。这一规定对解决不实证言的民事责任问题提供了极有用的处理方案，相信是中国需要的。

体育活动的民事责任问题也在这一法典中得到了成文化。第 2068 条第 2 款规定："在进行体育活动的过程中，对参加同一活动的人或在场观众造成伤害的人，如果不存在任何欺骗行为或者对运动规则的重大违反，不承担任何责任。"

在侵权行为诉讼中，原告往往有为了制裁被告而要求精神损害赔偿但又想撇清自己是为了牟利如此行的怀疑，第 2106 条为这种人提供了两全之策："如果被告故意使原告遭受精神损害，法院可通过补救的途径，命令被告向原告或原告指定的慈善机构支付公平的赔偿。"在后一种情形，被告既受"出血"制裁，原告又不沾染铜臭，穷人通过慈善机构得利，三全其美了。

关于侵害贞操权的立法我国仍是空白，《埃塞俄比亚民法典》第 2114 条可为借鉴："如果某人已因强奸或猥亵受刑事法院判决，则法院可通过补救的途径授予受害人公平的赔偿。在此等情形，还可授予妇女的丈夫，或被强奸少女的家人赔偿。"此条意味着，贞操的法益主体不以妇女本人为限，而且包括其家人。

伤害妻子人身影响将来的性生活质量的问题，在第 2115 条中得到了处理："如果某人对他人妻子的身体造成伤害，致使她的性器官功能退化或与丈夫的性行为不协调，则法院可通过补救的途径，裁决该人向受害人的丈夫支付公平赔偿。丈夫以此为理由提出的诉讼可独立于其妻子就其所受伤害提起的损害赔偿诉讼。"前文已述，《埃塞俄比亚民法典》已对"同居"采用了人文主义的概念，此条是对这一概念的铺陈，它无非说明性生活是夫妻关系的实质内容，获得此等生活是配偶双方的权利，侵犯者必须付出代价。如果立法者因为害羞而让侵犯者逍遥于民事责任之外，后者真的要乐坏了。遗憾的是，此条未规定丈夫的性器官受损害影响妻子的性生活满足时的赔偿问题，无怪乎这部民法典后来的修改者要指责它有违男女平等原则。上述条文无疑有把妇女当作单方面的性对象之嫌。

如何最大限度地防止书面诽谤，第 2135 条采取的方案值得借鉴："报纸的执行编辑、小册子的印刷商或书籍的出版者，依法对某印刷文本之作者所犯的诽谤承担责任。"如此，即使印刷商也要对书面诽谤承担责任，这有利于从根上防止上述性质的出版物出笼。

在侵权责任的分派上，我国司法实践中往往考虑当事人双方的经济状况为责任额之分配，此时，过错的大小倒成了次要的因素，由此形成“杀富济贫”的格局。《埃塞俄比亚民法典》对此作了相反的处理，其第 2158 条规定：“法院在作出判决时，应考虑过犯的严重性，以及它是否可归因于行为人尽可能遵照其良心实施其职责的愿望。必不得考虑被宣告有责任的人各自的经济状况。”如此，凸现了侵权责任的可归咎性质。如果社会保险制度发达，这样的条文也是可行的。

第 2241 条规定了信用担保代理人(Del credere agent)，这是一种以收取高额佣金为条件，保证其被代理人能收到他代为售卖的货物之货款的代理人。这种制度把代理制度与保证制度结合起来了，是尚未见诸我国民法而又值得借鉴的制度。

在对劳动者的保护问题上，《埃塞俄比亚民法典》堪称典范。其第 2527 条规定了雇主变换雇员工作时不得减少其工资或实质性地改变其级别的义务。第 2587 条规定了企业转手不破雇佣，并规定企业的后所有人应保留雇员已取得的工龄权。

在中国，学徒往往被当作廉价的家务劳动者，学艺靠自己眼勤脑勤，师傅为了维护自己饭碗的牢固性，难得专门教徒弟手艺。看来埃塞俄比亚存在同样的问题，故其民法典第 2594 条规定：“受学徒合同约束的雇主，应保证将其全部注意力放在该学徒的职业培训上。雇员只能被雇从事与合同规定的特定职业有关的工作。”此条对制约师傅的权利滥用有所帮助。

在如何平衡旅客与旅馆的利益上，《埃塞俄比亚民法典》第 2660 条有出色规定：如果旅客为特定的一天预订了一个房间，并且获得了旅店主关于已为他保留该房间的通知，则即使由于不可抗力他未使用它，他仍应支付该房间 1 天的价金(第 1 款)。此款有过分照顾旅馆之嫌，因为旅客由于不可抗力不能入住，通常他是被免除违约责任的，此款却仍课加他一天的房费。但在第 3 款，我们又看到了保护旅客的规定：即使房间已被约定预留数天，价金按周或按月支付，但只应赔偿 1 天的租金。如此双方的利益得到了平衡。

在我国，作者的一篇文章在某个刊物发表后马上又收进一个文集的现象所在多有，编辑部对此屡禁不止，原因还在于法无明文，编辑部自行发布的规章效力太低。对此问题，《埃塞俄比亚民法典》第 2684 条作了明文规定：“只要出版商有权发行的版本没有售完，作者不能在损害出版商的情况下处分该作品或其任何部分。集体作品中的稿件或文章，在第一次出版完成之日起的 3 年期满前，不能由作者再次出版。”依此规定，中国的作者要将一篇已发表的文章收入文集,必须等待3年。

上述中国作者在很短时间内重复发表一篇文章的做法,可以看作对低稿费制度的反抗。因此,许多出版社已采用版税制来保障畅销作品之作者的利益。然而,在中国的现实情形,作者对出版社的运作一无所知,自己的作品被出版社售出多少全凭出版社自报,显然处在经常受蒙骗的地位。作为更早实行版税制度的国家,法国人把自己这方面保护作者的经验带到了埃塞俄比亚,故《埃塞俄比亚民法典》第2694条规定:"当事人已约定作者的报酬全部或部分取决于预期的销售的,出版商应在约定的时间段向作者提交销售的证据。如果无相反规定,出版商的账目应在每年的第1个月提交给作者。"如此可保障作者的权利。

拾得物条款是各国民法典中很见其自身特色的规定,多数国家民法典都规定拾得人享有奖励请求权以及在无人认领拾得物的情况下取得该物的权利。这是从物权法的角度规定拾得物条款的思路,将之理解为取得物的一种方式。《埃塞俄比亚民法典》独辟蹊径,将拾得物问题理解为合同问题,按寄托处理之,其第2804条规定:"任何拾得动产并占有它的人,依法处于与受托人相同的地位。"如此,拾得人仅能取得保管人的权利,无权取得奖励或拾得物,这是一种更加背离性恶论的处理,可帮助我们设想对同一问题的多种解决可能。也许它可被归因于埃塞俄比亚人生活中宗教势力的强大。

现代都市的拥挤化造成了数人合租一套房屋的经常情况。出租人与承租人的关系由此从"一对一"变成了"一对多",如何处理这种新形势?《埃塞俄比亚民法典》的解决是重新安排出租人和承租人的权利义务关系,第2947条课加出租人以"在不动产只有一部分出租给承租人使用时,在出租该不动产的另一部分时根据习惯和该不动产的性质考虑到第一个承租人的利益"的义务,为此他要合理选择其他承租人。第2948条课加承租人以考虑先承租者之利益的义务。如果他本人、与他共同生活的人或他允许其进入该不动产的人的行为打扰了享用该不动产的其他承租人,则出租人可要求终止与该承租人的租约。而且其他承租人或出租人还可要求赔偿他们因此遭受的损害。

众所周知,对租赁不动产的大修义务由出租人承担,如果修理时间较长,实际上就损害了承租人对租赁物的享有,是否出租人要赔偿承租人的这一损失呢?《埃塞俄比亚民法典》第2956条规定:"如果出租人在租约期间对不动产进行的修理超过15天,则租金应按时间和承租人被剥夺该出租物的部分的比例减少。"这一规定可谓至公。

以上是对《埃塞俄比亚民法典》中的一些我认为优秀的条文的初步介绍，遗珠不少。但有时这部法典确实表现得像是一个不怎么了解埃塞俄比亚的立法情况的外国人起草的。例如第1154条第1款规定："任何拾得并占有有体动产的人，应遵守行政条例要求他报告其拾得的规定。"此款无碍，问题在于第2款："无此等条例时，他应采取所有合适的方法使其拾得为人所知……"，试问，一个了解埃塞俄比亚立法的人怎么可能写出"无此等条例时"这样的句子？

尽管如此，无论在结构上还是在内容上，我们都可从以上分析中轻易地得出《埃塞俄比亚民法典》是一部优秀民法典的结论。在我看来，它完全可以与《荷兰新民法典》、《俄罗斯联邦民法典》一起构成世界三大模范民法典。但它可能因为过于先进而不合埃塞俄比亚国情，从而被评价为"比较法学家的快事，非洲人的恶梦"①。如果某一作品由于过于优秀而成为"恶梦"，我难免提出这样的问题：是"优秀"的罪过还是与"优秀"不相匹配的环境的罪过？如果结论是前者，那就匪夷所思了。

1973年，这部民法典的恩主、统治了这个国家44年的海尔·塞拉西皇帝在一次军事政变中被推翻，接替他的政治领导人门格斯图向苏联靠拢，实行直到1992年才放弃的社会主义制度。领导人发生更替，国家的根本制度发生更替，为废除这部被称为"恶梦"的民法典创造了极好的机会。我在1998年6月从私法统一国际协会（UNIDROIT）复印回这一民法典时，就是打算把它作为一场"恶梦"的遗迹加以收藏的。后来薛军翻译了它，我在校对译稿时才关心它是否仍然存活，打开西方的网站，输入"埃塞俄比亚民法典"的关键词，一下子就调出来十几个网页，都是关于这部民法典的运作情况的信息，看来它并未被废除，而只是"在40年的时间里作为一只无牙的老虎存在"②。既然如此，它是否是一场真正的"恶梦"，就不是不可以讨论的了。

尽管如此，在海尔·塞拉西之后，这部民法典也在经常修改，以满足几十年来的社会变迁提出的新要求，尤其是满足国际社会为接纳埃塞俄比亚为其成员而对之提出的一些要求。1995年，埃塞俄比亚议会在经过激烈争论后决定，如果争议的双方当事人都接受习惯法的规范，则可以复活习惯法的规定。

---

① 徐国栋、薛军：《世界民法典编纂史·非洲·埃塞俄比亚民法典》中由薛军写成的部分，未刊稿。

② See Are gender norms universal? In http://www.globalknowledge.org./world-bank/gender－law/current/0011/html.

如果一方当事人反对,将适用民法典的规定。这样就进一步拓展了民法典对习惯法的包容[①]。事实上,在这一法典颁布后,埃塞俄比亚的各个种族群体大都继续适用其自己的规范和习惯。

《埃塞俄比亚民法典》颁布后40年变迁的焦点之一是妇女的地位。平心而论,这部民法典就妇女的地位问题作了许多改革,例如,废除了穆斯林法允许的多妻制、丈夫以"塔拉克"方式单方面休妻的制度;赋予了妻子家庭共有财产中与丈夫同等的份额;允许她们离婚时保有自己的个人财产,并有权取得一半共有财产;在继承时妇女已不受任何歧视,等等。但妇女在人身法上的地位仍然欠佳。民法典吸收了一些习惯法的规范,把丈夫设定为家庭的首脑,对于家庭财产享有专属的管理权,可控制和管理共有财产并就它们为决定,等等。因此,1998年,埃塞俄比亚对民法典中的家庭法部分作了修改,主要的修订依据是这个国家参加的国际公约和条约,消除了婚姻和家庭领域中的性别歧视规定,其内容涉及婚龄、结婚条件、夫妻关系、双方在家事中的作用、居所的选择、财产的归属、子女的抚育、离婚、家庭仲裁等[②]。

土地法的修改也是可以预见的,因为1995年的埃塞俄比亚宪法规定所有的土地都属于国家,废除了先前的耕者有其田的原则,如此,以该原则为基础的民法典中的物权法的相应规定必定发生调整。

当然,由于帝政已被推翻,民法典过去关于皇室成员的身份登记由文书部长单独进行的规定,类似于第2137条关于"对埃塞俄比亚皇帝陛下实施的过犯,不得以此为据提起任何责任之诉"的规定,显然已不合时宜。

关于这部法典的命运,还必须提到一个插曲。厄立特里亚曾是埃塞俄比亚的一个省,因此,它曾适用《埃塞俄比亚民法典》。1993年,这个国家宣布独立,但在一个过渡时期内仍适用《埃塞俄比亚民法典》。尽管如此,现在它已有了重新起草自己的民法典的安排。在厄立特里亚政府的资助下,这个国家的司法部与阿姆斯特丹大学法律系合作起草一部新的民法典。在1997年8月到1998年12月的期间,完成第一阶段的工作;在2000年2月到2000年12月的期间,完成第二阶段的工作。具体安排为,在1998年9月至12月,荷兰

---

① 实际上,《埃塞俄比亚民法典》至少从条文来看,是为习惯法留有一席之地的。例如第577条第2款规定:"根据双方的宗教或当地习惯缔结的婚姻,依本法典亦得有效。"

② See http://eea.ethiopiaonline.net? Econ_foc/ef3－2/acmekenene.htm; and http://unicef.org/programma/countryprog/esaro/eth/mainmenu.htm.

专家小组提出现有民法典的修订建议草案；2000 年 2 月，提出《厄立特里亚民法典》剩余的题的建议草案，修改的主要方向是去除过去的《埃塞俄比亚民法典》中男女地位不平等的规定。事实上，荷兰专家小组在 1999 年底就完成了这一任务，但在 2000 年初，他们又被委托以起草民法典剩余的题的任务①。由于《埃塞俄比亚民法典》本身就是伟大的，现在它有望在荷兰专家的帮助下得到改良，我们有望看到一部更加伟大的《厄立特里亚民法典》。

本书由薛军翻译，译文经徐国栋对照原文逐字核对，其出版得到了福建省重点学科基金的资助。

是为序。

徐国栋

2001 年 9 月 7 日于胡里山炮台下

① See Project：Assistance in the Drafting of Civil Code in Eritrea，In http://www.cilc.nl/pr_er_civco.html.

版本说明

埃塞俄比亚民法典

1960 年颁布令第 165 号
1960 年民法典的颁布

犹大(Judah)部落的征服之狮
海尔·塞拉西一世
上帝所选的、埃塞俄比亚皇帝

有鉴于制定法典化的民法对于朕的帝国的法律制度的有序发展不可或缺;

有鉴于在朕的监督下民法典已起草完毕并得到了朕的参议院和众议院的批准;

因此,现在根据朕的经修订的宪法第 34 条和第 88 条,朕批准朕的参议院和众议院的决议,朕据此做以下宣告:

此一颁布令可以"1960 年民法典颁布令"的名称被引用。

1960 年民法典将以其在《法律公报》1960 年第二专号上公布的单行本的形式于 1960 年 9 月 1 日生效。

1960 年 5 月 5 日颁布于亚的斯亚贝巴

查哈菲·塔厄查兹·阿克立鲁·哈伯特·乌尔德
副总理和文书部长

前言

犹大(Judah)部落的征服之狮
海尔·塞拉西一世
上帝所选的、埃塞俄比亚皇帝

在已取得进步的埃塞俄比亚要求朕的帝国的社会结构的法律框架实现现代化以便与今日的这个世界的外部环境保持步调一致之际，朕颁布了民法典。为了巩固已取得的进步并推进进一步的增长和发展，必须就那些由公民个人，而且也由作为整体的国家面对的问题制定确切的和详细的规则。包含在本法典中的规则与朕的帝国良好确立的法律传统以及在朕加冕的银禧年之际由朕批准的宪法修订本中奉为神圣的原则和谐一致，并且也预示着这个世界上最好的法律制度。

任何被设计来界定人民的权利和义务并设定调整其相互关系的原则的法律，如果未深入到它打算适用的民众的心灵，都不能取得实效，也不能满足他们的需要，并与习俗和自然正义相适应。在起草本民法典的过程中，朕召集并由朕指导其工作的法典编纂委员会牢记朕的帝国和朕的可爱的国民的特别要求，并从埃塞俄比亚法律传统的天才劳作和由古老和可敬的《国王的法律》加以揭示的制度中汲取灵感。

重要的是法律对朕的帝国的每个公民都明确和可以理解，这样他们就可没有困难地确定他们生活中的权利义务如何，而这一工作向来是由民法典完成的。同样重要的是，包罗众多变化的主题的法律如民法典，构成内在一致和统一的整体，这一要求也是由朕今天颁布的这一法律来全面完成的。

法典编纂委员会对这部法典的认真起草，它在经受朕的议会的修订时经受的痛苦，可以确保这一法律将达到为之设定的目的，在全能的、正义的源泉与智慧和恩惠的渊源的上帝的引导下，本法典将对朕的帝国的进步和现在与将来的朕的可爱的国民的福利作出贡献。

1960 年 5 月 5 日于朕即位 30 周年之际颁布。

海尔·塞拉西一世皇帝

第一编

人

第1题　自然人

第1章　人格与内在于人格的权利

第1节　人格的归属

第1条　(原则)

自然人自其出生到死亡，是权利主体。

第2条　(胎儿)

一旦为胎儿利益所要求，胎儿皆被视为已出生，但他后来必须活着出生并存活。

第3条　(受孕的期日)

(1)在出生前的第300日，胎儿被视为已受孕。

(2)不得采纳任何证据推翻这一推定。

(3)本条规定不影响在需要确定谁是婴儿的父亲时本法典关于受孕期日的规定。

第4条　(存活或未存活的婴儿)

(1)婴儿出生后生存48小时的，视为存活，无任何反证可推翻之。

(2)婴儿出生后在48小时内死亡的，视为未存活。

(3)第(2)款的推定可通过证明婴儿死于先天不足以外的原因而推翻之。

第5条　(自然人生存或死亡的证明)——1. 举证责任

(1)任何人为了行使权利，声明某一特定自然人在特定日期生存或生存过，或死亡的，须证明其主张。

(2)自然人生存或生存过的事实须以出示该自然人本人、或由3位证人、或以任何其他可靠证据证明之。

(3)死亡的证明得根据本题第3章的规定(第47条)作出。

第6条　——2. 数人同时死亡

当数人死亡且不能证明其中一人后于其他人死亡时，所有的人得被视为同时死亡。

第7条　（身份的证明）

（1）个人的身份得由行政当局向其颁发的文件证明。

（2）缺少上述文件的，得提出两名证人证明之。

（3）证人必须对因其陈述或提供的证据不精确而对第三人造成的损害承担责任。

第2节　人格权

第8条　（人格的效力）

（1）任何自然人都享有由《埃塞俄比亚宪法》保障的人格权和自由权。

（2）在此方面，不得考虑种族、肤色、宗教信仰和性别因素。

第9条　（对人格效力的限制）

（1）由宪法保障的人格权和自由权为不流通物。

（2）任何自愿对上述权利与自由权的行使课加的限制为无效，被合法利益证明为正当作出的除外。

第10条　（非法妨害的禁止）

任何对人格的非法妨害都使受害人获得要求停止妨害的权利，妨害者同时要承担民事责任。

第11条　（对自由的限制与搜查）

任何人的自由不受限制，并免于被搜查，法律另有规定的除外。

第12条　（居住自由）

（1）任何人都有在其认为合适的地方确定居所并改变此等居所的地点的自由。

（2）任何人作出的在某一特定地点居住的承诺在民法上无效。

（3）任何人作出的不在某一特定地点居住或不去某一地点的承诺为无效，被证明是为了合法利益而作出的正当限制除外。

第13条　（住所不受侵犯）

（1）自然人的住所不受侵犯。

（2）任何人不得违背他人的意志进入其住所，也不得在其中进行搜查，法律规定的情形除外。

第14条　（思想自由）

（1）任何人都有思考和表达其思想的自由。

（2）对这一自由唯一可以承认的限制是为尊重他人的权利、道德和法律而课加的限制。

第 15 条 （宗教）

在宗教仪式不被用于政治目的或有害公共秩序和道德之前提下，帝国居民的任何宗教仪式和信仰不会受到依据法律的干预。

第 16 条 （行动自由）

(1)任何人可自由地从事他认为与其职业与闲暇相适宜的活动。

(2)对这一自由唯一可以承认的限制是因尊重他人权利、道德和法律而课加的限制。

(3)任何人限制其自己从事或不从事特定活动的行为无效，被证明是为了合法利益而作出的正当限制除外。

第 17 条 （结婚与离婚）

(1)自然人作出的不结婚或不再婚的承诺在民法上无效。

(2)前款规定对自然人作出的离婚或不离婚的承诺同样适用。

第 18 条 （人身的完整性）

(1)自然人对其身体的全部或某一部分所为的处分行为，如果在其生前执行该行为将对其人身的完整性造成严重损害，则该处分行为在民法上无效。

(2)第(1)款规定不适用于被医疗行业规则证明为合理的行为。

第 19 条 （处分人身行为的可撤回性）

(1)自然人可随时撤回处分其身体之全部或一部分的行为，该处分行为的执行在处分人生前或死后进行，在所不论。

(2)为其利益作出该处分行为者，有权就其因信赖该诺言引起的费用要求赔偿。

第 20 条 （医疗检查与治疗）——1. 原则

(1)自然人有权随时拒绝接受医疗或外科的检查或治疗。

(2)本条不影响法律或规章为了公共利益作出的对自然人进行体格检查或强制接种疫苗或其他类似措施的规定。

(3)本条不影响未成年人或禁治产人的监护人为了在其监护下的无行为能力者进行有益于其健康的检查或治疗的权力。

第 21 条 ——2. 限制

当对自然人所为之检查与治疗不具特别危险而被其拒绝时，该自然人丧失利用该治疗本可取得的疾病或不适之避免、消除、减轻之权利。

第 22 条 （医疗检查）

自然人拒绝对其进行对身体无严重危险之医疗检查时，法院可认定该检查所欲查明之事项为既定事实。

第 23 条 （保持沉默权）

任何通过导致妨害人格的方法获得的承认或意思表示无效。

第 24 条 （职业秘密）

(1)任何人如果揭露因其职业获知的事实会导致其背叛或有可能有背叛第三人正是因其职业赋予给他的信任时，他不得被强迫揭露有关事实。

(2)已吐露或披露此等事实者可以得到它们不会被其赋予信任者泄露的保证。

(3)本条规定不影响《刑法典》第 267 条与第 334 条之规定。

第 25 条 （葬礼）——1. 死者的遗嘱

(1)任何有遗嘱能力者都可规定其葬礼的条件。

(2)他可指定一人或数人确保此等规定的执行。

(3)上述被指定的人未行使其职责时，其他任何表明对此有物质或精神利益的人可向死亡发生地法院申请执行死者的这些规定。

第 26 条 ——2. 遗嘱未表达之情形

(1)当死者未以第 25 条规定之方式表达其遗嘱时，其葬礼条件由其生存配偶或最近的亲属确定。

(2)如果死亡发生时死者的配偶或亲属不在或不知，则葬礼的条件由料理死者后事者确定。

(3)在发生纠纷之情形，尽最大注意的当事人可将此等事项向死亡发生地法院明示。

第 27 条 （自然人的肖像）——1. 原则

未经自然人同意，其照片或肖像不得在公共场所展览，不得复制，不得提交出售。

第 28 条 ——2. 例外

因肖像的属主为公众人物，或因他担任的公职，或因司法和警察活动的要求，或科学、文化和教学的利益证明复制自然人的肖像为正当，或肖像的复制与具有公共利益或发生在公共场合的事实、事件或仪式相关，则不要求有关人士的同意。

第 29 条 ——3. 制裁

(1)除第 28 条规定的情形外，未经本人同意展览其肖像或将之提交出售的，本人可要求停止展览或售卖其肖像。

(2)法院为了公平起见，可在展览肖像或售卖肖像的人获利的限度内授予本人以损害赔偿。

(3)如果本人已提出停止侵害的要求，而肖像的展览或售卖未立即停止，可授予本人精神损害赔偿。

第 30 条 ——家人的权利

(1)当其肖像被展览或售卖的人已死亡或处于不能表达意志的状态时，如果该展览或售卖行为在性质上会导致其荣誉与名声的损害，则第 29 条规定的权利将授予其亲属。

(2)唯一可以代表家人行使本条规定的权利的人是配偶，无配偶时由其最近的卑亲属行使，无卑亲属时由其最近的尊亲属行使该权利。

(3)在亲等相同的情况下，唯一可代表家人的是最年长的卑亲属或最年长的尊亲属。

第 31 条 (通信不受侵犯)

(1)未经其作者同意，机密信函的收件人不得泄露其内容。

(2)如果收件人表明其具有合法利益，他可在司法程序中出示该信函。

第 2 章 姓名

第 32 条 (原则)

(1)每一自然人都有一个姓，一个或数个名和一个父名。

(2)每一自然人必须在政府的文件上以家族的姓、名、父名的顺序进行登记。

第 33 条 (名字的确定)

(1)孩子随父亲的姓。

(2)不知其父亲为何人，或者被认为是其父亲的人否认与其存在亲子关系时，孩子从其母姓。

(3)第(2)款的规定只有在孩子的父亲的身份已经法院宣告后才可适用。

第 34 条 (名字的选择)——1. 原则

(1)孩子的名字由其父亲确定，如果父亲已故去，由父亲的家庭确定。

(2)孩子附加的名字由其母亲确定，如果母亲已故去，由母亲的家庭确定。

(3)如果不知孩子的父亲是谁，或孩子在父系方面没有亲属，孩子的母亲可以给其确定两个名字，如果母亲已故去，由其母亲的家庭来确定名字。

第 35 条 ——2. 家庭的代表

(1)家庭的最近的尊亲属可为了第 34 条的目的而代表家庭，如没有此等尊亲，最近的旁系亲属可为同样的目的代表家庭。

(2)当亲等相同时，最年长的尊亲属或旁系亲属得为孩子确定名字。

第 36 条 (父名)

(1)孩子应以其父亲通常的名字为其父名。

(2)如果不知某人的父亲是谁，他不得有父名。

(3)如果父名与姓相混淆，在正式文件中得省略父名。

第 37 条 (民事身份声明)

在婴儿出生后 90 天内，有义务宣布孩子出生的人必须向孩子出生地之基层行政区的民事身份官报告孩子的名字与父名。

第 38 条 (禁用的名字)

(1)新生儿的名字不得毫不更改地袭用其活着的父亲、母亲的名字或兄弟、姐妹之一的名字。

(2)出现上述情况时，必须为新生儿确定另一个把他与其亲属区别开来的名字。

第 39 条 (亲子关系不知的情形)

(1)一个其父母不为人所知的孩子，得以民事身份官在其出生登记中为其确定的姓与两个名字作为姓和名字。

(2)上述姓与名字必须在当地通用的姓与名字中选用。

(3)任何表明其对孩子的姓与名字的确定存在物质的或精神利益的人，在孩子达到 5 岁前，可向法院申请改变上述姓与名字。

第 40 条 (已婚妇女的姓名)

(1)已婚妇女得保留她个人的姓。

(2)在婚姻存续期间，她可以其丈夫的姓被称或自称。

(3)结婚后，此等给她带来利益或不利的夫姓使用权一直延续，直到此等婚姻因离婚而解除或此等妇女改嫁。

第 41 条 (被收养的孩子的姓与名字)

(1)被收养的孩子的姓得随收养者的姓。

(2)被收养者也可根据收养协议确定一个新的名字，并将收养者的通常名字作为其父名。

第 42 条 （姓的变更）

(1)任何人变更其姓必须以充分的理由向法院提出申请，并得到法院批准。

(2)法院在决定是否批准申请时，必须确保此等变更不会损害第三人利益。

第 43 条 （名字的更改）

取消某人的一个或数个名字或附加名字，可以由法院根据该人的申请批准之。

第 44 条 （与姓名有关的协议）

(1)所有与姓名有关的协议在民法上无效。

(2)本条不影响有关商号的规范。

第 45 条 （姓名的滥用）

(1)任何人在进行与其职业有关的活动中对自己姓名的使用，不得通过有害的混淆，以导致第三人信用和声誉的损害为目标或结果。

(2)在有关案件中得适用关于不正当竞争和诽谤的规定。

第 46 条 （姓名的盗用）

(1)任何拥有姓名的人，每当第三人对此等姓名的盗用导致或可能导致其物质或精神损害时，都有权抵制此等盗用。

(2)自然人已死亡或处于不能表达其意志的状态时，前款规定的权利归其各卑亲属及其配偶行使；甚至在他们不具有同样的姓名时亦能行使此等权利。

(3)当上述人员已向盗用人提出停止盗用姓名的请求，而后者未立即停止其行为，则请求人可被授予精神损害赔偿。

第 3 章　民事身份的证据

第 47 条 （证据形式）

(1)在就出生、死亡和婚姻发生疑问或争议时，得通过民事身份登记加以证明。

(2)在法律允许的情况下，它们也可通过公证书或身份占有而得以证明。

第 1 节 民事身份官

第 1 目 民事身份官之任命

第 48 条 （省长任命）

(1)省长得在其省内的每一城市与乡村基层行政区任命一人履行民事身份官之职责。

(2)省长得在每一个基层行政区为民事身份官任命一个或数个助手。

第 49 条 （行政区下属的街区与分部）

(1)当城市行政区分为数个街区时，省长可以为每一街区任命一位民事身份官。

(2)当农村行政区之一部分隔绝或远离行政区中心时，省长可为行政区的此等分部任命一位民事身份官。

(3)在上述情形中，得为每一位民事身份官任命一个或数个助手。

第 50 条 （民事身份官的助手）

(1)民事身份官的助手在前者有障碍时得取代之。

(2)如果省长或民事身份官未确定要求助手履行其职责的顺位，则根据诸助手的年龄大小决定顺位，年龄最长者处在第一顺位。

(3)民事身份官的任何助手所为的登记与民事身份官本人所为的登记效力相同。

第 51 条 （职责的开始）

(1)民事身份官之职责从他接受此等职责并且其签名已在官厅或在民事身份登记簿上注册时开始。

(2)当被省长任命的民事身份官事实上已开始通过进行民事身份登记履行此等职责，或以民事身份官的资格参与上述登记行为时，其职责也开始。

(3)本条规定得同样适用于民事身份官助手的职责之开始。

第 52 条 （职责的结束）

(1)民事身份的官职责终止于死亡、退休、被解职或其辞呈被省长接受。

(2)民事身份官的助手的职责的结束适用同样的规定。

第 53 条 （死亡或持续的障碍）

(1)民事身份官应无迟延地向省长报告其助手死亡的消息，或导致其助手之一处于持续的不能履行职责的任何情况。

(2)民事身份官的助手应无迟延地向省长报告民事身份官死亡的消息,或导致其处于持续的不能履行职责的任何情况。

第54条 (基层行政区长官)

(1)当省长任命的民事身份官及其助手都处于不能履行其职责的状态时,该基层行政区的长官得为其辖区的民事身份官。

(2)在这种情况下,他可要求由一个或数个助手协助或代替他履行民事身份官的职责,但他要承担此等人之行为的责任。

(3)行政区长官应无迟延地向省长报告上述情况。

第55条 (县民事身份办公室)

(1)省长得在省内的每个县城任命县民事身份办公室的班底。

(2)此等班底除包括一个负责组织和监督此等机构的首长外,得包括其数目足以确保该机构所辖事务的执行的官员。

第56条 (与皇室有关的登记)

(1)文书部长得就埃塞俄比亚皇帝陛下及皇室成员的登记履行民事身份官的职责。

(2)在本条的范围内,符合宪法第16条规定的人员被视为皇室成员。

第57条 (埃塞俄比亚领事)

埃塞俄比亚领事得在其管区内为埃塞俄比亚国民履行民事身份官之职责。

第58条 (船舶之首长)

悬挂埃塞俄比亚国旗之船舶的首长对发生在其船舶上的出生、死亡和结婚事宜,得履行民事身份官之职责。

第2目 民事身份官的职责

第59条 (原则)

民事身份官必须保证将其管辖范围内发生的出生、死亡和结婚登记于民事身份登记簿。

一、城市行政区

第60条 (登记簿的置备和保存)

(1)当省长明确赋予民事身份官以置备民事身份登记簿之职责时,民事身份官得亲自置备该行政区的民事身份登记簿。

(2)民事身份官应确保此等登记簿的置备和保存，并提交利害关系人对此等登记簿的记录进行摘录或复制。

第 61 条　(登记的进行)

(1)民事身份官一旦发现有为进行登记所要求的细节，他要主动地记录在民事身份登记中。

(2)当民事身份官认为适当时，可以补全他要求的资料为目的传唤任何利害关系人。

第 62 条　(登记期限)

民事身份登记得在以下期限内为之：

(1)出生登记得在出生后 3 个月内；

(2)死亡登记得在死亡后 1 个月内；

(3)结婚登记得在结婚后 1 个月内。

第 63 条　(超过法定登记期限的制裁)

(1)超过第 62 条规定之期限所为的民事身份登记仅有简单资料的证明价值。

(2)第(1)款规定不适用于此等登记根据法院判决载入登记簿的情形。

(3)在上述情形，登记背后须附贴此等判决。

二、农村行政区

第 64 条　(报告)

(1)当省长未明确要求某些行政区的民事身份官置备登记簿时，此等民事身份官无需亲自置备登记簿。

(2)这种民事身份官必须将其所辖行政区内发生的需要进行民事身份登记的与出生、死亡和结婚有关的资料报送县民事身份办公室。

(3)县民事身份办公室的官员得立即根据此等资料进行民事身份登记。

第 65 条　(条例之适用)

(1)由省长制定的条例得规定每一行政区得在何种条件下收集此等资料。

(2)这些条例得特别规定提供此等资料的地点与时间。

第 66 条　(提供资料的地点)

(1)条例可课加民事身份官前往县城或其他距行政区中心不太遥远的基层行政区提供与民事身份有关的资料的职责。

(2)条例也可另外规定这些资料得由为之进行民事身份登记的同一行政

区的县民事身份办公室的官员收集之。

(3)在第(2)款所规定的情形,条例得规定登记簿是在该行政区置备还是在县民事身份办公室置备。

第67条 (提供资料的期限)

(1)与民事身份有关的资料在各行政区至少一年收集一次。

(2)在第66条第(1)款规定的情形,民事身份官前往县城或其他行政区中心收集资料的义务不得少于每3个月履行一次。

第68条 (允许不定期的资料报告)

(1)民事身份官可在任何时间,甚至在有别于省长规定的期日向县民事身份办公室报告关于其辖区内的人的民事身份资料。

(2)如果有关地区的登记簿置备于此等办公室中,县民事身份办公室应当立即将此等资料在登记簿中登记。

第69条 (由民事身份官进行的登记)

(1)有关指令可授权民事身份官进行与自身有关的民事身份登记。

(2)在上述情形中,他所为之任何登记都须得到县民事身份办公室的批准。

(3)关于此等批准的说明须作成于该项登记的背后。

第70条 (迟延的报告)

(1)在有关事实发生两年后所为之登记或登记之批准仅具有单纯资料的证明价值。

(2)第(1)款规定不适用于有关登记根据法院判决记入登记簿的情形。

(3)在上述情形,登记背后须附贴此等判决。

三、特殊情形

第71条 (文书部长)

(1)文书部长得亲自置备与皇帝陛下以及皇室有关的民事身份登记簿。

(2)他并且得确保登记簿的置备和保管并提交此等登记簿中之登记的复本。

第72条 (领事)

(1)埃塞俄比亚在国外的领事只有在利害关系人的请求下才得进行民事身份登记。

(2)他们得亲自置备民事身份登记簿。

(3)他们得确保登记簿的置备和保管并且向利害关系人提供此等登记簿中之记录的摘录或复本。

第 73 条　(船舶之首长)

埃塞俄比亚船舶的首长必须无迟延地将发生在船舶上的会导致民事身份登记的事件向航行中停泊的第一个埃塞俄比亚港口当局或第一个驻有埃塞俄比亚领事的外国港口的此等领事报告。

第 2 节　民事身份登记簿

第 74 条　(登记簿的数目)

每个行政区以及领事都得备有一本出生登记簿、一本死亡登记簿和一本结婚登记簿。

第 75 条　(登记簿的供应)

(1)省长应将从内务部得到的登记簿免费提供给民事身份官。

(2)登记簿应免费供应于外交部领事司。

(3)承担置备登记簿之职责者得在登记簿可能载满之日前 6 个月申请提供一本新的登记簿。

第 76 条　(禁止登记簿转移)

禁止将登记簿从其置备地转移走,该转移得到法律许可或得到授权时除外。

第 77 条　(强制性标示)——1. 基层行政区登记簿

(1)每一登记簿必须标明它所属的行政区或行政区下属的街区或分部以及该行政区所在的省份。

(2)登记簿必须编号。

(3)上述标示必须标示于登记簿的封面、脊面并且复制在每一页上。

第 78 条　——(其他登记簿)

(1)皇室的登记簿不以第 77 条第(1)款规定的方式标示,而应代之以“皇室登记簿”的标示。

(2)在领事馆置备的登记簿应有它们于其中被用于登记有关事项的领事馆的标示。

第 79 条　(登记簿的组成)

(1)登记簿在开头之处得预留数页叙述被授权置备该登记簿的人的情况以及被授权人在此等叙述之下的签名。

(2)随后,登记簿的页码得连续编号,每页用作一项民事身份登记。

(3)登记簿末尾的数页得用于编制该登记簿中登记所涉之人姓名的的字母顺序索引。

第 80 条 (登记簿的页)

(1)民事身份登记簿的页得由可以裁下的数联组成,分为记载内容相同的联页和存根。

(2)出生登记簿和结婚登记簿由可裁开的三联组成;死亡登记簿由可裁开的两联组成。

(3)页的背面得留作手写法律规定的特殊事项之用。

第 81 条 (可裁开的第 3 联)

(1)与存根相隔最远的可裁开的联被称为第 3 联,它得在登记完成之后立即裁开。

(2)可裁开的第 3 联,当它为出生登记时,得由民事身份官送达新生儿的监护人;当它为结婚登记时,得由民事身份官送达丈夫。

(3)第 3 联得由利害关系人保存。

第 82 条 (可裁开的第 2 联)

(1)登记簿用完后,所有可裁开的第 2 联得裁离存根,装订于一个档案中并保存于省城法院的登记处,或保存于规定的与可裁开的第 1 联所在地不同的其他地方。

(2)文书部长和领事置备的登记簿的可裁开的第 2 联得送往埃塞俄比亚帝国外交部并在那里加以保存。

(3)一旦收受可裁开的第 2 联,被指定保管它们的人应装订它们。

第 83 条 (可裁开的第 1 联)

未从存根裁开的第 1 联得与登记簿的存根一起保存于登记簿之被置备地或条例规定的其他地方。

第 84 条 (不得空页)

(1)进行一项登记前,民事身份官得核实该登记簿中上一次登记所占页上的页码已被使用。

(2)他必须在紧接着上次登记的页码的页上进行登记。

(3)他绝不得在登记簿上留下未经填写的空页。

第 85 条 (因错误导致的空页)

(1)当因错误留下空页时,民事身份官一经发现此等错误,得立即涂销这样的页。

(2)他应在存根和所有可裁开的联页上打上叉号,并且在作了如此标记的每一联的背面写上"因错误导致的空页"的标示。

(3)在任何情况下,空页不得用作民事身份登记。

第 86 条 (登记簿的索引)

(1)一本登记簿用完后,民事身份官得在末尾的一页上根据登记簿中的登记所涉及的所有的人的姓编制字母顺序的索引。

(2)他得作成一个可裁开的第 2 联的档案,将之连同其制作的索引的副本送往条例规定的地点。

第 87 条 (登记簿的灭失)

(1)如果某一行政区置备的登记簿丢失或毁损,该行政区的民事身份官应立即主动根据该登记簿的可裁开的第 2 联重新编制。

(2)如果某一登记簿之可裁开的第 2 联丢失或毁损,此等丢失或毁损的联页的保管人应主动立即根据在该行政区置备的可裁开的联页重新制作。

(3)当在行政区以外的地方置备登记簿时,本条规定得在细节上作必要修正后适用。

第 88 条 (尚在使用中的登记簿的灭失)

(1)如果尚在使用中的登记簿在可以裁开的第 2 联被裁开前丢失或毁损,民事身份官应立即将此事向县民事身份办公室报告。

(2)该办公室应采取必要的措施重新编制登记簿。

(3)以上规定,对于因任何原因导致的登记簿的可裁开的第 1 联、第 2 联都丢失或毁损的情形,同样适用。

第 89 条 (对登记簿置备的控制)

(1)县民事身份办公室得监督民事身份官,并控制该行政区内的民事身份登记簿的恰当置备。

(2)该办公室得组织视察并采取行动镇压其查明的刑事犯罪。

(3)外交部长对置备于领事司的登记簿亦得履行上述职责。

第 3 节 民事身份登记

第 1 目 一般规定

第 90 条 (必须载明的特殊事项)

(1)民事身份登记得通过填写登记簿中的空白栏目作成。

(2)登记中必须写明受理登记的年、月、日并且署有受理登记的民事身份官的签名。

第 91 条 (不得载明的特殊事项)

法律要求登记的以外的任何事项不得记入登记簿之中。

第 92 条 (有关资料不知或不确定的情形)

(1)如果民事身份登记中的留下的一个空白栏目因未对置备登记簿的人提供充分精确的资料无法填写,登记者得以“不知”字样填写此等空白栏目。

(2)如果民事身份官大概地了解有待填写的事项,他得在填写该事项的恰当的地方加上“可能”的字样。

第 93 条 (禁止略缩语)

登记要求的事项必须清楚地填写,不得使用略缩语。

第 94 条 (登记中不得涂抹或有重写或添加之字)

不得在登记中涂抹或在某词上重写他词或添加文字。

第 95 条 (签名)

必须在登记中签名之人如果不能或不会署名,得以其拇指在登记上按印以代替签名。

第 96 条 (未用的页)

(1)由于涂抹或其他原因,一项登记必须重做时,民事身份官得在登记的各可裁开的联页上打叉。

(2)并且,他得在登记的各可裁开的联页之背面写上“未用之页”的字样。

(3)可裁开的第 3 联得立即销毁。

第 97 条 (登记的证明力)

(1)正常记载于民事身份登记簿的民事身份登记,除非有相反的证据,得作为其所载之事的证据。

(2)非经法院许可不得提出相反的证据。

(3)在法院许可的情况下,反证可以任何方式提出。

第 98 条 (未载入登记簿的记录)

(1)未载入登记簿的登记不得具有载入登记簿的登记所具有的证明力。

(2)此等登记仅具资料价值。

第 2 目　出生登记

第 99 条　（登记事项）

出生登记得载明：

(1)出生的年、月、日；

(2)婴儿的性别；

(3)给婴儿取的名；

(4)婴儿的父母的姓、名、出生日和出生地点；

(5)有必要时，作出报告者的姓、名、出生日和出生地点。

第 100 条　（什么情况下要求进行登记）

婴儿出生后生存 48 小时以上的，尽管他在规定进行出生登记规定的期限届满之前死亡，得进行出生之报告和出生登记。

第 101 条　（出生报告）

(1)任何人都可向民事身份官报告某一婴儿的出生。

(2)上述报告得由婴儿的父亲为之，无父亲时由母亲或婴儿的监护人为之，没有他们时由照料婴儿的人为之。

(3)民事身份官自己知道该出生的事实时，得主动进行登记。

第 102 条　（婴儿的名字）

(1)在进行出生登记前，民事身份官得向婴儿的父母，他们不在时，向婴儿的监护人要求其声明婴儿将被赋予什么样的名或姓。

(2)如果他未得到任何答复，或如果提出名字依法不可接受，民事身份登记官可自行为婴儿选择名或姓。

第 103 条　（弃婴）

(1)必须为在当地发现的每个身份不明的新生儿进行出生登记。

(2)必须制作一份详细的笔录，其中载明发现婴儿的日子、地点、婴儿的估计年龄、性别和给他取的姓和名字。

(3)为此等婴儿所为的出生登记的背面必须附贴上述笔录。

第 3 目　死亡登记

第 104 条　（死亡登记的事项）

死亡登记得载明：

(1)死亡的年、月、日；

(2)死者的姓、名、出生日和出生地点；

(3)死者的父母的姓名、出生日和出生地点；

(4)如果死者的配偶仍然在世，其姓、名、出生日和出生地点以及结婚的日期；

(5)有必要时，报告死亡的人的姓、名、出生日和出生地点。

第105条 (在什么情况下要求进行死亡登记)

只要死者是应该为之作出生登记的人，就要求报告其死亡并进行死亡登记。

第106条 (有义务报告死亡的人)

(1)死亡发生后，与死者住在一起的人有义务报告其死亡。

(2)在没有这样的人时，上述义务转移于与死者住在同一行政区的血亲或姻亲，如果没有此等亲属，该义务转移于死者最近的邻居。

第107条 (死亡发生于他人住宅的情形)

如果死者不死在自己家，其房屋中发生死亡的人有义务报告死亡。

第108条 (医院、学校、旅馆以及监狱中发生的死亡)

(1)如果死亡发生于医院、学校、旅馆或监狱中，则主管此等处所者得报告死亡。

(2)依刑事判决被处决者的死亡，由被判处者被羁押的监狱之在执行之时的首长报告。

第109条 (现役军人的死亡报告)

现役军人的死亡得由其所属单位的司令官为报告。但死亡发生时军人与其家人住在一起，或其死亡发生于他被批准休假的期间或其单位的驻扎地以外的地点的，不在此限。

第110条 (发现自然人尸体时的报告义务)

(1)在住宅外发现自然人之尸体时，发现者有报告死亡之义务。

(2)如果死者身份不明，必须制作详细的笔录，其中指明发现尸体的日期和地点、死者的估计年龄、性别以及可能的死亡发生日期。

(3)在上述死亡登记的背面须附贴此等笔录。

第111条 (未发现尸体的情形)——1. 判决宣告死亡

(1)自然人如在可肯定他已死亡的情状中失踪，虽然其尸体未被找到，任何利害关系人可向法院申请作出宣告此等人已死亡的判决。

(2)宣告死亡的判决得取代死亡登记。

第 112 条　——2. 有管辖权的法院

(1)有管辖权的法院为被申请宣告死亡人死亡时主要居住地的法院。

(2)上述法院可为了导致死亡的事件的发生地的法院或其他地方之法院的便利而放弃其管辖权。

(3)上述法院作出的移送管辖对为其便利作出此等移送的法院有约束力。

第 113 条　(因灾难发生的死亡)——1. 集体判决宣告死亡

(1)如果死亡可归因于诸如船难、空难、地震、山体滑坡,因此有理由认为数人遭遇不幸时,此等人的死亡可以集体判决宣告。

(2)上述情形中,拥有管辖权的法院为事件发生地的法院。

(3)然而,在船舶或航空器失踪的情形,有管辖权的法院为船舶或航空器的母港所在地法院。

第 114 条　——2. 个别摘录

(1)利害关系人可从集体判决中获得个别自然人死亡的摘录。

(2)这种摘录得取代死亡登记。

第 115 条　(死亡日期)

(1)法院在作出宣告死亡判决时,它应在判决书中确定推定的死亡日期,或确定根据案件的具体情况推定的死亡。

(2)这样确定的死亡日期不得更改,证明此等死亡日期的确定是诈欺的结果的,不在此限。

(3)判决作出之日起 3 年后,得驳回任何以更改宣告死亡判决书中确定的死亡日期为目的提出的申请。

第 116 条　(宣告死亡判决的撤销)

如果被法院宣告死亡的人在判决宣布后重新出现,得在被宣告死亡者或检察官的请求下由作出判决的法院撤销该判决。

第 4 目　结婚登记

第 117 条　(婚姻登记的事项)

结婚登记得载明:

(1)丈夫和妻子的姓、名、出生日和出生地点;

(2)丈夫和妻子的证婚人的姓、名、出生日和出生地点;

(3)缔结婚姻的日期。

第 118 条　(什么情况下要求进行结婚登记)

在任何情况下，结婚必须报告并且要求进行结婚登记，而不论据以缔结婚姻的形式为何。

第 119 条 （报告结婚的义务）

（1）批准结婚的当局有义务报告结婚。

（2）配偶双方及其证婚人也有义务报告结婚。

第 120 条 （依职权为登记）

（1）一旦民事身份官得知结婚的事实，他得主动对有关的结婚行为进行登记。

（2）在上述情形中，他得传唤利害关系人，使他们在结婚登记上签名。

第 4 节　民事身份登记的更改

第 121 条 （原则）

民事身份登记不得更改，除非根据法院作出的命令或判决进行。

第 122 条 （更改的申请）

更改民事身份登记的申请可由检察官、县民事身份办公室或任何利害关系人向法院提出。

第 123 条 （增加名字）

如果某人在结婚之时或在结婚后 6 个月的期间内向法院申请增加一个名字，法院院长得以命令决定此等申请。

第 124 条 （书记官的笔误）

当申请的目的在于更改民事身份登记中书记官发生的笔误时，法院院长得以命令决定此等申请。

第 125 条 （其他情形）

（1）在所有其他情形中，法院作出判决对更改申请为决定。

（2）法院在为决定前，须给予登记涉及的人以及所有利害关系人表达其意见的机会。

第 126 条 （更改登记的方式）

（1）被命令更改的登记事项得从登记中注销，但它们应保持可以阅读的状态。

（2）取代原登记的事项或补充登记的事项得写在有关登记的背面，并附贴命令作出此项修改的命令或法院判决。

（3）在可能的范围内，上述更改必须在与被更改的登记之所有可裁开的联页上作出。

第 127 条　（进行新登记）

（1）当法院认为合适时，可命令撤销将要修改的登记，并作出新登记取代之。

（2）在上述情形，旧登记的各可裁开的联页得以横贯整个登记簿的两条构成一个叉的直线勾销，并且在各可裁开的联页背后附注取代旧登记的新登记。

（3）在新登记的背面得注明命令进行此项登记的法院判决。

第 128 条　（法院决定的权威性）

命令更改民事身份登记的法院决定，处在与它改正的登记相同的地位，可以对抗任何人。

第 5 节　民事身份登记的复制与摘录

第 129 条　（出生登记）

（1）行政区或领事司的登记簿保管人应当向申请人提供其申请的出生登记的复制件或摘录，此等复制件或摘录应表明的登记的日期、孩子的出生日期和出生地点、姓、名、性别等这些出生登记有的登记事项，而不得表明任何其他事项。

（2）出生登记的复制件只能提供给被登记者的继承人或公共行政当局或得到法院授权的人。

第 130 条　（死亡登记）

行政区或领事司的登记簿保管人应当应任何申请此等结果的人的要求为其提供死亡登记的复制件。

第 131 条　（结婚登记）

行政区或领事司的登记簿保管人应当应任何申请此等结果的人的要求为其提供结婚登记的复制件。

第 132 条　（与皇室有关的登记）

文书部长不得向任何人提供包含在与皇室有关的登记簿中之登记的复制件，法院向其提出此类申请的，不在此限。

第 133 条　（可裁开的第 2 联之保管人的义务）

登记簿之可裁开的第 2 联之保管人在以下情形被赋予与登记簿保管人相同的义务：

（1）当行政区的有关登记簿毁损或丢失时；

(2)当置备于行政区内的此等登记簿中的某一项登记灭失，而该项登记的可裁开的第2联的档案中记载了此项登记时；

(3)当置备于行政区之登记簿的登记与可裁开的第2联档案中的记载不一致时；

(4)当登记由埃塞俄比亚在国外的领事所为时；

(5)当这项义务在特殊情况下由法院课加给他们时。

第134条 (经更改的登记)

(1)当某项登记根据法律作过更改时，应考虑在提供给利害关系人的摘录或复制件上作相应更改。

(2)这并不证明此等摘录或复制件的内容可归之于登记之更改。

(3)只有在法院要求时，才可得向该法院提交相应的复制件、如实复制登记，并说明可能已对原有登记所为之更改。

第135条 (表格和费用)

(1)对民事身份登记的复制或摘录得以省长提供给民事身份官的印制表格进行。

(2)上述复制件或摘录得由提交该文件的民事身份官签名，并加盖他所属的行政部门的印章。

(3)规费在交付文件时征收，在适当情况下，寄送此等复制件或摘录的邮资要一并征收。

第136条 (复制件或摘录的证明力)

由登记簿保管人出具的民事身份登记的摘录或复制件，与登记簿中之登记本身具有同样的证明力。

第137条 (审核)

(1)当法院认为合适时，可命令将民事身份登记的摘录或复制件与原件进行核对。

(2)法院可命令为了对之提供有关登记的复印件。

第6节　与民事身份有关的处罚规则

第138条 (民事身份官的民事责任)

负责置备或保存登记簿的官员，违反本章规定或为本章规定的实施而制定的条例的，要对所有因其此等行为受损害的人承担责任。

第139条 (拒绝进行登记)

(1)如果民事身份官或负责置备登记簿的官员拒绝根据向其作出的报告进行相应的登记,任何利害关系人都可向法院申请反对该拒绝。

(2)第(1)款规定得适用于民事身份官疏于向县民事身份办公室提供与某一将导致进行民事身份登记的事件的资料的情形。

(3)上述规定亦得适用于登记簿的保管人拒绝出具此等登记簿中之登记的复制件或摘录的情形。

第 140 条　(证人和报告人的责任)

(1)报告人和证人得对民事身份登记中由其作证或证实之事实的准确性负责。

(2)当他们诚信行事时,可追诉导致他们发生错误的人。

第 141 条　(刑事责任)——1. 未登记

刑法典规定的相应处罚得适用于如下行为:

(1)有义务进行民事身份登记的民事身份官在法定期限内未进行登记;

(2)有义务向县民事身份办公室报告有关事件的民事身份官未在法定期限内为报告;

(3)县民事身份办公室的官员未立即将以进行民事身份登记为目的报告给他的资料进行登记。

第 142 条　——2. 未报告

刑法典规定的相应处罚得适用于如下行为:

(1)任何有义务向民事身份官报告有关事件的人在法定的期限内未报告,并因此导致未进行相应的民事身份登记;

(2)任何被民事身份官以进行与其相关的民事身份登记为目的被要求提供资料的人未提供此等资料。

第 143 条　——3. 不准确的报告

(1)刑法典规定的相应刑罚得适用于任何以进行民事身份登记为目的,向民事身份官或县民事身份办公室的官员报告了其明知为不准确的资料的人。

(2)刑法典规定的相应刑罚得适用于支持其明知为假之报告的证人。

(3)刑法典规定的相应刑罚得适用于明知报告不准确,仍根据该报告进行登记的民事身份官或县民事身份办公室的官员,或适用于出具与登记簿原件不一致的摘录或复制件的人。

第 144 条　——4. 毁损或篡改登记簿

刑法典规定的刑罚得适用于任何毁损或篡改民事身份登记簿的人。

第 145 条 ——5. 利用被篡改的登记

刑法典规定的刑罚得适用于任何在明知的情况下利用经过欺诈性篡改的民事身份登记簿的某一登记，或该登记的复制件或摘录的人。

第 7 节 公证书

第 146 条 （原则）

(1)公证书由民事身份官或公证人作出。

(2)他们必须得到法院的授权和批准。

第 147 条 （授权）

以公证的方式进行证明只能在以下情况中由法院授权：

(1)已证明民事身份登记簿未被有规律地置备或登记簿不连续的；

(2)已证明民事身份登记簿丢失或毁损的；

(3)获得此等登记簿中某一登记的复制件不可能或极为困难的；

(4)援用一项登记的人不知道它在何地作出，而这种不知可以原谅；

(5)法律如此规定的。

第 148 条 （作成公证书的人）

(1)当法院授权以公证书的方式提供证明时，得特别规定该公证书得在何地作成。

(2)该法院得对被要求作成公证书的民事身份官或公证人提供一切恰当的指示，以使他们能注意相反的可能，保证公证书的正确性。

第 149 条 （公证书的具体事项）

公证书得包括它们要矫正的阙如的或不规律的民事身份登记完全相同的事项。

第 150 条 （附贴报告）

(1)作成公证书的民事身份官或公证人得将他履行其任务的环境向相应法院作出的报告附贴在此等证书上。

(2)他得特别指明该项公证书是否与某一项民事身份登记或先前作成的公证书相冲突。

第 151 条 （证明力）——1. 批准前

(1)法院得在考虑作成公证书的日期以及作成环境后自由决定其证据价值。

(2)法院在必要时应采取措施核查证书所载事项。

第 152 条　——2. 批准后

经法院批准的公证书与民事身份登记具有相同的效力。

第 153 条　（证人的责任）

（1）报告人或证人得对由其报告或作证的公证书中的事实的准确性负责。

（2）如果他们诚信行事，可追诉导致他们产生错误的人。

第 4 章　失踪

第 1 节　失踪的宣告

第 154 条　（申请宣告失踪）

（1）如某人消失且音讯全无满两年，任何利害关系人都可向法院申请宣告其失踪。

（2）宣告失踪得由失踪者的主要居住地的法院管辖。

第 155 条　（申请的公告）

宣告失踪的申请得按照法院规定的方式，在失踪人的最后主要居住地和法院认为有必要的其他地区进行公告。

第 156 条　（调查）

法院可以命令在检察官的协助下在法院认为有必要的任何地区进行调查，特别在括失踪人的最后主要居住地和失踪人最后一次露面被知晓的地区进行调查。

第 157 条　（判决的原则）

（1）当失踪人很有可能已死亡时，法院得为失踪之宣告。

（2）在作出判决时，法院得考虑案件的各种情况。

（3）法院得特别考虑被申请宣告失踪的人是否已指定一位代理人管理其财产的事实，以及可能导致阻碍收到其音讯的原因。

第 158 条　（判决的推迟）

法院可推迟 1 年判决宣告失踪，或规定宣告失踪判决仅在作出一年后生效。

第 159 条　（宣告失踪的义务）

当失踪人在被申请宣告失踪之日前已消失 5 年，并且在法院根据该申请规定作出公告后仍无音讯，自该申请之日已满 1 年的，法院得宣告被申请人失踪。

第 160 条 （最后音讯的日期）

法院得在其判决中确定收到失踪人最后音讯的日期。

第 161 条 （宣告死亡判决）

如果法院收集的证据可以被相信为确定的方式证明失踪人已死亡，被申请进行失踪宣告的法院可作出宣告失踪人死亡的判决。

第 162 条 （程序费用的负担）

(1)法院为失踪宣告的程序费用由失踪人承担。

(2)法院驳回宣告失踪的申请时，程序费用由申请人承担。

第 2 节　失踪的法律效力

第 163 条 （对婚姻的影响）

(1)自宣告失踪判决生效之日起，失踪人的婚姻关系终结。

(2)失踪人的配偶在收到失踪人最后音讯之日后缔结的婚姻只能由失踪人本人攻击。

(3)尽管有第(2)款的规定，上述婚姻也可由检察官攻击，只要他能确切无疑地证明，失踪人在提起诉讼之日仍存活于世。

第 164 条 （失踪人遭遇的继承）

(1)如果在失踪人的最后音讯之日后开始了一项假若失踪人活着将被召集参加的继承，此等继承份可在不考虑可能分配给失踪人的份额的情况下移转给其继承人或受遗赠人。

(2)法院可要求此等继承人或受遗赠人提供担保或其他保证，以保护失踪人的权利。

第 165 条 （取决于失踪人的死亡的权利）

(1)其权利取决于失踪人死亡的人可在法院宣告失踪的判决生效后执行其权利，此时视为失踪人已死亡。

(2)法院可要求上述人在开始享有归属于他们的权利前，就物的恢复原状的可能提供担保或其他保证。

第 166 条 （取决于失踪人的生存的义务）

(1)负有取决于失踪人仍然生存之条件的义务的人不得受约束履行此等义务。

(2)法院可要求上述义务人就失踪人仍存活于世的情况下复活义务的可

能性提供担保或其他保证。

第 167 条　（失踪人的财产）——1. 财产占有

（1）若失踪人留有遗嘱，该遗嘱得应任何利害关系人的要求启封。

（2）在失踪人生存的情况下将被召集继承其遗产的人，如果死于失踪人最后音讯之日，他可以获得占有，而遗产将被分割。

第 168 条　——2. 义务

（1）继承人或受遗赠人得象“善良家父”一样享用遗产。

（2）法院在他们开始其享用前，可要求其就物的恢复原状的可能提供担保或其他保证。

第 169 条　——3. 对继承人或受遗赠人处分遗产权力的限制

（1）继承人或受遗赠人应在自得到遗产或遗赠物之日起算的 3 个月内将此等金额用于投资。

（2）他们不得无偿转让此等财产，实施对象为失踪人的子女的，不在此限。

第 3 节　失踪的终止

第 170 条　（失踪终止的原因）——1. 原则

失踪宣告的效力在下列情形中终止：

（1）失踪人重新出现；或者

（2）已证明失踪人在宣告失踪判决后的某一日仍存活于世；或者

（3）已证明失踪人死于不同于法院宣告失踪判决中按照最后音讯日确定的日期。

第 171 条　——2. 失踪人返回

（1）失踪人重新出现后，他得按其财产的现存状况收回之，连同收回此等财产被转让之部分的收益以及以此等财产作为资本投资取得的财产。

（2）从失踪人财产中取得的收入得由收受它们的继承人或受遗赠人保留为自己的财产。

（3）当继承人或受遗赠人及其保证人未遵守其法定义务或有诈欺行为时，失踪人得保留向其要求损害赔偿的权利。

第 172 条　（推定的死亡）——1. 条件

自法院在宣告失踪判决中确定的失踪人最后音讯日起经过 10 年的，不得再行提出失踪人未死于最后消息日的证据，由失踪人本人或他在法院宣告其失踪之日后委托的特别代理人提出的，不在此限。

第 173 条 ——2. 法律效力

(1)在此之前已被允许占有失踪人财产的人,从此可像拥有证明他们被置于占有确有理由的权利一样行事。

(2)为失踪人可能的归来提供的担保或其他保证,得消灭之。

第 5 章 居所和住所

第 1 节 居所

第 174 条 (定义)

自然人的居所就是其通常居住地。

第 175 条 (在某地纯粹地逗留)

(1)某人在某地逗留一段时间的单纯事实不足以为他在该处设立一个居所。

(2)尽管有第(1)款的规定,一旦该逗留在事实上将持续或已持续 3 个月以上的,逗留人取得居所。

第 176 条 (没有已知的居所者)

自然人所处的地点得被视为其居所,已证明其在别处有居所的除外。

第 177 条 (数个居所)

(1)一自然人可有数个居所。

(2)在数个居所中可有一个主要居所,其余为附属居所。

第 178 条 (已婚妇女和未成年人的居所)

(1)已婚妇女可以有其自己的居所。

(2)同样的规定同样适用于未成年人和禁治产人。

第 179 条 (公务员的居所)

公务员被视为在其执行公职的地点拥有居所。

第 180 条 (商人的居所)

自然人经商的地点得被视为其居所。

第 181 条 (约定的居所)——1. 原则

自然人与他人发生关系、进行一项特别事务或活动时,可与他人作出某一地点得视为其居所的有效约定。

第 182 条 ——2. 法律效力

(1)除非有明示的相反协议,为其利益作出此等约定的人不受其拘束。

(2)他可以自己的选择,认定合同相对方的实际居所或约定居所为其居所。

第2节 住所

第183条 (定义)

自然人的住所是他为其主要营业和利益设定的主要本座,并且他有在该地永久居住的意图。

第184条 (永久居住之意图的推定)

(1)如果自然人在某地有一通常的居所,他被视为有在该地永久居住的意图。

(2)自然人表达的相反的意图,除非它足够明确,并且被贯彻于依事理之性质正常发生的事件之发生中,不得加以考虑。

第185条 (职业与家庭生活)

如果某人在甲地从事职业活动,在乙地营家庭或社会生活,在有疑问之情形,他得被视为在乙地拥有其住所。

第186条 (住所的单一性)

任何人不得同时在数地拥有住所。

第187条 (住所的变更)

一个人只要未在他地设定住所,他得保留其在原来设定之地的住所。

第188条 (住所不明)

(1)当不能确定某人在或曾在何处设定了其最后住所时,其通常的居所地得被视为其住所地。

(2)在找不到其通常的居所时,得将其首先被确认的次要居所视为其住所地。

(3)在找不到其居所时,得将利害关系人的所在地视为其住所地。

第189条 (已婚者的住所)

(1)在婚姻关系存续期间,妻子以其丈夫的住所为自己的住所。

(2)当其丈夫承受司法上的或立法上的禁治产时,她可获得自己的一个住所。

第190条 (未成年人的住所)

未获准治产的未成年人以其监护人的住所为其住所。

第 191 条 （禁治产人的住所）

禁治产人得保留其被宣告禁治产之时已经设定的住所。

第 2 题　人的行为能力

第 1 章　一般原则

第 192 条 （能力的规则）

任何自然人都有实施全部民事行为的能力，被法律宣告为无能力者除外。

第 193 条 （一般的无行为能力）

一般的无行为能力因自然人的年龄、精神状况或所受判决而发生。

第 194 条 （特殊的无行为能力）

(1)可因自然人的国籍或其执行的公务而规定特殊的无行为能力。

(2)此等特殊的无行为能力由本题第 5 章（从第 389 到第 393 条）和特别法加以规定。

第 195 条 （自愿接受的限制）

(1)任何人都不得放弃其民事权利的享有或行使，即使部分放弃，亦不得为之。

(4)任何对民事权利的享有或行使的自愿限制无效，被证明为合法利益而为的除外。

第 196 条 （无能力的证明）

(1)法律推定任何人都有能力。

(2)任何人主张某一自然人无行为能力时，得证明此等人处在无能力的状态。

第 197 条 （社团和财团）

社团和财团的能力，得根据其性质适用对其作出的有关规定。

第2章　未成年人

第1节　一般规定

第198条　（定义）

未成年人是未满18周岁的男女自然人。

第199条　（未成年人无行为能力）

（1）未成年人在其人身得到恰当的照料方面，得将其置于他应服从的监护人的权威之下。

（2）在涉及其经济利益及其财产管理的方面，未成年人得由监护人代理。

（3）未成年人不得为法律行为，法律另有规定的除外。

第200条　（年龄的证明）——1.原则

（1）自然人的年龄得据其出生登记确定。

（2）在没有出生登记时，可通过出示经可靠的证人们签名的公证书确定年龄。

第201条　——2.反证

（1）如果有充分的证据质疑出生登记中所涉事项的准确性，法院可以授权对此等登记中的所涉事项提出反证。

（2）对法院作出的不许对出生登记中的所涉事项提出反证的决定，得通过上诉反对之。

（3）在提出可靠证人质疑公证书的问题上，并无限制。

第202条　——3.法院判决的证明

（1）当公证书遭到质疑或反证出生登记中所涉事项得到允许时，法院得以解决当事人对之提出的争讼为目的，决定人的年龄。

（2）为此，法院可命令采取各种为形成其决定所必需的措施。

第203条　——4.上诉

（1）对初审法院作出的命令或拒绝命令在这一问题上采取澄清案情之措施的决定，得通过上诉反对之。

（2）对法院作出的确定人的年龄的决定，得适用同样的规定。

第2节　未成年人保护机关

第1目　监护人和保佐人

第204条　(亲权)

父母在其婚姻关系存续期间,是其未成年子女的共同监护人和保佐人。

第205条　(父母一方不能履行职责)

(1)父母一方死亡、无行为能力、不配或被褫夺时,另一方得单独行使上述职责。

(2)当不知道未成年人的父亲是谁时,其母亲得行使上述职责。

第206条　(父母离婚)

(1)父母离婚时,得由家事仲裁员指定谁是未成年人的监护人或保佐人。

(2)离婚的配偶中一方死亡时,生存的另一方此时并不有权要求行使上述职责。

第207条　(遗嘱监护人或保佐人)——1.原则

(1)未成年人的生存的父亲或母亲可以通过其遗嘱指定在其死后将作为其子女的监护人或保佐人的人。

(2)生存配偶可限制监护人或保佐人的权力,或此等权力的行使附加特别条件。

(3)生存配偶可约定一个或数个特定的人不得被指定为其子女的监护人或保佐人。

第208条　——2.指定的前提

第207条规定的权利,仅得在未成年人的父母亲在其生存期间行使了其子女监护人的职责,或经他或她的请求才被免于行使上述职责时,才属于此等父母。

第209条　——3.向法院申请

父母对监护人或保佐人之权力课加的限制或条件,可由法院出于未成年人的利益的需要而加以撤销或修改。

第210条　(被召集执行此等职责的亲属)——1.顺序

当未成年人父母皆无,并且其父母生前未有效指定其子女的监护人和保佐人,监护和保佐的职责得根据法律的规定移转于下列亲属:

(1)未成年人的祖父,若无,其祖母;

(2)祖父母俱无时,其外祖父,若无,其外祖母;

(3)无外祖父母时,其最年长的叔父或姑母;

(4)无上述叔父或姑母时,其最年长的舅父或姨母;

(5)无上述舅父或姨母时,其最年轻的叔祖父或姑祖母。

第 211 条 ——2.变更上述顺位的可能

(1)未成年人的任何血亲或姻亲都可申请赋予其未成年人的监护人或保佐人的职责,而不赋予应按照第 210 条的规定履行此等职责的人。

(2)如果得到利害关系人的同意,上述申请必须在自法定监护人或保佐人被授予职责之日起两个月内向亲属会议提出,如未得到利害关系人同意,应在同样期限内向法院提出。

(3)允许或驳回上述申请得以未成年人的利益为唯一考虑因素;在合适时,应在听取利害关系人的意见和亲属会议的意见后作出上述处理。

第 212 条 (未成年人无依法有能力的亲属的情形)

(1)在适用前条规定后,未成年人仍无监护人和保佐人时,有关职责得移转至由法院指定的人。

(2)法院可自行或根据任何利害关系人的申请,就有关人员是否为未成年人的亲属之问题作出审理。

(3)根据法律的规定负有此等义务的当局,得将这种问题提交法院。

第 213 条 (法院指定监护人)——1.未成年人的血亲或姻亲

在可能的情况下,法院得在未成年人的较近的血亲或姻亲中指定适宜于并且愿意履行此等职责的人作为监护人和保佐人。

第 214 条 ——2.慈善机构

(1)必要时,法院可将未成年人的监护或保佐职责委托给慈善机构。

(2)在上述情况下,慈善机构的主管人得选派其成员之一执行此等职责。

第 215 条 (存在收养关系的情形)

(1)在前数条的范围内,某人为任何法律或物质上的原因不处在执行监护和保佐职责的岗位上的,他得被视为已死亡。

(2)被收养之未成年人的自然亲属,不在考虑之列。

第 216 条 (监护人和保佐人的身份)

(1)被赋予负责照料未成年人之职责的人,通常同时为其保佐人。

(2)由未成年人父或母生前指定或由法院指定的监护人或保佐人,应同时履行监护人与保佐人职责,除非从案件的具体情况可得出相反的结果。

第 217 条 （赋予父母的权利）

未成年人的父母亲可在其认为合适时，为其孩子指定一位保佐人，而同时为自己保留监护人的职责。

第 218 条 （赋予法院的权利）

当法院有权进行指定时，它可在有充分的理由的情况下，为未成年人分别指定监护人和保佐人。

第 219 条 （共同保佐人）

（1）未成年人特定财产的管理可委托给法院指定的一位共同保佐人。

（2）赠与或遗赠未成年人财产时，赠与人或遗赠人可以指定一位共同保佐人，并委托他在受赠人或被遗赠人未成年期间管理此等财产。

（3）未成年人的父母或其他尊亲属也可以对未成年人将从他们继承的财产行使同样的权利。

第 220 条 （特别保佐人）——1. 保佐人与未成年人的利益发生冲突的情形

（1）当保佐人与未成年人的利益发生冲突时，法院得为后者指定一位特别保佐人。

（2）特别保佐人的指定得根据未成年人的保佐人或亲属会议的任何成员的申请作出。

（3）如果未成年人有辅助保佐人，他得被根据法律授予特别保佐人之责。

第 221 条 ——2. 数个未成年人的利益发生冲突的情形

（1）某人同时作为数个未成年人的保佐人，而这些未成年人的利益存在冲突时，得适用第 220 条之规定。

（2）上述利益的冲突得由保佐人与特别保佐人解决之。

第 222 条 （职责的开始）

（1）监护人及保佐人的职责从法律规定或法院指定其为监护人或保佐人之时开始。

（2）监护人或保佐人不知此等职责被移转于自己的情况的，不承担任何责任。

第 223 条 （职责的强制性）

被授予未成年人的监护人或保佐人职责的人被强制履行其职责。

第 224 条 （豁免职责的申请）

（1）当某人履行其被授予的此等职责存在特别的困难或不便时，他可以向法院申请豁免。

(2)监护人和保佐人可以同样的条件申请解除自己承担的职责。

第 225 条 (法定的豁免)

下列人员,涉及其子女的问题除外,可基于其单方面的声明豁免监护人或保佐人职责:

(1)妇女;

(2)任何已满 65 周岁的人;

(3)任何有 4 个未成年的子女的人;

(4)现役军人;

(5)由于职务原因必须居住在国外的公务员。

第 226 条 (临时履行职责的义务)

(1)监护人或保佐人对有关指定提出反对或寻求豁免其职责时,得履行其职责直到指定新的监护人或保佐人为止。

(2)上述规定亦适用于其指定遭到攻击的监护人或保佐人。

第 227 条 (职责的终止)

(1)当未成年人死亡或成年时,监护人和保佐人的职责终止。

(2)监护人或保佐人死亡、失去行为能力、不配或被剥夺权力的,其职责终止。

(3)当已为未成年人指定一位新的监护人或保佐人时,原监护人或保佐人的职责终止。

第 228 条 (无能力担任监护人和保佐人的人)——1.未成年人

未成年人不能执行监护人或保佐人的职责,针对其自己的子女的情形除外。

第 229 条 ——2.法院判决禁治产的人

(1)处于法院作出的禁治产宣告之下的人不能成为未成年人的监护人或保佐人。

(2)履行其监护人或保佐人职责期间被法院作禁治产宣告的人,其保佐人得立即通知根据法律将取代禁治产人履行职责的人员。

(3)无此等人时,禁治产人的保佐人得向法院申请指定另一人取代禁治产人。

第 230 条 (不配)

(1)因刑事犯罪被处以限制自由刑或生命刑的人,法院可宣告他不配履行监护人或保佐人职责。

(2)法院在作出上述判决时,可考虑具体情况,宣告它认为合适的被判处者的不配的范围。

第231条 (夺)——1.监护人权力被褫夺

(1)当未成年人未得到其状况要求的照顾、与其资质相应的精神教育或指导时,法院可夺其监护人的职责。

(2)为作此种决定,法院得考虑监护人的生活环境以及所有案情。

(3)特别是当未成年人犯有罪行,并且其行为可归因于其监护人的不良教育或缺少教育时,法院尤其应褫夺其监护人的职责。

第232条 ——2.保佐人被褫夺

有情况表明保佐人不能管好未成年人的财产,或者不遵循未成年人的父或母或亲属会议对其作出的有效指示,或者被法院宣告破产时,法院可褫夺其职责。

第233条 ——3.尊亲属被褫夺

(1)法院得在极为谨慎的前提下宣告褫夺未成年人的母或父或其他尊亲属作为其子女或卑亲属的监护人或保佐人的职责。

(2)法院可在任何时候应被褫夺者的申请改变其决定。

第234条 ——4.程序

(1)褫夺未成年人的监护人或保佐人的申请可由未成年人的任何血亲或姻亲或检察官提出。

(2)只要不可能导致未成年人的人身或财产的重大危险,法院在宣布褫夺监护人或保佐人的职责前,得给予后者陈述理由的机会。

(3)法院一旦褫夺了监护人或保佐人的职责,得随即指定另一人取代被褫夺者。

第235条 (法院的义务与权力)

(1)法院指定或褫夺未成年人的监护人或保佐人,在可能的情况下,应在为决定前征求此等未成年人的亲属会议的意见。

(2)法院认为合适时,可听取未成年人本人的意见。

(3)法院的决定只考虑未成年人的利益,不受其取得的任何资料的制约。

第236条 (保佐人可取得报酬)

(1)监护人或保佐人的职责为无偿的职位。

(2)当保佐人管理未成年人的财产占用了其大量时间,或保佐人不是未成年人的血亲或姻亲时，可以给予保佐人年度酬金。

(3)此等酬金只能从未成年人的收入中取得，并且不得超过其总额的1/3。

第 237 条 (监护人以及保佐人职责的人身性)

(1)监护人或保佐人之职责是具有人身性的职位，不得移转于监护人或保佐人的继承人。

(2)后者只得在本法典与"继承"之题规定的范围内对被继承人管理的事务负责。

第 238 条 (继承人的义务)

(1)监护人或保佐人的继承人必须立即将其被继承人死亡的消息通知根据第 210 条将取代其被继承人履行此等职责的人。

(2)在没有上述人员时，他们得向法院申请为未成年人指定新的监护人或保佐人。

(3)在履行第(1)、(2)款规定的义务之前，他们仍得对未成年人和第三人负责。

第 239 条 (监护人或保佐人资格的证明)

(1)必要时，监护人或保佐人可申请法院颁发能证明其监护人或保佐人资格的文件。

(2)有公证人时，上述文件也可由公证人颁发。

第 240 条 (保佐人规定的准用)

本题关于保佐人的规定得适用于共同保佐人和特别保佐人。

第 2 目 亲属会议和辅助保佐人

一、亲属会议的组成

第 241 条 (原则)

(1)未成年人的亲属会议由未成年人的尊亲属及其成年的兄与姐组成。

(2)已为未成年人达成收养协议时，仅得其养亲家庭成员作为亲属会议成员。

第 242 条 (无尊亲属的情形)

未成年人无直系尊亲属时，其最年长的叔父或姑母得作为亲属会议的成员；无此等叔父或姑母时，由未成年人的最年长的叔祖父或姑祖母作为亲属会议的成员。

第 243 条 （父母离婚的情形）

未成年人的父母亲已离婚的，亲属会议除包括第 241 条的第 242 条规定的亲属外，得加上宣布其父母离婚的家事仲裁人。

第 244 条 （另外的成员）

(1)未成年人的父亲可在其遗嘱中指定一个或两个特定的人作为其未成年子女的亲属会议的成员。

(2)未成年人的母亲享有上述权利。

第 245 条 （排除某人为亲属会议的成员）

未成年人的父母可在其遗嘱中规定自己的一个或数个子女不得作为其未成年的弟或妹的亲属会议的成员。

第 246 条 （另外的成员之指定）

(1)根据前数条组成未成年人的亲属会议时，如果成员不足 4 人，得召集关心该未成年人的人参加会议，不论他是否为其亲属。

(2)此等人员得由亲属会议的成员指定，其成员的数目至少有两人。

(3)在亲属会议的成员不到两人时，或者亲属会议的成员不能达成一致时，得在不妨碍任何利害关系人向法院提出申请的同时，由未成年人居住的行政区的长官指定。

二、亲属会议的举行

第 247 条 （法定的亲属会议的举行）

未成年人的在世的父亲或母亲死亡后 40 天，必须依法举行亲属会议，此前举行的，不受限制。

第 248 条 （会议的召集）

(1)亲属会议得在未成年人的监护人或保佐人或法院的召集下随时召开。

(2)它也可由辅助保佐人召集。

(3)没有任命辅助保佐人时，亲属会议的任何成员都可召集。

第 249 条 （亲属会议召开的时间）

召集亲属会议时，必须给予其成员合理的时间使其能参加会议。

第 250 条 （亲属会议的议程）

(1)在亲属会议的召集通知中必须附有会议的议程，其中须写明会议将要就哪一或哪些事项进行决定或投票。

(2)未成年人的在世的父亲或母亲去世后举行的第一次亲属会议，必须全面检查未成年人的情况，并且采取符合下列条款规定的、在其职权范围内的它认为合适的措施。

第 251 条　（举行会议的地点）

（1）亲属会议得在未成年人于其在世的父亲或母亲死亡之时拥有主要居所的地方进行。

（2）法院可根据孩子的监护人或保佐人提出的申请，为充分理由授权在别的地方召集亲属会议。

第 252 条　（会议的费用）

因召集、举行亲属会议支出的一切费用由此等会议的成员自己承担。

第 253 条　（通过信函进行咨询）

保佐人认为合适时，可不召集亲属会议而以向亲属会议的每一位成员发出信函的方式征询其对某一具体事项的处理意见。

第 254 条　（亲属会议的成员不得被代表）

（1）未能参加会议的亲属会议的成员可通过书面形式表明意见或进行投票。

（2）他们不得派代表参加亲属会议。

第 255 条　（作出决议所需的多数）

（1）亲属会议的决议，必须以出席会议和未出席会议的成员的绝对多数通过。

（2）上述事项必须记入由亲属会议成员签名的会议记录之中。

（3）会议记录由批准决议的多数成员签名，即足以使它生效。

第 256 条　（监护人和保佐人在亲属会议中的地位）

（1）未成年人的监护人和保佐人必须出席亲属会议的讨论，即使他们不是亲属会议成员的也不例外。

（2）在后一种情形，他们只能在亲属会议的讨论中提出其建议。

第 257 条　（未成年人本人在亲属会议中的地位）

除非亲属会议作出相反的决定，未成年人本人不得参加会议的讨论。

第 258 条　（法院代替亲属会议为决定）——1. 不能形成多数意见时

（1）由于成员的缺席或成员之间的分歧导致亲属会议不能形成多数意见时，亲属会议不能作出的决议得由法院作出。

（2）有关事实可由未成年人的监护人或保佐人向法院提出。

（3）有关事实也可由辅助保佐人，或无辅助保佐人时，由亲属会议的任何一位成员向法院提出。

第 259 条 ——2. 情况紧急时

当急需作出决定而又难以召集亲属会议时，法院可根据前条规定的相同人员的申请，代替亲属会议为决定。

第 260 条 （起诉）

(1)亲属会议作出决议之日起 1 个月内，可向法院起诉反对该决议。

(2)上诉可由未成年人的监护人、保佐人或辅助保佐人或亲属会议的任何成员提起。

三、辅助保佐人

第 261 条 （任命）

亲属会议可任命其成员之一或第三人履行辅助保佐人的职责。

第 262 条 （保佐人的监督）

(1)辅助保佐人得代表亲属会议接受保佐人的账目汇报。

(2)他得协助保佐人执行亲属会议指定的行为。

(3)在其认为合适时，得召集亲属会议。

第 263 条 （代替或协助保佐人）

(1)当保佐人与未成年人在某一特殊事项上存在利益冲突时，辅助保佐人得应保佐人的请求取代后者。

(2)当保佐人共同代表的数个未成年人之间存在利益冲突时，辅助保佐人得应保佐人的请求协助后者。

四、共同规定

第 264 条 （亲属会议成员及辅助保佐人职位的性质）

(1)亲属会议成员以及辅助保佐人的职位具有强制性，但此等强制性接受关于保佐人职位之规定的同样保留。

(2)此等职位为无偿的。

(3)关于保佐人之无行为能力和不配的规定，得适用于亲属会议的成员和辅助保佐人。

第3节 监护人和保佐人的权力

第1目 照料未成年人的人身

第265条 （未成年人的居所）

（1）监护人得确定未成年人将居住的地点。

（2）未经监护人批准，未成年人不得离开此等地点。

（3）未成年人未经批准离开上述地点的，监护人可强制其返回该地。

第266条 （未成年人的健康）

（1）监护人得注意未成年人的健康状况。

（2）未成年人生病时，监护人应采取使其康复的必要措施。

第267条 （未成年人的教育）

（1）监护人得指导未成年人的教育。

（2）为了保证对未成年人的教育，监护人可以对其身体施加轻微的惩戒。

第268条 （社会交往和通信）

（1）监护人得监督未成年人的社会交往。

（2）监护人可以要求将未成年人的信件投递给他。

（3）监护人在无充分理由时，不得禁止未成年人探视其尊亲属或与他们通信。

第269条 （普通教育和职业教育）

（1）监护人得保证未成年人得到普通教育以及与其资质相适应的职业有关的指导。

（2）他得为使未成年人受上述教育的需要缔结合同，并批准未成年人谋求一种职业。

第270条 （未成年人的收入）——1.通常情形

（1）监护人得受领未成年人的收入并为了后者的利益使用它们。

（2）他不必就此等使用汇报账目。

第271条 ——2.可观的收入

（1）如未成年人的收入可观，并且监护人既非其父亦非其母，亲属会议可停止适用第270条第（1）款的规定。

（2）在上述情形，亲属会议得确定一个每年从未成年人的收入中拨付给监护人的总额作为未成年人通常的生活和教育费用。

(3)未成年人的收入的余额得保存于保佐人处,由后者为未成年人的利益进行投资。

第 272 条 ——3. 未成年人的工作

(1)已满 15 周岁及以上的未成年人得自己受领其劳动收入。

(2)他可以自由处分上述收入,但必须分担其自己的生活费。

第 273 条 ——4. 赠与或遗赠的财产

(1)赠与、遗赠或遗留财产给未成年人的人,可以规定此等财产的收益在孩子未成年期间不得由其监护人受领。

(2)赠与合同或遗嘱中关于此等收益的管理和使用的规定,得遵守之。

第 274 条 ——5. 收入的转让或扣押

(1)监护人不得转让未成年人之未到期的收入,亦不得作为后者负担之义务的担保品。

(2)未成年人的监护人的债权人不得扣押未成年人的收入。

第 275 条 (亲子关系)

(1)未成年人的非婚生子女的认领必须由未成年人本人同意。

(2)未成年人可以在其无行为能力持续期间或无行为能力终止后 1 年内自由撤销上述认领,该认领得到了监护人批准的除外。

(3)上述撤销权严格属于未成年人个人,不得由其代理人或继承人行使。

第 276 条 (父亲和母亲权力的行使)——1. 原则

(1)孩子的父亲以及母亲都被授予监护人职责时,父亲得单独执行该职责。

(2)当父亲因外出或因其他原因处于不能表明其意志的状态时,母亲得代替父亲行使该职责。

第 277 条 ——2. 争议

(1)孩子的母亲在关于孩子人身的照料问题上与父亲发生争议时,她可向家事仲裁人提出争议。

(2)除母亲外,任何人都不得向家事仲裁人提出上述争议。

第 278 条 (向亲属会议上诉)——1. 原则

(1)孩子的尊亲属可以针对孩子之监护人的决定向亲属会议提起上诉。

(2)无尊亲属时,该上诉可由亲属会议的任何成员提起。

第 279 条 ——2. 监护人是未成年人的父亲或母亲的情况

当未成年人的监护人是其父亲或母亲时,他们作出的决定不得被上诉,除非：

(1)孩子的父亲与母亲已离婚，或者

(2)对孩子行使权力的父亲或母亲已再婚或与他人非法同居。

第 2 目　未成年人的财产的管理

第 280 条　(原则)

(1)保佐人得在所有的民事活动中代理未成年人。

(2)他得以“善良家父”之注意照料未成年人的经济利益并管理其财产。

第 281 条　(财产的清单及估价)——1.在保佐人接受职责后

(1)自保佐人接受职责起 40 日内，他得在可靠的证人在场的情况下编制未成年人的财产清单并估定此等财产的价值，在可能的条件下，上述证人得在亲属会议成员之中选择。

(2)如果未成年人负欠保佐人某项财产，后者须在未成年人财产清单中声明之，违者丧失对此等财产的权利。

第 282 条　——2.移转给未成年人的继承

(1)当一项继承权移转给未成年人时，保佐人在代表未成年人接受该继承前，得在可靠证人在场的情况下使人作成此等继承的清单，其中得指明此等继承权的价值，在可能的条件下，上述证人得在亲属会议成员中选择。

(2)在此等继承中，如果有某项财产应归属于保佐人，后者得在财产清单中声明此等事实，违者丧失对此等财产的权利。

(3)保佐人得对因财产清单缺失导致的任何损失对未成年人承担责任。

第 283 条　(保佐人与未成年人财产的混合)

(1)保佐人得确保未成年人的财产不与自己的财产混合。

(2)他尤其不得在其本人的银行账户里存入或授意他人存入属于未成年人的钱款。

第 284 条　(有价证券及贵重物品存放于安全之所)

有价证券、贵重物品、重要文件以及其他类似物品，在不因此造成管理未成年人财产的不便时，得由保佐人存放于安全场所。

第 285 条　(召集亲属会议)

(1)不是未成年人的父亲或母亲的保佐人，在开始其管理前得召集亲属会议并向其说明未成年人的经济状况。

(2)在此之前，保佐人得将其管理行为的执行限制于具有紧急性质的事务。

第 286 条 （亲属会议的指令）

(1)亲属会议可对不是未成年人的父亲或母亲的保佐人作出有关未成年人财产的管理的指令。

(2)亲属会议可禁止保佐人为一定的行为，亦可使保佐人的执行行为受制于特定的条件授权。

第 287 条 （未成年人接受赠与、遗赠或继承之财产）

(1)对未成年人为赠与或遗赠者，或未成年人参加其继承的被继承人，可为了此等财产的管理命令保佐人遵守一定的规则。

(2)如果事后表明，遵守此等规则实不可能或有害于未成年人，保佐人可向法院申请对之进行变通。

第 288 条 （商业或其他企业）

(1)如果商业、工业或其他企业构成未成年人产业的一部，亲属会议得指令不是孩子的父亲或母亲的保佐人是盘出此等企业还是维持其运行。

(2)为作出上述决定，亲属会议得考虑保佐将存续的期间、保佐人的能力和潜力以及未成年人的利益。

第 289 条 （某些财产的转让）

(1)保佐人可转让未成年人所有的有体动产、股票和有价证券。

(2)亲属会议可对不是未成年人的父亲或母亲的保佐人作出是进行此等出售还是禁止其进行的指令。

第 290 条 （无记名有价证券）

(1)不是孩子的父亲或母亲的保佐人得在未成年人取得上述证券之日起 3 个月的期间之内，将其转让或者将其转换为记名有价证券。

(2)亲属会议可以豁免他的上述义务。

第 291 条 （债务和债权）

(1)保佐人得清偿未成年人负欠的债务。

(2)他得受领移转于未成年人的资本及其收入，并出具收据给清偿人。

第 292 条 （对资本的投资）——1. 保佐人之义务

(1)当未成年人拥有的资本超过 500 埃塞俄比亚元时，保佐人应将之用于投资。

(2)亲属会议可对第(1)款规定的数目进行变通。

第 293 条 ——2. 投资时间

(1)在从资本处于保佐人处分之日起的3个月内,投资应得以实施。

(2)亲属会议可变通此等期间。

第294条 3.(可取得之财产的性质)

亲属会议可事先决定不是未成年人的父亲或母亲的保佐人可代表未成年人取得之财产的种类。

第295条 ——4.处罚

(1)保佐人未将未成年人的金钱进行投资时,有责任偿付给后者相应的法定利息。

(2)在合适的情况下,可判处他赔偿未成年人的损失。

第296条 (收入)

(1)保佐人得将未成年人的收入交付于后者的监护人,以作未成年人生活和教育之用。

(2)此等交付得根据亲属会议确定的条件和时间为之。

(3)无此等亲属会议的决定时,上述交付得在监护人的主要居所每6个月进行一次。

第297条 (租约)

除非得到亲属会议的授权,保佐人缔结的租约对未成年人的约束力不得超过其成年之后的第3年。

第298条 (继承)

(1)保佐人得代表未成年人接受移转给后者的继承。

(2)未经亲属会议授权,保佐人不得抛弃移转给未成年人的继承,从此等继承显然不能得到积极财产的除外。

第299条 (赠与或遗赠)

(1)未经亲属会议授权,保佐人不得拒绝对未成年人所为的超过500埃塞俄比亚元的赠与或遗赠。

(2)除习俗要求馈赠的小礼物之外,保佐人不得代表未成年人为任何赠与。

第300条 (缔结保证)

在任何情况下,保佐人都不得代表未成年人为他人的债务签订保证合同。

第301条 (和解)

未经亲属会议授权,保佐人不得达成涉及未成年人利益的和解协议,争议的数额在300埃塞俄比亚元以下的,不在此限。

第 302 条 （保佐人与未成年人之间的合同）

（1）未经亲属会议授权，保佐人不得购买或承租未成年人的财产，也不得与未成年人达成任何其他合同。

（2）除非亲属会议授权，保佐人不得接受任何针对未成年人的权利或请求权的让与。

第 303 条 （借贷）

除非亲属会议授权，保佐人不得代表未成年人签订借贷合同。

第 304 条 （征求未成年人的意见）

（1）当未成年人具有识别能力并且已年满 15 周岁时，与其有关的所有重要行为，得尽量征求其意见。

（2）未成年人的同意不得免除保佐人的责任。

第 305 条 （对未成年人行为的授权）——1. 原则

（1）保佐人可考虑其年龄和经济地位，授权未成年人单独与他人达成被认为属于日常生活行为的合同。

（2）上述授权可以默示的方式为之。

第 306 条 ——2. 日常生活行为

（1）法律规定必须得到亲属会议批准才能缔结的行为绝不得被认为是日常生活行为。

（2）任何行为，如果它将使未成年人承担的费用或责任的价值超过 100 埃塞俄比亚元时，不得被视为日常生活行为。

第 307 条 ——3. 对保佐人的效力

保佐人得就未成年人经其授权承担的债务为第三人的利益缔结保证。

第 308 条 （遗嘱）

（1）保佐人不得代表未成年人立遗嘱。

（2）未成年人年满 15 周岁的，可自行立遗嘱。

（3）未成年人在满上述年龄前所立之遗嘱无效，尽管该未成年人在年满 15 周岁后未撤销它，亦不例外。

第 309 条 （婚姻合同）

（1）未成年人结婚，必须得到未成年人以及本法典第 562 条规定之人的同意。

（2）本法典第 562 条规定之人可通过代理作出其同意。

（3）当代表人本人是本法典第 562 条规定的人员之一时，其代理权无需证明。

第 310 条 （管理费）

保佐人有权要求偿付其在管理与未成年人的利益有关的事务中支出的费用。

第 311 条 （汇报管理账目）

(1)在保佐期间,保佐人得按亲属会议确定的条件和时间向后者汇报其任何管理账目。

(2)当未成年人的父亲或母亲履行保佐人职责时,得被豁免账目汇报义务。

(3)他们可豁免由其任命的保佐人的此等义务。

第 312 条 （准用条文）

本法典第 277 条至第 280 条的规定,得适用于保佐以及对保佐人之决定的诉讼。

第 4 节 对违反未成年人保护条款的处罚

第 1 目 未成年人的行为

第 313 条 （原则）

未成年人超出其权力所为的法律行为无效。

第 314 条 （无效的适用）

(1)上述行为的无效只能由未成年人本人、其代理人或其继承人申请。

(2)在不与以后数条冲突的前提下,在上述情形中,得适用合同因错误作出同意而无效的规则。

第 315 条 （未成年人的相对方为诚信的情况）

当合同相对方诚信地相信未成年人已得到签订合同的授权,并且未利用未成年人的无经验牟利时,则该合同具有法律效力。

第 316 条 （给付）

(1)如已证明未成年人已从对其作出的给付中受益,该给付在未成年人于提起宣告法律行为无效之诉之日依然能给他带来利益的范围内有效。

(2)在相反的情形,上述给付无效,未成年人无返还此等给付的义务。

第 317 条 （非契约责任和不当得利）——1. 原则

本法典有关非契约责任和不当得利之题的规定(第 2027 条至第 2178

条)，得适用于未成年人的非契约责任以及他得到的不当得利。

第318条 ——2.成年的单纯声明

(1)未成年人作出的他已成年的单纯声明并不剥夺因其未成年状态而可利用的权利。

(2)上述声明不足以构成使其承担非契约责任的过错。

第2目 保佐人的行为

第319条 (通常实施的行为)

(1)保佐人在其权限内或经必要授权的行为，不得以主张它们是为未成年人实施的而受攻击。

(2)上述行为对未成年人具有约束力，就像他们自己作为成年人实施上述行为一样。

(3)除非保佐人自己作出了允诺或法律有规定，上述行为不得约束保佐人自己。

第320条 (违反法律规定)

(1)保佐人违反法律规定实施的行为，得适用本法典有关代理的题中关于代理人越权代理的规定。

(2)如果法律规定保佐人的行为必须得到亲属会议的授权，而保佐人未经此等授权实施的行为，亦得适用同样的规定。

(3)当亲属会议的组成不合法或讨论程序非法时，得其授权的保佐人实施之行为，亦得适用同样的规定。

第321条 (非由法律规定的指令之违反)

(1)除非第三人在合理的时间内已知道或者应当知道亲属会议对保佐人权力课加的限制，保佐人的行为违反亲属会议指令的事实不得对抗第三人。

(2)前款规定同样适用于对未成年人为赠与、遗赠或者遗留财产的人对保佐人权力课加的限制。

(3)第三人为恶意的举证责任由无效行为的牵连人承担。

第322条 (共同保佐和特别保佐)

前数条之规定得适用于共同保佐人和特别保佐人。

第3目 可能产生的责任

第323条 (保佐人)

(1)保佐人得对因其疏忽、管理不当、未遵守亲属会议对其作出的指令、在自己的利益与未成年人的利益发生冲突的情况下不寻求辅助保佐人等给未成年人可能造成的损害承担责任。

(2)除非有欺诈情事,只要保佐人的行为符合亲属会议对其下达的指令,保佐人不承担责任。

(3)本条的规定得适用于共同保佐人和特别保佐人。

第 324 条　(辅助保佐人)

辅助保佐人应与保佐人就所受判处承担连带责任,他能证明自己没有过错的除外。

第 325 条　(事实上的保佐人)

(1)并非保佐人的任何人履行保佐人职责的,得对其事务管理承担责任。

(2)保佐人得就此等人所受的判处负连带责任。

第 326 条　(女保佐人的丈夫)

女保佐人的丈夫应对女保佐人所受的判处负连带责任,因为此等判处与保佐相关,而且此等保佐发生在婚姻存续期间。

第 327 条　(亲属会议的成员)

(1)除非有欺诈情形,亲属会议的成员不得因履行其职责承担任何责任。

(2)但他们通过在亲属会议的会议记录上签名,已就会议的召集以及会议的讨论依法进行作出了担保。

第 5 节　未成年人无行为能力状态的终止

第 328 条　(原因)

未成年人的无行为能力状态得因其成年或获得准治产而终止。

第 1 目　准治产

第 329 条　(结婚)

未成年人得通过结婚当然取得准治产。

第 330 条　(明确的准治产)——1. 条件

(1)未成年人已满 15 周岁的可以取得准治产。

(2)亲属会议必须就此作出决议。

第 331 条　——2. 申请

亲属会议关于未成年人准治产的决议,可根据未成年人自己、其尊亲属之

一、其监护人或保佐人的申请作出。

第 332 条 ——3. 驳回申请

未成年人父母双全的，亲属会议不得允许准治产，其父母中的至少一方明确同意其准治产的，除外。

第 333 条 （法律效力）

准治产的未成年人在所有关于其人身的照料和其财产利益的管理上，依法被视为已成年。

第 334 条 （准治产不可撤销）

(1)准治产不得被撤销。

(2)未成年人因结婚导致的准治产，在离婚后继续有效。

(3)法院因配偶一方未达法定婚龄而解除上述婚姻时，可作出与前款规定相反的决定。

第 2 目 保佐人汇报账目

第 335 条 （原则）

(1)保佐人结束其职责时，应向其前被保佐人或其继承人汇报其管理工作的账目。

(2)保佐人得向其前被保佐人或其继承人移交属于后者的财产，并为之准备证明其享有的权利和承担的债务的声明。

第 336 条 （财产清单阙如的情形）

(1)如果保佐人在接手其职责时或在一项继承权移转给未成年人时未能制作财产清单，则未成年人可以各种方式证明他的产业包括哪些财产，此等继承包括哪些财产。

(2)如果可靠的证人就财产的归属提出了这样的证明，财产被视为属未成年人所有，有相反证据的除外。

第 337 条 （对账目的批准）

(1)只要被保佐人未满 18 周岁，他作出的对保佐人账目的批准可在此等批准后 1 年内由其撤销。

(2)上述规定得同样适用于被保佐人已允许保佐人豁免汇报账目义务的情形。

(3)第(1)、(2)款规定的撤销权不得由已成年的未成年人的继承人在他们自己已批准了保佐人的账目汇报或豁免了其账目汇报义务的情况下援用。

第 338 条　（诉讼时效）

（1）保佐人结束其职责 5 年后，禁止未成年人、其代理人或继承人基于保佐人的责任或保佐行为提起任何诉讼。

（2）上述期限届满后，未成年人仍保有要求其返还其财产或提起不当得利之诉的权利。

第 3 章　精神病人和精神耗弱人

第 339 条　（定义）

（1）精神病人是因为发育不良、大脑疾病或因为衰老不能理解其行为的意义的人。

（2）意志薄弱者、酗酒者、习惯性的毒品使用者和浪费人，在适当的情形得被作为精神病人处理。

第 340 条　（精神耗弱人）

聋哑人、盲人以及其他因慢性病不能自己照料自己或者管理自己财产的人，可为了自己的利益援引为精神病人提供保护的法律之规定。

第 1 节　未受禁治产宣告的精神病人和精神耗弱人

第 341 条　（众所周知的精神病人）——1. 居住在治疗机构的精神病人

由于其精神状况而居住在治疗精神病的医院、研究所或护理机构的人，在其保持居住期间，依法被视为众所周知的精神病人。

第 342 条　——2. 农村基层行政区

在居民不超过 2 千人的农村基层行政区，当某人的亲属或与其同住的人，该人的精神状况要求对其看护，其行动自由因此受到周围的人的限制时，该人的精神病状态被视为众所周知。

第 343 条　（众所周知的精神病人所为之法律行为）——1. 原则

（1）当某人在其精神病状况众所周知的时间和地点所为的法律行为，他自己、其代理人或其继承人得攻击之。

（2）对明显因精神耗弱不宜照料自己和管理财产的人所为之法律行为，同样的规定适用之。

第 344 条　——2. 实施

（1）除非有相反证据，此等人员所为的同意得被视为受导致其无效的缺陷影响。

(2)本法典关于合同因错误无效的规定(第 1696 条至第 1703 条)得适用于上述情形。

第 345 条 (有关责任)——1. 原则

精神病人得对与其缔结合同的诚信第三人因合同无效引起的损失承担责任。

第 346 条 ——2. 证明

(1)除非有相反的证据,第三人应被推定为诚信。

(2)在本法典第 342 条规定的情形,当第三人与精神病人生活于同一行政区或相邻行政区时,即使有相反的证据,他仍被视为恶意。

第 347 条 (其精神病状况不是众所周知的人)

(1)其精神病状况不是众所周知的人所为之法律行为,不得以其患有精神病为由而攻击之。

(2)除非精神病人能证明在他实施法律行为时,他不处于能作出无缺陷的同意的状态,否则他不能取得对此等行为的无效宣告。

第 348 条 (继承人和债权人)——1. 原则

其精神病状况不是众所周知者的继承人和债权人,不得通过主张该精神病人因其精神病不能作出无缺陷的同意而要求宣告其行为无效。

第 349 条 ——2. 例外

(1)第 348 条的规定不得适用于实施行为者的精神耗弱状态是该行为本身的内容之结果的情形。

(2)上述条款不得适用于行为人已被申请宣告禁治产的情形,尽管该申请在有关行为发生之后作出,实施行为的人在对宣告禁治产的申请作出决定前死亡的除外。

第 350 条 (非契约责任)

(1)众所周知的精神病人得像神志健全人一样承担非契约责任(第 2027 条至第 2161 条)。

(2)精神病人在承担由他引起的任何不当得利债务时,应被视为神志健全(第 2162 条至第 2178 条)。

第 2 节 法院宣告禁治产

第 351 条 (禁治产之判决)

(1)法院可因精神病人的健康和利益的需要,对其作出禁治产宣告。

(2)禁治产宣告也可为了精神病人之推定的继承人的利益作出。

(3)在因慢性病不能控制自己或管理其产业的情形中的人,也可被宣告为禁治产(第340条)。

第352条　(众所周知的精神病的宣告)

(1)当法院宣告某人禁治产时,可以宣告自判决中可以确定的日期起,禁治产人的精神病已众所周知。

(2)第(1)款涉及的决定可在禁治产判决作出之后作出。

(3)判决中所确定的日期不得早于提出禁治产的申请之前2年。

第353条　(禁治产的申请)

(1)禁治产的申请可由精神病人或精神耗弱人自行提出,或由其配偶或其任何血亲或姻亲提出,亦可由检察官提出。

(2)禁治产判决可在被申请人成年前作出。

(3)被申请人死亡的,不得宣告其禁治产。

第354条　(禁治产宣告的程序)

(1)在对某人作禁治产宣告前,法院应确认这一措施是必需的。

(2)在未见到被申请宣告禁治产的人之前,不得宣告其禁治产。

(3)当上述被申请宣告禁治产的人不可能亲自到场时,法院得通过委派一名成员或指定一位专家对其进行检查。

第355条　(上诉)

精神病人或精神耗弱人自己、其配偶、其任何血亲或姻亲或检察官,都可就禁治产判决提出上诉。

第356条　(法院宣告禁治产人之登记簿)

(1)在各省(Teklay Guezat)法院的登记处置备的特别登记簿中,应包括在该法院管辖区内每一个被法院宣告为禁治产人的名单。

(2)登记簿只包括为表明禁治产人身份和表明判决或与禁治产有关之判决的事项。

(3)任何利害关系人都可阅读此等登记簿。

第357条　(判决的通知)

(1)禁治产人的监护人得确保法院作出的禁治产判决将被通知禁治产人居住或将被要求居住的省的法院登记处。

(2)前款规定同样适用于对禁治产宣告的效力作出的任何变更判决。

第 358 条 （禁治产人之保护）

在不违背以下数条之规定的前提下，被法院宣告禁治产者的人身和财产的保护，得适用保护未成年人的同样规则。

第 359 条 （监护人和保佐人）

(1)禁治产人的监护人和保佐人在任何情况下得由法院指定。

(2)除禁治产人的配偶、尊亲属和卑亲属外，任何人都无义务履行禁治产人的监护人或保佐人的职责超过 5 年的时间。

第 360 条 （亲属会议）——1.组成

(1)本题中关于未成年人的亲属会议之组成的规定不得适用于禁治产人。

(2)禁治产人的亲属会议由其尊亲属、成年兄弟姐妹、配偶和成年卑亲属组成。

(3)当如此组成的亲属会议的成员数目少于 4 人时，法院得通过召集关心其境况的人以弥补人数的不足，他们与禁治产人是否有亲属关系，在所不问。

第 361 条 ——2.举行亲属会议的地点

(1)法院已指定会议举行地点的，得在指定地点举行。

(2)法院未指定地点时，亲属会议得在禁治产人被宣告禁治产之日有其主要居所的地点举行。

第 362 条 （禁治产人的居所）

(1)禁治产人的监护人得确保禁治产人居住于其行为能力欠缺状况已按照法律要求进行公告的地方。

(2)禁治产人变更其居所时，其监护人得确保在新居所的地点作出上述公告。

第 363 条 （禁治产人的收入）

(1)禁治产人的收入不得成为其监护人的财产。

(2)其收入得主要用于禁治产人生活维持和人身的照料。

(3)禁治产人的监护人得汇报使用此等收入的账目。

第 364 条 （对监护人决定的上诉）

亲属会议的任何成员在任何情况下都可以向亲属会议上诉禁治产人的监护人作出的决定。

第 365 条 （禁治产人的父亲和母亲）

因未成年人的保佐人为其父亲或母亲而赋予他们特权地位的规定，不得适用于禁治产人的保佐人。

第 366 条　（租约）

除非是根据亲属会议的授权缔结的，禁治产人的保佐人缔结的租约不得在禁治产人行为能力欠缺状态结束后继续对其有约束力超过 3 年。

第 367 条　（赠与）

(1)禁治产人的保佐人可代表后者向禁治产人的卑亲属为赠与。

(2)上述赠与必须得到亲属会议的批准，否则无效。

第 368 条　（遗嘱）

(1)禁治产人在被宣告禁治产后不能立遗嘱。

(2)他在被宣告禁治产之前立的遗嘱有效。

(3)禁治产人在被宣告禁治产之前立的遗嘱，法院认为其中包含违反公平或受到立嘱人健康状况影响的规定时，可确认该遗嘱全部或部分无效。

第 369 条　（结婚）

(1)被法院宣告禁治产的人除非得到法院的有关授权，不得订立婚姻合同。

(2)为得到法院的有关授权，可由禁治产人本人或其监护人提出申请。

(3)禁治产人未得到法院授权订立婚姻合同的，任何利害关系人都可向法院申请宣告此等婚姻无效。

第 370 条　（离婚以及脱离亲子关系）

(1)与禁治产人离婚或结束非法同居关系，必须得到禁治产人及其监护人的亲自同意。

(2)禁治产人的子女可以在本法典关于家庭关系的编的规定的条件（第 782 条至第 795 条）下，与禁治产人脱离亲子关系。

第 371 条　（禁治产效力的限制）——1. 原则

(1)法院可以在宣告禁治产之同时或在宣告禁治产后对禁治产的效力进行限制。

(2)法院可授权禁治产人自行为一定的行为。

(3)法院也可以规定禁治产人的保佐人未得到禁治产人的参与不得为某些行为。

第 372 条　——2. 法律效力

(1)法院根据第 371 条的规定对禁治产人的保佐人的权力课加的限制不得对抗与此等保佐人为交易的诚信第三人。

(2)除非有相反的证据，推定第三人为诚信。

第 373 条 （禁治产人行为的无效）

(1)禁治产人超越其权力的行为在相同的情形下被视同未成年人的行为，得攻击之。

(2)法院不得以此等行为可能是由在其神志清醒的间隔期中的精神病人作出的为由，维持上述行为的法律效力。

第 374 条 （禁治产人的监护人的责任）——1.原则

禁治产人与不知其无能力的诚信第三人订立合同时，禁治产人的监护人得对此等第三人因禁治产人导致的行为无效引起的损失承担责任。

第 375 条 ——2.诚信

任何与禁治产人在其禁治产根据法律已公告的省份中订立合同的人，都不得被视为诚信。

第 376 条 （登记处的责任）

(1)登记处已收到禁治产判决的通知，而未将禁治产人的姓名登记于以此为目的置备的特别登记簿的，法院登记处得取代监护人承担责任。

(2)前款规定同样适用于登记处拒绝让与禁治产人进行交易的第三人了解登记内容的情形。

第 377 条 （禁治产的撤销）——1.申请

(1)当禁治产被宣告撤销后，禁治产人终止其无行为能力状况。

(2)撤销禁治产的申请可在任何时候由可向法院申请宣告禁治产的人提出，禁治产人本人除外。

(3)上述申请亦可由禁治产人的监护人或保佐人提出。

第 378 条 ——2.宣告

有证据表明宣告禁治产的原因已消失，并且禁治产人处于能控制自己和自行管理财产的状况时，法院得宣告撤销禁治产。

第 379 条 ——3.法律效力

禁治产的撤销与未成年人准治产具有相同的法律效力。

第 4 章　法定禁治产人

第 380 条 （定义）

(1)法定禁治产人是因受刑事判决法律剥夺了其对自己财产的管理权的人。

(2)自然人在何种情形下被视为法定禁治产人，依刑法确定之。

第 381 条　(适用于法定禁治产人的规则)

在不违背以下数条之规定的前提下，法定禁治产得适用与法院宣告禁治产相同的规则。

第 382 条　(无监护人)

法定禁治产人无监护人。

第 383 条　(保佐人)——1. 指定

(1)法定禁治产人的财产管理得委托于法院指定的保佐人。

(2)法院指定的保佐人可以在其自己、法定禁治产人的配偶或亲属或检察官的要求下替换。

第 384 条　——2. 职位的自愿性

(1)可以选择是否接受法定禁治产人之保佐人的职位。

(2)接受这一职位的人除非出于法院同意的正当理由不得请求被替换。

(3)保佐人担任此等职位已满 5 年或 5 年以上的，应许可其替换的请求。

第 385 条　(亲属会议)

在法院宣告禁治产的情形中，授予给亲属会议的权力，在法定禁治产的情形中由法院行使。

第 386 条　(在行使家庭权中实施的行为)

(1)法定禁治产人可以结婚或者认领非婚生子女。

(2)他可要求离婚或与子女脱离亲子关系。

(3)法定禁治产人的保佐人不得以其名义实施上述行为。

第 387 条　(法定禁治产人行为的无效)

(1)法定禁治产人超越其权力实施的法律行为无效。

(2)行为的无效可由法定禁治产人、其合同相对人或检察官主张，如同该行为涉及的标的物非法一般。

第 388 条　(法定禁治产之终结)

法定禁治产得随着法定禁治产人受无法律行为能力惩罚之期限的届满而结束。

第 5 章　外国人

第 389 条　(与埃塞俄比亚人的同化)

(1)外国人在民事权利的享有和行使上得与埃塞俄比亚国臣民完全同化。

(2)行使所有的权利并不包括参与政府或国家管理这些不被认为是民事权利的权利。

(3)本条规定不影响可能就被允许在埃塞俄比亚工作的外国人授予特殊待遇的规定。

第 390 条 (关于不动产所有权的限制)——1.原则

任何外国人都不得拥有位于埃塞俄比亚境内的不动产,依照皇帝命令拥有的除外。

第 391 条 ——2.出卖义务

任何被发现诚信但未依照第 390 条发放的皇帝命令拥有不动产所有权的外国人,得在 6 个月内应有权机构的要求转让上述不动产于埃塞俄比亚人。

第 392 条 ——3.惩罚

(1)外国人在第 391 条规定的期限内未将有关不动产转让于埃塞俄比亚人的,该不动产得由有权机关扣押并出卖。

(2)出卖不动产的价款得扣减 20%作为罚金并支付出卖费用后,才得偿付给外国人。

(3)当外国人是通过继承取得的不动产时,只得扣减 10%。

第 393 条 (与所有权同化的权利)

第 390 条至第 392 条之规定,亦适用于外国人取得了超过 50 年之期限的权利或使用权、或因死亡才可终止的利益的情况。

第 3 题 社团和财团

第 1 章 行政团体和教会

第 394 条 (国家)

(1)国家在法律上被视为一个人。

(2)国家在其能拥有和行使权利的范围内,通过其机关取得和行使所有符合其性质的权利。

第 395 条 (国家以下的行政区)

(1)省、区、特别行政区和城市以及农村行政区，都是权利主体。

(2)在其能拥有和行使权利的范围内，它们通过其机关取得和行使所有行政法授予它们的权利。

第 396 条 (部)

(1)埃塞俄比亚帝国政府的各部是权利主体。

(2)在其能拥有和行使权利的范围内，它们通过其机关取得和行使所有行政法授予它们的权利。

第 397 条 (公共行政当局和机关)

所有由行政法明确授予法律人格的公共行政当局、部门或机关都是权利主体。

第 398 条 (埃塞俄比亚东正教会)

(1)埃塞俄比亚东正教会在法律上被视为一个人。

(2)在其能拥有和行使权利的范围内，它通过其机关取得和行使所有行政法授予它的权利。

第 399 条 (主教辖区、教区和教堂)

组成埃塞俄比亚东正教会的主教辖区、教区和教堂，在行政法规定的条件和限度内是权利主体。

第 400 条 (权力和机关)

(1)前数文规定的团体的权力以及被授权代表上述团体的机关由行政法作出规定。

(2)行政法可课加此等机关在行使特定的权利时遵守特别的条件或程序的义务。

第 401 条 (不合法律规定的行为)

(1)本章涉及的团体的行为，超出法律授予的权利或不遵守法律规定的条件或程序实施的，无效。

(2)第(1)款的规定，即使法律就此等情形未明确规定无效时，同样适用。

第 402 条 (行为无效的主张)

(1)第 401 条规定的无效可由任何利害关系人主张。

(2)自该行为实施之日起已满 10 年的，不得主张其无效。

第 403 条 (非契约责任)

(1)本章涉及的团体得根据本法典有关“非契约责任和不当得利”之题的规定(第 2027 条至第 2161 条)对其机关或雇员的过错或行为导致的任何损害

承担责任。

(2)他们得根据同一题的规定(第 2162 条至第 2178 条)返还其获得的任何不当得利。

第2章 社 团

第 404 条 (定义)

社团是两个或两个以上的人为了实现除获得或分享利润以外的目的组成的集合。

第 405 条 (合伙)

(1)以获得或分享利润为目的组成的集合适用商法典关于合伙的规定。

(2)前款规定得同样适用于合作社以及其他通过组织安排其成员于节约金钱的地位满足他们的经济利益的集合。

第 406 条 (工会)

(1)以维护其成员的经济利益或代表某一特定行业为目的组成的集合适用关于工会的特别法。

(2)无特别法时,对它们适用本章的规定。

第 407 条 (宗教性的集合)

(1)除埃塞俄比亚东正教会以外的教会、宗教组织、宗教社团适用有关特别法的规定。

(2)无特别法时,这些集合得被视为本章规定的社团。

第 1 节 社团的规约和章程

第 408 条 (社团的规约)

(1)社团得根据其创立人商定的社团规约进行管理。

(2)上述规约的规定未尽之处或违背法律之处时,得根据本章规定补充或废除之。

第 409 条 (起草章程的义务)

(1)尽管有相反的约定,一旦社团的任何成员为此等要求,社团必须提供章程。

(2)对社团提出章程的要求也可由该社团进行活动所在省的社团办公室提出。

(3)社团未在3个月内应如此要求提供章程的，社团办公室可以将其解散。

第410条　(章程的目的)

(1)社团提出其章程后，其社团规约失效。

(2)社团得根据其章程进行管理。

(3)章程未尽之处或其规定违反法律之处，由本章规定补充或废除之。

第411条　(章程的内容和形式)

(1)社团的章程得载明其名称、目的、总部所在地以及章程制作日期，否则无效。

(2)章程得由不少于5个以上的社员签名，他们应被作为社团的创立人。

第412条　(标准章程的采用)

(1)符合内务部批准的标准格式的章程无需签名。

(2)在上述情形下，由社团作出一个关于此等章程的特别文件，并由不少于2个以上的社员签名，即为已足。

(3)上述文件必须载明社团名称、目的、总部所在地以及章程制作日期，否则无效。

第413条　(章程的备案)

社团的章程或者有关章程的特别文件应在制作之日起1个月内于社团总部所在省的社团办公室备案。

第414条　(章程的传达)

(1)社团章程得应任何利害关系人向社团主席提出的要求而无迟延地提供给此等人。

(2)提供章程的日期得记载于被提供的章程的复本上。

(3)在合适时，社团可以收取规费，外加因提供章程发生的邮资。

第2节　社员

第415条　(社员)

社团由其创立人和加入社团的成员组成。

第416条　(新成员)

在不违反任何相反规定的前提下，社团可以接受新成员。

第417条　(加入社团的允诺)

加入某一社团的允诺无效。

第 418 条 （社员平等）

在不违反社团规约或章程的任何相反规定的前提下，所有的社员都享有平等的权利。

第 419 条 （社员资格的人身性）

(1)社员资格不可转让。

(2)社员资格不移转于其继承人。

(3)即使社团规约或章程中有相反规定，仍得适用本条规定。

第 420 条 （社员权的行使）——1.代表

在不违反社团规约或章程的相反规定的前提下，社员不得[①]通过第三人行使其社员权。

第 421 条 ——2.缴纳会员费

除非已预先缴纳应向社团缴纳的会员费，否则社员不得行使其社员权。

第 422 条 （会员费）

(1)在不违反相反规定的前提下，会员费应在每年的第一季度缴纳。

(2)向社员追索会员费的诉讼只能针对当年和过去一年的会员费提起。

第 423 条 （退社权）

(1)社团的成员可在任何时候退社，是否规定了作为明确的存续期限或存在相反规定，在所不问。

(2)退社的社员得缴纳其应承担的以及当年的会员费。

第 424 条 （开除社员）

(1)社团可根据规约或章程中规定的原因和方式开除其社员。

(2)除上述原因外，社员也可被社员大会以充分的理由开除。

(3)被开除的社员可在接到开除通知之日起的 3 个月内以开除行为不当为由向法院起诉开除决定。

第 425 条 （社团不代表社员）

社团的成员不得因社团活动的后果向第三人承担责任。

第 3 节　管　　理

第 426 条 （理事的任命）

(1)社团得由根据社团规约或章程任命的一个或数个理事管理。

---

① 原文如此，从上下文来看，应是“社员得通过第三人行使其社员权”。——译者

(2)理事由社员大会任命，有相反规定的除外。

第 427 条　(理事必须是社团成员)

社团的理事必须在社团的成员中任命，有相反规定的除外。

第 428 条　(管理委员会)

(1)有数个理事时，他们得组成管理委员会。

(2)在不违反相反规定的前提下，有关社团的决定得由此等委员会作出，以出席或被代表出席的理事之多数为决定。

(3)不同意多数决定的理事可要求在会议记录上载明其不同意见。

第 429 条　(理事的权力)——1. 法律的规定

(1)社团的理事将实施所有为管理该社团需要的行为。

(2)他们在法律和非法律事务中代表社团。

第 430 条　——2. 章程的规定

(1)社团章程可限制理事的权力或者调整理事行使其权力的方式。

(2)上述规定不得对抗第三人，该章程已在社团办公室备案或已证明第三人事实上了解此等规定的除外。

第 431 条　——3. 社团规约或社员大会的规定

(1)社团规约或社员大会对理事权力作出的限制或对其行使权力的方式作出的调整不得对抗第三人，已证明第三人事实上知道这些事项的，除外。

(2)就社团而言，此等事项的唯一保障手段是令违反它们的理事承担责任。

第 432 条　临时理事)

被授权代表社团行为的人不能就职或存在障碍，法院得应任何利害关系人的申请任命一个临时理事。

第 433 条　(理事资格的证明)

(1)被授权代表社团行为的人可要求社团办公室向其提供表明其资格和权力的文件。

(2)在必要时，上述文件得说明被赋予之权力的存续期限。

第 434 条　(理事的责任)

社团的理事得依照关于代理的规则(第 2179 条至第 2233 条)对社团承担责任。

第 435 条　(投票权的排除)

无论是否有相反的约定，理事在召集社员大会审议其报告或决定他们承担的责任时，不得进行投票。

第 4 节　社员大会

第 436 条　（最高机关的属性）

(1)社员大会是社团的最高权力机关。

(2)它应决定所有与社团有关的并且不属于其他机关管辖的事项。

第 437 条　对理事的任命和控制）

(1)除非另有规定，社员大会得任命理事、控制其活动、批准其账目。

(2)它可以就社团的管理发出指令。

第 438 条　（辞退理事）

(1)在不损害理事得到商定的报酬的权利的前提下，社员大会可在任何时候辞退理事。

(2)当有充分理由辞退理事，特别是理事严重违反义务或不能适当地管理社团事务时，辞退理事的权利不受限制或排除。

第 439 条　（接收或开除成员）

(1)社员大会可以决定接收新成员或开除社团的原来成员。

(2)接收或开除成员的权力不得授予管理机关，社员大会保留了批准权的，不在此限。

第 440 条　（章程的修改）——1. 原则

(1)在不违反任何其他规定的前提下，社员大会可以修改社团的规约或章程。

(2)规约或章程的修改权不得授予任何个人或机关。

第 441 条　——2. 限制

(1)就修改社团的目的或者授予社员不平等的权利为决定时，必须得到全体成员的一致同意。

(2)社员的特权未经其同意不得剥夺。

第 442 条　社员大会的召集）——1. 原则

社员大会得由理事在社团规约或章程规定的情形中召集，在紧急情况下，只要符合社团利益，即可召集。

第 443 条　——2. 成员的权利

(1)一旦达到了章程规定的要求召集大会的成员数目，得召集大会。

(2)章程对此未作规定的，1/5 的社员以书面方式提出要求，并且表明了会议目的时，得召集社员大会。

第 444 条　——3. 由法院召集

(1)如果理事会在应当召集之时而未召集社员大会，法院得应一个或数个社员的申请召集。

(2)出现在上述情形时，法院必须为会议的主持作出必要的规定。

第 445 条　——4. 程序和时间

(1)社员大会召开的程序和时间，由社团规约或章程规定之。

(2)除非另有规定，此等事项得由理事以合理的方式确定。

第 446 条　（会议投票）

(1)社员大会决议必须以亲自或被代表出席大会的成员的多数作出。

(2)社员大会就会议议程中未载明事项作出的决议无效。

第 447 条　（同等法律效力）

所有社员以书面形式商定的提议，得被视为社员大会之决议。

第 448 条　（社员大会决议的无效）——1. 诉权

(1)尽管有相反的约定，任何社员都可向法院上诉社员大会作出的他不赞同，并且违反法律、社团规约或章程的决议。

(2)有关成员在知晓该决议之日起 1 个月内未行使对法院的上诉权的，则禁止其再行行使。

(3)当社员大会的召集不存在欺诈并且符合社团规约或章程的规定或法律时，则推定社员知晓社员大会的决议。

第 449 条　——2. 法院判决的效力

法院宣告社员大会决议无效的判决对所有的人有效。

第 450 条　（中止执行决议）

法院可应社团理事之一或社团办公室的申请，中止执行被申请确认无效的社员大会决议。

第 5 节　社团的权利和义务

第 451 条　（原则）

(1)社团是区别于其成员的实体。

(2)社团的权利和义务并非其成员的权利和义务。

(3)社团成员的权利和义务并非社团的权利和义务。

第 452 条　（名称）

(1)社团的名称的保护方法与自然人同(第 45 条至第 46 条)。

(2)除非社团的章程已在社团办公室备案,或侵犯社团权利的人明知其行为的性质并且为恶意,法律不授予此等保护。

第 453 条 (居所)

(1)社团以社团规约或章程确定的总部所在地为其主要居所。

(2)社团以其长久占有不动产的地点为附属居所。

第 454 条 (行为能力)——1. 原则

(1)社团可从事所有符合其性质的民事行为。

(2)它得通过其管理机关从事此等行为。

第 455 条 ——2. 法律诉讼

(1)社团可起诉或被诉。

(2)为此,它由社团规约或章程授权的人作为其代表。

(3)在无必要指定有资格收受诉讼文书或通知的机构时,此等诉讼文书或通知可寄给或送达给该社团或其主席。

第 456 条 (赠与或遗赠)

(1)社团办公室可要求社团在收到超过一定金额的任何赠与或遗赠时向其报告。

(2)出现上述情形时,社团应在收到赠与或遗赠之日起 6 个月内向社团办公室报告。

第 457 条 (社团的非契约责任)

(1)社团得对其理事或雇员在履行其有义务从事并导致责任的行为或过失承担责任。

(2)社团在获得不当得利时应承担责任。

(3)在此等情形,得适用本法典有关"非契约责任和不当得利"之题的规定(第 2027 条至第 2178 条)。

第 458 条 (社团债务的担保)

当社团未按其在社团办公室备案的章程运作时,根据法律规定,代表社团行事的理事得对社团承担连带担保责任。

第 6 节　社团的解散和清算

第 459 条 (解散)——1. 章程

社团在规约或章程规定的情形解散。

第 460 条　——2. 社员大会

尽管有相反的约定，社员大会可在任何时候决议解散社团。

第 461 条　——3. 法院

出现下列情况时，得由法院根据其理事会或 1/5 的成员或社团办公室的申请解散社团：

(1)因社员数目减少或其他任何原因，社团不再能任命管理委员会的成员，或根据规约或章程运作；

(2)社团的目的已达到或变得不可能达到，或者社团长期不活动已表明其停止追求其目的；

(3)社团追求与其规约或章程确定的不同的目的；

(4)社团破产。

第 462 条　——4. 行政决定

(1)当社团的目的或活动违法或违反道德时，社团办公室得将其解散。

(2)社团得知上述解散决定之日起 1 个月内，其任何理事都可向内务部申诉该决定。

(3)法院可在就申诉为决定的期间，中止执行解散社团的决定。

第 463 条　(清算状态)

(1)社团依法解散时，即处于清算状态。

(2)在社团清算结束前，在清算要求的范围内，社团被视为继续具有人格。

第 464 条　(清算人)——1. 任命

(1)社团由其管理机关委托的人进行清算，规约或章程另有规定或法院另有指令的除外。

(2)在没有上述人员时，社团由法院任命的一个或数个清算人进行清算。

第 465 条　——2. 权力

(1)清算人拥有属于管理委员会的权力。

(2)他们不应在清算要求的范围以外行使其权力。

(3)他们不得从事任何新交易。

第 466 条　——3. 责任

(1)清算人对自己可能在履行职责时犯的错误导致的对社团及其债权人的损害对他们承担责任。

(2)清算人对社团的责任问题可由在起诉前 5 年内担任过理事的任何社员提出。

第 467 条 （财产的移交）

(1)被解散的社团的资产在任何情况下都不应在其社员间分配。

(2)社团规约或章程中对此无规定时，上述资产成为国家的财产，社员大会有效地为之设定了其他目的的除外。

(3)社团被社团办公室解散时，社员大会不得决定社团财产的用途。

第 7 节　社团的监督

第 468 条 （社团办公室）

(1)在每个省会得设立社团办公室管理该省的社团。

(2)该办公室得对在该省活动的所有社团进行监督。

第 469 条 （章程的备案）

在合适时，社团办公室得要求社团的创立人或管理人员制定社团章程并在该办公室备案。

第 470 条 （已申报的社团的登记簿）

(1)社团办公室得置备一份以字母为顺序的在本省设立并已向其申报的社团登记簿。

(2)社团理事可向法院起诉社团办公室对其作出的拒绝登记决定。

第 471 条 （编号）

(1)记入登记簿的每个社团得被给予一个与社团办公室为社团开设的档案的编号相对应的编号。

(2)上述编号得载明于社团的章程并印刷于社团与第三人往来的所有文件上。

第 472 条 （社团的档案）

记入登记簿的每个社团的档案得包括：

(1)社团的名称及其编号；

(2)社团章程及其修正案以及制作此等章程和修正案的日期；

(3)社团的理事或者被授权代表社团的人的姓名；

(4)对社团可能拥有的附属居所的说明；

(5)在合适的时候，解散社团的决定和清算人的姓名。

第 473 条 （社员大会）——1. 召集

(1)一旦举行社员大会，应在适当的时间内通知社团办公室。

(2)举行社员大会时，社团办公室可派代表作为观察员参加大会。

(3)它可以规定任何它认为合适的措施，以保证社员大会正常进行，特别是有关会议的召集方式和时间、会议议程、会议的主持等问题。

第474条　——2.决议

在社员大会中作出的将登记于社团的档案中的所有决议，应在会议举行后的1个月内通报社团办公室。

第475条　——3.决议的无效

(1)社团办公室可在法院攻击社员大会所为之违反法律或章程的决议。

(2)社团办公室自被通报上述社员大会决议之日起1个月内未起诉的，此等诉权即被阻却。

第476条　(修改章程)

(1)当社团的章程作出了修改时，修改后的章程的复制件应在上述修改经社员大会批准后1个月内交社团办公室备案。

(2)上述复制件应在封面上载明“经修改的文本”的字样。

(3)在未向社团办公室申报前，章程的修改不得对抗第三人，能证明第三人知道其内容的除外。

第477条　(社团的理事)

(1)社团管理委员会成员以及被授权代表社团的人的名单，应在上述人员被任命后的1个月内通报社团办公室。

(2)上述名单的每次变更应在同样的期限内进行通报。

第478条　(资产负债表)

(1)社团得每年向社团办公室通报经社员大会批准的资产负债表。

(2)内务部可制定它认为合适的保证上述资产负债表的正确提交及其真实性的规则。

第479条　(内务部)

(1)内务部可以在现行法律框架内，自行制定它认为有助于使社团办公室处于更有效地对社团进行监督之地位的任何其他措施。

(2)上述措施可根据社团的目的、重要性以及存续期间的不同而有所区别。

(3)对总部设在外国、或在外国从事活动、或其成员的多数为外国人或其管理委员会的一个或数个成员是外国人的社团，也可作出特别规定。

第480条　(刑事制裁)——1.向管理部门申报

刑法典中规定的刑罚得适用于以下情况：

(1)社团创立人未在法定的期限内将章程备案于社团办公室;

(2)社团理事违反了本章有关向社团办公室为申报或备案文件的规定。

第 481 条 ——2.违反各种法律规定

刑法典中规定的刑罚得适用于以下情况:

(1)社团的编号未载明于章程或与第三人往来的文件上;

(2)未根据法律规定应利害关系人的请求向后者传达章程。

第 482 条 ——3.被宣布为非法的社团

(1)已被社团办公室解散之社团的理事继续以其上述资格从事活动的,应承担刑法典规定的刑事责任。

(2)社团的成员明知违法继续参加社团之活动的,应承担刑法典规定的刑事责任。

第3章 财　　团

第1节 捐赠基金

第 483 条 (定义)

捐赠行为是由某人作出的不可撤回地、永久地把一定财产确定用于非盈利的特定公益目的的行为。

第 484 条 (形式)

(1)捐赠既可通过生前赠与也可通过遗嘱行为设立。

(2)捐赠的形式和内容得依照有关赠与或遗嘱的规则。

第 485 条 (必要的行政审批)

(1)除非得到内务部批准,捐赠不得确定地设立。

(2)在作出其决定前,在合适时,内务部可以征求与捐赠有利益关系的其他部的建议。

第 486 条 (申请批准)——1.在创立人生前

在创立人生前,不得寻求批准捐赠行为,创立人或其代表人自行寻求的除外。

第 487 条 ——2.创立人死后

(1)创立人死后,被创立人委托此等任务并且接受了这一任务的人得提出申请。

(2)没有上述人员时,得由起草捐赠书的人或有关证人或持有被备案的捐赠书的人提出申请。

(3)有义务申请批准捐赠书的人未能履行其义务时,在捐赠人死后3个月内,公共检察官或任何利害关系人可提出批准捐赠书的申请。

第488条 (捐赠书的撤销)

(1)制作捐赠书的人只要该文件未获得内务部批准,可以自由撤销之。

(2)创立人的继承人只有在为获得内务部的批准而向其提出的申请在2年内未获得批准时,才有权行使上述撤销权。

第489条 (批准的溯及力)

(1)如果申请是由创立人提出的,则批准捐赠的行政决定的效力溯及于提出申请之日。

(2)如果行政批准在创立人死后得到,则它的效力溯及于创立人死亡之日。

(3)但此等溯及力不得损害在捐赠被批准前已诚信取得被捐赠财产的人。

第490条 (对捐赠基金的保护和监督)

(1)批准捐赠的决定必须确定负责保护和监督捐赠基金的组织。

(2)上述决定未为此目的指定有关组织时,对捐赠基金的保护和监督得由捐赠基金所在之省的社团办公室保障之。

第491条 (捐赠基金的章程)——1.地位

捐赠基金得根据章程进行控制,按照章程组织和管理。

第492条 ——2.章程的内容

章程得特别表明捐赠基金的名称、目的、本部所在地。

第493条 ——3.章程的制定

(1)捐赠基金的章程可以由创立人制定。

(2)创立人未制定章程时,由内务部或者内务部授权保护和监督该捐赠基金的组织制定。

(3)如果章程与捐赠书相违背,任何利害关系人都可在3年内向法院申请修改章程。

第494条 (管理)

(1)捐赠基金得由一个或数个理事根据章程管理。

(2)本题与社团理事有关的规定(第428条至第435条)得同样适用于捐赠基金的理事。

第 495 条 （管理委员会）

(1)根据捐赠基金的章程而组成的管理委员会是捐赠基金的最高机关。

(2)捐赠基金的保护和监督组织得由上述管理委员会代表。

第 496 条 （管理委员会的职能）

(1)管理委员会应决定不属于其他机关管辖的捐赠基金的一切事务。

(2)尤其是它得任命和辞退理事，监督其行为，批准其账目。

第 497 条 （修改章程）——1.原则

管理委员会对捐赠基金章程的修改，在得到捐赠基金保护和监督组织的批准之前不生效力。

第 498 条 ——2.创立人禁止修改的情形

(1)捐赠书的制作人可通过明示的规定禁止对章程作某些修改。

(2)如果修改章程违反创立人明示的意图，创立人指定的人或其继承人可向法院申请宣告终止捐赠基金。

(3)第(2)款规定的权利，如果自章程修改之日起已满 3 年，或者创立人死亡已满 30 年的，不得行使。

第 499 条 （管理委员会的会议）

(1)管理委员会应在章程中确定的期日举行会议。

(2)一旦为捐赠基金的利益要求，理事可在紧急情况下召集会议。

第 500 条 （管理委员会的决议）

(1)管理委员会的决议必须以绝对多数通过。

(2)捐赠基金的保护和监督组织可向法院申请宣告上述决议无效或停止其执行。

第 501 条 （捐赠基金的权利和义务）

(1)本题关于社团之名称、居所和行为能力的规定(第 452 条至第 457 条)适用于捐赠基金。

(2)捐赠基金在得到其保护和监督组织授权后，可接受赠与或遗赠。

第 502 条 （捐赠基金受益人的权利）

(1)捐赠基金的设立目的在于使其受益的人，可对捐赠基金起诉以实现其权利。

(2)如果根据章程不足以明确上述人员是否为利害关系人，捐赠基金的理事得根据其公正的自由裁量对其资格为确定。

第 503 条 （捐赠基金的终止）——1.章程的规定

捐赠基金应在章程规定的情况下终止。

第 504 条 ——2.其他情形

法院在下列情形，根据捐赠基金保护和监督组织或公共检察官的申请宣告其终止：

(1)捐赠基金的目的已达到或变得不可能达到；

(2)上述目的成为非法或违反道德；

(3)捐赠基金追求与其章程之规定不同的目的；

(4)捐赠基金破产。

第 505 条 (数个捐赠基金的合并)

(1)如果数个捐赠基金的合并为公共利益所要求，法院可经内务部申请，授权合并两个或数个捐赠基金以协调其活动。

(2)上述申请可由相关的捐赠基金共同的保护和监督组织向法院提出。

(3)合并后成立的捐赠基金得制定新章程。

第 506 条 (清算和监督)

(1)本题有关社团的清算的规定(第 463 条至第 467 条)得适用于捐赠基金的清算。

(2)本题有关社团的监督的规定(第 468 条至第 482 条)得适用于捐赠基金的监督。

(3)由社团办公室行使的职能，当捐赠基金的保护和监督组织成立后，由后者行使。

第 2 节 委员会

第 507 条 (授权的必要)

(1)委员会为了特定的慈善事业或公共利益事业，通过公开募集、义卖或具有相同性质的活动募集金钱或其他财产的活动，在全国范围内进行的，应得到内务部的授权；在省内或地方范围内进行的，必须得到省长的允许，否则不得从事上述活动。

(2)任何未经授权组织向公众进行公共募集或征求捐赠或基金之活动的人，应承担刑法典规定的刑罚。

第 508 条 (委员会的组织)

(1)作出授权的决定得指明组成委员会的人员。

(2)它得指明委员会的目的、本部所在地和实现其目的的期限。

(3)在合适时，它应决定委员会从事活动的可以接受的方式，规定必要的控制委员会募集金钱的数量和用途的措施。

第 509 条 （赠与和捐助）

(1)委员会可接受赠与和捐助。

(2)委员会主席可对捐助人起诉要求后者实现其允诺。

第 510 条 （成员的责任）

(1)委员会的成员得就其活动和管理承担连带之债的责任。

(2)任何赠与人、捐助人或公共检察官都可提出委员会成员们的责任问题。

第 511 条 （委员会的终结）

委员会存在的期限届满、或实现了其目的、或自行决定解散时，得停止存在。

第 512 条 （委员会的解散）

委员会可被授权其从事活动的当局因以下原因解散：

(1)它背离了其目的。

(2)实现其目的已成为不可能或者各种迹象表明委员会已抛弃了其目的。

第 513 条 （清算）——1. 财产不足

(1)当委员会募集的财产不足以实现其预定目的，或目的已不可能实现时，上述财产得用于授权建立委员会之决定规定的用途。

(2)没有这种规定时，上述财产得置于行政机关支配下，并用于做某种慈善工作。

(3)向委员会给予了财产的人不得取回，明确保留了取回权的除外。

第 514 条 （余额）

(1)当委员会募集的财产的数目超过了实现其预定目的所必需的数目时，余额得用于授权设立委员会之决定规定的用途。

(2)没有这样的规定时，上述财产得置于行政机关支配下，并用于做某种慈善工作。

(3)向委员会给予了财产的人不得取回。

第 515 条 （转变为一项新的捐赠基金）

(1)如果按照章程规定，委员会募集的财产将用于实现某一特定的持久的目的，得设立另一捐赠基金实现上述目的。

(2)有关捐赠基金的规则(第 483 条至第 506 条)得适用于此等情形。

第3节　信　　托

第516条　（定义）

信托是用以将特定的财产组成一个由受托人根据信托人的指示进行管理的自主的实体的制度。

第517条　（形式）

(1)信托可通过一项生前赠与或通过遗嘱行为设立。

(2)与设立信托有关的形式和内容,得依照有关赠与或遗嘱的规则。

(3)设立信托,必须在赠与或遗嘱中为明示规定。

第518条　（信托受益人）

只要不违反公共秩序或道德,可为了任何人、行动或观念设立一项信托。

第519条　（受托人的数目）

(1)一项信托可以由一个或数个受托人管理,但受托人的数目不得超过4人。

(2)当任命的受托人超过4人时,仅仅前4位受托人得行使此等职责。

(3)其他被指定为受托人的人得按照其被指定的顺序替换拒绝履行其职责的人、死亡者或丧失行为能力的人。

第520条　（受托人的任命）

(1)受托人可以由信托设立人或由其指定的人任命;没有上述人员时,由法院任命。

(2)被任命的人拒绝任职或死亡或失去行为能力时,信托设立人授权的人得任命新受托人;没有上述人员时,由法院任命。

第521条　（受托人的辞职）

(1)受托人可以以合理的理由,或者在其担任职务已满10年后辞去职务。

(2)在其责任移转给在其辞职之前或之后任命的另一受托人之前,他得继续对信托的管理负责。

第522条　（受托人的辞退）

法院可根据信托设立人、其授权的人、受托人之一或信托受益人的申请,以正当理由撤销对于受托人的任命,并且任命新受托人取代之。

第523条　（受托人身份的证明）

(1)受托人可从法院获得表明其资格和权力的文件。

(2)在合适时,上述文件得指明授权的期限。

第524条 （数个受托人）

(1)当有数个受托人时，在不违反相反规定的前提下，与信托管理有关的决议得根据他们间的协议作出。

(2)如果达不成协议，多数意见优先。

(3)因多数决定蒙受不利的人，可要求将其异议记入会议记录。

第525条 （信托的管理）

(1)受托人得像审慎和精明的商人一样管理信托。

(2)他得避免将构成信托标的的财产与其个人财产混合。

(3)他应采取所有必要的适当措施实现这一目的。

第526条 （信托的诉讼代理人）

(1)在司法程序中，受托人得代表信托。

(2)他可以受托人资格接受主张对构成信托的财产享有利益的人的起诉。

第527条 （受托人的权力）

(1)受托人对构成信托标的的财产享有所有人的权力。

(2)在不违反信托设立文件之决定的前提下，未经法院授权，受托人不得转让信托的不动产。

(3)在任何情况下，受托人都不得无偿转让信托财产。

第528条 （信托设立人的指令）——1.原则

(1)受托人得遵从他从信托设立人收受的明示指令。

(2)当信托受益人的利益如此要求时，受托人可以并且必须从法院得到不遵从上述指令的授权。

第529条 ——2.法律约束力

(1)信托设立文件限制受托人的权力、调整受托人行使权力的方式的规定不得对抗第三人，已证明第三人明知或应当知道此等规定的除外。

(2)它们只能对违反它们的受托人的责任具有约束力。

(3)当法院认为受托人是诚信行事或是为了信托的利益行事，而这种认识确有道理时，可全部或部分免除受托人的此等责任。

第530条 （财产的替换）

构成信托客体的财产被受托人转让时获得的代替物或从信托财产中得到的收入，得替换已出让的信托财产或者构成信托财产的增加。

第531条 （禁止个人利益）

除信托设立文件明示授予的利益外，受托人不得从信托中取得任何个人利益。

第532条 （补偿）

受托人有权就其因管理信托产生的所有费用和债务得到补偿。

第533条 （受托人的责任）

受托人得根据有关代理的规定，对信托受益人以及信托结束时将取得财产的人承担良好管理信托的责任。

第534条 （汇报账目）——1.向谁汇报

（1）受托人得向信托设立文件指定的人汇报其管理账目以及构成信托标的之财产的实际状况。

（2）没有上述人员时，他得向任何依信托设立文件对信托有利害关系的人或取代其受托人职位的人汇报。

第535条 ——2.汇报时间

（1）除非信托设立文件另有规定，上述汇报得每年在受托人开始其管理时确定的某个月份进行。

（2）有充分的理由时，法院可授权利害关系人要求作中期汇报，或授权受托人推迟或更改已确定的汇报账目日期。

第536条 （受托人的债权人）

受托人的债权人对构成信托标的的财产不享有任何权利。

第537条 （信托的债权人）

（1）受托人就设立信托的财产与之订立协议的人可对构成信托标的的所有财产行使其权利。

（2）受托人自己对此不承担责任，但是受托人已明确表示受其约束或依照本法典关于“代理”之题的规定（第2179条至第2198条）应承担责任的情形，除外。

第538条 （受益人的权利）——1.针对受托人

（1）信托受益人可要求受托人根据信托设立文件移交为其利益增值的利润。

（2）当其权利受到危害时，他可以向法院申请辞却受托人或迫使其提供适当的担保。

第539条 ——2.针对信托财产

（1）信托受益人无权处分或管理构成信托标的的财产。

（2）就此等财产，他只能实施诸如中止取得时效的保存其权利的行为。

(3)他可以通知第三人为目的，公告特定财产构成信托之标的的事实。

第540条 (受益人的债权人)——1.原则

(1)信托设立人可以宣告，信托受益人的债权人对在受托人管领中的信托收益不得为扣押。

(2)当收益被宣告为不受扣押时，它也不得被信托受益人有效地转让或构成受益人的责任财产。

第541条 ——2.法院的权力

如果为信托受益人的利益所要求，或被提出的请求权关系到刑事犯罪或信托受益人负有责任的欺诈行为，法院可根据信托受益人或其债权人之一的申请，授权扣押或让与第540条规定的情形中的收益。

第542条 (信托的终止)——1.正常的情形

信托因信托设立人规定的期限届满而终止。

第543条 ——2.法院的权力

(1)法院可随时根据信托受益人的申请，当它认为适合于案件的具体情况时，宣告信托终止。

(2)在上述程序中得听取受托人的意见。

(3)信托设立人可以通过明示的规定禁止行使这一权力。

第544条 (信托的清算)

信托终止时，受托人得将构成信托标的的财产，连同必要的证明这些财产的所有权以及证明受托人之管理为确当的文件，提交根据信托设立文件有权得到它们的人。

第4章 外国法人团体和财团

第545条 (法人团体)

(1)总部设在外国的法人团体，如果要在埃塞俄比亚从事活动，得向亚的斯亚贝巴的社团办公室提出申请，申请书得附有社团章程的复制件。

(2)当申请从事的活动违反法律或道德时，社团办公室可拒绝作出核准；社团办公室在作出其决定前可征求与申请从事的活动有关的部的意见。

(3)在得到社团办公室作出的核准之前，任何外国社团不应在埃塞俄比亚开展活动或吸收成员。

第546条 (财团)

(1)未经内务部的批准,设立于外国的捐赠基金、信托和委员会不应在埃塞俄比亚开展任何活动。

(2)当申请从事的活动违反法律或道德时,内务部可拒绝作出批准;内务部在作出其决定前,可征求与申请从事的活动有关的部的意见。

第 547 条 (核准或批准的效力)

(1)得到第 545 条规定的核准的社团法人和得到第 546 条规定的批准的捐赠基金、信托和委员会,在民事权利的享有和行使上,与设立于埃塞俄比亚的社团法人、捐赠基金、信托或委员会相同。

(2)它们被视为享有如同其总部所在国承认它们享有的国民资格。

第 548 条 (限制)

(1)在埃塞俄比亚的外国社团法人、捐赠基金、信托或委员会或类似团体的日常活动的执行,可被内务部禁止或规制。

(2)课加给外国自然人的取得位于埃塞俄比亚的不动产所有权的限制,同样适用于外国的团体、捐赠基金、信托和委员会。

第 549 条 (核准或批准的撤销)

(1)任何根据第 545 条作出的核准和任何根据第 546 条作出的批准,如果存在充分的理由,依具体情况由社团办公室或内务部随时撤销。

(2)相关的社团法人的任何理事、捐赠基金或委员会或任何受托人,都可在被告知撤销决定之日起的 6 个月内,向法院申请推翻此等决定。

(3)在就申请作出裁定之前,法院可中止执行撤销命令。

第二编

家庭与继承

第4题　血亲和姻亲关系

第1章　血亲和姻亲关系的一般规定

第550条　(自然亲属)

(1)自然的亲属关系起源于共同的血缘。

(2)血亲关系存在于直系尊亲属与卑亲属之间。

(3)旁系血亲关系存在于出自一个或数个共同尊亲属的人之间。

第551条　(血亲关系的亲等)

(1)旁系血亲的亲等,得从共同尊亲属以下每支数7代计算。

(2)超过7代的血亲关系无效。

第552条　(姻亲)

(1)姻亲关系起源于结婚。

(2)直系姻亲关系存在于配偶一方与他方的尊亲属和卑亲属之间。

(3)旁系姻亲关系存在于配偶一方与他方的旁系亲属之间。

第553条　(限制在3亲等之内)

超过3亲等的旁系姻亲关系无效。

第554条　(双重姻亲)

(1)双重姻亲关系存在于双方本来就有姻亲关系的配偶之间。

(2)此等双重姻亲关系与单一姻亲关系产生同样的效力。

第555条　(姻亲的终止)

即使产生姻亲关系的婚姻已解除,它导致的直系和旁系姻亲关系应继续存在。

第556条　(通过收养产生的亲属)——1.原则

根据本题第11章的规定(第796条至第806条)订立的收养合同可创立血亲和姻亲关系。

第557条　——2.效力

在不违反第558条之规定的前提下,被收养的儿童应被完全视为收养人的子女。

第 558 条　——3. 但书

(1)对收养人的明确声明反对收养的尊亲属或旁系血亲,收养不产生效力。

(2)第(1)款所指的声明,除非在收养合同批准之日起 1 年内在公证人处或在法院登记簿登记,不生效力。

(3)上述声明对作出声明的人的配偶和卑亲属有效。

第 559 条　(原家庭)

(1)被收养儿童得保持与其原家庭的亲属关系。

(2)前款规定亦得适用于被收养儿童的配偶和卑亲属。

(3)当有必要在原家庭与收养家庭间作出选择时,收养家庭具有优先权。

第 2 章　婚　　约

第 560 条　(定义)

(1)订婚是未婚夫妻双方各自的家庭成员间就将举行婚姻达成一致的合同。

(2)除非得到待婚配偶各方家庭的同意,婚约不具有效力。

第 561 条　(单纯的结婚允诺)

(1)二人之间相互作出的结婚允诺不构成婚约。

(2)违反上述诺言,如果依照本法典有关"非契约责任与不当得利"之题的规定存在过错,可引起损害赔偿。

第 562 条　(家庭的代表)——1. 初婚

对初次缔结婚姻的配偶,下列人员被视为其家庭的代表:

(1)此等配偶的父亲;

(2)没有父亲或他处于不能作出同意的状况时,母亲;

(3)没有母亲或她处于不能作出同意的状况时,祖父母或曾祖父母的一方;

(4)无尊亲属或他们都处于不能作出同意的状况时,年长的兄或者伯、叔或舅父。

第 563 条　——2. 再婚

第 562 条规定的任何人,都可在再婚人订立婚约时以家庭代表的资格对婚约表示同意。

第 564 条 ——3. 无法定代表

(1)当待婚配偶既无尊亲属、年长兄弟，也无叔或舅父可以代表其家庭时，他可指定一个人在其订立婚约的过程中以其家庭代表的资格行事。

(2)当待婚配偶的男方已满 30 周岁，女方已满 25 周岁时，得适用前款规定。

第 565 条 （被订婚的配偶双方的同意）

除非待婚配偶双方一致同意，否则婚约不具效力。

第 566 条 （婚姻障碍的存在）

(1)除非待婚配偶之间的婚姻不存在法定的障碍，婚约无效。

(2)在待婚配偶达到法定的结婚年龄之前，婚约尤其不产生效力。

第 567 条 （婚约的形式）

婚约的形式由婚约订立地的习惯法调整。

第 568 条 （证人）

(1)订婚合同除非在新郎和新娘各自两个证婚人的在场下订立，无效。

(2)新郎和新娘各自的一名证婚人得被指定为主证婚人。

第 569 条 （婚约的证明）

(1)婚约毋庸记入民事身份登记簿。

(2)它可以由各种证据得到证明。

第 570 条 （婚约的存续期限）

订立婚约时，如果未商定结婚的期限，当待婚男女的任何一方或其被授权的家庭代表表示了男方或女方之结婚的愿望，则必须在此等要求提出后 6 个月内结婚。

第 571 条 （违反婚约）

(1)待婚配偶的任何一方或对婚约表示同意的他人拒绝同意结婚，又未说明其拖延或拒绝的正当理由的，婚约即被违反。

(2)待婚配偶的任何一方或对婚约表示同意的他人，以使结婚在事实上或精神上成为不可能的方式行事时，婚约亦被违反。

第 572 条 （违反婚约的法律后果）——1. 费用和恢复原状

(1)违反婚约的责任人得偿付与婚约有关的一切费用。

(2)违反婚约的责任人及其家庭成员得返还订婚时收受的礼物。

第 573 条 ——2. 精神损害赔偿

对违反婚约不负责任的未婚夫或未婚妻或其家庭，可判给合理的赔偿，以填补因违反婚约导致的精神损害。

第 574 条 ——3. 违约金

(1)如果婚约附有违约金条款,违反婚约的责任人得赔付约定的金额。

(2)可根据案件的实际情况减少上述金额。

(3)当金额明显过大时,可以减少。

第 575 条 (尊亲属的反对)

(1)当待婚配偶一方的尊亲属未明确同意婚约并反对结婚时,违反婚约不产生任何责任。

(2)双方收到的礼物应各自返还。

第 576 条 (诉讼时效)

所有因违反婚约提起的诉讼,如果在违反婚约之日起 1 年内未提起的,则禁止再行提起。

第 3 章 婚姻的缔结

第 577 条 (婚姻的类型)

(1)婚姻可在民事身份官面前缔结。

(2)根据双方的宗教或当地习惯缔结的婚姻,依本法典亦得有效。

第 578 条 (民事婚姻)

欲结婚的男女双方以缔结婚姻为目的来到民事身份官面前,而该民事身份官得到了他们各自的同意时,民事婚姻得以缔结。

第 579 条 (宗教婚姻)

欲结婚的男女双方履行了根据他们共同的或其中一人的宗教认为为成立有效婚姻所必需的行为或仪式时,宗教婚姻得以缔结。

第 580 条 (依习惯的婚姻)

欲结婚的男女双方履行根据他们共同或其中一人所属的社区的规则认为为成立此等男女间的永久结合所要求的仪式时,习惯法的婚姻得以缔结。

第 1 节 所有形式的婚姻的共同要件

第 581 条 (年龄)

(1)男未满 18 周岁,女未满 15 周岁的,不得结婚。

(2)埃塞俄比亚皇帝陛下或他为此目的特别指定的人,可以为充分的理由,在不超过2岁的幅度之内,授权特许结婚。

第582条 (血亲)

血亲之间禁止结婚。

第583条 (姻亲)

姻亲之间禁止结婚。

第584条 (未依法确定亲子关系的情形)

众所周知的亲子关系的存在,即使未依法确认此等亲子关系,也足以使第582条和第583条规定的婚姻障碍得以适用。

第585条 (重婚)

任何人只要还受到先前婚姻关系的约束,就不得再次结婚。

第586条 (结婚不得代理)

(1)在结婚时,配偶双方得亲自对结婚表示同意。

(2)结婚不得代理;得到检察长以充分理由授予的特许的除外。

第587条 (未成年人结婚)

未成年人可以结婚的条件,已在本法典关于"人的行为能力"的题中规定(第309条)。

第588条 (被法院宣告禁治产的人结婚)

被法院宣告禁治产的人可以结婚的条件,已在本法典关于"人的行为能力"的题中规定(第369条)。

第589条 (胁迫)

(1)因胁迫取得的同意无效。

(2)当同意只是为了保护同意人、或其尊亲属或卑亲属之一免于重大而紧迫的罪恶的威胁而作出时,视为发生了胁迫。

(3)当同意是由于对尊亲属或其他人的敬畏促成的时,不认为发生了胁迫。

第590条 (实质性错误)——1.原则

当同意只是因配偶一方对他方的身份发生实质性错误而作出时,此等同意无效。

第591条 ——2.限制性列举

只有下列错误被认为是实质性错误:

(1)对配偶之身份的错误,他不是某人打算与其结婚的人;

(2)对配偶宗教信仰的错误,他与错误的受害者不属于同一个宗教信仰;

(3)对配偶健康状况或身体构造的错误,他患有麻风病或者不具备圆房所必需的器官。

第 592 条　(反对)——1.由谁作出反对

(1)第 562 条规定的人,或未成年人配偶的监护人,可对结婚提出反对。

(2)反对也可以由公共检察官提出。

(3)反对不得由除此之外的其他人提出。

第 593 条　——2.提出反对的时间和形式

(1)反对最迟应在结婚时提出。

(2)反对无需任何特别的形式。

第 594 条　——3.反对的撤回

(1)配偶的任何一方都可要求撤销对结婚的反对,即使他或她为未成年人亦不例外。

(2)反对由待婚配偶一方的父亲或母亲作出,而其婚姻被反对的人不满 20 岁周岁时,对这一反对不得起诉。

第 595 条　——4.不能反对的情形

(1)如果先前对结婚作出的反对已被法院命令撤销,不得再行对此等婚姻作出反对。

(2)除公共检察官外,不得对已有婚史者的婚姻提出反对。

第 596 条　(寡居期)

(1)妇女在离婚或结束非法同居后须经过 180 天才能再婚。

(2)妇女在解除此等结合后生了孩子的,第(1)款的规定不适用之。

(3)法院可特许某一妇女不遵守寡居期的规定。

第 2 节　民事婚姻

第 597 条　(有管辖权的民事身份官)

民事婚姻应在配偶之一方或其父母或尊亲属之一方在结婚之日前至少连续居住 6 个月的居所所在地的行政区的民事身份官面前缔结。

第 598 条　(不结婚的承诺)

(1)任何人作出的不结婚或不再婚的承诺无效。

(2)民事身份官不得考虑此等承诺。

第 599 条　(请求结婚)

待婚配偶至少得提前 1 周通知民事身份官他们结婚的意愿。

第 600 条　(拒绝举行结婚仪式)

(1)民事身份官得证实结婚的要件已得到满足。

(2)如果他发现或有充分的理由相信存在结婚的障碍,得拒绝举行结婚仪式。

(3)此等情形下,民事身份官得向待婚配偶说明拒绝的理由。

第 601 条　(对拒绝的起诉)

(1)配偶任何一方都可向法院上诉依第 600 条所为之拒绝,法院应决定此等拒绝是否正当。

(2)法院判决民事身份官的拒绝为不正当时,此等官员不得再以任何理由拒绝举行结婚仪式。

第 602 条　(结婚日期的确定)

举行结婚仪式的确切日期由待婚配偶与民事身份官商定。

第 603 条　(公开举行结婚仪式)

(1)结婚仪式应在待婚配偶和他们各自两位证婚人在场的情况下公开举行。

(2)证婚人可以是将来之配偶的亲属,也可以不是他们的亲属。

第 604 条　(结婚仪式的程式)

(1)待婚配偶及其证婚人得宣誓,就其所知,结婚不存在障碍。

(2)民事身份官得听取待婚配偶先后作出的愿意与对方结为夫妻的声明。

(3)民事身份官得以法律的名义宣布他们结为夫妻;并且当他有为登记之资格时,立即作成结婚登记。

第 3 节　其他婚姻

第 605 条　(宗教婚姻)

(1)缔结宗教婚姻的条件和此等缔结的程式由结婚当事人的宗教规定。

(2)本法典关于所有形式的婚姻的共同要件的规定(第 581 条至第 596 条),在任何情形中都必须遵守。

(3)宗教婚姻必须根据本法典关于“自然人”之题的规定(第 47 条至第 120 条)进行结婚登记。

第 606 条　(依习惯缔结的婚姻)

(1)可以据之缔结依习惯的婚姻的条件和此等缔结的程式由当地习惯规定之。

(2)本法典关于所有形式的婚姻的共同要件的规定(第581条至第596条),在任何情形中都必须遵守。

(3)依习惯的婚姻必须根据本法典关于“自然人”之题的规定(第47条至第120条)进行结婚登记。

第4章　对违反婚姻要件的处罚

第1节　所有形式婚姻的共同要件

第607条　(年龄)——1.刑事制裁

(1)民事身份官或有关当局明知或应当知道男不满18周岁或女不满15周岁,仍为其举行结婚仪式的,应承担刑法典规定的刑罚。

(2)新郎或新娘分别不满18周岁或15周岁时,同意其结婚的人以及证婚人应承担刑法典规定的刑罚。

第608条　——2.解除婚姻关系

(1)在第607条规定的情形中,得应任何利害关系人或公共检察官的申请,命令解除婚姻。

(2)上述婚姻之双方已满法定婚龄的,不得再行提出解除婚姻之申请。

第609条　(血亲或姻亲)——1.解除婚姻

不顾血亲或姻亲关系的障碍而缔结的婚姻,得应任何利害关系人或公共检察官的申请命令解除之。

第610条　——2.刑事制裁

(1)民事身份官或有关当局明知或应当知道婚姻双方存在着血亲或姻亲关系的障碍,仍为其举行结婚仪式的,应承担刑法典规定的刑罚。

(2)配偶双方、对结婚表示同意的人和证婚人,明知或应当知道结婚双方有血亲或姻亲关系的,应承担刑法典规定的刑罚。

(3)第(1)款、第(2)款规定的处罚,除非婚姻关系已被法院命令解除,不得适用。

第611条　(重婚)——1.刑事制裁

(1)民事身份官或有关当局在明知或应当知道结婚的配偶一方仍为前婚约束仍为其举行结婚仪式的,应承担刑法典规定的刑罚。

(2)配偶双方、对结婚表示同意的人和证婚人,明知或应当知道上述情况的，应承担刑法典规定的刑罚。

第 612 条 ——2. 解除婚姻

(1)在第 611 条规定的情形，得应重婚的配偶任何一方的申请或公共检察官的请求，命令解除婚姻。

(2)除非无可置疑地确认有重婚行为之配偶先前的配偶在举行结婚仪式时仍在世，法院不得命令解除上述婚姻。

第 613 条 ——3. 有效

重婚配偶缔结婚姻自前配偶死亡之日起变得有效。

第 614 条 （无行为能力人的婚姻）——1. 刑事制裁

(1)民事身份官或有关当局在明知或应当知道配偶是未成年人或禁治产人的情况下，为未成年人举行结婚仪式或在未得到必要授权的情况下为禁治产人举行结婚仪式的，应承担刑法典规定的刑罚。

(2)上述未成年人或禁治产人的配偶和证婚人，应承担刑法典规定的刑罚。

第 615 条 （解除婚姻）

(1)未成年人、被宣告禁治产的精神病人、应该对未成年人的结婚表示同意的人、禁治产人的监护人，可向法院要求解除婚姻。

(2)上述申请在无行为能力人结束其无行为能力状态的 6 个月后，不得再行提出。

(3)在其知道上述婚姻自存在之日起算的 6 个月后，如果上述未成年人或禁治产人的无行为能力状态已经终止，其他人在任何情况下不得再行提出解除婚姻的申请。

第 616 条 （胁迫的缺陷）——1. 刑事制裁

(1)以胁迫逼迫他人同意结婚的任何人以及此等婚姻的证婚人，应承担刑法典规定的刑罚。

(2)民事身份官或有关当局明知或应当知道此等情况仍举行结婚仪式的，应承担刑法典规定的刑罚。

第 617 条 ——2. 婚姻的解除

(1)在胁迫的影响下缔结婚姻的人可申请法院命令将其解除。

(2)在上述胁迫停止后 6 个月，或举行结婚仪式 2 年后，在任何情况下不得再行提出此等申请。

第 618 条 （错误）

(1)任何受实质性错误影响缔结婚姻的人,都可申请法院命令将其解除。

(2)在发现相关错误之后6个月,或举行结婚仪式2年以后,在任何情况下不得再行提出上述申请。

第619条 (反对)

(1)民事身份官或有关当局不顾对有关婚姻作出的有效反对(第592条至第594条)仍举行结婚仪式的,应承担刑法典规定的刑罚。

(2)年满18周岁的配偶、对结婚表示同意的人以及证婚人,应承担刑法典规定的刑罚。

(3)上述婚姻不得把未考虑反对作为唯一的理由被命令解除。

第620条 (寡居期)

(1)民事身份官或有关当局在某一妇女未满寡居期(第596条)时为其举行结婚仪式的,应承担刑法典规定的处罚。

(2)配偶、对结婚作出同意的人和证婚人,应承担刑法典规定的刑罚。

(3)上述婚姻不得把未遵守寡居期作为唯一的理由被命令解除。

第2节 民事婚姻

第621条 (民事身份官无管辖权)

(1)民事身份官在明知或应当知道本法典关于居所的要求(第597条)未得到满足仍举行结婚仪式的,应承担刑法典规定的刑罚。

(2)此等婚姻的配偶双方和证婚人,应承担刑法典规定的刑罚。

(3)此等婚姻不得以民事身份官无管辖权作为唯一的理由被命令解除。

第622条 (未遵守程式)

(1)举行结婚仪式的民事身份官不遵守关于此等缔结的程式的规定(第603条和604条)的,应承担刑法典规定的刑罚。

(2)上述婚姻关系不得以此为由被命令解除。

第3节 其他婚姻

第623条 (无效)

(1)法院不得以结婚未遵守宗教或习惯要求的某些条件或程式为由,命令婚姻无效。

(2)由宗教当局作出的宗教婚姻无效的命令仅构成离婚的重大事由。

(3)地方当局依习惯作出的婚姻无效的命令,不具有法律效力。

第 624 条 （罚金和损害赔偿）

(1)对在宗教婚姻或依习惯的婚姻的情形中要求的条件和程式的违反，可根据相应的宗教或习惯以判处罚金或向受害方偿付损害赔偿金的方式制裁。

(2)无论是否存在相反的习惯或约定，当法院认为罚金或损害赔偿金的数额过大时，可以减少至适当程度。

(3)当法院认为有关习惯不合理或违背公平或道德时，可拒绝赋予其法律效力。

第 5 章　结婚的效力

第 1 节　一般规定

第 625 条 （各种形式的婚姻的法律效力相同）

(1)无论通过何种形式缔结的婚姻，得产生相同的法律效力。

(2)不得区分婚姻是在民事身份官面前缔结的还是根据宗教或习惯规定的形式缔结的。

第 626 条 （圆房）

结婚的效力不取决于事实上的或推定的圆房。

第 627 条 （婚姻合同）

(1)在结婚之前，配偶双方可以婚姻合同调整其结合在财产上的效果。

(2)他们也可在上述合同中规定与其人身关系有关的事项上相互的权利和义务。

(3)本条规定不影响法律的命令性规范。

第 628 条 （配偶一方无行为能力）

(1)为未成年人订立婚姻合同时，必须得到未成年人本人及其保佐人的同意。

(2)被法院宣告禁治产的人，除非由其本人订立婚姻合同，并且得到法院的批准，其订立的婚姻合同无效。

(3)法定禁治产人具有订立婚姻合同的行为能力。

第 629 条 （合同的形式）

除非以书面的方式作成，并且由 2 名为丈夫，2 名为妻子的 4 名证人作证，婚姻合同无效。

第 630 条 （合同的备案）

(1)婚姻合同的复制件应在法院登记处或公证人处备案。

(2)它可由配偶任何一方或得到配偶或法院特别授权的任何人自由地查阅。

第 631 条 （对合同自由的限制）

(1)婚姻合同不得课加第三人以义务或变更法律的命令性规范。

(2)它不得无条件地援用当地习惯。

第 632 条 （婚姻合同的变更）

(1)家事仲裁人可应配偶双方的请求,变更婚姻合同的条款。

(2)家事仲裁人可应配偶一方的请求,变更家庭利益要求变更的条款。

(3)变更后的合同的复制件得于法院登记处或公证人处备案。

第 633 条 （配偶之间的合同）

(1)婚姻关系存续期间,配偶之间订立的合同依法无效,得到家事仲裁人或法院批准的除外。

(2)本条规定不影响本法典关于合同的特别规定。

第 634 条 （法定的夫妻关系体制）

无婚姻合同、结婚合同或配偶之间订立的合同的规定无效时,得适用以下规定。

第 2 节 结婚的人身效力

第 635 条 （家长）

(1)丈夫是家长。

(2)妻子得遵从丈夫作出的任何有关合法事情的命令,本法典有明示的相反规定的除外。

第 636 条 （尊敬、支持和帮助）

(1)配偶双方得相互尊敬、扶养和帮助。

(2)婚姻合同不得破坏这一规则。

第 637 条 （家庭的管理）——1.一般情形

(1)配偶双方应在丈夫的指导之下,为了家庭的利益,共同合作以实现家庭的精神和物质目的,抚养子女并为他们的成家立业作准备。

(2)在婚姻合同中由配偶双方就上述问题作出的承诺具有法律效力。

第 638 条 ——2.配偶一方存在障碍

(1)当配偶一方处于无行为能力、失踪或因遗弃其家庭受到判处时,他方配偶得单独履行第637条规定的义务。

(2)配偶一方自愿放弃共同生活,或因外出或任何其他原因处于不能表达其意志的状态时,同样的规则适用之。

(3)婚姻合同中任何与此相反的约定无效。

第639条　(前婚子女)

(1)配偶各方得保留关于其前婚所生子女之教育事项的专有决定权。

(2)任何与此相反的约定无效。

第640条　(同居)

(1)配偶双方有义务共同生活。

(2)在婚姻中,他们得相互保持正常的性关系,此等关系对他们的健康导致严重损害之风险的除外。

(3)任何与此相反的约定无效。

第641条　(确定居所)

(1)共同居所得由丈夫选定之。

(2)当丈夫以明显滥用权利的方式或违反婚姻合同中的约定确定居所时,妻子可向家事仲裁人抗告丈夫的决定。

第642条　(协议分居)

(1)配偶双方可商定在确定或不确定的期间分居。

(2)上述协议可由配偶一方随时撤销,只要此等撤销不是武断的。

第643条　(忠实义务)

(1)妻子应忠实于其丈夫。

(2)丈夫应忠实于其妻子。

第644条　(丈夫提供保护)

(1)丈夫应保护其妻子。

(2)如果为家庭利益需要,同时不存在武断、任性或其他滥用的情形,丈夫可监督其妻子的交往,指导其行为。

第645条　(配偶双方的职业)

(1)配偶各方都可从事其职业或其选择的活动。

(2)配偶的一方可为了家庭利益反对他方从事特定的职业或活动。

第646条　(家务)

当丈夫处于不能为其妻子提供仆役的境况时,妻子有义务亲自参加家务劳动。

第3节　婚姻的财产效力

第647条　（配偶的个人财产）——1.无偿获得的财产

配偶在其结婚之日占有的财产，或在结婚后通过继承、赠与获得的财产，仍得作为其个人财产。

第648条　——2.有偿取得的财产

（1）在婚姻期间，配偶一方有偿取得的财产，如果这种取得是以其个人拥有的财产或个人拥有的金钱或通过转让其个人财产作成的，此等财产仍属于此等配偶的个人财产。

（2）除非家事仲裁人应配偶一方的请求，已决定这样获得的财产由此等配偶个人拥有，第（1）款的规定不适用之。

第649条　（个人财产的管理）——1.原则

（1）配偶各方得管理其个人财产并获得其收益。

（2）他可自由处分其财产。

第650条　——2.婚姻合同

（1）婚姻合同中可以约定，配偶一方得管理配偶另一方的财产或特定财产，并享有处分权。

（2）除非另有约定，不管理财产的配偶一方可要求他方每年作出管理账目的报告。

第651条　——3.代理

配偶一方可以自由地委托他方管理其财产或其某些个人财产。

第652条　（共同财产）

（1）配偶双方的薪金和收入得成为共同财产。

（2）婚姻期间配偶双方有偿取得的所有财产，未被家事仲裁人宣布为个人财产的，成为共同财产。

（3）共同赠与或遗赠给配偶双方的财产，除非在赠与文件或遗嘱中有相反的规定，得成为共同财产。

第653条　（推定为共同财产）

（1）除非配偶一方证明他是某项财产的唯一所有人，得推定所有的财产为共同财产。

（2）某一财产属个人财产，除非第三人明知或应当知道这一事实，配偶不得以其对抗第三人。

第654条 （薪金和收入）——1.正常的管理

(1)配偶各方得收受其收入和薪金。

(2)配偶各方可拥有一个银行账户，以存入其收入和薪金及其从个人财产中得到的收益。

(3)配偶一方得应他方的要求向后者汇报其收受的薪金和收入的账目。

第655条 ——2.配偶的权利

(1)配偶一方可自由地委托他方收受其应得的薪金和收入。

(2)家事仲裁人可应配偶一方的要求，授权此等配偶受领他方的薪金和收入并出具收据。

(3)他们也可授权配偶一方全部或部分地扣押在对他方有给付义务的人管领中的薪金和收入。

第656条 （共同财产的管理）

(1)除收入、薪金和妻子的收入以外的共同财产，由丈夫管理。

(2)本条规定不影响第638条的规定。

(3)家事仲裁人可应妻子的要求，为了家庭的利益，委托她管理共同财产或特定的共同财产。

第657条 （通知义务）

配偶一方针对共同财产进行的管理行为得不迟延地通知配偶另一方。

第658条 （权力的限制）

下列事项，必须得到配偶双方一致同意：

(1)转让共同的不动产；

(2)转让价值超过500埃塞俄比亚元的动产，或记有配偶双方之名的有价证券；

(3)订立超过1000埃塞俄比亚元的借款合同；

(4)进行超过100埃塞俄比亚元的赠与或为第三人超过100埃塞俄比亚元的债务作保证。

第659条 （配偶的债务）

(1)配偶一方所负的债务可以由其个人财产和共同财产清偿。

(2)为了家庭的利益发生的债务视为由配偶双方承担连带责任；它可以由配偶各自的个人财产和共同财产清偿。

第660条 （为家庭利益发生的债务）

下列债务视为为家庭利益发生的债务：

(1)为保持配偶或其子女的生活发生的债务；

(2)为了履行配偶双方或一方的生活保持义务产生的债务。

(3)其他由家事仲裁人根据配偶一方或债权人的请求确认为具有此等性质的债务。

第 661 条　(对家庭开支的分担)

配偶双方得根据其各自的收入的比例分担家用。

第 6 章　婚姻的终止

第 662 条　(各种形式的婚姻的法律效力相同)

(1)无论缔结婚姻的形式为何，终止婚姻关系的原因和效力相同。

(2)在这一问题上不得区分婚姻是在民事身份官面前缔结的还是根据宗教或习惯规定的程式缔结的。

第 1 节　婚姻终止的原因

第 663 条　(各种原因)

(1)婚姻因配偶的死亡而终止。

(2)法院作为对违反结婚要件之一的制裁命令终止婚姻时，婚姻终止。

(3)婚姻可因离婚终止。

第 664 条　(遗弃)

任何单方面的丈夫遗弃妻子或妻子遗弃丈夫，不具有效力。

第 665 条　(双方同意的离婚)

(1)法律不允许通过双方的同意离婚。

(2)配偶之间不得被命令离婚，根据本法典之规定而为的除外。

第 666 条　(离婚的申请)

(1)离婚的申请可以由配偶双方共同地或由其中之一方向家事仲裁人提出。

(2)任何其他人不得为上述申请。

(3)配偶一方在离婚命令作出前死亡的，终止离婚程序。

第 667 条　(离婚的重大理由和其他理由)

准予离婚的条件以及离婚的法律后果，得根据对离婚的申请人是否证实了存在对其有利的离婚重大理由而不同。

第 668 条 （因重大理由宣布离婚）

如果申请人确证了存在重大的离婚理由支持其主张，家事仲裁人应在他提出申请后 3 个月内命令离婚。

第 669 条 （离婚的重大理由）——1. 归因于配偶一方的理由

下列情形为离婚的重大理由：

(1)配偶一方通奸；

(2)配偶一方抛弃婚姻居所，并且至少 2 年内他方配偶不知其下落。

第 670 条 ——2. 不归因于配偶一方的理由

下列情形亦为离婚的重大理由：

(1)配偶一方被收容于精神病医院已不少于 2 年；

(2)法院宣告配偶一方失踪。

第 671 条 ——3. 宗教婚姻无效

根据宗教程式缔结的婚姻被宗教当局宣布无效的，构成离婚的重大理由。

第 672 条 （理由之重大性的消失）

(1)可归责于配偶一方的过错被他方予以原谅时，停止构成重大理由。

(2)无论是否存在相反的证据，当配偶一方停止其过错行为后 6 个月内，配偶他方未提出离婚请求的，推定已给予此等原谅。

(3)被宣告无效的宗教婚姻的配偶双方，在得知有关无效的决定后继续生活在一起的，宗教婚姻的无效停止构成离婚的重大理由。

第 673 条 （其他理由）

(1)由当事人一方提出的任何其他的离婚理由，不构成离婚的重大理由。

(2)婚姻关系可根据以下数条规定的条件之一，并在其规定的时间内被有效地命令解除。

第 674 条 （临时措施）

(1)从离婚问题被提交家事仲裁人之时起，他们得根据情况采取必要措施，特别是关于配偶和子女的生活保持或关于配偶财产的管理的。

(2)他们可把特定的居所分派给丈夫或妻子，或禁止他们中的一方使用此等居所。

第 675 条 （可能作出的修改）

任何由家事仲裁人采取的临时措施，可以应任何利害关系人的请求由家事仲裁人修改或宣布无效。

第676条　（试行和解）

（1）如果不存在离婚的重大理由，家事仲裁人得试图使双方和解并使之撤回离婚申请。

（2）为此目的，他们可为配偶一方规定他们认为合适的一切措施。

第677条　（关于离婚条件的协议）

（1）家事仲裁人最终未能使配偶双方和解的，他们得试图使配偶双方就离婚的条件达成协议。

（2）如达成了此等协议，离婚判决应根据该协议作出。

第678条　（作出判决的时间）——1.原则

（1）在双方未达成协议时，家事仲裁人应在向其提出离婚申请之后1年内宣布离婚。

（2）此等期限可以通过当事人在举行结婚仪式前或之后缔结的协议延长到5年。

第679条　（判决的内容）

（1）家事仲裁人之宣告离婚的判决得调整离婚的后果。

（2）判决得特别对于婚生的未成年子女的归属和生活保持作出指示，并作出为清算配偶之间的关系所必要的规定。

第680条　（补充判决）

（1）家事仲裁人可在第一个判决中仅限于宣告离婚，并保留作出补充判决调整因离婚导致的特定问题的机会。

（2）补充判决必须在作出离婚判决后6个月内作出。

第681条　（子女的归属）——1.原则

（1）婚生子女的归属和生活保持的调整只考虑此等子女的利益。

（2）除非存在作出相反决定的重大理由，子女应由其母亲照管到5岁。

第682条　——2.可能作出的修改

关于子女的归属和生活保持的规定，家事仲裁人可应该子女的父亲、母亲或其他尊亲属的申请，随时作出修改。

第2节　配偶之间财产关系的清算

第1目　配偶一方死亡的情形

第683条　（根据协议自主处理）

(1)配偶一方死亡,配偶之间的财产关系得根据婚姻合同以及配偶间订立的协议清算。

(2)没有上述协议或上述协议的所有规定无效时,配偶间的财产关系得根据本节的规定清算。

第 684 条 (取回个人财产)

当配偶的任何一方证明他是其所有人时,得取回他的个人财产,。

第 685 条 (事先从共同财产中取回)

(1)如果配偶一方证明其个人财产被转让,而价金处于共同财产之中时,他得事先从共同财产中取回相应的价金或具有相同价值的物品。

(2)妻子应在丈夫之前行使取回权。

第 686 条 (赔偿)——1.原则

无论是否存在相反的协议或最终的清偿收据,可都以配偶一方实施了下列行为并且这些行为影响了共同财产或配偶任何一方拥有的个人财产为由,授予他方配偶以损害赔偿:

(1)实施此等行为的配偶一方无权实施该行为;或

(2)此等行为构成不恰当管理行为,或行为的实施是为了诈骗提出请求者的权利。

第 687 条 ——2.不予受理的诉讼

在解除婚姻 3 年前实施的行为,不得作为依第 686 条的规定提出赔偿要求的理由。

第 688 条 (不当得利)

除非另有约定,配偶一方证明他方的个人财产因损害自己的个人财产或共同财产获得不当得利的,得授予其赔偿。

第 689 条 (共同财产的分割)

(1)在不违反前数条规定的前提下,共同财产应在配偶间平等地分割,婚姻合同或配偶间达成的有效合同另有约定的除外。

(2)本法典有关继承之题中关于作出分割的方式、分割之后共同继承人之间的关系以及分割后债权人的权利的规定(第 1079 条至第 1113 条),得作必要的修正后适用于共同财产的分割。

第 2 目　离婚的情形

第 690 条 (一般规则)

(1)在不违反以下数条规定的前提下,配偶离婚时财产关系的清算与配偶一方死亡的情形相同。

(2)以下数条的规定不得被婚姻合同或配偶之间在解除婚姻前的达成的其他协议推翻。

第 691 条　(礼物和婚姻利益)

(1)家事仲裁人可以应赠送礼物的人或其继承人的请求,命令返还因结婚或婚姻的存在由配偶一方收受的礼物,此等礼物是配偶一方从他方或从配偶一方的尊亲属或其他人收受的,在所不问。

(2)他们也可取消其他由配偶一方或第三人在结婚时或因考虑到结婚可能已给予或允诺给予配偶或配偶一方的利益。

第 692 条　(配偶的不平等待遇)

(1)家事仲裁人可授予配偶一方较大的份额或甚至全部共同财产。

(2)他们也可将属于配偶一方的财产授予配偶他方,但此等财产不得相当于前者产业的 1/3。

第 693 条　(离婚的责任)——1.重大理由

(1)当离婚因可归责于配偶一方的重大理由被命令作出时,得对此等配偶造成的损害适用第 691 条和第 692 条规定的惩罚。

(2)它们不得适用于其他配偶造成的损害。

(3)当离婚因不可归责于配偶任何一方的理由被命令作出时,它们不得适用于配偶的任何一方。

第 694 条　——2.缺乏重大理由

(1)当离婚不是因重大理由被命令作出时,前两条规定的惩罚得适用于提出离婚请求的配偶。

(2)它们不得适用于其他配偶。

第 695 条　(必须遵循的指示)

(1)家事仲裁人通常必须适用前两条规定的惩罚。

(2)尽管有第(1)款的规定,他们在是否适用这些惩罚以及采取何种措施适用这些惩罚的问题上,享有自由裁量权。

(3)在作出其决定时,他们得考虑案件的所有情况,特别是离婚因之被命令作出的过错的意义和严重性、离婚请求在道义上应受谴责性的程度。

第3目　其他终止婚姻的情形

第696条　（必须遵循的规则）

（1）当法院作为对违反结婚条件的惩罚命令解除婚姻时，它得根据公平原则调整此等解除的后果。

（2）它得受有关配偶离婚时关系的清算的规则（第690条至第695条）的引导。

（3）它得特别考虑配偶是诚信还是恶意；有没有圆房的事实；如果有的在被解除的婚姻中出生的子女的利益；以及诚信第三人的利益。

第7章　婚姻的证明

第697条　（证据的法定性）

婚姻只能由本章规定的方式加以证明。

第698条　（婚姻登记）

婚姻由提交在举行结婚仪式时作成的或在此之后根据法律作成的婚姻登记加以证明。

第699条　（身份占有）——1.定义

（1）没有有关民事身份登记时，婚姻可以通过配偶的身份占有加以证明。

（2）当二人相互认为是夫妻并以配偶相待，并且其家人和社会也作相同的认为和对待时，此二人拥有配偶身份之占有。

第700条　——2.证明和异议

（1）配偶身份的占有可以由4名证人、亲属或非利害关系人证明。

（2）它也可以被4名证人、亲属或非利害关系人提出异议。

第701条　（公证书）

如果不拥有身份占有或如果此等身份占有遭到异议，婚姻的存在得由法院批准的公证书证明之。

第702条　（批准之必要）

（1）婚姻的存在通常不得以公证书证明，法院批准的除外。

（2）为此目的的申请可由任何利害关系人随时提出。

（3）除不可抗力情形外，得听取配偶或其继承人的意见。

第703条　（可以作出批准的情形）

符合下列情形之一，法院可批准以公证书证明婚姻：

(1)已发生本法典第146条规定的情形；

(2)原告方出示了宗教当局出具的婚姻登记；

(3)原告方出示了婚姻合同；

(4)被告配偶一方承认婚姻的存在，或者有从持续存在和充分的重大事实中产生的推定或环境证据使得法院作出批准。

第704条　(民事身份官的义务)

(1)要求出具婚姻公证书的人，得确保根据有关条例和法院对其作出的相应指令公示其要求。

(2)在此等公示后的一个月内，他得邀请如果有的第三人登记其反对。

第705条　(形式和批准)

(1)以证明婚姻存在为目的的公证书，在可能的情况下得指明婚姻开始存在的日期，以及如果有的其终止的日期。

(2)除非得到4名证人签名和法院的批准，此等公证书不生效力。

第706条　(证明力)

(1)婚姻登记或法院批准的公证书对所有的人具有效力。

(2)主张上述两种证据的任何一种存在错误的人，得否证没有缔结婚姻，或它是在不同于婚姻登记或公证书表明的日期缔结的。

第707条　(婚姻的无效或解除)

主张婚姻无效或已解除的人得证明此等主张。

第8章　非法同居

第708条　(定义)

非法同居是一名男子与一名妇女在未缔结婚姻的情况下，像夫妻一样共同生活的情势创立的事实状态。

第709条　(解释)

(1)构成非法同居的必要和充分条件是，有关男女的行为类似于已结婚者的行为。

(2)他们不必向第三人声明他们已结婚。

(3)一男一女保持性关系，即使是反复进行的且众所周知，这一单纯的事实本身不足以在此等男女间构成非法同居。

第 710 条 （不产生姻亲关系）

(1)非法同居不在男子与妇女的亲属间或妇女与男子的亲属间创立任何姻亲关系。

(2)与姻亲有关的婚姻障碍的规定得适用于非法同居的情形。

第 711 条 （无生活保持义务）

非法同居的男女相互间不产生任何提供生活保持的义务。

第 712 条 （不产生共同财产制）

非法同居的男女间不产生任何共同财产制。

第 713 条 （无继承权）

非法同居的男女相互之间不产生任何继承权。

第 714 条 （对妇女的债务的保证）

非法同居的男子一方，根据法律，得对妇女缔结的为保持男子或非法同居所生子女的生活所必需的所有合同承担连带责任保证。

第 715 条 （子女的亲子关系）

非法同居所生子女的亲子关系，得依照本题关于“亲子关系”之章的规定确定之。

第 716 条 （同居的终止）——1. 妇女作出终止

(1)进行非法同居的妇女可随时结束此等同居。

(2)在终止时，她不承担任何损害赔偿或返还原物的责任。

第 717 条 ——2. 男子作出终止

(1)进行非法同居的男子可随时结束非法同居。

(2)在此等情形，如果为公平所要求，法院可判处他对女方偿付不超过 6 个月的生活保持费用的赔偿。

第 718 条 （同居的证明）——1. 原则

(1)非法同居由身份占有证明。

(2)一男一女虽然未结婚，但他们像已结婚一样行事，并且其家人和邻居都认为他们像已婚者一样生活的，该男女即拥有身份占有。

第 719 条 ——2. 身份占有的证明和异议

(1)上述身份占有得提出可信赖的证人证明之。

(2)也可通过提出可信赖的证人对之提出异议。

第 720 条 （公证书）

(1)如果身份占有遭到异议，得通过法院批准的公证书证明非法同居的存在。

(2)本法典第702条至第706条的规定得适用于非法同居的证明。

第721条 (其他非婚姻关系)

(1)男女间确立的既非婚姻亦非非法同居的关系,法院不得赋予其任何效力。

(2)利害关系人或第三人均不得为了任何目的,在相应的法律程序中援用上述关系。

(3)在不违反本法典关于子女的认领或收养的规定的前提下,在此等关系中所生子女只与其母亲具有法律上的关系。

第9章 结婚、离婚和非法同居案件中的争议

第722条 (有效婚约的存在)

只有法院有权决定一项婚约是否已订立,以及它是否有效。

第723条 (因婚约导致的争议)

(1)因婚约或违反婚约导致的争议得提交给订婚合同的证人进行仲裁。

(2)如果某些人被指定为第一证人,争议得提交给他们进行仲裁。

(3)双方可在订婚时或订婚后商定诉诸其他的人的仲裁。

第724条 (有效婚姻的存在)

只有法院有权决定某一婚姻是否已缔结,以及该婚姻是否有效。

第725条 (因婚姻导致的异议)

(1)配偶间在婚姻关系存续期间产生的异议得提交作为其婚姻的证婚人进行仲裁。

(2)如果某些人被指定为第一证婚人,有关争议得提交给他们进行仲裁。

(3)双方可在结婚时或结婚后商定诉诸其他人的仲裁。

第726条 (因死亡导致婚姻终止)

当婚姻因配偶一方死亡终止时,因终止该婚姻产生的争议得提交给同样的人进行仲裁。

第727条 (离婚申请)

由配偶双方或其中一方提出的离婚申请得提交同样的人进行仲裁。

第728条 (因离婚导致的争议)

(1)因离婚导致的争议得提交给宣布离婚的仲裁人进行仲裁。

(2)利害关系人可在离婚时或离婚后商定诉诸其他人的仲裁。

第 729 条 (离婚的存在)

只有法院有权决定是否已宣告离婚。

第 730 条 (非法同居)

(1)只有法院有权决定二人之间是否已设立非法同居。

(2)只有法院有权决定因此等同居产生的争议。

第 731 条 (仲裁人的指定)

如果在适用前数条规定设定的规则时,发现未指定解决被提交仲裁的争议的仲裁人,配偶各方得指定两名仲裁人。

第 732 条 (指定补充仲裁人)

无论是否有相反的约定,诸家事仲裁人可以多数决定召集一个或数个补充仲裁人行使其管辖权。

第 733 条 (仲裁人的替换)——1. 原则

(1)如果被召集作为家事仲裁人为裁决的人死亡,或处在不能迅速裁决发生的争议的状况,得以任命他相同的方式替换之。

(2)当家事仲裁人拒绝履行其职责或被法院辞却时,法院得指定一位新的仲裁人。

第 734 条 ——2. 不同意对于仲裁人的指定

如被协议要求指定的仲裁人的双方就此等指定不能达成一致,法院根据任何一方的请求指定仲裁人。

第 735 条 (未指定仲裁人)

当被要求指定一名仲裁人的一方在被请求后 15 天内未能作出指定,或指定的仲裁人不接受其职责或因某些原因不能无迟延地履行其职责时,法院得应他方的请求代表前者指定一名仲裁人。

第 736 条 (向法院起诉仲裁人的决定)

仲裁人在前数条规定的情形中作出的决定,仅能通过主张仲裁人受贿、欺诈第三人,或其决定违法或明显不合理,向法院攻击之。

第 737 条 (仲裁人未能作出决定)

仲裁人未能在法律为他们规定的期限内,或在没有此等期限的情况下未在合理的期限内作出裁决时,法院可应一方当事人的申请接手案件。

第10章　亲子关系

第1节　父亲和母亲的确认

第1目　一般规定

第738条　（命令性法律规范）

关于确认父亲和母亲的法律规范，非经法律明确许可此等协议，当事人不得以协议变更之。

第739条　（母子关系）

母子关系产生于出生的单纯事实。

第740条　（父子关系）

(1)当孩子的母亲与某一男子在孩子受孕或出生时有法律规定的关系时，从母子关系产生父子关系。

(2)孩子的父亲对自己的父亲身份的承认也可导致父子关系。

(3)在母亲被诱拐或强奸的情形，法院判决也可导致父子关系。

第2目　父亲身份的推定

第741条　（孩子母亲的丈夫推定为孩子的父亲）

婚姻中受孕的或出生的孩子以其母亲的丈夫为父亲。

第742条　（推定的普遍性）

(1)无论可能用以确定母子关系的方式如何，第741条的规定适用之。

(2)此等规定同样适用于孩子的出生登记未指明作为其母亲的丈夫的孩子父亲的情形，或指明其他男子是孩子的父亲的情形。

(3)在此等情形，出生登记应受更正。

第743条　（怀孕的期间）

(1)如果一个孩子是在其母亲举行结婚仪式180天后，或终止婚姻后300天内出生的，得被视为是在婚姻中受孕的。

(2)不得接受任何反证。

第744条　（丈夫失踪）

当孩子出生在一项宣告其母亲的丈夫失踪的判决之后，孩子没有作为其母亲丈夫的父亲。

第 745 条 （非法同居）

(1)在非法同居中受孕或出生的孩子以与其母亲同居的男子作为父亲。

(2)第 742 条和第 743 条　关于推定的普遍性和怀孕期间的规定，同样适用于此种推定。

第 3 目　父亲身份的承认

第 746 条 （原则）

如果适用前数条规定仍未确定孩子的父亲，孩子的父亲的身份可通过父亲身份的承认确定之。

第 747 条 （承认的内容）

(1)父亲身份的承认来自一名男子作出的认为自己是一名已出生或尚在孕育中的孩子的父亲的声明。

(2)此等声明不必为了产生父亲身份之承认的效果而作出。

第 748 条 （承认的形式和证明）

(1)除非以书面形式作出，父亲身份的承认无效。

(2)除本法典第 146 条规定的情形以外，父亲身份的承认不得以证人证明。

第 749 条 （代表）

(1)这种声明得由孩子的父亲亲自作出，即使他为未成年人，亦同。

(2)作出有关声明的委托只能由法院批准的有特别授权的律师授予。

(3)经法院允许，这种声明可由处于法院禁治产中的人、或以其名义的法定代理人作出。

第 750 条 （孩子的父亲死亡的情形）

(1)如果孩子的父亲已死亡或处于不能表达其意志的状态，父亲身份的承认可由祖父或祖母以其名义作出。

(2)在父系亲属的范围内，没有祖父母时，可由其他父系尊亲属作出这种声明。

第 751 条 （母亲的认可）

(1)父亲身份的承认除非被孩子的母亲承认为确有充分根据，无效。

(2)如果孩子的母亲已死亡或处在不能表达其意志的状态，父亲身份的承认可由孩子的外祖父或外祖母接受之。

(3)在母系亲属的范围内,无外祖父母时,可由其他尊亲属或禁治产人的监护人接受之。

第 752 条　(孩子的成年)

父亲身份的承认,如果是在孩子成年后作出的,无效,该承认得到孩子亲自接受的除外。

第 753 条　(接受的形式)

被要求接受有关父亲身份的承认的人,在他知道此等承认后 1 个月内未对此提出抗议的,被视为接受有关承认。

第 754 条　(孩子已死亡的情形)

孩子死亡后不得就他作出父亲身份的承认,他留有卑亲属的除外。

第 755 条　(承认的撤销)

(1)父亲身份的承认不得撤销。

(2)承认某一孩子为其子女的未成年人,如果无为承认的行为能力,并且在其无行为能力状态终止后 1 年内,可以撤销此等承认,其监护人同意了此等承认的除外。

(3)撤销权只能由未成年人行使。不得由其法定代理人或继承人行使。

第 756 条　(承认的无效)

(1)承认可根据本法典关于"合同的一般规定"之题的规定(第 1706 条至第 1709 和第 1808 条至 1818 条),因胁迫无效。

(2)承认不得根据上述之题的规定因错误或欺诈而无效(第 1697 条至第 1705 条和第 1808 条至第 1818 条);已无可置疑地证明孩子不可能由作出承认的人施孕的除外。

第 757 条　(禁止多重承认)

当父亲身份的承认已就一个孩子作出,并且得到确当的接受时,不允许另一男子对同一孩子作出另一父亲身份的承认,在先的承认已被宣布无效的除外。

第 4 目　法院宣告父亲身份

第 758 条　(诱拐或强奸)

在适用前数条规定后,孩子仍无父亲或被否认父子关系时,如果孩子的母亲是在孩子的受孕被认为已发生之时的诱拐或强奸的受害者,该孩子可获得父亲身份的法院宣告。

第 759 条 （起诉）

(1)请求法院宣告父亲身份之诉只能由孩子的母亲提起；当孩子的母亲已死亡或处在不能表达其意志的状态时，由孩子的监护人提起。

(2)孩子出生 2 年后或刑事法院已就诱拐或强奸作出判决后，不得提起此诉。

第 760 条 （诉讼的争论点）

法院宣告父亲的身份应在构成诱拐或强奸的事实被确认后为之；已无可置疑地证明孩子不可能由诱拐或强奸母亲的人施孕的除外。

第 761 条 （该诉讼不得适用于其他情形）

在任何其他情形下，不得要求法院宣告父亲身份，法院也不得作此等宣告。

第 2 节　父亲身份的冲突

第 762 条 （父亲身份的调整）——1. 原则

在适用前数条的过程中，如果一个孩子必须被归之于数个父亲，可在孩子依法被归之于他们的数人间作父亲身份的调整。

第 763 条 ——2. 形式

(1)调整父亲身份的合同得由 4 名证人证明，并经法院批准。

(2)除不可抗力情形外，必须听取孩子的母亲亲自提供的意见。

第 764 条 （法律推定）

如果不能达成父亲身份的调整，在有必要时，得先后适用下列两个推定：

(1)在母亲的丈夫和与其母亲进行非法同居的人之间，孩子得优先被归之于前者；

(2)在母亲的丈夫或在孩子出生时与其母亲同居的人，与在受孕时母亲的丈夫或与其母亲同居的人之间，孩子得优先被归之于前者。

第 765 条 （协议赋予父亲身份）——1. 何时允许如此

如果孩子是在婚姻解除或解除非法同居 210 天后出生的，丈夫或与母亲同居的男子可通过协议把孩子的父亲身份赋予宣称自己是孩子父亲的第三人。

第 766 条 ——2. 形式

(1)父亲身份的协议赋予得由 4 名证人证明，并经法院批准。

(2)除不可抗力情形外,得听取孩子母亲亲自提供的意见。

第 767 条 (代表)

(1)本节所述的协议得由利害关系人亲自缔结。

(2)它们不得由其法定代理人或继承人以其名义缔结。

(3)缔结上述协议的委托只可由法院批准的具有特别授权的律师作出。

第 768 条 (协议的撤销和无效)

(1)本节所述的协议不得撤销。

(2)它们可根据本法典关于"合同的一般规定"之题的规定(第 1706 条至第 1709 和第 1808 条至第 1818 条),因胁迫被宣告无效。

(3)它们不得根据上述之题的规定(第 1697 条至第 1705 条和第 1808 条至第 1818 条),因错误或欺诈被宣告无效,已无可置疑地证明孩子不可能由宣称是其父亲的人施孕的除外。

第 3 节 亲子关系的证明

第 769 条 (出生登记)

自然人的父子关系和母子关系均由其出生登记证明之。

第 770 条 (身份占有)——1. 定义

(1)无出生登记时,亲子关系由子女的身份占有证明。

(2)当某人被一名男子或妇女当作子女对待,并且后者的亲属和社会也将他当作此等男子或妇女的孩子时,该人即占有了子女的身份。

第 771 条 ——2. 证明和异议

(1)身份占有得通过提出 4 名证人加以证明。

(2)身份占有也可以通过提出 4 名证人加以反驳。

第 772 条 (子女主张其身份的诉讼)

无身份占有或该身份占有遭到异议或与出生登记中的记载事项不符的,亲子关系根据在法院针对子女主张其身份的诉讼作出判决后由作出判决的法院批准的公证书加以证明。

第 773 条 (可受理的诉讼)

(1)子女主张其身份的诉讼,未经法院允许不得提出。

(2)除非存在从持续和足够重要事实产生的推定和环境证据使法院可以作出允许,不得允许提出上述诉讼。

第 774 条 (不受理的诉讼)

当其亲子关系有待确定的某人，已从其出生登记得到另一亲子关系，并且该亲子关系为符合此等登记的身份占有所证实时，不许其提起主张身份之诉。

第 775 条 （起诉人）

(1)主张身份的诉讼可以由子女、其监护人或继承人提起。

(2)它也可由声称是孩子的父亲或母亲的人提起。

(3)它也可以以否认其父亲身份为目的，由如果胜诉将被赋予孩子的父亲身份的人提起。

第 776 条 （起诉的时间）

(1)子女可在其生存期间的任何时候提起主张身份之诉。

(2)子女的监护人和第 775 条第(2)款、第(3)款规定的人只能在孩子未成年时起诉。

(3)除非子女在 20 岁前死亡，并且在其死后 1 年内为之，其继承人不得提起此诉。

第 777 条 （被诉人）

(1)当主张身份的诉讼由孩子的母亲提起时，得针对孩子提起。

(2)在其他情形，得针对孩子的母亲或其继承人提起。

(3)孩子的母亲和如果胜诉将被赋予孩子的父亲身份的人必须被作为诉讼当事人。

第 4 节　身份的异议和否认亲子关系

第 1 目　身份的异议

第 778 条 （原则）

孩子的母亲身份可由任何利害关系人随时提出异议。

第 779 条 （可受理的诉讼）

(1)未经法院允许，不得提起身份异议之诉。

(2)除非存在从持续和足够重要事实产生的推定和环境证据使法院可以作出允许，不得允许提出上述诉讼。

第 780 条 （不受理的诉讼）

如果原告试图争议的亲子关系产生于利害关系人的出生登记，并且该亲子关系得到与此等登记相一致的身份占有所证实时，法院不得批准起诉。

第 781 条 （诉讼中的被告方）

(1)身份异议之诉得针对其亲子关系被争议的人提起,或对其继承人提起。

(2)孩子的母亲,以及在必要时,孩子的父亲得作为当事人使之参加诉讼。

第2目 否认亲子关系

第782条 (原则)

孩子与其父亲的父子关系只能通过否认亲子关系之诉被提出异议。

第783条 (与母亲无性关系的情形)——1.原则

法律赋予其以孩子的父亲身份的人,可以通过无可置疑地证明,他在孩子出生前的从第300天到第180天的期间不可能与孩子的母亲有性关系,以此否认与此等孩子有父子关系。

第784条 ——2.推定

(1)配偶因一方提出离婚请求实际地与他方分居的期间,或根据他们间达成的书面协议分居的期间,被视为彼此无性关系。

(2)决不接受相反的证据,尤其是仅凭推定得出的结论。

第785条 (为父不能的情形)——1.原则

法律归之以孩子的父亲身份的人,可通过无可置疑地证明,在特定的情形中他绝对不可能是孩子的父亲而否认与孩子的父子关系。

第786条 ——2.可受理的诉讼

(1)在第785条规定的情形中,未经法院许可不得提起否认亲子关系之诉。

(3)除非存在从持续和足够重要事实产生的推定和环境证据使法院可以作出允许,不得允许提出上述诉讼。

第787条 ——3.推定和重要的环境证据

(1)推定和重要的环境证据可由科学认可的孩子的体貌特征与父亲的体貌特征的不相容性构成。

(2)它们也可从母亲对其父亲或与之同居的男人隐瞒孩子的出生,甚至隐瞒怀孕的事实得出,这些情节适合于对其父亲身份造成怀疑。

第788条 ——4.通奸或孩子的母亲的承认

孩子的母亲通奸或承认孩子另有其父本身,不足以构成重要的环境证据。

第789条 (为父不能)

如果孩子的母子关系已通过主张身份之诉确立,被赋予孩子的父亲身份的人可通过举出任何适合于证明他不是孩子之父的事实否认与此等孩子有父子关系。

第 790 条 (诉讼中的原告)

(1)只有通过适用立法规范被赋予孩子的父亲身份的人,可提起否认父子关系之诉。

(2)孩子的母亲、主张孩子的父亲身份的人、公共检察官或孩子自己,都不得为此等效果之申请。

第 791 条 (法院宣告禁治产者)

(1)经法院允许,法院宣告禁治产者可自己提起否认亲子关系之诉。

(2)经同样的允许,此诉可由禁治产人的监护人以后者的名义提起。

第 792 条 (诉讼的时间)——1.原则

(1)否认亲子关系之诉应在孩子出生后的 180 天内提起。

(2)如母子关系已通过主张身份之诉确立,否认亲子关系之诉应在裁断主张身份关系之诉的判决变为终局之日起的 180 天内提起。

第 793 条 ——2.例外

(1)当被法律赋予孩子的父亲身份的人在法定的提起否认亲子关系之诉的期间内死亡或失去行为能力时,其提起否认亲子关系之诉的权利可由其一个卑亲属代他行使。

(2)无卑亲属时,可由其父亲和母亲行使;无父母亲时,由其他尊亲属行使。

(3)无尊亲属的,可由其兄弟或姐妹之一行使,以便排除任何其他继承人或代理人。

第 794 条 (不受理的诉讼)

当证明孩子是经母亲的丈夫书面同意以人工授精施孕时,不许否认父子关系。

第 795 条 (诉讼中的被告)

(1)否认亲子关系之诉得对孩子提起;孩子死亡时,得对其继承人提起。

(2)必须听取孩子母亲的意见。

(3)当孩子是未成年人时,他得由法院指定的特别保佐人代表。

第11章　收　　养

第796条　（收养产生的亲子关系）

（1）亲子关系可通过收养协议在收养人与被收养的孩子之间人为地创立。

（2）因收养导致的收养人与被收养的孩子的家庭之间的关系，以及被收养的孩子与收养人家庭之间的血亲和姻亲关系，规定于本题第1章。

第797条　（收养人的年龄）

（1）任何成年人都可为收养。

（2）当收养由配偶双方进行时，只要求配偶一方已成年。

第798条　（已婚者为收养）

（1）收养人已婚的，除非配偶双方共同收养孩子，不得订立收养协议。

（2）当某人收养其配偶的子女时，不适用第（1）款的规定。

（3）当配偶一方处在不能表达其意志的状态时，第（1）款的规定也不适用。

第799条　（收养刚受孕的孩子）

（1）刚受孕的孩子可被收养。

（2）此等情形，在孩子出生后3个月内，可以凭母亲单方面的意志撤销此等收养。

第800条　（收养人的子女）

收养人已有子女不构成收养的障碍。

第801条　（由数人收养）

任何人不得为数人所收养；进行收养的二人为配偶的除外。

然而，在收养人死亡的情形，对被收养人可以进行新的收养。

当一个孩子被配偶双方收养，配偶一方死亡的，该孩子可以被生存配偶的新配偶收养。

第802条　（收养协议的当事人）

被收养的孩子已年满15周岁时，收养协议得在收养人和被收养的孩子之间订立。

其他情形，收养协议在收养人与被收养孩子的监护人之间订立。

第803条　（被收养孩子的父母亲的同意）

当孩子的父母亲都在世并且此等事实为人所知时，收养得由其表示同意。

当其中一方死亡、失踪、不为人知其有无或不能表达其意志时，得尽可能由其最近的尊亲属代表，收养得由后者表示同意。

如果孩子无可作出其同意的尊亲属，亲属会议的同意为必要。

第 804 条 （收养的批准）

收养协议必须得到法院批准，否则无效。

法院在作出决定前，如果被收养的孩子已满 10 周岁的，得听取他自己的意见；如果被委托照管被收养的孩子的人未事先对收养表示同意，得听取其对收养的意见。

第 805 条 （批准的条件）

除非存在收养的充分理由并且对被收养的孩子有利，不发生收养。

第 806 条 （收养的撤销）

不得以任何理由撤销收养。

第 12 章　生活保持义务

第 807 条 （生活保持义务的内容）

有生活保持义务的人得根据利害关系人的社会地位和当地习惯，以体面的方式向其债权人提供食品、住宿、衣物和健康照料。

第 808 条 （相互之间有此等义务的人）

直系的血亲或姻亲之间存在生活保持义务。

同父母或同父异母或同母异父的兄弟姐妹之间也存在生活保持义务。

第 809 条 ——1. 无此等义务的情形

当产生姻亲关系的婚姻已因离婚终止时，姻亲之间不再存在生活保持义务。

第 810 条 ——2. 法院宣告父亲身份的情形

在诱拐或强奸的情形中，生活保持义务不得为被法院宣告父亲身份的人的利益存在。

第 811 条 ——3. 对债权人的判处

生活保持义务的债权人因谋害生活保持义务人自身、其尊亲属、卑亲属或其配偶的生命而受判处的，不得再享有此等权利。

第 812 条 （义务存在的条件）

除非主张履行生活保持的义务的人的确需要，并且处于不能自食其力的状况，不存在此等义务。

第 813 条　（履行义务的方式）

生活保持义务的履行，通常以债务人支付生活费给债权人以作生活保持之用的方式为之。

此等生活费的数额得考虑主张人的需要和责任人财产确定。

第 814 条　（生活费可以变更）

确定生活费数额的决定，可随时应债务人或债权人的要求变更。

第 815 条　（支付生活费的地点）

除非法院另有相反决定，生活费债款得在债权人的居所支付。

第 816 条　（债款）——1. 不得被转让或扣押

生活费债款，在不违反第(2)款、第(3)款规定的前提下，不得转让或扣押。

甚至在到期前，它们可被转让给对生活费受益人提供了生活需要的福利机构。

它们可被对生活费受益人提供了为其生活所需之物的人扣押。

第 817 条　　——2. 不得累加

所有已到期的生活费在 3 个月内未被领取或主张的，除非债权人证明该债款为其生活所必需，否则偿付义务消灭。

第 818 条　（迎养）

生活保持债务人可通过提出将债权人迎养于自己家中解除自己的义务。

法院得考虑所有情况后决定是否接受这一提议。

生活保持义务人不得被迫将有权利主张生活保持的人迎养于家中。

第 819 条　（数个债务人）——1. 原则

当数个人有义务提供债权人的生活保持时，后者可以向他们中的任何人主张生活保持。

第 820 条　　——2. 求偿

被判处偿付生活费的债务人得向未被列为诉讼当事人的人求偿。

法院可考虑后者的收入以及他们与主张生活保持的人的血亲或姻亲的亲等，判处他们向前者偿还其支付的全部或部分生活费。

第 821 条　　——3. 债务人的顺位

各种债务人最终得按下列顺位承担产生于生活保持义务的责任：

第 1 顺位，配偶；

第 2 顺位，依亲等远近承担的诸亲等卑亲属；

第 3 顺位，依亲等远近承担的诸亲等尊亲属；

第4顺位，父母皆共的兄弟姐妹；

第5顺位，半边亲的兄弟姐妹，他们为共父或共母，在所不论；

第6顺位，依亲等远近承担的姻亲的诸亲等卑亲属；

第7顺位，依亲等远近承担的姻亲的诸亲等尊亲属。

第822条　——4.共同债务人间的协议

生活保持义务的债务人可就其相互关系有效地约定，其中一人向他们的共同的债权人提供生活保持。

如果生活保持的债权人同意了上述约定，除非他有不尊重此等约定的重大理由，他不得对其他债务人主张取得生活保持。

第823条　（收养的情形）

被收养的孩子，其配偶及其卑亲属，不得向其原家庭主张生活保持；收养家庭处于不能向其提供生活保持之状况的除外。

被收养的孩子也无义务对原家庭的尊亲属提供生活保持；后者不能向其家庭的其他成员主张生活保持的除外。

第824条　（丧葬费）

有义务保持某人生活的人亦得承担此等人的丧葬费。

预付此等费用的人可根据关于自愿管理他人事务的规定（第2257条至第2265条）[①]，要求死者的生活保持债务人偿还有关费用。

第825条　（特别约定）

任何对本章规定作出例外规定的特约无效。

---

① 经查，在本法典的后部，统摄这些条文的标题是“无权代理”。——编者

第5题　继　承

第1章　遗产的移转

第1节　一般规定

第1目　继承的开始和构成遗产的物

第826条　（继承的开始）

当某人死亡，对此等被称作死者的继承在其于死亡时拥有主要居所的地方开始。

构成遗产的死者的权利和义务应根据本题的规定移转于其继承人或受遗赠人；因死者的死亡终止的权利和义务不在此限。

第827条　（构成遗产的物）——1.人寿保险

履行死者为当事人的人寿保险合同应得的款项，如果死者未指定受益人或保险是为了死者的继承人的利益订立的而别无其他指示，得构成遗产之一部。

在其他情形，它们不构成遗产之一部。

第828条　——2.抚恤金和赔偿金

因死者的死亡应偿付给其亲属或配偶的抚恤金和赔偿金不构成遗产的一部分。

第829条　（不同种类的继承）

对死者的继承既可是无遗嘱继承也可是遗嘱继承。

此等继承可以是部分的无遗嘱继承，部分的遗嘱继承。

死者在遗嘱中未加处分的财产得移转于其法定继承人。

第2目　继承能力

第830条　（继承要求的条件）

死于死者之后并且并非不配继承死者，不得对死者进行继承。

第831条 （继承人死在死者之后）

某人在死者死亡之日仍生存的证明，得根据本法典关于“自然人”之题的规定（第47条至第153条）进行。

上述之题的规定应适用于失踪的后果（第154条至第173条）。

本条规定不影响关于代位继承的规定。

第832条 （同死之人）

两个或两个以上的人死亡，并且不能证明谁最后死亡时，对这些人中的每人的继承，得按照他们都是最后死亡，但未从其他人的继承中接受任何财产的人的假定调整之。

第833条 （继承人死亡）

被召集参加继承的人在继承开始后死亡的，他对该继承的权利得移转于其继承人。

第834条 （刚受孕的胎儿）

刚受孕的胎儿可根据本法典关于“自然人”之题的规定（第2条至第4条）被召集参加继承。

第835条 （社团法人）

社团法人和财团法人接受遗赠的能力得依照本法典关于“社团法人和财团法人”之题的规定（第394条至第402条和第501条）。

第836条 （婚生子女、非婚生子女或养子女的身份）

死者或继承人的婚生子女或非婚生子女身份不影响是否将其确定为继承人，也不影响这两种子女各自继承份额的价值。

在不违反本法典第557条规定的前提下，死者的养子女与其他子女地位相同。

第837条 （继承人的性别、年龄、国籍）

继承人的性别、年龄和国籍完全不影响对其继承权的确定。

第838条 （不配）——1.犯罪或判处

任何因下列罪行受判决的人得因不配而丧失继承死者的能力：

故意导致死者本人、其卑亲属、尊亲属或其配偶死亡的；

试图杀害上述人员之一的；

作出可能会导致上述人员之一被判死刑或10年以上严格监禁的虚假指控或证明的。

第839条 ——2.解释

第838条规定的丧失继承能力，当被召集参加继承的人的犯罪或犯罪预备发生在死者死亡之后的，不发生之。

第840条　——3.其他原因

任何人得在如下情形因为不配丧失其继承能力：

在死者死亡前3个月内，利用死者的身体状况，阻止其订立、修改或撤销其遗嘱的；

故意毁损遗嘱、使遗嘱消失或未经死者同意更改其遗嘱，或者在明知的情况下利用假遗嘱。

第841条　——4.死者的原谅

第838条和第840条规定的丧失继承能力，当死者在遗嘱中明确表示原谅其继承人时，不发生之。

死者在有导致不配的事件发生后，在完全知道有关情况的条件下仍作出遗赠的，也不就遗赠发生不配。

第2节　无遗嘱继承

第842条　(第1顺位)

死者的子女得首先被召集继承死者。

他们每人得接受相等份额的遗产。

当死者的子女或子女之一已经死亡并且留有卑亲属时，死者由此等卑亲属代位继承。

第843条　(第2顺位)——1.原则

死者未留下卑亲属时，其父母可以得被召集继承。

第844条　——2.适用

他们每人得接受一半遗产。

先死的父母得由其子女或其他卑亲属代位继承。

父母一方无继承人时，所有的遗产得移转给另一方的继承人。

第845条　(第3顺位)——1.原则

当死者既未留下卑亲属、父母或父母的卑亲属时，死者的祖父母可以得被召集继承他。

祖父母或其卑亲属有权继承一半遗产；外祖父母或其卑亲属有权继承另一半。

第846条　——2.遗产移转给另一亲系

当祖父母或外祖父母死亡并无卑亲属时，其份额得移转于本亲系的继承人。

当祖父母皆亡而无卑亲属或外祖父母皆亡而无卑亲属时，所有的遗产都移转给另一亲系的继承人。

第 847 条 （第 4 顺位）——1. 原则

没有第 3 顺位的继承人时，死者的曾祖父母得被召集继承。

第 848 条 ——2. 适用

父系的曾祖父母或其卑亲属有权继承一半遗产，母系的曾祖父母或其卑亲属有权继承另一半。

在不违反第(1)款规定的前提下，后死的曾祖父或曾祖母或其可以代位继承他或她的卑亲属，得接受遗产中均等的份额。

第 849 条 （"父方的归父方，母方的归母方"之规则）——1. 原则

前数条的适用，不得产生因继承或赠与从死者的父系得到的不动产的完全的所有权被转让给母系的继承人的结果。

也不得产生因继承或赠与从死者的母系得到的不动产的完全的所有权被转让给父系的继承人的结果。

第(1)款、第(2)款确定的规则应适用至第 2 亲等，因此，因赠与或继承从祖父系得到的不动产不得被转让给祖母系的继承人；反之亦然。

第 850 条 ——2. 适用

当某一继承人因第 849 条规定理由不能收受他因继承取得的份额时，他不能收受其完全的所有权的不动产的单纯用益权将转让给此等继承人。

其权利以这种发生被减少的继承人不得要求补偿。

第 851 条 ——3. 限制

父方的归父方，母方的归母方的规则，当只有父系或母系继承人，或只有祖父系或祖母系的继承人时，不适用之。

第 852 条 （国家作为继承人）

死者无亲属时，其遗产将移转给国家。

第 853 条 （代位继承）——1. 原则

发生代位继承时，遗产得按"房"分割。

被代位继承人的子女得取代其地位并行使其与继承有关的诸权利。

当被代位继承人的一个或数个子女死亡时，他们自己根据同样的原则被代位。

第 854 条 ——2.放弃继承

当被召集继承的人放弃继承时，对其不发生代位。

其继承被放弃的人可被代位。

第 855 条 ——3.不配

不配者的子女或其他卑亲属不得代不配者之位继承死者。

第 856 条 ——4.必须有法定亲属关系

根据法律，在主张有权代位继承的人与死者间无亲属关系时，不发生代位。

第 3 节 遗 嘱

第 1 目 遗嘱的有效要件

一、实质要件

第 857 条 （严格的人身性）

遗嘱是严格的死者的人身性文件。

任何人授权他人代表本人订立、修改或撤销遗嘱的协议无效。

任何人不得委托第三人完成确定如何以及向何人移转遗产的任务。

第 858 条 （禁止共同遗嘱）

数人通过一份相同的文件订立其遗嘱时，此等文件无效。

第 859 条 （与遗嘱有关的承诺）

任何人的约束自己订立、修改或撤销一项遗嘱的承诺无效。

无论是否存在相反的约定，遗嘱人可随时修改或撤销遗嘱。

第 860 条 （遗嘱能力）——1.未成年人

未成年人可以订立遗嘱的条件，规定于本法典关于“自然人的能力”的题中（第 308 条）。

第 861 条 ——2.被法院宣告禁治产者

被法院作出禁治产宣告的人可以订立遗嘱的条件，规定于本法典关于“自然人的能力”的题中（第 368 条）。

第 862 条 ——3.法院的权力

当法院认为相关遗嘱的规定未受到遗嘱人健康状况的影响时，可全部或部分地维持遗嘱中的此等规定的效力。

遗赠超过1万埃塞俄比亚元时，不得以上述方式维持其效力。

禁治产人的法定继承人在任何情况下得接受至少3/4的遗产。

第863条 ——4.精神病人

除非众所周知遗嘱人在订立遗嘱时患有精神病，他所立遗嘱不得被宣告无效。

第864条 ——5.法定禁治产人

法定禁治产人在订立遗嘱方面具有行为能力。

第865条 （不能执行）

遗嘱的规定未能以足够清楚的方式指明其受益人或其目的时，无效。

遗嘱的规定不能被强制执行时，无效。

第866条 （非法规定）

遗嘱的规定，其目的违反法律或道德时，无效。

第867条 （胁迫 ）

遗嘱中的某一规定是遗嘱人处于胁迫的影响下作出时，无效。

在此等情形，得类推适用本法典关于合同因胁迫无效的规定（第1706条至第1709条和第1808条至第1818条）。

第868条 （不当影响）——1.原则

遗嘱中的某一规定，不得因为有人主张该规定的受益人或任何其他人对遗嘱人施加了过度影响而被宣告无效。

第869条 ——2.有利于监护人或保佐人的规定

法院可缩减遗嘱人作出的有利于其监护人或保佐人的遗嘱条款的效力或宣布其无效。

除非遗嘱人在20岁之前死亡，不应适用第（1）款的规定。

当此等遗嘱规定的受益人是遗嘱人的尊亲属时，不应适用第（1）款的规定。

第870条 ——3.医生和牧师

对遗嘱人在其死亡前6个月内作出的有利于其医生或任何其他因职业对其身体为照顾或对其精神为帮助的人的遗嘱条款，法院可缩减其效力或宣布其无效。

在第（1）款的范围内，“医生”一词指任何甚至非法地为遗嘱人开处方或进行医疗的人。

当遗嘱条款的受益人是遗嘱人的血亲、姻亲或配偶时，不适用本条规定。

第871条 ——4.遗嘱的公证人或证人

对遗嘱人作出的有利于参与订立遗嘱过程的公证人、登记人、证人或翻译的规定，法院可以缩减其效力或宣布其无效。

第872条 ——5.遗嘱人的配偶

当遗嘱人遗有卑亲属，并且该卑亲属并非其配偶的卑亲属时，对遗嘱人作出的有利于其配偶的遗嘱规定，法院可缩减其效力或宣布其无效。

第873条 ——6.中间人

对遗嘱人作出的有利于前数条 所述之任何人的卑亲属、尊亲属或配偶的遗嘱规定，法院可缩减其效力或宣布其无效。

第874条 ——7.缩减效力或宣布无效的申请

当遗嘱规定为有利于遗嘱人的配偶而作出时，只能由遗嘱人的卑亲属要求法院缩减遗嘱规定的效力或宣布其无效。

在其他情形，可以由遗嘱人的卑亲属、尊亲属或配偶提出要求，其他继承人不得提出。

自遗嘱规定的受益人申请执行遗嘱之日起3个月内，未要求缩减效力或宣布无效的要求的，禁止再行提起。

第875条 ——8.法院得说明其决定的理由

法院得在其判决中说明它认为宣布遗嘱人作出的遗嘱规定无效或缩减其效力是公平的理由。

第876条 （欺诈）

遗嘱中包含的规定，不得因为有人主张受益人使用了不公正的手段获得了遗嘱人的好感，以欺诈的理由被宣布无效。

第877条 （错误）

(1)在错误之情形，得类推适用本法典关于合同因错误无效的规定（第1697条至第1705条和第1808条至第1818条）。

(2)遗嘱中包含的规定不得因错误被宣布无效，遗嘱人所犯的并决定性地影响了其心灵的错误来自遗嘱本身的内容，或来自遗嘱以之为依据的书面文件的除外。

第878条 （遗嘱规定无效的效力）

遗嘱中某一规定的无效不导致同一遗嘱中之其他规定的无效；环境证据明确地表明，在遗嘱人的意思中被宣布无效的规定的执行与其他规定间存在必要联系的除外。

第 879 条 （条件或负担的无效）

如果遗嘱人使遗赠取决于一项条件或对之课加了负担，在此等条件或负担变得不能或违反法律或道德时，遗赠得被视为未附条件或未被课加负担。

在此等情形，尽管遗嘱人因考虑到条件或负担才作出处分，遗赠并不无效。

二、遗嘱的形式和证明

第 880 条 （各种遗嘱）

遗嘱有 3 种：

公开遗嘱；

自书遗嘱；

口头遗嘱。

第 881 条 （公开遗嘱）——1. 形式

公开遗嘱得由遗嘱人自己或由任何其他人根据遗嘱人的口授书写。

除非它被当着遗嘱人以及 4 名证人的面阅读，并述及这一手续的履行以及订立的日期，遗嘱无效。

除非遗嘱人和证人立即在遗嘱上签名或按拇指印，遗嘱无效。

第 882 条 ——2. 证人的数目

公开遗嘱，当它是当着两名证人的面制作，其中一人是正在履行其职责的登记人或公证人时，有效。

第 883 条 ——3. 证人的能力

(1)证人应是成年人且未受禁治产宣告。

(2)公开遗嘱的证人必须自己能阅读或听清所读的内容，并理解遗嘱起草所用的语言。

(3)未满足此等要求的，遗嘱无效。

第 884 条 （自书遗嘱）——1. 形式

自书遗嘱，除非全部由遗嘱人自己书写，无效。

除非它以明确的方式说明它是一份遗嘱，无效。

除非组成遗嘱的每一页都写明日期，并由遗嘱人签名，无效。

第 885 条 ——2. 打印遗嘱

遗嘱人打印的自书遗嘱，除非在每一页上都载有表明它是自书遗嘱的手写说明，无效。

第 886 条　——3.遗嘱人不能理解遗嘱的情形

当遗嘱人为文盲或不懂用以起草遗嘱的语言，而以不知其意的图形符号作成自书遗嘱时，此等遗嘱无效。

第 887 条　（遗嘱的日期）

公开遗嘱或自书遗嘱，当它未写明于其中订立的年、月、日或未包括有同样法律效力的其他说明时，无效。

当遗嘱上的虚假日期显然可归之于单纯的疏忽大意，并且真实日期可从遗嘱本身以及从遗嘱人作出的其他书面文件得到的迹象足够精确地确定时，文件中发生的日期的虚假不导致遗嘱无效。

第 888 条　（以“相应文件”补充的遗嘱）

公开遗嘱或自书遗嘱，当它不能被人理解时无效；它得到未经遗嘱人书写并签名的文件的补充的除外。

第 889 条　（擦除、删划和重复书写）

公开遗嘱或自书遗嘱，当其包含改变遗嘱人之遗嘱的擦除、删划或在原有文字上的涂改时，无效。

包含擦除、删划或在原有文字上的涂改的遗嘱规定，如果能与遗嘱的其他部分相独立，在考虑遗嘱人的意图和全部环境因素的情况下，可以单独宣告其无效。

擦除、删划或在原有文字上涂改，由遗嘱人以签名附言的明确方式认可的，在公开遗嘱的情形中，由证人以签名附言的明确方式认可的，遗嘱不得被宣布无效。

第 890 条　（附加）

第 889 条之规定应适用于公开遗嘱的页边、其行间或证人签名之后包括了附加内容的情形。

自书遗嘱不得因此等附加成为有缺陷。

第 891 条　（遗嘱的备案）

公开遗嘱或自书遗嘱可在第三人，尤其在公证人或法院登记处备案。

每个公证人以及每个法院登记处得置备登记簿，其中按其遗嘱被如此备案的人的姓名的字母顺序为登记。

登记簿上得载明遗嘱备案发生的日期。

第 892 条　（口头遗嘱）——1.形式

(1)口头遗嘱，是当某人感到他大限将临时，口头向两名证人宣布其遗嘱处分的行为。

(2)证人应是成年人且未受禁治产宣告。

第 893 条 ——2.内容

遗嘱人只能以口头遗嘱为以下处分：

作出关于其葬礼的指示；

作出特别的遗赠处分，每项遗赠的数量不得超过 500 埃塞俄比亚元；

对其未成年子女的监护人或保佐人作出决定。

第 894 条 ——3.制裁

任何以口头遗嘱作出的其他处分无效。

以口头遗嘱作出的超过 500 埃塞俄比亚的遗赠得被减少至 500 埃塞俄比亚元。

第 895 条 （数个遗嘱）

某人作出的遗嘱规定可以包含在一个或数个遗嘱中。

包括在不同的遗嘱中的遗嘱规定，在可能时得一并执行。

当两份遗嘱中的规定无法一并执行时，包含在最后订立的遗嘱中的规定得被优先执行。

第 896 条 （遗嘱的证明）——1.举证责任

任何根据某一遗嘱主张权利的人，得证明此等遗嘱的存在及其内容。

第 897 条 ——2.如何证明

公开遗嘱或自书遗嘱的存在及其内容，得通过出示包括此等遗嘱的文件本身，或由收到已在其档案中备案的遗嘱的公证人或登记处证明其真实性的此等遗嘱的复制件证明之。

它们不得为了获得其执行而以任何其他方式证明。

它们可为了从因其过失或疏忽导致遗嘱消失的人获得损害赔偿，而以任何方式得到证明。

三、遗嘱的撤销和失效

第 898 条 （明示地撤销）

遗嘱人以使遗嘱生效所必需的形式明示地宣布撤销其遗嘱的，遗嘱得完全被撤销。

遗嘱人以上述形式作出不能与遗嘱条款一并执行的处分的，遗嘱得部分被撤销。

第 899 条 (毁损或删划)

遗嘱人可通过足以表明其撤销或变更其遗嘱的意图的方式,通过在实体上毁损、撕扯或删划遗嘱内容的一部分撤销其遗嘱或遗嘱中的某一规定。

除非有相反的证据,遗嘱人从事上述任何一种行为的,他被视为想撤销其遗嘱。

除非有相反的证据,遗嘱被毁坏或删划时,视为由遗嘱人所为。

第 900 条 (转让被遗赠物)

遗嘱人自愿对被遗赠物进行的全部或部分转让,得视为撤销所有涉及被转让部分的遗赠。

尽管日后该物重新属遗嘱人所有,上述遗赠的撤销仍得维持效力。

第 901 条 (撤销的效力)

除非另有约定,遗嘱的撤销不导致前遗嘱规定的复活。

尽管取代被撤销的遗嘱规定的新规定因受遗赠人无资格或放弃遗赠或任何其他原因不能执行,已被撤销的遗嘱规定不得执行。

第 902 条 (口头遗嘱的失效)

自订立口头遗嘱后 3 个月届满之日遗嘱人仍生存的,口头遗嘱失效。

第 903 条 (自书遗嘱的失效)

自书遗嘱订立后 7 年内未于公证人或法院登记处备案的,自书遗嘱失效。

第 904 条 (孩子的出生)——1.原则

(1)尽管有相反的约定,如果在订立遗嘱之日后遗嘱人又生养了孩子,并且该孩子接受继承的,遗嘱中规定的概括遗赠或单一物遗赠均得失效。

(2)前款规定同样适用于在订立遗嘱之日后遗嘱人又出生了卑亲属,而此等卑亲属被召集参加代位继承并接受了继承的情形。

第 905 条 ——2.限制

在第 904 条规定的情形,当有情况表明,如果遗嘱人知道孩子出生的情节仍可能维持原遗嘱,法院可维持赠与的全部或部分效力。

在遗嘱人订立遗嘱后出生的孩子,在任何情况下,都得收受他在无遗嘱继承中将会收受的遗产份额的 3/4。

第 906 条 (有利于配偶的遗赠)

遗嘱人订立的有利于其配偶的任何遗嘱规定,当遗嘱人与其配偶间的婚姻因死亡以外的其他任何原因终止时,失效。

第 907 条 (遗赠的失效)——1.原则

有利于某人的遗赠，当受遗赠人先于遗嘱人死亡或他不能或不愿接受此等遗赠时，失效。

第908条 ——2.代位

当被指名的受遗赠人先于遗嘱人死亡时，出现下列情形之一得发生代位：

遗赠是概括遗赠；

遗赠是单一物遗赠，并且如果受遗赠人阙如，被遗赠的财产将移转于国家。

第2目 遗嘱的内容和解释

第909条 （各种处分）

遗嘱人可在其遗嘱中：

指定一个或数个概括遗赠的受遗赠人；

命令作出单一物遗赠；

剥夺其一个或数个继承人的继承权或设立捐赠或信托；

作出关于其葬礼的指示，

作出任何本法典或其他特别法承认在其死后具有法律效力的意思表示。

第910条 （解释）

当出现疑问时，遗嘱得根据从遗嘱本身和其他情况可推知的遗嘱人的意图进行解释。

当遗嘱条款清楚时，不得通过解释寻求使它们与遗嘱人的真实意图背离。

第911条 （推定）

当遗嘱人使用了诸如“我的继承人”、“我的财产”或“我的不动产”的表述时，此等人或物的范围，得按遗嘱人死亡之时面对的状况确定之。

可以采纳相反的证据推翻上述推定。

第912条 （概括遗赠或单一物遗赠）

概括遗赠是遗嘱人召集一个或数个人接受其财产的全部或一定份额的完全所有权或单纯所有权的处分。

任何其他的处分都是单一物遗赠。

第913条 （遗赠和分割规则）

遗嘱人对其继承人之一作出的遗产份额分派或构成遗产之一部的财产的分派，不得被视为一项遗赠，而是纯粹的分割规则；遗嘱人在此等处分中表明了相反意图的除外。

第 914 条　（概括遗赠的受遗赠人的指定）——1. 形式

指定概括遗赠的受遗赠人，无需任何特殊形式。

第 915 条　——2. 法律后果

除非遗嘱人另有明确规定，概括遗赠的受遗赠人与法定继承人的地位相同。

特别是当死者无任何其他受遗赠人或法定继承人时，他得被召集接受全部遗产。

遗嘱人可明示规定，概括遗赠的受遗赠人不得接受超过特定份额的遗产。

第 916 条　（附条件遗赠）——1. 原则

无论是概括遗赠还是单一物遗赠，都可以以延缓或解除条件的完成作为条件。

第 917 条　——2. 结婚或不结婚的条件

受遗赠人必须与或不得与某一特定人结婚的条件有效。

以一般条款课加给受遗赠人的不结婚或不得再婚的条件，无效。

遗嘱人可规定，只要受遗赠人不结婚，得享有特定财产的用益权或得接受特定的津贴。

第 918 条　——3. 推定

除非遗嘱人另有明确规定，以受遗赠人不为特定事情为条件设立的遗赠，得视为附解除条件设立的。

前款规定得同样适用于以受遗赠人得继续为特定事情为条件设立的情形。

第 919 条　——4. 担保

遗嘱人作出附解除条件的遗赠时，法院可应任何利害关系人的申请，命令受遗赠人对解除条件成就后受遗赠财产的返还提供担保或其他保证。

遗嘱人作出附延缓条件的遗赠时，法院可应受遗赠人的申请，命令占有被遗赠财产的人对延缓条件成就后交付被遗赠财产给受遗赠人的责任提供担保或其他保证。

第 920 条　（负担）——1. 原则

遗嘱人可在财产的价值范围内，指令继承人或受遗赠人对某一或数个特定的人给付某物或做某事。

第 921 条　——2. 义务的限制

被课加负担的继承人或受遗赠人，只在遗产份额或他收受的遗赠的价值范围内承担履行负担的责任。

第 922 条 ——3. 负担的履行

为其利益设立负担的受益人可以要求履行负担。

如果根据实际情况上述要求确有理由，上述受益人也可要求被课加负担的继承人或受遗赠人就负担的履行提供担保或其他保证。

遗嘱人以此为目的点名指定的人，或者当没有这种人时，遗嘱人的每个继承人或概括遗赠的每个受遗赠人，可行使同样的权利。

第 923 条 ——4. 遗赠的解除

未履行负担不导致解除遗赠，遗嘱人明确作了此等处分并规定了解除遗赠之后果的除外。

诚信第三人就被遗赠财产已取得的权利，不受影响。

第 924 条 （遗赠受益人的确定）

遗嘱规定继承人、概括遗赠的受遗赠人或其他人在特定类型的人中选择遗赠受益人时，遗赠受益人已有效确定。

法院可以应任何利害关系人的申请，确定一个期间，有义务指定遗赠受益人的人应在此等期间内作出其选择。

当上述义务人未能或拒绝作出此等指定时，法院得在能最合适地实现遗嘱人推定的意图的条件下，授权另外的人完成这一任务。

第 925 条 （笼统地以穷人为受益人的遗赠）

笼统地以穷人为受益人的遗赠，未指定任何具体的穷人为受益人的，亦得有效。

除非有相反的证据，它得被视为以遗嘱人死亡时有主要居所之地的穷人为受益人作出的。

有资格接受遗赠并实现遗嘱人之意图的当局，得由条例规定之。

第 926 条 （数个受遗赠人）

遗嘱人指定了数个概括遗赠的受遗赠人或将某物遗赠与两个或两个以上的人，而未规定各自的份额的，诸受遗赠人对遗产或对遗赠给他们的物享有均等的权利。

此等受遗赠人不能或不愿意接受为其利益作出的处分时，其份额得移转给其共同受益人。

第 927 条 （遗赠标的的确定）

遗嘱人命令继承人或受遗赠人自己或某一他人从各种物中或从特定性质

的物或特定价值的物中选择标的时，构成遗赠标的的物即已有效确定。

当遗嘱人未规定谁为选择或有义务为选择的人未在受遗赠人为他提供的合理期限内作出选择时，受遗赠人得自行选择标的。

第 928 条　（普通替补）

遗嘱人可以规定，当概括遗赠或单一物遗赠的受遗赠人阙如时，某一其他人得被召集接受遗赠物。

除非另有明确规定，当在第一顺序指定的受遗赠人不能或不愿接受为其利益作出的遗赠时，这种意义的处分得给替补的受遗赠人带来利益。

第 929 条　（遗留）——1. 原则

遗嘱人可命令其继承人或受遗赠人，在一定的期限届满后，或在其死后，或在特定条件成就后，得将财产或构成遗产之一部的某一特定财产移转给替补他的一个或数个人。

第一顺位接受财产的继承人或受遗赠人，称“有限持有人”。

开始替补继承时，得被移转财产的人是“被召继承人”。

第 930 条　　——2. 可以被召继承的人

被召继承的人在遗嘱人死亡之日不必有接受遗产的能力。

只要在替补继承生效之日，他能被确定，并且具有接受遗产的能力即可。

替补继承也可为了有限持有人的卑亲属或继承人的利益设定。

第 931 条　　——3. 法律效力

根据第 929 条　作出的处分，对于其涉及的财产，有禁止转让或扣押之处分的效力。

在不违反以下数条之规定的前提下，应适用本法典关于“共有、用益权和其他物权”之题的规则（第 1426 条至第 1443 条）确定此等处分的效力。

第 932 条　——4. 对法院权力的限制

法院在任何情况下都不得根据有限定持有人或其债权人的申请授权转让或扣押不动产。

第 933 条　——5. 起诉的时间

被召继承人、其代理人或由遗嘱人为了使替补继承得到遵守而指定的人，可随时要求宣告不正当发生的转让或扣押无效。

他们在开始替补继承后两年内起诉即可。

第 934 条　——6. 对替补继承人之处分权的限制

遗嘱人宣布的财产或权利被移转于被召继承人后仍不得转让或扣押的规

定，无效。

遗嘱人试图对上述财产或权利被移转于被召继承人后的处分进行干预的规定，无效。

第 935 条 ——7. 有限持有人的拒绝

除非遗嘱另有规定，当有限持有人不能或不愿接受对他遗赠的物时，替补受遗赠人应被召集接受遗赠。

第 936 条 ——8. 没有被召继承人

有限持有人，当他必须向其交付财产的人死亡，或因任何其他原因，已清楚地表明替补继承不可能发生的，他可自由处分构成替补继承之标的的财产和权利。

因被召继承人不存在或拒绝接受继承或因任何其他原因，遗嘱人命令作出的替补继承不可能发生时，被有限持有的财产得移转于有限持有人的继承人。

除非遗嘱中另有规定，遗嘱人的继承人对上述财产无任何权利。

第 937 条 （剥夺继承权）——1. 意思表示

遗嘱人可以在其遗嘱中明示地剥夺其法定继承人或他们中的某些人的继承权，亦不指定概括遗赠的受遗赠人。

此等情形，遗产得按被剥夺继承权者先于遗嘱人死亡的情况移转。

第 938 条 ——2. 关于卑亲属的特别规定

除非遗嘱人在其遗嘱中给出了剥夺其某一子女或其他卑亲属之继承权的正当理由，明示剥夺无效。

法院得审查遗嘱人给出的假设其为正确的理由是否足以支持剥夺继承权。

法院不得审查，在特定案件的情形中给出的理由是否正确。

第 939 条 ——3. 默示地剥夺继承权

除非有相反规定，遗嘱人指定一位概括遗赠的受遗赠人即意味着剥夺其第 2.3.4 亲等之亲属的继承权。

它不意味着剥夺遗嘱人的卑亲属的继承权。

当遗嘱人遗有卑亲属且未明示剥夺他们的继承权时，概括遗赠的受遗赠人得将其自己作为遗嘱人的子女与此等卑亲属共同参加继承。

第 940 条 ——4. 某些规定之禁止

遗嘱人作出的如果其继承人或他们中的任何人攻击遗嘱或其中包含的任

何处分的效力就全部或部分剥夺其继承权的规定，无效。

第 941 条　（关于仲裁的规定）

遗嘱人可在其遗嘱中规定，继承人或受遗赠人间关于遗产之清算或分割的任何争议，得由遗嘱指定为仲裁人的一人或数人决定。

第 2 章　遗产的清算

第 942 条　（指导性原则）

只要某一遗产未被清算，它得构成特殊的产业。

第 943 条　（债权人的担保）

清算进行期间，遗产的债权人得取得作为他们的专属担保并构成遗产之一部的财产。

他们对继承人的个人财产无任何权利。

清算进行期间，继承人的个人债权人对待继承财产无任何权利。

第 944 条　（清算的内容）

遗产的清算包括：

确定将被召从遗产中取得财产的人；

确定继承的内容；

追索遗产的到期债权，偿付可以要求的遗产到期债务；

偿付单一物的遗赠，采取为实现死者所作规定所必要的其他步骤。

第 945 条　（仲裁协议）

继承人和受遗赠人可商定，他们间因清算或分割遗产产生的任何争议，得提交一个或数个仲裁人裁决。

第 1 节　遗产的清算人

第 946 条　（原则）

一项遗产，无论是依无遗嘱继承还是遗嘱继承移转，都得由一个或数个尔后规定的“清算人”清算之。

第 947 条　（法律指定）

死者死亡之日，清算人的资格得根据事实属于其法定继承人。

第 948 条　（遗嘱指定）

死者留有遗嘱时，清算人的资格得属于死者在其遗嘱中指定的遗嘱执行人。

无这方面的明示规定时，它得当然属于遗嘱指定的概括遗赠的受遗赠人。

法定继承人得与概括遗赠的受遗赠人共同作为清算人；根据遗嘱他们不取得任何遗产份额的除外。

第 949 条 （清算人是未成年人或禁治产人的情形）

如果根据前数条规定，某一遗产的清算人是一位未成年人或禁治产人时，他得由其保佐人代理其履行清算人的职责。

第 950 条 （法院清算）——1. 未被接受的遗产或无人继承

当不知何人是继承人或所有的法定继承人都宣布放弃或不愿清算遗产时，法院得应任何利害关系人的申请，任命一位清算人。

当遗嘱人为留下继承人，且其遗产将由国家接受时，法院得任命一位清算人。

何人或何种当局将被法院指定为清算人，可由条例规定之。

第 951 条 ——2. 其他情形

出现下列情形之一，法院可应任何利害关系人的申请，任命一名公证人或某种其他人取代前数条规定的清算人：

因为指定清算人的遗嘱的效力遭致争议或因任何其他原因，对于某一清算人的指定存在疑问；

有数个清算人，而他们就遗产的管理和清算不能取得一致意见；

在继承人中有未成年人或禁治产人或因任何其他原因处于不能照料自己利益之状况的人；

清算人消极无为或不诚实，或被发现不能恰当地履行其职责。

第 952 条 （担保）

法院可随时应任何利害关系人的申请，要求清算人为其恰当地履行其职责提供担保或其他保证。

第 953 条 （职责的自愿性）

任何人不得被迫接受清算人的职责。

第 954 条 （辞职）

清算人可随时辞去其职责，他曾明确表示将承担清算职责至终结或履行某一段时间的职责的除外。

当辞职是在某一不合适的时候作出时，得导致清算人的责任。

除非已通知到其他的清算人或已任命新的清算人，辞职不得生效。

第 955 条　（职责的终结）

当清算人根据法律、遗嘱或法院决定被新的清算人取代时，其职责终结。

清算人完成其职责并汇报其管理账目后，其职责终结。

第 956 条　（清算人的义务）

清算人得：

进行搜寻以发现死者是否留有遗嘱，并且确定谁将接受待继承财产；

管理遗产；

偿付遗产的可要求债务；

支付死者命令的遗赠，并采取其他必要措施执行遗嘱。

第 957 条　（清算人权力的限制）

死者或法院可限制清算人的权力或对其作出应如何履行职责的指示。

法院可以充分的理由修改第(1)款规定的指示。

无论是否有相反的约定，违反此等指示的唯一制裁是清算人的责任。

第 958 条　（数个清算人）

如果有数个清算人，在不违反死者或法院的任何相反规定的前提下，他们应共同行动。

清算人可在他们间就清算涉及的事务进行分工，或委托他们中的一人进行此等清算。

没有此等约定或委托时，如果某一位清算人自己从事清算活动，应适用关于自愿管理他人事务的规则(第 2257 条至第 2265 条)。

第 959 条　（清算人的报酬）

根据死者确定的条件、继承人间的协议或法院规定，清算人以完成的工作取得报酬属于正当时，他有权取得报酬。

第 960 条　（汇报管理账目）

清算人在其完成职责后得汇报管理账目。

他得在由继承人商定或法院确定的日期之前提交汇报账目。

第 961 条　（责任）

清算人得对因其过失或疏忽导致的任何损失承担责任。

当他违反法律规定、遗嘱规定、由死者或法院对他作出的指示行事时，他被视为有过失。

当有迹象表明他已以履行职责的意图诚信行事时，法院可全部或部分地减免他对继承人或受遗赠人的责任。

第2节　有权继承的人的最终确定

第1目　有权继承的人的临时确定

第962条　(搜寻遗嘱)

清算人得首先作出搜寻以发现死者是否留有遗嘱。

为此,他得检查死者的文件并作所有必需的搜寻,特别是在死者居住地的公证人和法院登记处为此等搜寻。

第963条　(声明遗嘱的义务)

任何以证人的资格占有、发现或知晓死者订立的遗嘱的人,当他得知死亡发生后,得立即将此等遗嘱的情况向清算人作出声明。

尽管此等遗嘱可能会无效,他仍得作此等声明。

第964条　(遗嘱的保存)

公开遗嘱或自书遗嘱,当清算人或任何利害关系人作出此等申请时,得不迟延地在遗嘱被发现或保存之地的公证人或法院登记处备案。

口头遗嘱应在相同的条件下由其证人立即制作成书面形式并加以备案。

第965条　(遗嘱的公开)——1.日期

遗嘱得在死者死亡40天后由清算人公开。

遗嘱在此等日期后被发现的,它得由清算人在此等发现后的1个月内确定的一个期日公开。

此等情形,遗嘱首先得根据第964条的规定于公证人处或法院登记处备案。

第966条　——2.预先公开遗嘱

当死者命令提前或此等提前为安排其葬礼所必需或法律召集在第1顺位的继承人之多数同意提前公开的日期时,第965条第(1)款规定的日期可被提前。

当被召集在第1顺位的任何继承人在预先公开遗嘱之日不能到场或被代理到场时,遗嘱在其被公开之前得于其被发现之地的公证人处或法院登记处备案。

第967条　——3.遗嘱公开的地点

当遗嘱在死者生前或其死后在公证人处或法院登记处备案时,遗嘱得在公证人办公室或法院登记处公开。

未为此等备案的遗嘱，得在死者死亡之时有其主要居所之地公开。

第968条 ——4. 公开性

公开遗嘱时，法律召集在第1顺位继承死者的继承人，应被邀请到场或派代表到场。

在任何情况下，公开遗嘱时必须至少有4名成年且未被宣告禁治产的人在场。

第969条 ——5. 公开遗嘱的议程

公开遗嘱之时，清算人和所有在场的人得证明遗嘱的内容有效、形式合法。

遗嘱的内容得被宣读。

在可能的情况下，得指定仲裁人处理因继承而产生的任何争议，采取必要措施确保遗嘱的保存。

第970条 ——6. 数个遗嘱

不论死者留下了一个或数个遗嘱，前数条之规定应适用之。

第971条 （分配顺位的确定）——1. 遗嘱继承

在会议上，清算人得确定谁是死者的继承人或受遗赠人以及他们每人有权得到的遗产份额。

他得毫不迟延地告知利害关系人他所认为的遗产移转方式。

在第(2)款的范围内，"利害关系人"一语指被召集接受死者遗产的人和在无遗嘱的情况下将被召集接受此等遗产的人。

第972条 ——2. 无遗嘱继承

如果已确定死者未留下遗嘱，清算人得告知利害关系人他认为遗产应以何种方式移转。

上述告知得在确定无遗嘱后立即作出，最迟不得超过死者死亡后40天。

第973条 （遗嘱无效之诉）——1. 在场的人

任何在公开遗嘱时在场或派代表在场的人，可在遗嘱公开后的15天内表明其申请宣告遗嘱无效或遗嘱中某一规定无效的意图，或攻击清算人提出的分配顺位的意图。

除非以书面方式作出，并在第(1)款规定的期限内通知清算人、法院或仲裁人，上述声明无效。

申请宣告遗嘱无效之诉，只有在作出有关声明之后的3个月内提起的才可受理。

第 974 条 ——2. 不在场的人

就公开遗嘱时自己既不在场也未被代表在场的人而言，此等期限得从清算人告知他们前者提出的分配顺位之日起开始计算。期间的计算方式与无遗嘱时相同。

遗嘱的有效性和清算人提出的分配顺位，自公开遗嘱之后 5 年，无遗嘱时，在死者死亡后 5 年，决不能提出争议。

第 975 条 ——3. 临时措施

法院应任何利害关系人的申请，在应第 973 条和第 974 条所述的申请制作判决的过程中，可采取任何它认为适合于避免拖延遗产清算的临时措施。

第 2 目　继承人和概括遗赠的受遗赠人的选择权

第 976 条 （禁止必要的继承人）

任何继承人都无义务接受他被召集接受的遗产或遗赠。

第 977 条 （选择权的人身性）

接受或放弃遗产的权利严格属于继承人自身。

它不得由继承人的债权人行使。

债权人的权利不因继承人以欺诈此等权利为目的放弃继承权而受影响。

第 978 条 （放弃的时间）

自清算人通知继承人召集继承之日起 1 个月内，继承人可放弃继承。

法院可应继承人的申请，将第(1)款确定的期限延长至最长 3 个月。

第 979 条 （放弃的形式）

放弃继承，除非以书面形式作出或有 4 名证人在场，无效。

除非它在第 978 条确定的期限届满之前已让清算人知晓，无效。

第 980 条 （接受的形式）

接受可以是明示的也可以是默示的。

第 981 条 （明示接受）

以书面文件承担了继承人身份的继承人得被视为明示地接受了继承。

第 982 条 （默示接受）

实施任何无可置疑地表明其接受继承的意图的行为的继承人，得被视为默示地接受继承。

未在法定期限内放弃继承的继承人，得被视为默示地接受了继承。

第 983 条 （为他人利益放弃继承）

为一个或数个特定人的利益作出的放弃继承，得被视为继承权的让与。

作出上述放弃的人，得被视为已接受继承。

当继承人为其所有的共同继承人的不分轩轾的利益，放弃继承而未接受任何金钱补偿时，不应适用上述规则。

第 984 条　（保存或管理行为）

实施诸如审查或起草财产清单之类的保存行为，以及对待继承财产实施紧急管理行为的继承人，不得被视为默示地接受继承。

第 985 条　（私吞或隐藏）

私吞或隐藏构成遗产之一部的财产的继承人，得被视为接受继承。

第 986 条　（选择权的个人性）

如有数人被召集继承，可以某些人接受继承而其余的人放弃继承。

第 987 条　（继承人在作出选择前死亡）

被召集继承的人在接受或放弃继承前死亡的，接受或放弃继承的权利得移转于其继承人。

其继承人可以某些人接受继承而其余的人放弃继承。

放弃继承人的继承的人，得被视为以此举放弃死者的继承。

第 988 条　（选择权的纯粹性）

接受或放弃继承不得附期限或条件。

继承人使其接受或放弃从属于一定的期限或条件的，得被视为未作出决定。

第 989 条　（部分接受或放弃）

接受或放弃不得部分地作出。

概括遗赠的受遗赠人放弃了此等资格的继承的，仍可以死者的法定继承人的资格接受继承。

为其利益被命令对之交付单一物遗赠的继承人，可以放弃继承而接受遗赠，或相反，接受继承而放弃单一物遗赠。

第 990 条　（接受不可撤销）

继承人作出的对继承的接受不可撤销。

在任何情况下，此等接受均不得被宣告无效。

第 991 条　（放弃的撤销）——1.原因

继承人作出的放弃继承乃因胁迫而为时，可以撤销。

当它是因被召集继承的人或其卑亲属、尊亲属、兄弟姐妹或配偶的欺诈而作出时，也可撤销。

它不得因任何其他原因被撤销。

第 992 条 ——2. 撤销放弃的形式和法律后果

意欲撤销其放弃的继承人得在法院起诉，自其作为受害人的胁迫停止或发现欺诈的存在之日起两年内不行使撤销权的，丧失此等权利。

放弃继承的决定作出 10 年后，在任何情况下都不得被撤销。

法院得根据本法典关于“合同的一般规定”之题中关于“合同的无效和撤销”之节的规定，规定撤销的效力。

第 993 条 （诈害行为撤销之诉）

放弃继承者的债权人如因此等放弃而受损害，可在放弃发生之后两年内向法院申请宣告此等放弃无效。

法院不得宣告放弃继承无效；为债权人的利益，且在债权人的债权金额范围内宣告放弃无效的除外。

不得为了已放弃继承的某一继承人的利益宣告放弃无效。

第 994 条 （接受的法律效力）

接受应在死者死亡之日生效。

第 995 条 （放弃的效力）

放弃继承的继承人得被视为从未成为过继承人。

其放弃继承的份额，得移转于其已接受继承的共同继承人，在合适时，移转给下一顺位的继承人。

已接受了继承的人，可在知道其共同继承人放弃继承后的 1 个月内放弃此等份额。

第 3 目 继承人的证明书和“要求遗产之诉”

第 996 条 （继承人证明书）——1. 发放

继承人可向法院申请颁发证明其作为死者的继承人的身份以及他在被召集的继承中的份额的文书。

法院可要求申请人提出它认为适当的证据和担保。

第 997 条 ——2. 效力

只要此等证明书未被宣告无效，继承人即被视为拥有证明书赋予他的身份。

继承人以此等资格实施的行为，除非已证明利用此等行为者已确知在此等行为被实施之时继承人无任何权利，不得被攻击。

第 998 条　——3. 无效

如果已提起“要求遗产之诉”，法院可以宣告其发放的继承人证明书无效。

在此等情形，继承人得返还该证明书。

当继承人声称证明书已遗失或因任何其他原因他不能返还它时，他得被责令提供所有的适当的担保，保证他在将来不再利用此等证明书。

第 999 条　（要求遗产之诉）——1. 原则

当某一无有效权源的人占有了遗产或其某一份额时，真正的继承人可对该人提起“要求遗产之诉”，以使自己的继承人身份得到承认并获得遗产财产之返还。

第 1000 条　——2. 诉讼期限

（1）自原告知晓其权利并知晓被告对遗产的占有起超过 3 年的，禁止再行提起“要求遗产之诉”。

（2）自死者死亡或原告的权利可以被执行之日起 15 年后，绝对禁止提起上述诉讼，与家庭不动产有关的诉讼除外。

第 1001 条　——3. 效力

在“要求遗产之诉”中败诉的被告得向原告返还处于其占有之下的所有遗产财产。

他不得主张因其诚信他已成为上述财产的所有人。

关于残留的物，应适用本法典关于“不当得利”之章的规定（第 2162 条至第 2178 条）。

第 1002 条　——4. 单一物遗赠的受遗赠人

前数条的规定，应适用于单一物遗赠的受遗赠人

第 3 节　遗产的管理

第 1003 条　（原则）

清算人得从其被任命之日起管理死者的遗产，直到有权继承的人接受了其有权取得的份额或财产。

第 1004 条　（封条）

法院可应任何利害关系人的申请，在死者死亡后，命令立即在其财产或某些财产上贴上封条。

贴上以及除去封条的费用由请求贴上此等封条的人承担。

第 1005 条 （财产清单）——1. 遗产的组成

清算人得在死者死亡之日起 40 天内，通过编制财产清单确定遗产的组成。

一经发现其他财产，必要时，得在发现后的 15 天内编制补充说明。

第 1006 条 ——2. 财产的估价

遗产的每个组成部分，无论是资产还是负债，都得由清算人在上述期间初步估价。

必要时，估价得在专家的协助下进行。

第 1007 条 ——3.（继承人的义务）

在继承人与遗产的关系中，他们得保留其所有对死者不利或有利的权利或义务，因死亡终止的权利和义务除外。

继承人得告知清算人所有有关上述权利和义务的资料，以便他能编制财产清单。

第 1008 条 ——4. 通知利害关系人

任何被召集接受遗产份额的人都可要求自负费用寄给他财产清单的复制件。

同样的权利可由法院授予死者的债权人或遗产的债权人。

第 1009 条 ——5. 估价的修改

在完成对遗产的最终分割前，第 1008 条规定的人可要求修改清算人对财产作出的初步估价。

如果发现初步估价有错误，专家估价的费用得从遗产中扣除。

在其他情形，有关费用得由导致该费用发生的人承担。

第 1010 条 （清算人的一般权力）

清算人得以“善良家父”的审慎和热情管理遗产财产。

依继承人间的协议行事的继承人、应任何利害关系人之申请的法院，都可对清算人进行管理为指示。

第 1011 条 （保存行为）

清算人尤其可：

实施任何必要行为、提起任何必要诉讼以保存待继承遗产，并且

对抗主张对待继承遗产享有权利的第三人提起的诉讼。

第 1012 条 （对遗产负欠的物）

清算人可要求支付对遗产负欠之物，但以此等债权可以要求为条件。

他被授权接受此等债务的清偿并出具收据。

第 1013 条　（出卖属于遗产的财产）

清算人可以出卖遗产中的果实和庄稼，以及所有属于遗产的易腐或其保管和保存需可观费用或特别照料的动产。

他不得出卖其他动产，此等出卖为支付遗产的债务所必需的情形除外。

他不得出卖不动产，经所有继承人同意或得到法院授权的除外。

第 4 节　遗产的债务的清偿

第 1014 条　（清偿的顺位）

遗产的债务得按下列顺位清偿：

第 1 顺位，死者的丧葬费；

第 2 顺位，遗产的管理和清算费用；

第 3 顺位，死者的债务；

第 4 顺位，生活保持方面的债务；

第 5 顺位，死者命令作出的单一物遗赠。

第 1015 条　（丧葬费）

除非考虑死者的社会地位，丧葬费为必要支出，丧葬费不得优先于其他债务。

它们不得包括纪念死者之仪式的费用。

为死者举行纪念仪式不构成其配偶和亲属的法定义务。

第 1016 条　（管理费用）

遗产的管理和清算费用包括：

粘贴封条、编制财产清单和清算报告的费用；

清算人支出的对遗产财产的普通保存、维修和管理的有益费用；

分割费用和向继承人移交遗产财产的费用；

遗产税。

第 1017 条　（死者的债务）——1. 寻找债权人

清算人应采取所有必要措施确定遗产是否有债权人。

为此，他得检查死者的登记簿和文件，对死者拥有不动产的居所地的公共登记簿进行必要的查询。

第 1018 条　——2. 公告和通知

当有理由相信还有死者的经查询未被发现的债权人时，清算人得在最为有用和合适的地点进行公告，通知有关债权人其债务人的死亡。

他得要求债权人在公告之日起 3 个月内向其表明债权人身份。

第 1019 条 （可要求之债）

清算人得偿付遗产的可要求之债，对此等偿付已提出反对，或遗产的资产明显不足以满足所有的债权人的除外。

这两种情形，他应遵守民事诉讼法典就债务人破产制定的规则。

第 1020 条 （可执行的权源）

可对死者执行的权源同样可对清算人执行。

但在清算人编制出遗产的财产清单前，他可推迟偿付所有的债务。

如果遗产明显地处于支付此等债务的状况中，法院可应任何利害关系人的申请，命令清算人在完成财产清单前支付债务或支付特定债务。

第 1021 条 （不可要求的债务）

其债务不可要求的债权人可以要求向其提供确保于到期后支付债务的担保。

第(1)款规定应适用于提前对遗产主张附条件权利的人。

第 1022 条 （用于支付遗产债务的财产）——1. 留存的现金

为了支付遗产债务，清算人得首先使用他在遗产中发现的留存现金。

第 1023 条 ——2. 未被遗赠的财产

如果要通过出卖财产以偿付债务时，清算人在将此等财产出卖给他人前，必须向继承人发出要约。

如果继承人就此等财产提出市场价格或某一更高价格，他得将之出卖给继承人。

第 1024 条 ——3. 被遗赠的财产

如果可通过出卖其他财产偿付债务，死者遗赠的财产不得被变卖。

第 5 节　与生活保持有关的遗产债务

第 1025 条 （原则）

在支付遗赠之前，清算人得支付特定人可向遗产主张的与生活保持有关的债务。

第 1026 条 （债权人的确定）

死者的配偶、卑亲属、尊亲属和兄弟姐妹，依以下数条规定的条件，享有生活保持请求权。

国家取得遗产时，死者死亡时与其共同生活的人，或由其维持生活的人，依以下数条规定的条件享有生活保持请求权。

第 1027 条　（债权人缺乏财产）

第 1026 条规定的人，除非为他们需要并且处于不能自食其力的状况，不得请求生活保持。

第 1028 条　（债权人是法定继承人）

死者的卑亲属、尊亲属和兄弟姐妹，除非他们被法律召集取得死者的遗产或其中的一部分，不得主张生活保持的权利。

如果他们因不配被剥夺继承权，不得主张此等请求权。

根据法律，他们被拥有优先权的继承人排斥时，也不得主张此等请求权。

第 1029 条　（生活保持请求权的最高数额）

有生活保持请求权的死者的卑亲属、尊亲属和兄弟姐妹，只能获得当死者未作出对其不利的遗嘱处分时，根据法律他们本来会从遗产中得到的份额价值相当的金钱或财物。

死者在其死亡前 3 年内作出的赠与得被视为遗嘱处分。

第 1030 条　（配偶的生活保持请求权）

有权请求生活保持的配偶可根据本法典在关于“生活保持义务”的章中制定的规则（第 807 条至 825 条）从遗产中取得生活费。

第 1031 条　（债权人的主张）

以确认生活保持义务之存在为目的的权利主张，得在继承开始后 1 年内向清算人提出。

紧急情形下，清算人可为了利害关系人的利益认可临时的生活保持请求。

清算人拒绝认可生活保持请求的决定，可立即向法院提出攻击。

第 1032 条　（支付的方式）

当债权人是死者的配偶或至少有 60 岁时，生活保持请求权得通过终生定期金的方式满足。

其他情形，它得以一次总付的方式支付。

第 1033 条　　（年金）——1. 支付和担保

被允许支付年金时，它得从死者死亡之时开始支付。

此等年金的余额得在生活保持债权人有其居所之地支付。

在合适时，法院可命令向债权人提供支付对其负欠的款项的担保。

第 1034 条　——2. 更改

年金的数目须最终确定。

此等数目不得变更，在确定年金数目时对遗产的总数作了错误估价的除外。

付给生存配偶一方的年金，如果其再婚，不再支付。

第 1035 条 ——3. 待支付的年金

待支付的年金不得被转让或扣押。

但它们甚至可以在到期前被转让给对年金受益人提供了需求品的慈善机构。

它们也可被对年金受益人提供了生活所需之物的人扣押。

第 1036 条 （关于生活保持之债的协议）

死者生前就遗产对生活保持承担的最终义务缔结的任何文件或契约，无效。

旨在排除或变更本节制定的规则的遗嘱处分，无效。

第 6 节 遗赠的支付

第 1037 条 （原则）

清算人得支付死者命令的遗赠，遗嘱中规定遗赠的支付由某一继承人承担的除外。

第 1038 条 （受遗赠人的选择权）

在不违反第 1039 和第 1040 条之规定的前提下，本题关于继承人或概括遗赠的受遗赠人的选择权的规定，应适用于单一物遗赠的受遗赠人的接受或拒绝遗赠。

第 1039 条 （数个遗赠）

一个人被遗留数个单一物遗赠时，可接受其中之一而拒绝其余。

第 1040 条 （拒绝的效力）

受遗赠人拒绝对其遗留的遗赠时，此等拒绝惠及根据遗嘱有义务支付遗赠的人。

第 1041 条 （支付的时间）

在遗产明显有足够的财产支付遗赠时，得立即支付。

第 1042 条 （遗赠的缩减）

当遗产无足够的财产支付所有的遗赠时，应遵守死者在其遗嘱中明示规定的遗赠支付顺序。

无明示的规定时，死者在其遗嘱之中或在由他出具的其他书面文件中说明作为对受遗赠人提供的服务的报酬命令的遗赠，得优先支付。

其他遗赠得根据其价值的比例减少。

第 1043 条 （遗赠特定物）

清算人得将被遗赠的物以它被发现时的状态连同其从物交付于受遗赠人。

受遗赠人不得要求被遗留物以良好的状态交付于他。

第 1044 条 （遗赠确定的种类物）

如被遗留物除了其种类外未被确定，受遗赠人可在属于遗嘱人的该种物中选择他所欲之物。

如数个受遗赠人被召集在同种类的物中为选择，他们作出其选择的顺序得以抽签决定之。

如果遗产中不包括任何与被遗赠物同种类的物，受遗赠人可以选择，要么要求清算人给他任何具有中等品质的物，要么给他被遗赠物的价值。

第 1045 条 （遗赠物被抵押或质押）

当死者将遗赠物抵押或质押时，得给予受遗赠人担保，以保证担保债务到期时清除物的负担。

偿付了由抵押或质押担保的到期债务的受遗赠人，得代位取得其偿付指向的债权人对继承人的权利。

第 1046 条 （遗赠物属于他人）——1. 种类物

如果死者遗赠种类物，而在其死亡时，其遗产之中没有该种类物，清算人得向受遗赠人支付此等被遗留物的价值。

第 1047 条 ——2. 特定物

死者作出遗赠，当遗赠的标的是某一特定物，而死者在死亡时对它无任何权利时，遗赠无效。

尽管有第(1)款的规定，如果死者作出遗赠时明知上述情况，遗赠有效。

此等情形，清算人得向受遗赠人支付被遗留物的价值。

第 1048 条 （遗赠债权）

遗赠债权，就此等债权在死者死亡之日到期的数额的范围内有效。

清算人通过向受遗赠人交付使得债务得以追索的文件的方式履行因遗嘱产生的义务。

遗产不得担保该债权的受偿付。

第 1049 条 （遗赠年金）

当死者遗赠年金时，年金债款得从遗嘱人死亡之日起开始给付。

第 1050 条 （孳息和利息）

当特定物被遗赠时，应从遗嘱人死亡之后给付其孳息。

当一笔金钱被遗赠时，其法定利息得从清算人被要求作出清偿之日起开始计算。

第 1051 条 （交付的费用）

交付遗赠的费用得从遗产中优先支付。

第 7 节 清算的终止

第 1052 条 （终止的时间）

遗产的清算，当遗产的债权人已申报，并且单一物遗赠的受遗赠人已得到其请求权或遗赠的支付后，得终止之。

所有遗产中的财产都被处分后，也得终止清算。

第 1053 条 （财产的合并）

在清算终止后，处于遗产外的财产得与继承人的其他财产合并。

在必要时，它得由共同继承人共有。

第 1054 条 （新出现的债权人）

清算终止后出现的遗产债权人，可对继承人主张偿付对他们的所有负欠。

他们对继承人从遗产中接受的财产，不享有优于此等继承人之个人债权人的请求权。

继承人得在他从遗产中接受财产价值的范围内，对此等债权人承担责任。

第 1055 条 （得考虑的价值）

除非债权人有相反的证据，在前数条的范围内，包含在财产清单中的声明得表明遗产的组成以及财产的价值。

当无财产清单或不能出示此等文件时，债权人可以任何方式确认遗产的组成以及财产的价值。

第 1056 条 （隐藏的情形）

当与继承人发生争执的债权人证明了某物存在于遗产中时，应相信他就该物价值作出的单纯断言。

如继承人作此要求，在此等情形，债权人可仅以口头发誓确认其估价是诚信作出的。

第 1057 条　（物的灭失）

继承人不得通过声称在清算终止后，已发生了某些使他接受的物的价值减少或灭失的事实来使自己免除义务。

第 1058 条　（单一物遗赠的受遗赠人的义务）

在清算终止后出现的遗产债权人，只能向单一物遗赠的受遗赠人主张在后者从遗产接受的财产的价值范围内偿付对他们所负欠的。

单一物遗赠的受遗赠人只有在无继承人时才承担责任。

他得对诉追他的债权人行使本法典关于“合同的一般规定”（第 1920 条至 1951 条）之题授予担保人的权利。

第 1059 条　（受遗赠人的求偿权）

支付遗产的债务的单一物遗赠的受遗赠人，得自己代位继承人的债权人。

他不得向其他单一物遗赠的受遗赠人行使求偿权。

第 3 章　遗产的分割

第 1 节　遗产的共有和分割的实施

第 1060 条　（遗产财团的共有）

遗产得在继承人间保持共有直至其被分割。

共同继承人对共有的遗产财产的权利，得由本法典关于“共有、用益权和其他物权”之题的规定（第 1257 条至第 1277 条）调整。

本条规定不影响关于遗产清算的第 2 章以及以下数条的规定。

第 1061 条　（特定物的出卖或分割）

共同继承人不得要求拍卖或分割仍属于共有，并构成遗产之一部的特定物。

第 1062 条　（分割的时间）

当遗产已清算完毕，每个共同继承人都可随时要求分割遗产之实施。

第 1063 条　（分割的时间限制）

当分割申请在不合适的时间提出时，法院可命令在不超过 2 年的期限内维持遗产的共有。

除非法院有相反授权，如果作出分割的方式取决于刚受孕的胎儿出生的状况，遗产仍得维持共有。

必要时，法院在此等情形得任命一人管理遗产财产或构成其一部的某项财产。

第 1064 条 （关于共有的规定或协议）

共同继承人的申请分割权可由死者的遗嘱或共同继承人间达成的协议排除。

任何第(1)款涉及的规定或协议的有效期不得超过 5 年，或不超过此等文件确定的某一更短的期限。

无确定的期限或确定的期限超过 5 年的，该约定或协议在第 5 年的年尾停止生效。

第 2 节　共同继承人的合算

第 1065 条 （合算的原则）

任何接受继承的死者的卑亲属，得将他从死者取得的、不能豁免于合算的施舍的价值，归入遗产。

第 1066 条 （承受合算的赠与）

为了使某一共同继承人成家立业或为了清偿其债务而作的支出，得进行合算。

给予共同继承人之一的嫁资，得进行合算。

为共同继承人之一的教育支出的费用，不得进行合算。

第 1067 条 （合算的豁免）

死者为特惠某个继承人或为增加某个继承人的份额或专门为豁免合算作出的施舍，任何继承人都不必合算之。

赠与的情形下，必须以明示的条款确认上述意图。

遗赠的情形下，死者使其继承人豁免于合算的意图可通过各种证据确认。

第 1068 条 （收入或保险金）

任何继承人都不必合算死者以其收入作出的施舍。

死者偿付的构成一项为其继承人利益作出的保险的保险金，也不必进行合算。

第 1069 条 （间接利益）

任何继承人都不必合算可从他与死者达成的协议或合伙中获得的利润。

第 1070 条 （应进行合算的人）

只有接受了死者遗产的卑亲属应进行合算。

死者可课加其他继承人合算义务。

第 1071 条　（在施舍日后获得的继承人身份）

尽管某人在施舍行为对他作出之日不是死者的推定的继承人，但在施舍之日后获得继承人身份的，仍有义务进行合算。

第 1072 条　（代位继承）

任何代他人之位继承的人，得合算对其个人作出的施舍。

他得合算由他所代位之人从死者收受的赠与。

第 1073 条　（放弃继承的继承人）

只有接受了继承的继承人才应进行合算。

第 1074 条　（合算的效力）

为了形成将在共同继承人间进行分割的财产的总体，死者赠与或遗赠的且必须进行合算于遗产的财产的价值，得加入到死者遗留的遗产中。

应进行合算的共同继承人，在其必须进行合算的价值范围内，被视为已接受了其遗产份额。

第 1075 条　（合算的效力限于继承人间的关系）

合算只就遗产分割和共同继承人这方面的关系有效。

遗产的债权人或受遗赠人不得要求进行合算。

第 1076 条　（在不足的情况下进行合算的原则）

合算由取得遗产较少者为之。

任何继承人不得合算多于他有权继承的价值。

在死者死亡前作出的规定进行实物合算的任何协议，无效。

第 1077 条　（待合算的价值）

待合算的价值就是被赠与物在赠与文件中估定的价值。

无估价时，按被赠与物在赠与时的真实价值进行合算。

第 1078 条　（赠与物的灭失）

尽管赠与物可能已灭失或受赠与人已停止因赠与获利，继承人仍应为合算。

第 3 节　如何分割遗产

第 1079 条　（谁来进行分割）

分割可依继承人之间的协议实施。

继承人间无协议时，得由继承人中最勤勉的人起草分割计划并提交法院批准。

第 1080 条 （法院的批准）——1. 保护某一继承人

当某一继承人失踪或未被合适地代表时，得寻求法院批准分割计划，违者无效。

此等情形，除未取得其参与分割就进行了的人以外，不得主张分割无效。

上述人员在其知道分割后 1 年内，或从死者死亡之日起 10 年内，可以申请分割无效；逾期不申请的，丧失申请权。

第 1081 条 ——2. 债权人的保护

在共同继承人之间作出遗产分割前，共同继承人之一的债权人向法院申请分割无效的，分割协议须寻求法院批准。

在与批准有关的程序中，得听取为上述申请之债权人的意见。

除非法院以共同继承人实施欺诈为由拒绝批准，有关批准程序的费用得由上述债权人承担。

第 1082 条 （必须遵循的规则）

分割必须遵循死者作出的有关规定实施。

无此等规定时，它得根据下列数条的规定实施。

第 1083 条 （财产的估价）——1. 原则

处于继承人的份额中的财产，得在分割实施之日估价。

财产的估价得由诸继承人自己作出。

他们间不能达成一致时，得由他们选择的仲裁人估价；如果他们就仲裁人的任命不能取得一致，由法院指定的仲裁人估价。

第 1084 条 ——2. 由专家估价

在对不动产估价的情形，专家的报告得说明估价的依据。

报告得表明被估价之物能否便利地分割以及分割的方式。

分割的情形下，它得确定可能由此形成的每一份额及其价值。

第 1085 条 （份额的搭配）

份额得由继承人协议选择的人进行搭配。

他们不能达成一致时，份额得由法院指定的专家搭配。

第 1086 条 （实物分割规则）

分割通常得以实物形式作出，每个继承人接受遗产中的某些财产。

实物份额中的不均等得以偿付金钱抵销。

第 1087 条 （份额如何组成）

在不违反下列数条之规定的前提下，继承人得尽可能接受以同样方式组成的份额。

必须尽最大的注意以使给予每个继承人的物对其最有用。

第1088条 （财产的来源）

在分割中：

死者从其有头衔的父系先辈得到的不动产，得分派给该系的继承人。

死者从其有头衔的母系先辈得到的不动产，得分派给该系的继承人。

第1089条 （非埃塞俄比亚人的继承人）

如果某些继承人为埃塞俄比亚籍，其他继承人为外国人，处于埃塞俄比亚境内的不动产得分派给埃塞俄比亚籍的继承人。

第1090条 （继承人的债务）

当继承人之一欠遗产债务时，其债务得被置于其份额中。

第1091条 （死者的抵押债务）

被分派了为死者的债务被抵押的财产或出质的财产的继承人，得承担此等债务。

第1092条 （难于分割的财产）——1. 原则

如果在遗产中有某些物不便实物分割，并且如果继承人之间确又不能就他们之中的何人将在其份额中拥有该物取得一致，可以得出卖该物并分割其价金。

第1093条 ——2. 拍卖

当继承人之一如此要求时，出卖须以拍卖的方式进行。

共同继承人不能达成一致时，局外人得被接受参加此等以拍卖方式所为之出卖。

第1094条 （传家物）

家庭文件和具有情感价值的物件，继承人之一反对将其出卖时，不得出卖。

如果共同继承人之间不能达成一致，在合适时，法院得决定此等标的是出卖还是分配给共同继承人之一。

在后种情形，法院得作出为确保此等标的保存于家庭中所必要的指示。

第1095条 （待分割之权利的性质）

本节之规定的适用，毋庸区分死者是构成遗产之一部的物的所有人、承租人、前承租人，也不区分他对此等财产是否享有其他权利。

为了实施此等规定，只要在特定案件的情形中，它们可被实施即可。

第 1096 条 （数个共同继承人间保持共有）

如果数个继承人同意共同行使有关权利时，本节给予某一继承人权利的规定，可以被数个继承人援引。

任何财产都不得被共同地分配给数个继承人，此等继承人已明确地同意该共同分配的除外。

第 4 节 遗产分割后共同继承人之间的关系

第 1 目 共同分割人应提供的担保

第 1097 条 （准用）

就处于其份额中的有体物，继承人互相承担出卖人对买受人的担保责任。

就处于其份额中的权利和债务，继承人互相承担为有偿让与债权之情形规定的担保。

第 1098 条 （赔偿的数目）

应付的赔偿金额得根据分割时物的价值确定。

第 1099 条 （谁应偿付赔偿金）

每个共同继承人按其接受的遗产份额的比例承担赔偿金。

如果共同继承人中的任何一人破产，应由他承担的份额，得在因该担保而受益的继承人，以及所有其他有清偿能力的继承人间，根据他们各自从遗产中取得的份额的比例进行分摊。

第 1100 条 （要求担保的权利）

因份额价值的不均等应由另一共同继承人支付一笔金额以抵销差额的共同继承人，或其份额中被分派了能否得到追索存在疑问的债权的共同继承人，可要求从分割时起为其权利提供担保。

第 1101 条 （无担保）

当共同分割人抱怨的追夺或缺陷是因为其本人的过失或因遗产分割以后的原因导致时，不发生担保义务。

当在分割文件中，如果明示地商定把某项财产无担保地置于继承人之一的份额中时，也不得发生担保义务。

第 2 目　遗产分割的无效

第 1102 条　（无效的原因）

在不违反如下数条规定的前提下，遗产分割可根据与其他合同相同的情节被宣告无效。

第 1103 条　（被遗漏的财产）

如果在遗产分割后发现了构成遗产之一部的其他财产，可就此等财产进行补充分割。

先前作出的遗产分割不因此受影响。

第 1104 条　（隐藏财产）

如新发现的财产处于某一恶意对其他共同继承人隐瞒该财产之存在的继承人的占有中，得剥夺该继承人对被如此隐瞒的财产的份额。

第 1105 条　（遗产分割的更正）——1. 更正发生的情形

对于分割的更正，得根据任何因对特定财产的估价错误只得到了少于其有权得到的份额的 3/4 的人的申请作出。

当一个应进行合算的赠与未被有义务为其共同继承人的利益合算该财产的人声明时，也可更正遗产分割。

第 1106 条　——2. 时间

申请更正遗产分割的权利，如果未在分割作出之后的 3 年内行使，则禁止再行行使。

第 1107 条　——3. 效力

当法院批准更正遗产分割的申请时，得确定申请人可得到的赔偿金额、谁偿付该赔偿金、偿付此等赔偿金的条件。

当遗产分割的更正因应受合算的赠与在作出被更正的分割时未被声明而发生时，接受该赠与的共同继承人得被剥夺与他有义务合算的价值相等的价值。

当上述共同继承人证明其为诚信时，法院可以免除第(2)款的适用。

第 1108 条　（赔偿金的支付）

应支付的赔偿金在任何情况下，都得以金钱确定。

上述赔偿金的支付请求，只能对提出请求之人的共同遗产分割人、其继承人或受遗赠人提出。

第 1109 条　（保利安之诉）

共同继承人之一的债权人，只有在以欺诈其权利为目的实施遗产分割，此等分割不顾他们的反对而执行时，才可对之提出攻击。

第5节　遗产分割后债权人的权利

第1110条　（权利主张的分割）

债权人得根据每个继承人接受的份额的价值的比例，在他们中分割请求权，对他负欠的债务为不可分的情形除外。

但他可利用在遗产分割时达成的协议，据此把较大部分或所有债务课加于一个或数个继承人。

第1111条　（共同继承人之一破产）

共同继承人中任何人破产时，其债务份额得按比例在所有其他继承人中分摊。

第1112条　（受遗赠人视同债权人）

在第1111条的适用中，单一物遗赠的受遗赠人得被视同遗产的债权人。

第1113条　（继承人之间的关系）

在遗产分割后不得不支付遗产的债务的继承人，当他支付了超出他最终要承担的份额的金额时，得向其共同继承人行使求偿权。

关于上述求偿权，应适用本法典在关于“合同的一般规定”之题中确立的规则中与保证有关的部分（第1920条至第1951条）。

第4章　关于遗产的协议

第1节　关于未来遗产的简约

第1114条　（禁止关于未来遗产的简约）

任何关于某一仍生存之人的遗产的协议或单方允诺无效，法律明确授权的除外。

第1115条　（对于未来遗产的接受或放弃）

提前接受或放弃遗产或预先转让某人对遗产的期待权，非法。

第(1)款提到的约定，尽管得到其遗产为简约标的的人同意，无效。

第1116条　（协议约定）

任何人不得以协议约束自己将其遗产留给或遗赠给与其订立协议的人或

某个第三人。

第2节 以赠与作出的遗产分割

第1117条 （原则）

父亲、母亲和其他尊亲属，可以将其财产在他们的子女和卑亲属间作出分配和分割。

第1118条 （形式）

以赠与作出的遗产分割得依照法律为生前赠与规定的形式进行。

第1119条 （标的）

以赠与作出的遗产分割只能以为赠与时属于尊亲属的财产为标的。

第1120条 （被遗漏的财产）

当尊亲属在其死亡之日遗留的财产中只有一部分包括在以赠与作出的遗产分割中时，未被包括的财产得根据法律进行分割。

第1121条 （被遗漏的子女）——1.赠与的无效

赠与人的任何一个孩子在以赠与作出的遗产分割时被遗漏，或赠与人的一个孩子出生于作出此等赠与之后的，赠与人死亡时，被遗漏的子女可自己或通过其代理人申请宣告以赠与作出的遗产分割无效。

第1122条 ——2.例外

当死者留有有效遗嘱，其中一个规定有效地剥夺了被遗漏之子女的继承权时，不得申请宣告上述分割无效。

在此等情形，被剥夺继承权的子女或其代理人对遗产的最终请求权不受任何影响。

第1121条规定的情形下，当死者在构成以赠与作出的遗产分割之标的的财产之外留下了足够的财产分配给被遗漏的子女时，也不得申请宣告分割无效。

第1123条 （损害）

除非以赠与进行的遗产分割文书中有相反的规定，当死者的卑亲属之一受到了超过其份额的1/4的损害时，可申请撤销此等以赠与进行的遗产分割。

为确定是否存在损害，财产得根据它在以赠与作出遗产分割之日的价值进行估价。

撤销之诉如未在作出赠与的尊亲属死亡后2年内，并且在以赠与作出的遗产分割后最长10年内提起，禁止再行提起。

第 3 节　继承权的让与

第 1124 条　（继承人的权利）

在开始继承后，继承人可让与其全部或部分地对该继承的权利。

他不得让与在某物被分配给他所有之前，他对仍属于遗产的特定物的权利。

第 1125 条　（移转继承权情形中的先买权）

共同继承人拥有法定先买权对抗继承权的受让人，让与是为了某一共同继承人的利益作出的情形除外。

本法典关于"共有、用益权和其他物权"之题的规定（第 1386 条至第 1409 条），应适用于此等先买权。

第三编

物

第6题　物的一般规定和占有

第1章　物的一般规定

第1126条　（各种物）

所有的物，或为动产，或为不动产。

第1127条　（有体动产）——1.原则

有体动产是具有实体性的存在，并且可以在不失去其同一性的情况下自行移动或被人移动的物。

第1128条　——2.无记名有价证券

除非法律另有规定，无记名有价证券中体现的请求权和其他无体权利，被视为有体动产。

第1129条　——3.自然力

除非法律另有规定，电力之类的具有经济价值的自然力，当它们被人控制并投入利用时，被视为有体动产。

第1130条　（不动产）

土地和建筑物被视为不动产。

第1131条　（财货的内在要素）——1.原则

除非另有规定，对财货的权利或涉及财货的买卖，应适用于此等财货的所有内在要素。

第1132条　——2.定义

任何根据习惯被认为构成某物之一部的物，被视为该物的内在要素。

任何在物质上与某物相连接，不对该物造成破坏或损害，不能与之分离的物，应被视为该物的内在要素。

第1133条　——3.树木和庄稼

树木和庄稼在与土地分离前，被视为土地的内在要素。

当它们成为了将其从土地分离而订立的合同或涉及此等分离的合同的标的时，得被视为独立的有体动产。

第1134条　——4.第三人的权利

某物成为某一动产或不动产的内在要素后,停止构成一个独立的物。

第三人先前对该物享有的全部权利,皆归消灭。

第三人以损害责任或不当得利为依据的请求权不受任何影响。

第 1135 条 (从物)——1.原则

在有疑问的情形中,对物享有的权利或涉及物的买卖适用于该物的从物。

第 1136 条 ——2.定义

某物的占有人或所有人永久地设定为该物使用的物,视为其从物。

第 1137 条 ——3.与某物暂时分离

任何从物,当它被与其被设定的物暂时分离时,仍不失其从物的特性。

第 1138 条 ——4.第三人的权利

第三人对某物可享有的权利,不因该物被设定为某一动产或不动产使用而受影响。

上述权利,除非它们在被设定用途前已记载于书面文件,不得用来对抗诚信第三人。

第 1139 条 ——5.从物性质的终止

物的所有人可终止有关物的从物性质。

基于对物的从属性质的信赖与所有人进行交易的第三人的权利,不受任何影响。

第2章 占 有

第 1140 条 (定义)

占有是某人对某物行使的实际控制。

第 1141 条 (直接或间接占有)

占有人可直接也可通过持有物的第三人对该物行使其控制。

第 1142 条 (暂时的阻碍)

占有人被暂时阻碍行使其对某物的控制的,不丧失其权利。

第 1143 条 (占有的移转)

任何根据协议作出的移转占有,在交付物时生效。

第 1144 条 (代表某物的文件)

占有可通过交付代表该物并使受交付人能处分该物的文件移转于新占有人。

在上述文件的持有人与物的实际占有人间发生争议时，后者有优先权，能证明其为恶意的除外。

第 1145 条 （虚拟占有）

对特定物和已经特定化的种类物的占有，如果对该物行使实际控制的人宣布今后他代表新占有人持有该物，视为已移转于新占有人。

本条的规定不影响在物的实际控制人破产时，其债权人的权利。

第 1146 条 （秘密的或未定的占有）

秘密的或未定的占有不产生任何权利。

如果物的实际控制人在证明他对标的物没有任何权利的假定确有理由的情境中，隐蔽其占有人身份，占有是秘密的。

如果根据当时的情形，就声称自己是占有人的人是拥有占有物还是代表他人持有该物存在疑问，占有是未定的。

第 1147 条 （权源的变更）

除非有相反的证据，代表他人开始占有的人被视为纯粹的持有人。

相反的证据可以任何方式提起。

权源的变更不得因持有人意图的单纯变更产生。

第 1148 条 （占有的保护）——1. 使用武力

占有人和持有人可使用武力排除任何侵夺或妨害行为。

当物被以暴力或欺瞒取走时，他可通过立即驱逐侵夺者或从正在实施侵夺或正在逃跑的侵夺者手中夺回物的方式回复对该物的占有。

他得避免任何根据当时的情况是不正当的暴力行为。

第 1149 条 ——2. 法定诉权

被剥夺了其占有或其占有遭到妨害的占有人或持有人，可要求回复占有物、停止侵害并要求损害赔偿。

自侵夺或妨害发生之日起 1 年内未提起上述诉讼的，禁止再行提起。

法院得命令回复占有物或停止妨害，被告能立即并排他地证明存在使其行为成为正当的为其利益设定的权利的除外。

第 1150 条 （占有合并）

有权利用时效的占有人，如果其前手占有人可利用时效，得享受为其前手占有人的利益已经经过的时效期间。

空虚所有人同样可利用用益权人已支付的税款。

第7题 个人所有权

第1章 所有权的取得、移转、消灭和证明

第1节 所有权的取得

第1目 先占

第1151条 （原则）

任何以成为所有人的意思占有无主有体动产的人，取得此等动产的所有权。

第1152条 （动物）

当驯养的或捕获的动物从所有人的控制下逃脱，其所有人在接下来的1个月中未试图重新捕获它们，或他重新捕获它们的尝试停止了1个月时，得成为无主物。

第(1)款的规定不应适用于马类或驴类或马驴杂交类的动物，也不应适用于骆驼和牛类动物。

第1153条 （蜜蜂）

离开其蜂房的蜂群被视为无主物。

蜂群定居的蜂房之所有人，通过先占成为此等蜂群的所有人。

前所有人追踪蜂群并在它们定居后立即赶到的，可取回蜂群。

第1154条 （拾得物）——1.拾得人的义务

任何拾得并占有有体动产的人，应遵守行政条例要求他报告其拾得的规定。

无此等条例时，他应采取所有合适的方法使其拾得为人所知，并进行当时情况所要求的调查，以便通知其拾得物的所有人。

第1155条 ——2.标的物的占有

已履行了第1154条规定的义务的拾得人，得保持其对拾得物的占有。

此等情形，他应采取所有合理的措施保存拾得物。

第 1156 条 ——3. 出卖标的物

当拾得物易腐或难以保管时，拾得人可通过公开拍卖出卖该物。

此等情形，出卖的收益得取代被出卖之物。

第 1157 条 ——4. 所有人追索标的物

只要物的所有人未丧失对物的所有权，可要求返还该物。

此等情形，他得偿还拾得人的拾得和保管该物的所有费用。

第 1158 条 （拾得人的报酬）

法院可在合适时，授予拾得人不超过拾得物价值 1/4 的奖金。

在决定是否给予拾得人奖金和确定其数额时，法院得考虑双方的经济状况以及所有人自己找到标的物的机会。

拾得人请求奖金的权利，如果未能在返还拾得物之后的 1 年内行使，则禁止再行行使。

第 1159 条 （埋藏物）

埋藏物得成为埋藏物被发现的土地或某物之所有人的财产。

发现人有权要求获得埋藏物价值的一半。

任何人都不能证明是其所有人的物，在被发现时可确切证明它们已被埋藏或隐藏了至少 50 年的，被视为埋藏物。

第 1160 条 （文物）

特别法或条例关于考古发掘和文物的规定，不受任何影响。

第 2 目　诚信占有

第 1161 条 （原则）

任何诚信为取得某一有体动产的所有权有对价地缔结合同的人，当他占有了该动产时，即根据其诚信成为其所有人。

其权利不因与其缔约者无有效权源的事实受影响。

第 1162 条 （诚信的定义和证明）

任何取得有体动产的人，如果他相信自己是在与有权移转标的物给他的人缔约，他被视为诚信的。

除非存在相反的证据，取得人被推定为诚信。

第 1163 条 （必须存在诚信的时间）

在获得占有之时必须存在诚信。

占有人发现他从无权移转物的所有权的人取得了物时，如果此等发现发生在他进入占有之后，发现无效。

第 1164 条 （不得要求返还所有物的情形）

任何自愿放弃有体动产之所有权的人，都不得向以诚信成为物的所有人的人要求返还该物。

他不得提出接受他所遗弃的财产的人欺诈行为的事实对抗上述物的所有人。

第 1165 条 （可以要求返还被盗物）

其有体动产被盗的任何人，可向以诚信已成为该物所有人的人主张返还该物。

如果在盗窃发生后 3 年内未提起上述权利主张，则禁止再行提起。

第 1166 条 （占有人应得的赔偿）

当此等财产被追索的人是从公开市场上出售相同物件的商人，或在公开拍卖中取得该物时，他可要求出卖人返还其支付的价金。

第 1167 条 （货币和无记名有价证券）

在任何情况下，都不得向诚信取得货币和无记名有价证券的人主张返还。

也不得向诚信第三人的后手主张此等物的返还。

第 3 目 取得时效

第 1168 条 （原则）

已连续 15 年支付了与某一不动产所有权有关的税款的占有人，得成为此等不动产的所有人。任何土地，当它根据习惯由某一家庭的成员共有时，不得通过时效取得其所有权，此等家庭的任何成员可随时要求此等土地。

本条规定不影响本法典第 6 题第 2 章的规定（第 1140 条至第 1150 条）。

第 1169 条 （准用）

本法典关于合同的一般规定中有关时效期间之中断的规定（第 1851 条和第 1852 条），应适用于取得时效问题。

同题关于时效抗辩可以提出、执行或放弃的规定（第 1853 条至第 1856 条），也可适用于取得时效问题。

第 4 目 添 附

第 1170 条 （孳息）

物的所有人亦是该物的自然孳息的所有人。

物的定期的出产、根据通例以符合其目的的方式从某物中得到的一切物，都被视为孳息。

第1171条 （从繁殖得到的孳息）

就所有权而言，因繁殖得到的孳息随其母体。

孳息的母体的所有人为孳息的所有人。

第1172条 （庄稼）——1.违背土地所有人的意志

任何违背土地所有人的明示的意思，在他人所有的土地上播种的人，既不得耕种也不得收割他播种的庄稼。

当作物已被收割时，所有的庄稼得成为土地所有人的财产。

本条的规定适用于土地所有人不能反对播种的情况。

第1173条 ——2.未受土地所有人反对

在他人土地上播种的人，土地所有人未反对播种的，可以耕种并收割其播种的庄稼。他得在作物收割后清理土地。

当播种者因相信他是土地的所有人或有权利在该土地上播种而播种时，收获的庄稼的1/4应当分给播种人，3/4给土地所有人。

当播种者明知他不是土地所有人或无权在该土地上播种时，所有的庄稼都得成为土地所有人的财产。

本条规定，即使土地所有人已知道播种的事实且未加以反对，亦应适用。

第1174条 ——3.土地所有人的请求权

土地所有人有权要求根据第1172条和第1173条的规定取得庄稼或其份额，其土地先前是否已耕种，在所不问。

如果庄稼已被出卖、分发或消费，土地所有人有权要求取得在他提出其请求之日他有权得到的庄稼或其份额所具有的价值。

土地所有人主张获得庄稼或其份额的权利，如果未在庄稼收割后1年内提起，则禁止再行提起。

第1175条 （植树）——1.违背土地所有人的意志

任何违背土地所有人的明示的意思在他人土地上植树的人，对此等树木不享有任何权利。

他无权就土地所有人因此发生的得利要求任何赔偿。

当土地所有人命令去除树木时，植树者得承担因此发生的费用。

第1176条 ——2.得到土地所有人的允许

当植树得到土地所有人的允许而实施时，后者可随时要求取得树木的完全所有权，但须支付双方协议确定的补偿金。

达不成协议时，应适用第 1177 条的规定。

第 1177 条 ——3. 补偿

当种植树木通常是为了取得其果实时，第 1176 条规定的补偿金的数额得等于从该树木 10 年内可产生的利润之价值的一半。

当种植树木通常不是为了取得其果实时，上述数额等于该树木 10 年后将具有的价值的一半。

第(1)款和第(2)款规定的 10 年期限，得从土地所有人明示地表示其结束共有的意图之日起开始计算。

第 1178 条 （建筑）——1. 违背土地所有人的意愿

任何违背土地所有人的明示的意思在他人土地上为建筑的人，对该建筑不享有任何权利。

土地所有人可选择在不作补偿的情况下逐出建筑人，或命令其拆除建筑物。

本条规定，当土地所有人不能对建筑表示反对时，亦应适用。

第 1179 条 ——2. 未受土地所有人反对

土地所有人未反对时，在他人土地上为建筑的人得成为此等建筑的所有人。

土地所有人可逐出建筑人，但须偿付双方协议确定的补偿金，达不成协议时，偿付根据第 1180 条的规定确定的补偿金。建筑人可随时以自己的费用拆除建筑物并清理土地。

除非土地所有人明知建筑行为而未对此反对，不应适用本条规定。

第 1180 条 ——3. 补偿

第 1179 条第(2)款所述的情形中应付给建筑人的补偿金额的确定，得依照本法典关于“和解和仲裁”之题的规定（第 3307 条至第 3346 条）。

当建筑人明知或应当知道他不是土地所有人或无权在该土地上为建筑时，上述金额得减少 3/4。

第 1181 条 （使用属于他人财产的原料）

使用属于他人财产的原材料为建筑、种植或建造工程的土地所有人，得成为该原材料的所有人。

他得偿付前所有人以该原材料的价值，并且在合适时，被责令支付损害赔偿金。

原材料的所有人不得取回此等原材料。

第 1182 条 （加工）

当某人对不属于他的物进行了加工或改造时，如果提供的劳务的价值超过原物的价值，加工人得成为新物的所有人。

当加工人未以诚信行事时，即使提供的劳务的价值超过原物的价值，法院也可将新物分配给原物的所有人。

本法典关于“非契约责任与不当得利”之题的规定（第 2027 条至第 2178 条）不受任何影响。

第 1183 条 （混同和合并）

分别属于数个所有人的物混同或合并在一起，不能在不导致显然的变质或花费巨大的劳动或费用的情况下将其分离，有关各方得根据新物的构成成分在混同和合并之前的价值比例成为新物的按份共有人。

当两个物混同或合并，其中一物必须被视为另一物的从物时，新物属于主物的所有人。

本法典关于“非契约责任与不当得利”之题的规定（第 2027 条至第 2178 条）不受任何影响。

第 2 节　所有权的移转

第 1184 条 （移转的原因）

所有权可以根据法律或依据当事人达成的协议移转。

第 1185 条 （不动产）

通过合同或遗嘱移转不动产所有权时，必须在不动产登记簿上进行登记。

第 1186 条 （有体动产）

有体动产的所有权得在买受人或受遗赠人取得该物的占有时移转。

本条之规定不影响特别法或条例关于特种有体动产的规定。

第 1187 条 （受限制的所有权）

旨在于不同于前数条规定的时间移转所有权的规定，对第三人不生效力，后者接受了此等规定或此等规定已依照法律通过在公共登记处登记而公告的除外。

第 3 节　所有权的消灭

第 1188 条 （物的灭失）

所有权因其涉及的物的完全毁损或失去其同一性而消灭。

第 1189 条 （被第三人取得）

当某物被第三人根据法律取得或接受移转时，原所有人的所有权消灭。

第 1190 条 （注销登记）

当与某一不动产有关的登记被从不动产登记簿中注销时，此等不动产的所有权消灭。

第 1191 条 （抛弃权利）

当有体动产的所有人以无可置疑的方式表明其抛弃所有人的权利时，对该有体动产的所有权消灭。

第 1192 条 （时效）

有体动产的所有人当他因不知有体动产何在或不知他是其所有人，在 10 年的期间内未行使其权利时，丧失其作为所有人的权利。

第 4 节 所有权的证明

第 1193 条 （有体动产）

任何占有有体动产的人得被视为以自己的名义为此等占有，是该物的所有人。

任何对此等所有权提出争议的人，必须证明第(1)款作出的推定在当时的情况下不正确。

第 1194 条 （不动产）——1. 无主不动产

位于埃塞俄比亚境内的无主的不动产得成为国家的财产。

第 1195 条 ——2. 权源凭证

行政当局发放的内容为特定不动产属于某人的权源凭证，产生该人是该不动产所有人的推定。

权源契据的发放方式和更新此等契据的时间，由条例规定之。

因寄送权源凭证而征收以填补行政当局的开支，并填补此等行政当局从这种寄送中产生的责任的费用，由条例规定。

第 1196 条 （相反的证据）

如能证明下列情节，得推翻第 1195 条规定的推定：

权源凭证未依照法律发放，或它是由无管辖权的当局发放的；

权源凭证是根据某一无效行为发放的；

原告在权源凭证发放之日后取得了不动产的所有权。

第1197条 （行政当局的义务）

在发放给某人某一不动产的权源凭证前，行政当局须要求交回此前发放给他人的针对同一不动产的权源凭证，以将其涂销。

如果先前发放的权源凭证被声称已丢失或毁损，行政当局得要求申请新的权源凭证的人对因未涂销的前权源凭证可能对第三人造成的损害提供足够的担保。

第1198条 （国家的责任）

对任何基于未依法发放或由无管辖权的当局发放的权源凭证取得不动产权利的人遭受的任何损害，国家承担责任。

对基于行政当局未涂销的权源凭证取得不动产权利的人因此遭受的任何损害，国家承担责任。

国家对犯有过错的公务员的请求权不受影响。

第1199条 （土地的分界）

土地的边界应根据地籍四至图和在土地上发现的界标确定。

当地籍四至图的内容与土地上的界标不一致时，前者优先。

第1200条 （建筑物、种植物和工作物）

所有土地上的建筑物、种植物和工作物，都被视为所有人以自己的费用自己建造的，是他的财产。

第(1)款的推定可通过出示证据推翻。

第1201条 （界墙）

(1)任何将两个地块分开的界墙或栅栏，视为由此等地块的所有人共有；栅栏只圈围一个地块的情形除外。

(2)第(1)款确立的推定可通过反证推翻。

第1202条 （沟渠）

(1)当只在沟渠的一边发现护坡时，此等沟渠不应被视为共有财产。

(2)沟渠被视为此等护坡所处之土地的所有人的单独财产。

(3)第(1)款、第(2)款设定的推定可通过反证推翻。

第1203条 （水、煤气和电力供应）

(1)水和煤气管道、电线和其他管线被视为它们由其导出的企业的从物，并且是该企业之所有人的财产。

(2)第(1)款设定的推定可通过反证推翻。

第2章 所有人的权利和义务

第1节 一般规定

第1204条 （定义）

(1)所有权是可能对有体物享有的最广泛的权利。

(2)除非依据法律，此等权利不应被分割和限制。

第1205条 （权利的范围）

(1)以不违反法律规定的此等限制为条件，所有人可以其认为合适的方式使用和利用其财产。

(2)他可以生前或死因行为、以有偿或无偿方式处分其财产。

第1206条 （要求返还财产的权利）

所有人可向任何非法占有或持有其财产的人要求返还其财产，并可反对任何僭夺行为。

第2节 关于不动产的特殊规则

第1207条 （圈围）

所有人可圈围其土地。

第1208条 （界标）

当地块的边界不确定时，每个土地所有人得应其邻人的要求协助确定此等边界。

第1209条 （底土的所有权）

土地的所有权得延伸至地表以下为利用土地所必需的深度。

第1210条 （挖掘或地下工程）

在其土地地表下为挖掘或修建地下工程的所有人，不得撼动其邻人的土地，使此等土地上的工作物的稳固性遭受损害或危险。

第1211条 （地上空间的所有权）

土地的所有权得在利用土地所必需的范围内延伸至地表上的空间。

第1212条 （树枝和树根）

(1)其土地遭受相邻的土地上伸展过来的树枝或树根侵入的所有人，可申请法院命令其邻人在1个月内刈除此等树枝或树根。

(2)土地所有人可以毋庸作出请求,刈除边界上生长的所有树根。

第 1213 条　(建筑物和种植物)

土地所有人可在其土地上建造或种植他认为合适的房屋或植物。

第 1214 条　(地上或地下的工作物)——1.原则

(1)建筑于某一地块之上或之下、或永久联合于土地的建筑物和其他工作物,可以有不同的所有人。

(2)有关所有人的权利应适用关于地役权的规定(第 1359 条至第 1385 条)。

第 1215 条　——2.限制

(1)关于建筑物区分共有的规定(第 1281 条至第 1308 条)不受影响。

(2)第 1178 条至第 1180 条的规定不受影响。

第 1216 条　(禁止进入)

所有人可禁止第三人进入其土地。

第 1217 条　(必要的侵入)——1.紧迫的损害或危险

(1)当某人除非进入他人的土地,不能保护自己或他人免遭紧迫的损害或实际的危险时,土地所有人得允许其进入。

(2)所有人可要求赔偿因此导致的任何损害。

第 1218 条　——2.修理墙壁或建筑物

(1)为修理建立于相邻土地上的墙壁或建筑物必需进入土地,相邻土地的所有人须允许之。

(2)所有人有权要求赔偿因此导致的任何损害。

第 1219 条　——3.逸失的物或动物

(1)当因自然力或意外事件,物或诸如牛、蜜蜂或家禽被搬至或逃逸到他人土地上时,土地所有人得允许利害关系人以搜寻和移走其逸失的物为目的进入其土地。

(2)所有人有权要求赔偿因此导致的任何损害,并有权为此留置逸失的物或动物。

(3)当土地所有人自己立即搜寻到了逸失的物或动物并将之返还给了利害关系人时,他可禁止进入其土地。

第 1220 条　(管线)

(1)土地所有人在预先得到可能会导致的损害的赔偿金之偿付后,得允许在其土地上安装有利于其他土地的水管、煤气管道、电线或其他类似的工作物。

(2)安装得以对被妨害土地最小干扰的方式进行。

(3)所有人可随时要求自己承担费用,移动安装设施并安置于土地的其他部分。

第 1221 条 (通行权)——1.原则

其土地构成袋地或该土地通往公路的出路不足以使其利用土地的所有人,可以在向相邻土地所有人支付与因此会导致的损害成比例的赔偿后,要求道路通行权。

第 1222 条 ——2.向谁主张

(1)通行权得向对其主张该权利较合理的邻人主张。

(2)为此,得考虑土地的位置、其出路、袋地的要求以及被妨害之土地因此遭受的不便。

第 1223 条 ——3.土地的划分

当袋地是因为出卖、互易、分割或任何其他合同导致的土地划分造成时,通行权应向原所有人主张。

第 1224 条 ——4.必需的工程

通行权的所有人得维持此等通行权,并尽可能少引起此等通行权所穿越的土地的损害。

第 1225 条 (所有权的滥用)——1.原则

(1)所有人不得干扰或侵害其邻人。

(2)他不得制造超过善良邻居行为限度的烟雾、灰尘、难闻的气味、噪音或震动。

(3)就此,必须考虑当地习惯、土地的位置和其性质。

第 1226 条 ——2.处罚

所有人因另一所有人滥用其权利导致其损害或有导致损害之虞时,在不影响任何损害赔偿请求权的前提下,可要求此等所有人修复损害或防止发生损害。

第 1227 条 (对所有权约束的限制)

(1)本节对所有权的限制,即使其未被登记于不动产登记簿,亦应适用。

(2)这些限制不应由当事人的协议取消或变更。

第3节　水的所有权和使用

第1228条　（村社的使用）

（1）对于所有的流动和静止的水体，村社有权优先使用。

（2）此等水体应由有权机关控制和保护。

第1229条　（水的占用）

当水体被贮积在人工水库、水塘或蓄水池中，不再自然流动时，可成为私人财产。

第1230条　（关于水的法律规定）

（1）水体可以被占有或使用的条件以及它可以从属的使用权或役权，得按本题之规定。

（2）本法典关于集体利用灌溉系统或排水区的规定（第1501条至第1534条）不受任何影响。

（3）全国适用或地方适用的特别法和行政条例的规定，不受影响。

第1231条　（法院的权力）

（1）在决定两人间就何人可以用水产生的争议时，法院得考虑所有权的效力协调互相冲突的利益。

（2）除非法律另有规定，对所有权的权利的任何侵犯都导致赔偿。

第1232条　（家庭使用）——1. 所有人的权利

土地所有人可为其个人、与他同住的人的用途并为其牲畜的饮用利用流经其土地或地界的地表水或地下水。

第1233条　——2. 邻人的权利

拥有超过其家庭使用目的所需要的水的土地所有人，当他的邻人非以巨大的代价不能从别处获得水时，得给其邻人以不可或缺的家用水。

第1234条　——3. 邻人的权利的行使方式

（1）土地所有人可以合理的方式调整第1233条授予其邻人的权利的行使。

（2）当他作为所有人的权利因邻人行使其权利而明显减少或受损时，可要求公正的赔偿。

第1235条　（禁止的工作物）

（1）任何有权使用井、泉或其他流水或静水的人，可以反对建造阴沟、厕所等可能污染其用水的任何工作物。

(2)他可要求拆除任何不顾其权利建造的此等工程。

第1236条　(灌溉)——1.所有人的权利

(1)水体流经其土地或地界的土地所有人,可使用此等水体灌溉其土地。

(2)上述权利的行使,不得对在其土地上或水流的下游将此等水体作家用或饮牲口的人造成妨害。

第1237条　——2.家用的优先权

(1)当为灌溉用水已经或可能损害下游的将此等水体作不同于家用之用途的人时,后者如果证明存在为其利益设立的权利,可反对将此等水体用于灌溉。

(2)如果在土地上已建有明显的或众所周知的为不同于家用之用途用水之目的工程或设施,视为以赋予不同于家用之用途用水的权利。

第1238条　——3.处罚

当存在被赋予的权利得到证明时,法院应命令在上游土地上建造的工程或设施,在其与被赋予的权利相冲突的程度内中止建造或停止使用。

第1239条　——4.赔偿

上游土地的所有人,当他因被禁止使用流经其土地或地界的水体使得他对土地的利用受到损害或变得不能时,有权取得赔偿。

第1240条　——5.赔偿的数目

(1)法院得依公平原则确定第1239条规定的赔偿金额。

(2)在作出决定时,法院得考虑案件的所有情况,尤其是因被禁止用水导致的土地的价值的减少以及下游的人因用水得到的利润。

(3)在所有的情形中,赔偿必须包括诚信地在未遭下游的人反对的情况下修建,尔后其使用被法院禁止的工作物或设备的价值。

第1241条　——6.有管辖权的法院

前数条所述的任何争议,应由对已完工或正在施工的工作物或设施所在的不动产有管辖权的法院处理。

第1242条　(工业使用)——1.所有人的权利

(1)土地所有人对流经其土地或地界的水,可为了维持诸如水磨厂、洗衣房或浴室之类的工业或商业企业而使用之。

(2)他得保证从他的土地流出的水洁净并适宜于其通常的使用。

第1243条　——2.限制

(1)当所有人阻止水体从其土地流出,或流出的水不洁净或不适宜于特定的用途时，应适用前数条关于灌溉用水的规定。

(2)除非法院禁止使用的工作物或设施是诚信地、未遭到下游的人的反对的情况下修建的，土地所有人无权得到赔偿。

第 1244 条 (水力)

只有得到有权当局授权的企业，才可在河流上建设分配、运输或出卖水力的工程。

第 1245 条 (雨水)

(1)建筑物的所有人得修建屋顶，以便雨水泻落在自己的而非邻人的土地上。

(2)他得建造使水流往公共下水道所必需的沟渠或水管。

第 1246 条 (低地所有人的义务)

(1)低地所有人得承受从高处自然流下不假人力之水流。

(2)低地所有人不得建造堤坝阻挡此等水流。

(3)高地所有人不得增加低地所有人的负担。

第 1247 条 (排水)

(1)高地所有人在其土地上建造排水工程时，低地所有人得无赔偿地承受由上经下之水。

(2)高地所有人得以将对低地所有人造成的损害减少到最小限度所要求的方式建造此等工程。

(3)当没有铺设管道，高地之水将从建有建筑物的土地或属于此等建筑物的花园、院子中流过时，低地所有人可要求以地下管道的方式排水。

第 1248 条 (新泉)

当某人在其土地上通过开凿或地下施工引出了泉水时，亦应适用第 1247 条的规定。

第 1249 条 (取水)——1. 所有人的权利

(1)需要流经其地界的水作灌溉或其他目的之用的所有人，可在相邻的河岸土地上建造为取水所必需的工作物。

(2)他得为建造和维护此等工作物而进入此等相邻土地。

第 1250 条 ——2. 赔偿

(1)相邻的河岸的所有人因在其土地上建造工作物被永久地剥夺了一部分土地的，有权得到赔偿。

(2)相邻的河岸的所有人作为此等工作物的邻人，因此等工作物的规模或存续遭受了不当的或不合理的不便的，有权得到赔偿。

第 1251 条 ——3.工作物的使用

(1)在其土地上建造了工作物的所有人，当此等工作物为他自己的利益使用时，得负担建筑和维护费用的一半。

(2)当土地所有人在工作物建设期间或在施工完成后，希望为自己的利益使用该工作物时，他得承担为了把工作物改造得适合其使用而产生的费用。

第 1252 条 (水道)——1.所有人的权利

土地所有人希望为家用、灌溉或为了其他目的使用非流经其土地或地界的水时，可向法院申请允许通过他人的土地取水，但须预付公正的赔偿。

第 1253 条 ——2.水管的铺设

(1)得考虑所有的情境才铺设水管，并决定其位置和性质。

(2)水管的铺设，必须以将对其穿越的土地造成的损失减少到最小限度的方式进行。

(3)水管必须尽可能避开建有建筑物的土地或属于此等建筑物的花园或院子。

第 1254 条 ——3.赔偿

(1)其土地被水管穿越的所有人有权得到赔偿。

(2)在确定赔偿的金额时，得考虑所有人被永久地剥夺了的土地的价值。

(3)所有人因水管的安置和维护遭受的不便也必须考虑。

第 1255 条 (地下水)

(1)地下储集的水体和地下河流，得构成公共财产之一部。

(2)未经允许，任何人不得在其土地上建造超过 100 米深的水井。

第 1256 条 (渔业和航行)

(1)渔业权由特别法规定。

(2)河流和湖泊上的航行权亦同。

第8题　共有、用益权和其他物权

第1章　共有

第1节　一般规定

第1257条　(原则)

(1)一物可由数人作为共有人所有。

(2)本法典第9题关于农业村社和所有人正式协会的规定(第1489条至第1534条)不受影响。

第1258条　(如何调整共有)

(1)在不违反法律的强制性规定的前提下,共有人的权利和义务应由设立共有的文件和共有人达成的协议调整。

(2)如果无第(1)款规定的文件或协议,或有关文件、协议有缺陷或违法,应适用下列条款。

第1259条　(份额均等之推定)

各共有人所持份额被推定为均等。

第1260条　(对份额的权利)

(1)各共有人可处分或抵押其份额。

(2)各共有人的债权人可扣押其债务人在共有中的份额。

第1261条　(法定先买权)

(1)共有人拥有迫使取得共有物份额的任何第三人将之出卖给他们的法定权利。

(2)第(1)款规定的权利,得遵循本题第4章的规定的方式(第1386条至第1409条)行使。

第1262条　(份额的放弃)

(1)当某一共有人放弃他在共有物中的份额时,该份额得自然增值于其他共有人的份额中。

(2)放弃其份额的共有人得对他在为此等放弃前有义务承担的债务负责。

第 1263 条 （物的使用）

各共有人可依照取得物的目的并适当考虑其他共有人的权利使用共有物。

第 1264 条 （增益）

(1)共有物的孳息仍保持共有。

(2)各共有人随时都可要求分割此等孳息。

第 1265 条 （共有物的管理）——1.多数决规则

(1)共有物应由共有人集体管理。

(2)关于共有物的决议，应由代表多数份额的共有人以多数票决定。

第 1266 条 ——2.需要全体同意的决议

当处分、抵押或要求改变该共有物的用途时，要求得到全体共有人的一致同意。

第 1267 条 ——3.费用

共有人得根据其份额的比例承担共有物的管理、税收、质押或抵押的费用以及所有其他由于共有而产生的费用或课加于共有物的费用。

第 1268 条 （必要费用）

(1)某一共有人未经授权，为避免共有物的灭失或受损支出的费用，应由全体共有人承担。

(2)当该费用无意义，或因共有人的过错或对该共有人承担责任的人的过错才必须支付时，不得报销上述费用。

(3)共有人可通过将其份额放弃给其他共有人的方式解脱其义务。

第 1269 条 （不必要费用）——1.原则

(1)当某一共有人未经授权支出了与共有物有关的不必要的但增加了共有物的价值、效用和改善其外观的费用时，他无权得到任何费用的报销。

(2)他可将该物恢复到其原先的状态。

第 1270 条 （增益）

(1)第 1269 条之规定不应适用于在生产、收获孳息或庄稼时发生的费用。

(2)未经授权的共有人在生产、收获孳息或庄稼中发生费用时，他得在分割此等孳息或庄稼的收益前扣除此等费用。

第 1271 条 （共有物的拍卖）

(1)尽管有相反的规定，当共有物是有体动产时，各共有人可随时申请以拍卖的方式将其出卖。

(2)当出卖的时间不合适时,法院可命令该物在不超过6个月的期限内仍保持共有。

第1272条 (共有不动产的分割)——1.原则

(1)各共有人可随时申请将不动产共有物进行分割。

(2)当分割不符合此等不动产的性质或用途,或将显著减少其价值,或对其使用将造成严重的损害时,法院得命令拍卖该不动产而不进行分割。

第1273条 ——2.法院的权力

(1)当分割或拍卖共有不动产的时间不合适时,法院可命令该物在不超过2年的期间内仍保持共有。

(2)必要时,法院得任命一人在命令规定的期间内管理该物。

第1274条 ——3.禁止分割的协议

(1)共有人申请分割的权利可被创设共有的文件或尔后共有人的一致协议所禁止。

(2)任何此等协议的有效期不得超过5年,或某一被确定的更短期限。

(3)未确定有效期或确定了超过5年的有效期协议,在5年后失效。

第1275条 (仲裁条款)

(1)创设共有的文件或由共有人达成的协议,可规定共有人间就共有物而产生的任何争议,由一个或数个仲裁人裁决。

(2)在此等情形,应适用本法典第3307条至第3346条的规定。

第1276条 (永久共有)——1.何时可能

当永久共有符合物的性质或用途,并且出卖或分割该物不能或不合理时,共有可以是永久的。

第1277条 ——2.必须有特别协议

(1)某物处于永久的共有中时,得达成关于共有人的权利和义务以及物的管理的协议。

(2)共有人之间不能全体一致达成协议时,法院得确定此等协议的条款。

第2节 特殊情形

第1目 界 墙

第1278条 (所有人的自由)

任何人不得强迫其邻人建造或修理界墙。

第 1279 条 （界墙的重建）

(1)当界墙被毁损，而所有人之一拒绝分担其重建费用时，他方所有人可重建该墙。

(2)如此重建的界墙，尽管它部分地处在邻人土地上，得成为重建它的所有人的单独财产。

(3)在重建该墙时未分担费用的所有人，可随时通过向其邻人偿付重建该墙时发生的费用的一半而使得该墙成为界墙。

第 1280 条 （对界墙的权利）

共有人未经他方共有人同意时，不能增加界墙的高度、在墙体一侧搭建建筑物、在墙上开洞或实施任何其他意味着完全的所有权的行为。

第 2 目 建筑物的楼层或房间的所有权

第 1281 条 （被视为共有的建筑物单元）

(1)当建筑物的诸楼层或诸单元为不同的人所有时，在无任何相反证据的情况下，此等人应被视为土地的共有人，以及并非旨在为某一所有人排他性使用的建筑物之单元的共有人。

(2)将某一建筑物区分为各单元的隔墙由此等单元的所有人共有。

第 1282 条 （共有协议）

(1)各共有人的权利和义务和共有不动产的管理方式，得在关于此等不动产的共有协议中规定之。

(2)此等协议得确定各共有人在共有的不动产单元中的份额。

第 1283 条 （协议的形式）

关于共有的协议必须以书面方式作出，否则无效。

第 1284 条 （协议的备案）

(1)此等协议的复制件得在建筑物所在地的公证人或法院登记处备案。

(2)任何利害关系人都可查阅该协议并得到其复制件。

第 1285 条 （协议的起草）

(1)关于共有的协议可在建筑物建成之前，由将来的共有人或由承诺建造共有的建筑物的人起草。

(2)建筑物已完工的，共有协议应由共有人辛迪加应任何共有人的申请起草。

(3)共有人不能达成全体一致的同意时，协议的条款应由法院确定。

第 1286 条 （协议的效力）

协议可对抗任何主张对该建筑物享有权利的人，但以其权利是在协议已按第 1284 条备案后取得的为条件。

第 1287 条 （未备案的协议）

(1)协议无论是否已备案，都得约束共有人。援引该协议的文件得约束参加缔结此等文件的共有人。

(2)它得约束此等共有人的继承人和债权人。

第 1288 条 （不完整的或非法的协议）

当协议有缺陷或违法时，应适用本章规定。

第 1289 条 （非共有部分）——1. 原则

(1)各共有人对建筑物属于他的且非共有的单元，得行使完全所有人的权利。

(2)他尤其可处分、出租或抵押他是其完全所有人的单元。

第 1290 条 ——2. 适用

各共有人得考虑建筑物的性质，不得以损害其他所有人的方式行使其权利。

第 1291 条 （共有部分）——1. 使用

各共有人可在行使对其份额的权利之过程中，根据其用途并在不干扰其他共有人之权利的前提下，使用建筑物的共有部分。

第 1292 条 （负担）

(1)各共有人得分担因共有部分的保存、维修或管理发生的费用。

(2)有关费用得根据各自共有份额价值的比例分摊。

第 1293 条 （共有人辛迪加）——1. 目的

(1)共有人得组织一个辛迪加作为其法定代表人进行活动。

(2)此等辛迪加得根据关于共有的协议，就共有部分的使用和管理为所有的决议。

第 1294 条 ——2. 运作

(1)各共有人享有与其份额的价值成比例的一定数量的投票权。

(2)他可以被代表出席会议并被代表进行投票。

第 1295 条 ——3. 会议

(1)辛迪加的管理人得在建筑物所在地召集辛迪加的全部会议。

(2)当有不少于 5 个共有人要求召集辛迪加会议时，得召集之。

(3)会议的召集方式和会议时间应由管理人以合理的方式确定。

第 1296 条　——4. 决议

(1)辛迪加的决议得采用多数决。

(2)此等决议应由管理人送达未出席或未被代表出席会议的共有人。

第 1297 条　——5. 上诉反对决议

(1)尽管有相反的规定，任何共有人都可向法院上诉辛迪加作出的他反对的决议，以及违法的或违反共有协议的决议。

(2)上诉权得在有关共有人被送达决议后的 1 个月内行使。

(3)宣告辛迪加某一决议无效的任何判决，约束所有的共有人。

第 1298 条　(管理人)——1. 任命

(1)辛迪加应由一名不必是共有人的人管理。

(2)他应由辛迪加任命。

(3)在必要时，管理人可由法院应共有人的申请临时任命。

第 1299 条　——2. 书面授权

(1)管理人可要求辛迪加向其提供一份说明其职责和权力的书面授权书。

(2)当管理人为一定的期间任命时，此等期间得在书面授权书中说明之。

第 1300 条　——3. 报酬

(1)除非有相反的协议，管理人无报酬。

(2)他得获得因代表辛迪加发生的费用的偿付。

第 1301 条　——4. 撤销任命

(1)辛迪加可在不损害管理人根据约定可以行使的报酬请求权的前提下，随时撤销对于管理人的任命。

(2)任何限制以充分理由撤销对管理人的任命的协议无效，在管理人严重违反义务或不能以合适的方式履行其义务的情况下，尤其如此。

第 1302 条　——5. 义务

(1)管理人负责建筑物之共有部分的维护、安全、清洁和修理。

(2)他得召集辛迪加并执行其决议。

(3)他得代表辛迪加并以其名义在诉讼和非诉讼关系中活动。

第 1303 条　(责任)

(1)管理人得根据关于代理的规定对辛迪加承担责任。

(2)尽管有任何相反的约定，当管理人或其代理人参与了决策时，针对辛迪加作出的任何批准管理人的账目或关于管理人责任的决定，可以向法院起诉。

第1304条 （建筑物的灭失）

当某一建筑物因火灾等原因完全灭失时，任何共有人可申请以拍卖的方式出卖地基和建筑物的残留部分。

第1305条 （部分损坏）——1.辛迪加的权力

当建筑物部分地被损坏时，辛迪加得决定是重建还是修复该建筑物。

第1306条 ——2.决定重建

(1)当辛迪加决定重建或修复建筑物时，各共有人得根据其在建筑物共有部分中的份额的比例承担重建或修复的费用。

(2)不得考虑某些非共有部分可能被毁坏或受损，而另一些同样性质的部分未毁坏或受损的事实。

(3)建筑物承受的损害可归咎于某一共有人或某一共有人对之负责的人的情形，不受任何影响。

第1307条 ——3.决定不重建

(1)当辛迪加决定不重建或修复建筑物时，该建筑物得包括其中的非共有部分以拍卖方式出卖。

(2)共有人得根据其在建筑物的共有部分的份额之比例分享出卖的收益。

(3)在此等情形，应适用第1306条第(2)款、第(3)款的规定。

第1308条 （辛迪加的债权人）

因辛迪加的决议发生的债务得以包括非共有部分在内的建筑物担保之；共有人或管理人亲自明示承诺以另外的财产偿付此等债务的除外。

第2章 用益权

第1节 一般规定

第1309条 （定义）

(1)用益是使用和享有物，同时承担保存物的本质的权利。

(2)它可适用于土地、动产、权利或一项遗产。

第1310条 （准用）

(1)除非另有规定，调整有体动产所有权的取得、移转或消灭的规则，应适用于与有体动产有关的用益权的取得、移转或消灭。

（2）除非另有规定，调整债权和其他无体权利的取得、移转或消灭的规则，应适用于与债权或其他无体权利或遗产有关的用益权的取得、移转和消灭。

第 1311 条 （用益权人的权利）

（1）用益权人有权对物进行占有、使用和收益。

（2）他可管理物。

第 1312 条 （管理）

在行使其权利时，用益权人应遵循适当管理的规则。

第 1313 条 （物之维护）

用益权人应承担物的正常维护费用、管理费用并偿付债所承受的利息。

第 1314 条 （正常负担）

（1）当其到期时，用益权人得支付物承担的年税和其他物所承担的通常从收益中支付的费用。

（2）支付了课加给不动产的土地税的用益权人，不得主张因此而获得了对该不动产的所有权或对此等不动产取得了不利于空虚所有人的权利。

第 1315 条 （额外负担）

（1）在用益期间，物所承担的任何额外负担应由土地所有人承受之。

（2）当用益权人不出借给他必需的无息借款时，所有人可为了支付该费用出卖用益权所依存的物或权利。

第 1316 条 （财产清单）

所有人和用益权人可随时要求双方共担费用制作用益权所依存的财货的清单。

第 1317 条 （物的返还）

（1）在用益期满后，用益权人得将用益物返还于所有人。

（2）除非用益权人能证明用益物的灭失或减等的发生非出于其过错，得对此等灭失或减等承担责任。

第 1318 条 （物权）

（1）用益权人不得对用益权所依存的物课加任何会害及所有人之权利的物权。

（2）他尤其不能损害所有人的权利将该物出质。

（3）当用益权人无视本条的禁止规定未经所有人同意行事时，所有人可不作任何赔偿地终止用益权。

第 1319 条 （用益物之灭失）

(1)当用益物灭失时,该权利得随之灭失。

(2)如果用益物被没收或征用,用益权得延伸至与用益物相等的价值。

第 1320 条　(保险)

(1)所有人和用益权人,在他们认为合适时,可以对各自的权利进行保险。

(2)除非另有规定,所有人订立的保险合同不得以用益权人为受益人。

(3)除非另有规定,用益权人订立的保险合同不得以所有人为受益人。

第 1321 条　(用益物的估价)

(1)除非另有约定,在财产清单或任何其他文件中对用益物作出的估价,不导致移转用益物之所有权于用益权人。

(2)用益权人得在用益权终止之时将用益物返还于所有人,而此等物被估计的价值不必返还。

第 1322 条　(用益权的消灭)

(1)用益权人死亡或设立用益权的期限届满时,用益权终止。

(2)社团或财团的用益权,得在设立用益权之后 30 年终止,或在可确定的某一更短的期间内终止。

第 1323 条　(所有人处分用益物)

(1)在不违反第 1315 条之规定的前提下,所有人处分用益权所依存的物或权利的任何行为,不得影响用益权人的权利。

(2)用益权人得保留其权利,他明示地放弃此等权利的除外。

第 1324 条　(所有人的保护)

(1)可证明其权利处于危险中的所有人,可要求用益权人提出保证人。

(2)当用益物是消耗物时,他可以在物得到返还前随时要求提供保证人。

(3)用益权人未能在合理的期限内应所有权人的请求提出保证人,或在所有人表示反对后仍非法使用用益物,法院得命令用益物处于受保佐状态。

第 2 节　关于有体财货之用益权的特殊规则

第 1325 条　(所有人的免责)

(1)用益权人应按其接手时的状态接受用益物。

(2)他不得要求所有人修理此等物。

第 1326 条　(用益物之使用)

(1)有体动产的用益权人得考虑其性质按其通常用途使用用益物。

(2)他没有责任赔偿因正常磨损导致的折旧。

第 1327 条　（消耗物）

（1）当用益物非经消耗不能使用时，用益权人可成为其所有人。

（2）在用益权消灭之时，他应偿付设立用益权时计算的用益物的价值。

第 1328 条　（孳息）

（1）用益权人得在依其用途或习惯诚信地把自然孳息从用益物分离出来之时，成为用益物产生的此等孳息的所有人。

（2）用益权人超过其权利收取的孳息得返还于所有人。

第 1329 条　（埋藏物）

用益权人对可能在用益权存续期间发现的埋藏物不享有权利。

第 1330 条　（对用益权人权利的限制）

（1）用益权人不得滥用其权利。

（2）他不得在本质上改变用益物或变更其用途。

（3）所有人可自己通过合理的方式使用益权人遵守本条规定的义务。

第 1331 条　（用益物的租赁）

（1）用益权人可出租用益物。

（2）他得成为用益物的按日租金的所有人。

第 1332 条　（租赁的终止）

（1）当用益权本身终止时，用益物的租赁亦得终止。

（2）用益权人与农民或房客间就土地或建筑物订立租约，自用益权终止之日起的 3 年期内对所有人和第三人仍具有拘束力。

（3）当用益权终止时，如所有人能证明有关租约是以不正常的条件为欺诈其权利订立的，可径直终止任何此等租赁。

第 1333 条　（作业计划）——1.何时需要提供

当用益物为下列物时，所有人或用益权人可要求制定对该物的作业计划：

（1）用益物为森林类，正常的开发方式不应由年度性的或在更短的时间单位内的孳息采集构成；

（2）用益物为采石场类，其本质因开发而减少的。

第 1334 条　——2.如何提供

（1）作业计划得按照双方当事人间的协议制定。

（2）双方不能达成一致时，应由法院指定一个或数个专家制定，并由其批准。

第 1335 条　——3.变更

当意外的情况阻止了作业计划的实施或改变该计划有经济上的显著理由时，它可以应任何一方的请求变更。

第 1336 条 （改良）

（1）除非另有规定，用益权人无权就他对用益物所作的任何改良得到任何赔偿。

（2）他无权对他在用益地上可能建造的任何建筑物得到任何赔偿。

（3）他可在用益权终止之后拆除此等建筑物并使土地恢复原状。

第 1337 条 （重大修理）——1. 定义

重大修理是修理费超出了从用益物平均每年得到的收入的修理。

第 1338 条 ——2. 用益权人的义务

（1）当为保存用益物需要对之进行重大修理时，用益权人得通知所有人。

（2）用益权人不得自行作此等修理，自用益权设立以来由于他不维护用益物使他自行修理成为必要的除外。

第 1339 条 ——3. 重大修理的进行

（1）所有人无义务对用益物作重大修理。

（2）当所有人决定作重大修理时，用益权人得忍受因此导致的不便。

（3）在修理过程中，所有人得考虑用益权人的利益和便利。

第 1340 条 （受抵押的债）

（1）用益权人对用益物为之抵押的债不承担责任。

（2）当他被迫偿付了此等债务时，可向所有人行使求偿权。

第 1341 条 （用益权人的诉权）

（1）用益权人可主张用益物。

（2）他可提起各种占有用益物之诉。

第 1342 条 （通知所有人的义务）

（1）在用益权存续期间，用益权人得向所有人报告任何人所为的僭夺行为或干扰所有人权利的行为。

（2）未能通知所有人的，他得像自己导致了损害一样对此等损害承担责任。

第 1343 条 （用益物的灭失）

所有人与用益权人都无义务重建因朽腐倒塌或意外毁损的用益物。

第 1344 条 （部分灭失）

用益物部分灭失时，用益权人仍得对其残留部分保持其权利。

第1345条 （对畜群的用益权）

(1)被用益的畜群因意外或疾病灭失，用益权人无过失的，他应将畜皮返还于所有人或偿付其价值。

(2)畜群未完全灭失时，用益权人得以畜群繁殖的幼畜替代灭失的牲口。

第1346条 （诉讼时效）

(1)任何因用益物的变更或受损导致的权利主张，当所有人在被返还用益物后1年内未提起的，禁止再行提起。

(2)用益权人移去其建造的任何设施的权利，在经过同样的期限后，禁止再行提起。

第3节 关于债权和无体权利的用益权的特殊规则

第1347条 （收入）

债权或无体物的用益权人，得在其到期之日取得利息、应收债款和红利。

第1348条 （新股的认购）

(1)用益权人不得获取从被用益的权利中可能产生的额外利益的所有权。

(2)他的用益权得以此等利益为标的。

第1349条 （新股的认购）

(1)当已授予认购被用益的股份的优先权时，认购新股的权利属于股份所有权人。

(2)用益权人的权利得扩及于所有人认购的新股或出卖认购权的价金。

第1350条 （由债权或权利构成的资本）

(1)当被用益的债权或权利在用益期间得到履行或消灭时，不得向用益权人支付本金，所有人同意如此的除外。

(2)当所有人未授权向用益权人支付债务金额时，债务人提存此等金额的，债务即有效消灭。

(3)所有人或用益权人可要求在债权到期时作出此等提存。

第1351条 （对年金的用益权）

对年金的用益权赋予用益权人在用益期间收取年金款项而不承担赔偿责任的权利。

第1352条 （独立权源证书的发放）

(1)所有人或用益权人可自负费用，要求债权人或发行被用益的有价证券的企业对他们交付两份分别的权源证书，证明其作为所有人或用益权人的不同权利。

(2)第(1)款之规定不适用于钞票。

第4节　房屋居住权

第1353条　(定义)

房屋居住权是在某一房屋里生活或占据其中一部分的权利。

第1354条　(权利的受益人)

除非另有规定,任何房屋居住权的受益人都可在有关房屋中与其配偶、直系尊亲属、卑亲属、仆人共同居住。

第1355条　(权利以房屋的一部分为标的的情形)

当居住权以房屋的一部分为标的时,此等权利的受益人可使用该房屋中的所有公用设施。

第1356条　(维修费用)

(1)受益人得承担由其独自使用的房间或楼层因正常维修发生的费用。

(2)当居住权与所有人的权利同时行使时,后者得承担有关费用。

第1357条　(权利不可让与性)

房屋居住权不可转让,不得移转给受益人的继承人。

第1358条　(可适用的其他规定)

除本节的规定外,应适用关于用益权的规定。

第3章　地役权

第1359条　(定义)

(1)地役,是为了被称为需役地的土地的利益,课加在被称为供役地的另一土地上的负担。

(2)地役课加供役地所有人授权需役地所有人为一定行为、或抑制自己行使所有权中的某些权能的义务。

第1360条　(作为的义务)

地役仅可附属地课加为任何行为的负担于供役地所有人。

第1361条　(所有人的变更)

(1)地役权得附随于土地,供役地或需役地所有人的变更对此不生影响。

(2)依法登记的地役权得随土地移转于任何受让土地之后手。

第 1362 条 (地役权的设立)——1. 合同或遗嘱

(1)地役权可通过供役地和需役地的所有人间的协议设立。

(2)它可通过将在两个或更多人之间分割的此等土地之所有人的遗嘱设立。

第 1363 条 ——2. 设立须通过书面证明。

地役权的设立除非以书面方式证明,无效。

第 1364 条 ——3. 对第三人的效力

地役权如果未在需役地所在地的不动产登记簿上得到登记,对第三人不生效力。

第 1365 条 (疑难条款的解释)

当对某一文件中的规定是创设了对物性的地役权,还是对此等土地的所有人课加对人性的债存有疑问时,此等模糊规定被视为课加对人之债而非设立了地役权。

第 1366 条 (因时效取得地役权)——1. 表见地役权

(1)表见地役权可因享有该权利 10 年取得。

(2)地役权的存在为某些外部征象所证明时,地役权为表见的。

第 1367 条 ——2. 非表见地役权

非表见地役权不能以时效取得。

第 1368 条 ——3. 对第三人的效力

(1)任何以时效取得表见地役权的人,可要求一份规定地役权范围的文件证明地役权的存在,并要求将此等地役权在不动产登记簿中登记。

(2)以时效取得的地役权,除非被登记于不动产登记簿中,对第三人不生效力。

第 1369 条 (许可证)

(1)以特定方式使用某一土地的许可,不得视为为发放此等许可的人的利益的地役权。

(2)作出此等许可的人可随时撤销。

第 1370 条 (地役权的范围)

(1)地役设立的权利和义务,得以不动产登记簿中就此等地役权所为规定的方式存在。

(2)在第(1)款规定的限度内,地役权的范围可考虑其设立的方式,或长期诚信、和平地享有的方式确定。

(3)存在疑问时,地役设立的权利和义务得根据以下数条的规定调整。

第1371条 (通行权和乡村地役权)

(1)步行通过某一地块、在休耕季节驱畜穿越耕地或树林的权利,其范围以当地习惯承认的为准。

(2)放牧、伐木、饮畜、灌溉和其他乡村地役权的范围,得以同样方式确定。

第1372条 (为享有地役权所必需的手段)

(1)地役权的存在得导致为享有此等地役权所必需的手段的存在。

(2)有权从水井汲水的人,得享有通往此等水井的通行权。

第1373条 (必需的工作物)——1.原则

(1)需役地所有人为享有和保存地役权所必需,可采取任何步骤和建造任何工作物。

(2)除非在设立地役权的文件中另有规定,此等工作物得以需役地所有人的费用建造。

第1374条 ——2.交出供役地

当第1373条规定的工作物依设立地役权的文件应以供役地所有人的费用建造时,后者可通过交出全部供役地或其为享有地役权所必需的部分于需役地所有人的方式免除自己的此等义务。

第1375条 (需役地所有人的义务)

(1)需役地所有人得以对供役地所有人造成最小损害的方式行使其权利。

(2)他得根据设立地役权的文件行使其权利,不得在需役地或供役地上作任何增加地役负担的变动。

第1376条 (需役地的新需求)

为需役地发生的新需求不得增加地役负担。

第1377条 (需役地的分割)

(1)当需役地被分割时,地役权得为了每个新地块所有人的利益维持,但地役负担不得因此增加。

(2)例如,所有享有通行权的需役地所有人得在同一地点穿过供役地。

(3)当地役权仅给某一地块带来利益时,供役地所有人可要求在其他地块的不动产登记簿的相应项目内涂销相关的登记。

第1378条 (供役地的分割)

(1)供役地被分割的,地役仍附随于每一新地块。

(2)当地役权实际上不可能就某一地块行使时,其所有人可要求在其地块的不动产登记簿内涂销地役权登记。

第 1379 条 (供役地所有人的义务)

供役地所有人不得为任何减少或损害需役地之用途的行为。

第 1380 条 (地役权范围的变更)

当地役权仅就供役地的一部分行使时,在合适时,若供役地所有人偿付了由此发生的所有费用,他可要求地役权就供役地之另一对需役地所有人同样便利的部分行使。

第 1381 条 (地役权的消灭)

(1)记入不动产登记簿中的地役权,因该项登记被删划而消灭。

(2)申请删划有关登记,可在需役地所有人明示地放弃地役权,并且该放弃得到了书面证明时进行。

(3)如果证明表见地役权之存在的外部征象已消失,或不行使此等权利已超过 10 年的,亦可针对表见地役权申请此等删划。

第 1382 条 (部分消灭)

地役权可因与它得以设立的同样的时效期间之经过而消灭。

第 1383 条 (地役权的回赎)——1. 何时可以回赎

在下列情形中,地役权可以回赎:

(1)地役权违反国家经济利益或某些其他的公共利益;

(2)需役地行使地役地的得到的利益与供役地因此遭受的不便或损害不成比例。

第 1384 条 ——2. 如何进行回赎

(1)双方不能达成协议时,法院得应供役地所有人的申请,命令回赎地役权。

(2)如果需要赔偿,法院得确定合适的赔偿额。

(3)在确定此等金额时,法院得考虑案件所有的情况,特别是设立地役权的日期,需役地和供役地的价值因地役权发生的变化。

第 1385 条 (排除回赎的规定)

当事人可在设立地役权的文件或在尔后的文件中,确定在不超过 10 年的期间内排除向法院申请回赎此等地役权的权利。

第4章　收回权

第1386条　(定义)

收回权是某人在偿付代价后收回已给予第三人的特定物的所有权或用益权的权利。

第1387条　(习惯不产生收回权)

单纯的习惯,即使年代久远,也不得产生收回权。

第1388条　(共有人的收回权)

(1)共有人当共有物的某一份额被处分时,有法定收回权。

(2)共有人得按他们在共有物中的份额的比例共同行使收回权。

(3)当他们中的一人或数人放弃收回权时,此等权利完全可由其他共有人行使。

第1389条　(父母亲的收回权)——1.原则

转让土地者的血亲得拥有法定的收回权。

第1390条　——2.土地的来源

(1)如果土地来自父系,除非是转让土地者的父系亲属,并且转让土地者是从此等父系的继承中获得有关土地的,不得行使收回权。

(2)如果土地来自母系,除非是转让土地者的母系亲属,并且转让土地者是从此等母系的继承中获得有关土地的,不得行使收回权。

第1391条　——3.行使收回权时得遵循的顺位

父母的收回权得遵循此等人被召集参加无遗嘱继承的顺位(第842条至第851条)行使。

第1392条　——4.给予某些人的优先权

在第1390条和第1391条规定的限度内,收回权得首先由转让土地者之居住在被转让的土地上或以其个人的工作参与了土地之利用的亲属行使。

第1393条　(不止一个受益人)

(1)当同一顺位有数人可行使收回权时,他们得共同行使该权利并得以均等的份额共有收回的土地。

(2)未行使其权利的人的份额得自然增值于其余的人。

第1394条　(收回权的分类)

法定的收回权得按照以下顺位行使:

(1)共有人；

(2)父母。

第 1395 条　(不得对某些人行使收回权)

某人不得对另一享有收回权的人行使其权利，尽管后者在第 1394 条规定的顺位中劣后。

第 1396 条　(在某些情形中不得行使收回权)

当被转让的土地处于城市计划区域，或被转让的不动产主要包括住宅或一些其他建筑时，父母不得根据前数条行使其收回权。

第 1397 条　(权利的不可让与性)

(1)所有法律规定的收回权得属于依法因此受益的人的个人性权利。

(2)收回权不得让与。

(3)它们不应由受益人的债权人行使。

第 1398 条　(可以行使收回权的情形)

在下列情形，收回权的受益人可行使该权利：

(1)物的所有人或用益权人有偿转让了其所有权或用益权；

(2)应所有人的债权人的请求扣押了物。

第 1399 条　(征用)

收回权的受益人，当有关不动产被公共当局征用时，不得行使该权利。

第 1400 条　(行使权利的时间)——1.转让的通知

任何准备行使其收回权的人，得在被告知物的所有权或用益权已被移转于新所有人或用益权人后的 2 个月内声明其意图，违者丧失其权利。

第 1401 条　——2.未作通知

(1)当受益人是共有人时，如果未得到转让通知，他得在得知转让之日起的 1 个月内声明其行使收回权的意图。

(2)在相同情况中，父母得在新所有人或用益权人占有不动产之日起的 6 个月内声明其意图。

第 1402 条　(向谁作出声明)

任何打算行使收回权的人，得在第 1400 条和第 1401 条规定的期限内向被转让物的新所有人或用益权人作出声明。

第 1403 条　(提供担保的义务)

任何打算行使其权利的受益人作出的声明，除非伴随有法院认为足以保证偿付价金的担保，无效。

第 1404 条 （声明的效力）

(1)收回权的受益人声明了其行使权利的意图的，此等声明只影响受益人。

(2)任何物的前所有人的亲属以此等资格作出的声明，得影响相同顺位的所有亲属，他们可决定把自己与此等声明联系起来。

(3)依第(2)款作出的决定，除非在声明作出后 6 个月内为之，并伴随有足够保证作出声明的人将偿付价金的担保，无效。

第 1405 条 （收回的效力）

(1)当收回权的受益人根据前数条规定的方式声明了其行使其权利的意图时，所有人得将其对不动产的权利移转给此等受益人。

(2)一俟他得到应对他作出的偿付，他即得为上述移转。

第 1406 条 （所有人的权利）——1.偿付价金

(1)所有人应被返还他为取得物已支付的价金。

(2)他不得证明合同中载明的价金低于他实际支付的价金。

(3)受益人可以各种方式证明合同中载明的价金高于实际支付的价金。

第 1407 条 ——2.不动产的价值

(1)如果不动产是无偿得到的，其所有人有权得到与其被剥夺的权利的价值相等的赔偿金额。

(2)当事人不能达成一致时，此等金额得根据第 1472 条至第 1477 条的规定确定。

第 1408 条 ——3.从属费用

(1)所有人有权得到他在取得物时支出的费用、过户的费用和过户税的偿还。

(2)价金和费用的法定利息得为了其利益从价金和费用支付之日起算至其获得偿还之日。

(3)行使收回权的人可通过向物的前所有人交出不动产被新所有人占有后的 1 年内产生的孳息而免除自己的偿付利息义务。

第 1409 条 ——4.费用

关于所有人就不动产支付的费用和不动产处于所有人的占有中遭受的减等，应适用本法典关于“不当得利”之章的规定(第 2162 条至第 2178 条)。

第 5 章 对处分某些物的权利的限制

第 1 节 合同上的购买权或先买权

第 1410 条 (定义)

(1)出售允诺是一种协议,基于此,物的所有人承诺将该物出售给特定的人,但以此等人愿意购买它为条件。

(2)先买权是一种来源于协议的权利,在这种协议中,物的所有人承诺优先将此等物出售给特定的人,但以所有人决定出售它为条件。

第 1411 条 (本章的界限)

(1)出售允诺协议或先买权协议,在本节中不构成对所有权的限制,也不构成一种物权;有关协议关系到不动产或特别的动产的,不在此限。

(2)它将按照本法典第 4 编和第 5 编的规定为当事人创立债权。

(3)以下数条的规定仅应适用于由此等协议创设的物权。

第 1412 条 (有效要件)

本节规定的协议,除非以书面方式作出,并且载明了为其利益订立协议的人可以要求履行的时间和价金,无效。

第 1413 条 (最长的时间限制)

(1)本节规定的任何协议的有效期不得超过 10 年。

(2)当协议中确定了超过 10 年的期限的,此等期限应被缩短为 10 年。

第 1414 条 (征用)

(1)当本节规定的协议涉及的财产被征用时,不得执行此等协议。

(2)受益人不得以征用导致不能执行合同为由要求损害赔偿。

第 1415 条 (权利的不可让与性)

(1)除非另有约定,本节规定的协议授予的权利应专属于为其利益而订立协议的人。

(2)此等权利不应由上述权利人转让,也不得移转给其继承人。

(3)上述权利人的债权人不得代位行使其权利。

第 1416 条 (出售允诺)——1. 物权的创设

(1)任何允诺向他人出卖某物的人,只要该允诺仍然有效,即不得转让该物或使其负担物权。

(2)尽管有第(1)款的规定，该物仍可以被质押或抵押，但担保的金额不得超过作出允诺的协议中确定的价金。

第 1417 条 ——2. 物的扣押

(1)允诺涉及的物被扣押时，所有人得将此事通知为其利益作出允诺的人。

(2)如果此等人未在物被拍卖前行使其权利，将丧失其权利。

第 1418 条 (先买权)——1. 物权的创设

(1)除非另有约定，任何授予了物的先买权的人可在该物上设立物权。

(2)当所有人准备出卖该物时，他得告知先买权的受益人此等物上存在的所有负担。

(3)物被扣押时，所有人得将此事通知先买权的受益人。

第 1419 条 ——2. 行使权利的时间

(1)先买权得在受益人得知所有人的出卖意图后的 2 个月内行使。

(2)当事人可通过协议将这一期限延长到 1 年。

(3)约定了超过 1 年的期限的，得缩短为 1 年。

第 1420 条 ——3. 不行使权利

(1)受益人未在第 1419 条规定的期限内行使其权利的，丧失其权利。

(2)所有人此后可自由地转让有关的物。

(3)他也可保留该物的所有权。

第 1421 条 ——4. 扣押

(1)设立了先买权的物被扣押时，如果受益人未能在该物在被拍卖前行使其权利，则丧失其权利。

(2)任何相反的规定无效。

第 1422 条 (对第三人的效力)——1. 条件

本节规定的与已登记的不动产有关的协议，如果未在不动产的登记簿上载明，对第三人不产生效力。

第 1423 条 ——2. 其他不动产

(1)本节规定的与其他不动产有关的协议，如果未在该不动产所在地的法院登记处进行了登记，对第三人不生效力。

(2)未登记的协议只影响已知道或应当知道该协议的第三人。

第 1424 条 ——3. 动产

本节规定与动产有关的协议，只影响已知道或应当知道该协议的第三人。

第 1425 条 ——4.受益人的权利

(1)当本节规定的协议可以对抗第三人时,受益人可要求任何侵犯受益人的权利取得不动产之所有权的第三人,以设立先买权协议中规定的条件将此等不动产交给他。

(2)无论是否有相反的协议,受益人未能在第三人占有不动产后的 6 个月内行使其权利的,丧失其权利。

(3)此等第三人对其从之取得不动产的人提起诉讼的权利,不受任何影响。

第 2 节 禁止让与或扣押某些物的规定

第 1426 条 (与关于有体动产的规定)

(1)有体动产的生产人、制造人、出卖人或所有人用以限制其转让或扣押的规定,只对接受此等规定的人有效。

(2)除非法律明确允许,它们不得对第三人生效。

第 1427 条 (不动产)

不动产的所有人,除法律规定的情形外,不得约定不动产不得让与或扣押。

第 1428 条 (不动产让与人的权利)

(1)任何让与不动产的人,都可禁止取得它的人转让此等不动产,或对再让与规定特定的条件。

(2)他可规定,不动产在取得人的控制中时不对扣押承担责任。

第 1429 条 (规定的解释)

(1)第 1428 条规定的任何禁止性或限制性规定,应以严格方式解释。

(2)因此,某一禁止让与的规定不得视为禁止扣押。

(3)任何此等规定只有在如下数条规定的条件下才有效。

第 1430 条 (规定的形式)

禁止转让或扣押的规定,如果不是以书面方式制作并载明了禁止的期限,无效。

第 1431 条 (最长期限)

(1)任何限制性或禁止性规定的有效期不得超过 20 年,或超过不动产取得人的寿命。

(2)超过 20 年的规定只得在 20 年内有效。

(3)本条规定的期限,不得从迟于不动产所有权移转日的起点开始计算。

第 1432 条 (对第三人的效力)

(1)禁止性或限制性规定未载入不动产登记簿的,对第三人不产生效力。

(2)此等规定的对象为未登记的不动产时,除非它在不动产所在地的法院登记处作了登记,对第三人不产生效力。

第 1433 条 (法院的权力)——1.禁止扣押的规定

尽管有相反的规定,法院可在下列情形授权扣押已对之作出了禁止扣押规定的不动产:

(1)申请扣押的债权人要求不动产的所有人,或所有人对之承担生活保持义务的另一人支付到期的扶养费;

(2)权利主张产生于所有人的犯罪行为。

第 1434 条 ——2.禁止让与的规定

(1)当法院认为所有人的利益要求让与有关不动产时,可授权让与对之作出了禁止让与之规定的不动产。

(2)当事人可通过明确的协议排除授予法院的此等权力。

(3)当移转不动产所有权的人仍生存并且能表达其意志时,法院不得依第(1)款为授权。

第 1435 条 (禁止扣押之规定的效力)——1.不动产所有人

(1)对之作了禁止扣押的规定的不动产之所有人,只要此等不动产未在被扣押后拍卖,可强制执行此等规定。

(2)任何事先对执行此等规定之权利的放弃,无效。

(3)所有人未能在适当的时间通知债权人存在禁止扣押的规定的,得对扣押费用承担责任。

第 1436 条 ——2.其他人

(1)禁止扣押的规定可由作出此等规定的人或由此等人指定以确保此等规定得到遵守的第三人执行。

(2)当不动产的所有人不打算自己执行该规定时,他得向依第(1)款有权执行它的人发出扣押通知。

(3)通知亦应由诉请扣押的债权人向上述人作出。

第 1437 条 ——3.执行规定的时间

(1)被通知了扣押事实的人打算执行禁止扣押规定的,他应在被扣押的不动产被拍卖前这样做,否则丧失其权利。

(2)如果此等人未被通知扣押之事实,他可在拍卖后2年内执行此等规定。

(3)本条规定的期限不得在作出禁止扣押之规定的文件中被延长。

第1438条　——4.买受人的义务

(1)任何执行禁止扣押规定的人,可要求在拍卖中取得不动产的人将不动产移转于他,此等情形,执行人必须支付在作出禁止规定的文件中确定的价金,或者当此等文件未确定价金时,支付不动产被拍定给买受人的出价。

(2)本法典关于"不当得利"之章的规定(第2162条至第2178条)应适用于买受人就不动产支出的费用以及不动产在买受人占有期间发生的减等。

第1439条　——5.后所有人的地位

(1)当拍卖中的买受人已让与了不动产时,禁止扣押的规定不得对新所有人执行;有情况表明他知道禁止的存在,或他是无偿取得不动产的除外。

(2)可以执行禁止规定时,新所有人得与拍卖中的买受人处在相同的地位。

(3)此等规定不可执行的,失效。

第1440条　(禁止让与规定的效力)——1.可以执行该规定的人

(1)违反禁止让与的规定让与不动产的所有人,不得援引此等规定损害买受人。

(2)上述规定只能由作了禁止转让之规定的人执行,或由此等人指定以确保遵守此等规定的第三人执行。

第1441条　——2.时间限制

禁止让与的规定,除非在让与不动产后的2年内,并且在第1431条规定的期限届满前执行,否则不得执行。

第1442条　——3.执行

(1)为禁止之规定的人或根据作出禁止规定的文件有权为禁止的其他人,可在第1441条规定的期限内,按作出禁止规定的文件规定的条件,对不动产行使先买权。

(2)买受人对他由之购买不动产的人提起诉讼的权利,不受任何影响。

第1443条　(信托)

本法典关于"社团和财团"之题中调整信托的规定(第516－544条)不受任何影响。

第9题　财产的集体利用

第1章　公共财产和征用

第1节　公共财产

第1444条　(可适用于国家财产的规定)

(1)属于国家或其他行政机关的财产得受制于关于私有财产的规定。

(2)当有关财产构成了公共财产的一部分时,得受制于本节的规定。

第1445条　(公共财产)——1.原则

属于国家或其他行政机关的财产,在下列情形中应被视为构成公共财产的一部分

(1)它直接被置于或遗留给公众处分;

(2)它被设定为以公共事业为目的,并且由于其性质或通过调整,主要或专门地改作有关公共事业的特别用途。

第1446条　——2.不动产

下列财产,如果为国家或其他行政机构所有,应被视为构成公共财产的一部分:

(1)道路和街道、运河和铁路;

(2)海岸、港口设施和灯塔;

(3)特别适合于公用事业的建筑物,如要塞和教堂。

第1447条　——3.水

(1)水道、湖泊和地下储集的水体,应被视为构成公共财产的一部分。

(2)水的所有权和使用得本法典第1228条至第1256条的规定调整。

第1448条　——4.动产

由公用事业置于公众处分或被委托给公用事业保管的动产,应被视为构成公共财产的一部分。

第1449条　(公共财产的界限)

(1)有权当局得确定水道和海岸的自然界限。

(2)因有关界限的决定受到损害的第三人,当法院认为上述当局的决定不正当时,可以授权他根据关于征用的规定取得赔偿。

(3)法院不得撤销上述当局作出的决定。

第 1450 条 (征用和规划)

(1)有权当局可以通过征用程序获得为建造道路或街道所必需的土地。

(2)上述当局可以通过规划程序拓宽或取直已有的道路或街道。

第 1451 条 (规划)——1.无建筑物的土地

当规划计划显示,某一无建筑物的土地处于公路中时,该土地得立即合并于该公路中。

第 1452 条 ——2.有建筑物的土地

(1)当规划计划显示,某一已有建筑物的土地处于公路中时,此等土地应被课加退后地役。

(2)此等土地的所有人不得以加固该土地上的任何建筑物为目的建造任何工程。

第 1453 条 ——3.赔偿

依第 1451 条或第 1452 条其权利被剥夺或限制的人,其应得的赔偿应适用本法典第 1470 条至第 1477 条的规定。

第 1454 条 (公共财产不可让与)

构成公共财产之一部的财产不得让与,除非它被宣布为不再构成公共财产之一部。

第 1455 条 (诚信占有和取得时效)

构成公共财产之一部的财产不能通过诚信占有或取得时效取得。

第 1456 条 (特许)

构成公共财产之一部的财产,可以特许给私人,但以此等特许不产生改变此等财产的目的的效果为限。

第 1457 条 (公共财产的占有)

(1)任何构成公共财产之一部的财产,除非得到有权当局的授权,不应被私人占据。

(2)上述授权得指明有关的人是否可在财产上建造工作物以及此等工作物的性质。

(3)授权得指明它作出的时间,以及有税负时应当承担的税负。

第 1458 条 (不履行义务)

根据第1456条授予的特许或根据第1457条给予的授权，如果受益人未履行其义务，可随时撤销。

第1459条 （有权当局的权利）

（1）无论是否有相反约定，如果工作物或活动侵害了构成公共财产之一部的财产的存在和目的，有权当局可随时命令拆毁有关工作物或停止有关活动。

（2）此等情形，可撤销授予的任何特许或给予的授权。

（3）被授予此等特许或授权的人根据本法典关于“行政合同”之题的规定主张赔偿的权利，不受任何影响。

第2节　征　　用

第1460条 （定义）

征用程序是有权当局用以强迫所有人交出其为此等当局为公共目的所需要的不动产之所有权的程序。

第1461条 （征用的其他目的）

（1）征用程序可用于取得或消灭用益权、地役权或其他不动产物权。

（2）上述程序可用于在约定的期限前终止以公共当局的不动产为标的的租赁合同。

第1462条 （特许）

被有权当局授予任何性质之特许的人，除非特许中授权他们如此，不得使用征用程序。

第1463条 （公益的宣告）

使征用成为必要的项目，得首先由有权当局宣告为用于公共利益，此等意思的宣告得根据宪法第44条发布。

第1464条 （公共利益的概念）

（1）征用程序不得仅以获得经济利益为唯一目的而使用。

（2）征用程序之使用，得使公众可从为了公共利益建造的工程引起的地价升值中获益。

第1465条 （调查）

（1）当有必要进行公众调查时，在公众利益得到考虑前，不得进行公益宣告。

（2）任何利害关系人都可在此等调查程序中表明其观点或批评考虑中的项目。

(3)有权当局得根据条例确定为此等调查的方式和时间。

第 1466 条 (决定将被征用的土地)

(1)如果已宣告某一项目用于公益,有权当局得决定需征用哪些不动产才能实施此等项目。

(2)所有人、空虚所有人和用益权人应被亲自通知计划中的征用。

(3)他们被要求在当局确定的合理时间内表明其对此等征用的必要性的看法。

第 1467 条 (征用命令)

(1)不动产得在征用命令作出后被征用。

(2)此等命令将有关不动产的所有权无任何负担地移转于有权当局。

(3)第三人对有权当局的请求权或对由此等当局应付给被征用之不动产的所有人的赔偿的请求权,不受任何影响。

第 1468 条 (命令的送达)

(1)征用命令得送达于相关的所有人以及其对被征用的不动产的权利已登记在不动产登记簿中的任何人。

(2)它应被送达于所有人向有权机关指明的对不动产享有权利的任何人。

第 1469 条 (部分征用)

(1)当建筑物的一部分被征用时,所有人可要求全部建筑物被征用。

(2)当土地的一部分被征用时,如果部分征用使得该土地未被征用的部分无用,所有人可要求全部土地被征用。

(3)本条规定应适用于被征用之不动产的空虚所有人和用益权人各自的权利。

第 1470 条 (赔偿数额的确定)

被征用之不动产的所有人、空虚所有人和用益权人以及任何从此等不动产负担的地役权获益的人,在征用命令被送达的 1 个月内,得通知有权当局其主张的赔偿数额。

第 1471 条 (对偿付赔偿的异议)

任何利害关系人可在第 1470 条规定的期限内,通知有权当局他已确定的低于某一特定金额的赔偿或为了欺诈其权利已偿付的赔偿持有异议。

第 1472 条 (关于赔偿金额的争议)

当有权当局不接受由利害关系人主张的赔偿金额时,该金额应由估价仲裁委员会确定。

第 1473 条 （估价仲裁委员会）

（1）估价仲裁委员会应由一定的成员组成，进行他们预定的程序，并按规定作出其裁决。

（2）它得将确定有权当局应支付的赔偿金额作为其唯一的职责。

（3）它不得就任何导致赔偿之发生的权利争议为决定。

第 1474 条 （赔偿金额）——1. 原则

（1）赔偿金额或可能被给予取代被征用地的土地之价值，应等于征用造成的实际损害额。

（2）损害的数额是上述委员会在作出其决定之日所评估的数额。

第 1475 条 ——2. 应考虑的因素

（1）委员会在作出决定的过程中，得考虑有关当事人先前可能作出的对被征用之财产或权利的价值的任何陈述。

（2）它得考虑到因建造公共工程产生的增值。

第 1476 条 ——3. 不考虑的因素

（1）委员会不得考虑在送达征用命令后，以获得更多的赔偿金额为目的建造的任何建筑或对现存建筑所作的改良。

（2）它不得考虑因宣告将要建造公共工程产生的任何投机性增值。

第 1477 条 （上诉）

（1）对委员会之决定，可以向法院起诉。

（2）上诉得在委员会的决定送达利害关系人后 3 个月之内提起。

第 1478 条 （占有不动产）

（1）有权当局在支付了已确定的赔偿金额前，不得占有被征用的不动产。

（2）如果所有人对委员会确定的金额提起诉讼，则有权当局可在向该所有人支付了这一金额后占有该不动产。如果法院作出增加数额的命令，则应支付此等额外的数额。在任何情况下，法院都不能减少委员会确定的金额。

（3）如果赔偿通过给予该所有人另一块土地以取代被征用地的方式支付，则一俟委员会作出其决定，即得将此等土地交给该所有人。如果法院命令作出额外的现金赔偿，则该所有人还可收受额外的现金赔偿。

（4）如果有权当局对委员会确定的金额提起诉讼，则在法院作出其判决前不能执行征用命令。如果在诉讼提起之日起 1 年内，法院最终未确定赔偿金额，则该所有人得恢复其权利，并不必遵守该征用命令。

（5）如果赔偿金额处于争议中，或对其支付有异议，有权当局在提存争议或异议所涉及的金额后，可占有该不动产。

第 1479 条 （法院增加的赔偿）

（1）如果在第 1478 条第 2 款规定的情况下法院增加了赔偿金额，则此等增加额得于该判决成为终局的后 1 个月内支付给所有人。

（2）对被给予土地代替被征用土地的所有人作出的任何额外赔偿，同此处理。

第 1480 条 （附条件征用）

（1）当为评估执行项目可能的费用作出了附条件的征用决定时，有权当局得通知所有利害关系人。

（2）在这种情况下，在作出征用命令前，前数条的规定得予适用。

第 1481 条 （责任）——1. 征用的威胁

任何人不得要求有权当局对于征用的威胁可能对他引起的损害予以赔偿。

第 1482 条 ——2. 估价费用

（1）如果为有关利害关系人主张、但有权当局不予认可的金额最终被证明为合理，则有权当局得承担因确定赔偿额产生的费用。

（2）如果该利害关系人主张的金额最终被证明超过了上述估价，则他应承担估价费用。

第 1483 条 （放弃项目）——1. 原则

如果导致发出征用命令的项目被放弃，则前所有人对其前财产得享有先买权。

第 1484 条 ——2. 先买权

（1）第 1483 条规定的先买权，即使未经登记，自有权当局再出售该不动产或者赋予第三人对不动产与执行项目无关的权利的 1 年内，得对第三人具有效力。

（2）该权利的条件和效力，依本法典第 1410 条至第 1425 条的规定。

（3）任何行使其先买权的人，都必须支付其获得的征用赔偿金作为价金。

第 1485 条 （间接征用）——1. 原则

有权当局可以不利用征用程序，在私人所有的土地上建造工作物或建立永久性设施，但须以有关工作物或设施不严重损害所有人的权利或明显降低不动产的价值为前提。

第 1486 条 ——2. 适用

下列工程可通过间接征用的方式进行：

(1)在少于1个月的时间内进行的且不损害不动产的正常使用的工程；

(2)地下管道、悬空管线、电杆和标杆的敷设。

第1487条 ——3.限制

间接征用在任何情形下都不得产生损害居住权的效果。

第1488条 ——4.赔偿

(1)在间接征用的情形，所有人对在其土地上进行的工程和设施造成的损害，可请求赔偿。

(2)未能与有权当局达成协议，自该工程完工后3年内未提出赔偿请求的，禁止再行提出。

第2章 农业村社

第1489条 (原则)

由农业村社诸如村庄或部落所有的土地，得集体使用，但得以这种使用方式符合有关村社的传统和习惯为条件。

第1490条 (习惯的编纂)

内务部应采取措施，以确保每个村社都制订一部详细载明此等村社之习惯的章程，并在适当时制订执行该章程的补充规定。

第1491条 (章程的内容)

该章程得规定：

(1)组成该村社的人或家庭；

(2)该村社的权利所及的土地；

(3)该村社的管理方式和村社的授权代表；

(4)该村社的土地或其他资源的分配和利用方式；

(5)章程可被修改的条件。

第1492条 (禁止歧视)

任何在村社成员之间建立基于种族、宗教或社会地位之歧视的规定或习惯无效。

第1493条 (不能让与的土地)

(1)农业村社所有的土地不因占有取得。

(2)无论是否有相反的习惯，未经内务部的书面许可，村社不得将其土地转让或抵押,也不得对之课加不动产质押。

第 1494 条　(村社的义务和代表)

(1)村社可通过其授权代表缔结协议。

(2)它可以相同的方式起诉或应诉。

(3)本法典关于"非契约责任和不当得利"之题的规定(第 2027 条至第 2178 条),可按其适用于社团的相同条件适用于农业村社。

第 1495 条　(债权人的权利)

(1)村社的债权人可扣押村社所有的、非为村社土地的利用或村社成员的生活保持所必需的动产。

(2)未经内务部书面许可,他们不得扣押村社的其他财产。

(3)村社成员的债权人对村社财产不享有任何权利。

第 1496 条　(土地的利用)——1. 原则

村社所有的土地的利用方式应由村社章程规定,无此等规定的,依习惯。

第 1497 条　——2. 样式

(1)章程得规定土地是否可分成块分配给村社成员专属使用,或土地是否得集体利用。

(2)章程得规定村社及其成员对村社所有的土地各自的权利。

(3)章程得规定把地块分配给成员的决定可被修改的时间和条件。

第 1498 条　(习惯的修改)

(1)如情况允许,内务部得允许、鼓励修改村社习惯,以确保此等村社的经济进步,并实施埃塞俄比亚宪法奉行的公正和道德原则。

(2)任何关于村社习惯或某些惯例不得修改或只可在不合理的条件下修改的习惯或规定,无效。

第 1499 条　(上诉)

任何利害关系人或公共检察官都可就村社作出的下列决定向法院起诉:

(1)该决定违反了埃塞俄比亚宪法的规定、本法典的强制性规定或其他埃塞俄比亚法律;

(2)该决定是由村社的授权代表超越权限,或违反程序或正义的基本规则作出的。

第 1500 条　(公共秩序)

排除第 1499 条规定的诉讼权,或使此等权利的行使受制于不合理条件的任何习惯或规定,无效。

第3章　土地所有人的正式协会

第1节　协会的成立

第1501条　(改良区)

当在某一特定区域要实施相当多的工程,因而将改变位于此等区域内的地块的价值时,这片区域可经帝国法令宣布为改良区,并且该区域内的土地所有人可依该法令组成一个土地所有人的正式协会。

第1502条　(由所有人组成)

在某一特定区域内的土地所有人为了集体利用该区域,或拟在该区域内为其改良实施集体工程时,可自愿组合成土地所有人协会。

第1503条　(申请批准)

土地所有人协会如包含的成员不少于所涉区域内的一半土地所有人,并且他们拥有的土地不少于所涉区域的土地的一半时,可要求农业部予以批准,并赋予其正式协会的属性。

第1504条　(调查)

农业部得与所有相关的土地所有人进行磋商,以便确定一个协会可望产生的经济和社会利益是否足以证明其活动必须导致的所有权变更有其合理性。

第1505条　(起草特许状)

(1)如果调查得出有利于给予正式批准的结论,农业部得拟订特许状的初步草案。

(2)所有利害关系人应被邀请对该草案发表意见。

(3)最终草案将由农业部在将初步草案通知有关土地所有人后的6个月内拟定。

第1506条　(给予批准)

正式协会的批准得通过农业部在《法律公报》上公布的通告给予。

第1507条　(法令或通告的内容)

(1)第1501条规定的法令或第1506条规定的通告,得以明确的方式指明协会将从事其活动的区域。

(2)它得包含对有关协会的特许状的批准。

第 1508 条　（对协会的控制）

土地所有人的正式协会，得在构成有关法令或通告规定的区域的土地或大部分土地所在的省的当局的控制下进行活动。

第 2 节　协会的运作

第 1509 条　（协会的会议）——1. 原则

（1）所有位于法令或通告规定的区域内的土地之所有人，都有权成为正式协会的成员。

（2）他们组成此等协会的全会。

第 1510 条　——2. 会议

（1）协会的全会得每年按特许状规定的时间和地点召开。

（2）其他会议可由经理为紧急事务，或协会 1/5 的成员如此要求时随时召集。

第 1511 条　——3. 决定

（1）决定应由出席或被代表出席会议的成员的多数票作出。

（2）正式协会的特许状可以背离第（1）款，规定决定应由多数股权作出。

（3）特许状可规定作出特别决定的法定人数和所需多数的特殊条件。

第 1512 条　（经理）

（1）会议得任命和罢免协会的经理，并监督他们的活动。

（2）本法典关于“社团和财团”之题中适用于一般社团之理事的规定（第 426 条至第 428 条），应适用于土地所有人协会的经理。

（3）同题关于一般社团的理事的权力和责任的规定（第 429 条至第 435 条），应适用于土地所有人协会的经理的权力和责任。

第 1513 条　（特许状的修改）

（1）只有在特许状中有特许状本身宣布可进行修改的规定时，才能由会议修改。

（2）未经内务部的书面许可，特许状中任何其他规定均不得修改。

第 1514 条　（起诉会议的决定）

（1）无论是否有相反的约定，只要会议决定违反了法律或特许状，并且协会的某一成员不同意此等决定，他就可就此向法院起诉该决定。

（2）起诉的权利自该成员得知该决定起的 6 个月内，或者在任何情况下，在该决定已执行的 2 年内未行使的，禁止再行行使。

(3)在诉讼期间,法院可中止执行有关决定。

第 1515 条 (协会的义务和代表)

(1)协会可以通过其代表缔结协议。

(2)它可以相同的方式起诉或应诉。

(3)本法典关于“非契约责任和不当得利”之题中的规定(第 2027 条至第 2178 条),得像适用于一般社团一样适用于土地所有人协会。

第 1516 条 (土地的所有权)

特许状得规定协会成员是否保留其土地所有权,是否将此等所有权移转给协会。

第 1 目 维持私人所有权的情形

第 1517 条 (原则)

(1)除非特许状有相反规定,协会成员得保留其土地的所有权。

(2)他们得依以下数条的规定的限制行使其所有权。

第 1518 条 (对所有权的限制)

在集体利用该区域,或为实施依第 1506 条公布的通告的授权的工程所必要的范围内,协会可限制位于该区域内之土地的所有人的权利。

第 1519 条 (赔偿)

其权利依第 1518 条受限制或者其土地被课加地役权的所有人,有权得到赔偿。

第 1520 条 (赔偿的金额)

(1)协会有责任支付第 1519 条规定的赔偿。

(2)此等赔偿的金额应由协会的会议确定之。

(3)有关所有人可在其知悉会议的决定后的 3 个月内就此等金额诉之于法院。

第 1521 条 (交出土地)

(1)所有人可通过将其土地交给协会或协会指定的其他人,以免除其可能被协会要求支付此等分派的义务。

(2)此等情形,协会应当立即将其土地的价值返还给该所有人。

(3)该所有人在获得此等回复前,可反对在其土地上建造任何工程。

第 1522 条 (土地的价值)

(1)在确定第 1521 条规定的土地价值时,得考虑特许状的规定。

(2)无此等规定时,此等价值应由估价仲裁委员会根据本题第1章的规定(第1473条至第1476条)确定。

第2目　所有权移转于协会的情形

第1523条　(所有权移转的时间)

如果特许状规定位于协会从事活动区域内的土地得成为该协会的财产,则此等土地的所有权应在依第1506条公告上述通告时移转于协会。

第1524条　(移转的效力)

(1)所有人或用益权人在土地被移转于协会之前对之享有的权利,应由对协会所有之财产的按份所有权或用益权取代。

(2)课加于其所有权被移转于协会的土地上的地役权,在此等移转后仍然存在。

(3)在不损害特许状保护所有利害关系人之权利的规定的条件下,存在于其所有权被移转于协会之土地上的抵押权、先买权或收回权,得终止。

第1525条　(份额的价值)

第1524条规定的份额的价值,得根据特许状,同时考虑起草特许状时该土地的价值确定。

第1526条　(土地的估价)——1.原则

土地的价值得在统一的基础,并考虑相关区域单位土地的平均价值确定。

第1527条　——2.价值的调整

(1)考虑该土地的性质及其为个人利用提供的设施,以及所有人完成的并成为协会财产的工作物或建筑的价值,应调整依第1526条估定的金额。

(2)除非相关土地在被移转于协会前已被利用,或为其利用或增加收益已建造工作物,第(1)款的规定不应适用。

第1528条　(协会的权利和义务)

(1)协会对其所有的土地或其他财产享有与个人所有人相同的权利。

(2)它负有与个人所有人相同的义务。

第1529条　(土地的利用)

(1)协会的全会得确定该协会所有的土地的利用方式。

(2)它得根据特许状确定协会成员的权利和义务。

第1530条　(份额的转让或扣押)

(1)协会成员可有偿或无偿地让与其在协会财产中的份额。

(2)他们可在死亡时将其份额移转给其继承人或受遗赠人。

(3)他们的份额可受其个人债权人扣押。

第 1531 条 (份额的分割)

特许状可规定份额不得分割,或对份额的分割作出限制。

第 1532 条 (协会的同意)

(1)份额的受让人、受遗赠人或买受人成为协会的成员得征得协会的同意,上述人系份额转让人的配偶或卑亲属的除外。

(2)无论是否有相反的证据,如果协会在有关人员请求其同意或以成员资格参加协会会议的 3 个月内不通知其拒绝的,则应视为已取得协会的同意。

第 1533 条 (拒绝同意)

(1)当协会拒绝同意时,如果有如此要求,协会得通知有关人员其购买有关份额的意图,或向此等寻求同意未遂的人介绍一位协会认可的有偿付能力的买受人。

(2)如果协会未能通知相关人员,或者未能在 3 个月内推荐一位买受人,则相关人员可以保留其份额。

第 1534 条 (让与的条件)

(1)根据第 1533 条被通知或被推荐一位买受人的人得向协会或其他买受人让与其份额。

(2)应为该份额偿付的价金,得根据特许状的规定确定。

(3)如果特许状无此等规定,则由仲裁员确定。

第 4 章　城镇计划区域

第 1535 条 (区域的创设)

(1)为促进城镇以经济合理的方式发展,帝国法令可设立城镇计划区域。

(2)法令应明确界定此等区域的范围。

第 1536 条 (计划)

(1)市政府应制订一项关于每个城镇计划区域的计划。

(2)未经帝国法令批准并公布于法律公报,该计划及其修改无效。

第 1537 条 (计划的内容)

(1)必要时,该计划应将每个区域划分为里弄。

(2)它得一般地确定,可能必须课加给各里弄内的所有人之权利的限制和地役权。

第 1538 条 （计划的实行）

(1)在计划的实行中，市政府可对区域内的所有人的权利课加必要的限制。

(2)它尤其可课加不为建筑地役权、通行权或涉及市政下水道和水管的地役权。

(3)有必要时它可使用征用程序。

第 1539 条 （赔偿）

(1)其权利受限制或其土地被征用的所有人有权得到赔偿。

(2)此等赔偿，由估价仲裁委员会根据本题第 1 章的规定(第 1473 条至第 1476 条)确定。

第 1540 条 （建筑许可）

除非告知了建造的意图，并依条例获得了建筑许可，任何人不得在城镇计划区域内为建筑。

第 1541 条 （许可申请）

建筑许可的申请，应说明计划中的建筑物的性质。

第 1542 条 （申请的具体事项）

(1)建造房屋的许可申请得载明该房屋是否只用作住宅，或者是否将用于商业或工业目的。

(2)建造工厂、商店、商业或工业用途的房屋的许可申请，应说明计划中的商业或工业的性质。

第 1543 条 （其他事项）

申请应说明该工程开始的时间和计划中的建筑物的成本。

第 1544 条 （授予许可）

如果市政府在提交申请后的 3 个月内未通知申请人其拒绝或为授予许可课加的条件，许可被视为已经授予。

第 1545 条 （允许的条件）

(1)许可的授予，可以申请人实施与计划中的建筑物相关的道路工程或者铺设管道为条件。

(2)它还可以申请人遵守关于该建筑物的规模或类型或将要使用的材料的特定要求为条件。

第 1546 条 （被禁止的条件）

授予许可，不得以申请人在建造该建筑物时雇佣特定人员为条件，或以该建筑物由某特定公司建造为条件。

第 1547 条 （地役权的设立）

(1)许可的授予，可以申请人使其邻人为其利益设立不为建筑的地役权为条件。

(2)被授予许可的无论何人，在未达成协议的情况下，都可强制其邻人为其利益设立此等地役权。

(3)第(2)款规定的地役权的强制设立应由法院命令之，此等命令应确定要支付给供役地所有人的赔偿。

第 1548 条 （未经许可）

未经许可建造房屋的，市政府可命令立即停止建造。

第 1549 条 （可适用关于个人所有权的规定）

在不损害前数条之规定的前提下，关于城镇计划区域内土地之所有人的权利，应适用本法典关于“个人所有权”之题的规定（第 1151 条至第 1256 条）。

第 1550 条 （土地所有人的正式协会）——1. 设立

每个城镇计划的里弄内的土地所有人，有权设立土地所有人的正式协会。

第 1551 条 ——2. 组成和运作

(1)本题第 3 章关于土地所有人的正式协会的组成和运作的规定（第 1509 条至第 1534 条），应适用于城镇计划区域内的土地的所有人协会。

(2)每个协会的日常事务的处理由市政府负责。

第 1552 条 （咨询义务）

(1)城镇计划区域内的土地所有人协会只负有咨询义务。

(2)它们得审查市政府提交给它们的各项计划，并对其提出他们认为适当的意见或批评。

第 10 题 不动产登记簿

第 1 章 登记簿的置备与公示

第 1553 条 （原则）

不动产登记簿，应由不动产登记簿的置备人在埃塞俄比亚帝国的各行政区(Awradja Guezat)内置备。

第 1554 条　(登记簿保存地的组织)

(1)不动产登记簿置备人及其助手的任命和身份，由农业部规定。

(2)该部得规定不动产登记簿保存地的有关组织确已设置，并确保其正常运作。

(3)它得为不动产登记簿的置备和保存采取必要的措施。

第 1555 条　(土地被划分的区域)

(1)不动产登记簿得根据土地被划分的各个区域，置备于每个保存地。

(2)农业部得确定划分土地的区域界限。

第 1556 条　(主登记簿)

在每个保存地为各区置备财产登记簿和抵押登记簿。

第 1557 条　(不动产登记簿)

如果不动产地籍的状况允许采用不动产登记制度，则不动产登记簿应置备于各区。

第 1558 条　(所有人登记簿)

如果不动产地籍的状况不允许编制不动产登记簿，则所有人登记簿应置备于各区以取代不动产登记簿。

第 1559 条　(其他登记簿)

农业部可通过适用于全国的指令或特别适用于一个或数个保存地的指令，规定置备其他登记簿。

第 1560 条　(登记簿不得移动)

在任何情况下，不动产登记簿都不得从其置备地移走。

第 1561 条　(登记簿的公示)——1. 原则

不动产登记簿是公开的。

第 1562 条　——2. 不动产登记簿和所有人登记簿

(1)登记簿的置备人，得应请求提供在不动产登记簿中找到的关于特定不动产的页的经证明无误的副本。

(2)他们得应请求提供在所有人登记簿中找到的关于特定所有人的页的经证明无误的副本。

(3)必要时，他们得提供一份证书，证明在关于某一不动产的页中未包含任何登记，或在登记簿中不存在关于特定所有人的页。

第 1563 条　——3. 主登记簿或支撑性文件

(1)不动产登记簿的置备人,得应请求提供在财产登记簿或抵押登记簿中登记的文件的经证明无误的副本。

(2)他们得应请求提供其置备的支撑性文件的经证明无误的副本。

第 1564 条　——4.副本或证书的形式

不动产登记簿置备人提供的所有副本或证书,得盖有保存地的印章、置备人或经授权提供副本或证书的人的签名,并载明提供副本或证书的日期,否则无效。

第 1565 条　(收费)

(1)农业部得确定在不动产登记簿上进行的各种登记应收的费用。

(2)它得确定由登记簿置备人提供副本或证书时应收的费用。

第 1566 条　(置备人的责任)

(1)不动产登记簿的置备人得对因不履行、不适当履行或迟延履行课加给他们的义务对他人造成的损害承担责任。

(2)国家得根据本法典关于“非契约责任”之题的规定(第 2027 条至第 2161 条),对上述损害承担责任。

(3)登记簿置备人的刑事责任或违纪责任不受任何影响。

第 2 章　各种登记簿的内容

第 1567 条　(财产登记簿)——1.原则

任何人旨在承认、移转、变更或者消灭一个或数人对某一不动产的所有权的所有公开或私下的行为,无论是生前还是死因行为,都得在财产登记簿上登记。

第 1568 条　——2.关于财产的特殊行为

下列行为,尤其得根据第 1567 条在财产登记簿上登记:

(1)以不动产为标的物的出售、赠与、合伙出资、分割、和解和创设共有的合同等行为;

(2)继承人或受遗赠人据以接受以某不动产为标的的继承或遗赠的行为;

(3)宣告上述行为无效、被撤销或解除的判决;

(4)在追索某项不动产的诉讼中就其所有权作出的判决;

(5)因债权人实施扣押引起的宣告拍卖某项不动产的判决。

第 1569 条　——3.关于对不动产的其他权利的行为

下列行为亦得在财产登记簿上登记：

(1)所有意图设立、承认、移转、变更或消灭对某项不动产的空虚所有权、用益权或居住权的行为；

(2)所有意图设立、承认、变更或消灭地役权的行为；

(3)所有意图设立、移转、变更或消灭课加给不动产所有权或用益权的合同性限制的行为。

第 1570 条　——4.法定诉权

旨在获得一项承认、移转、解除或消灭对不动产的所有权或其他物权的判决的法定诉权，亦得在财产登记簿上登记之。

第 1571 条　——5.租约和关于未到期租金的行为

下列事项得登记于财产登记簿：

(1)5 年以上期限的以住宅或公寓为标的的租约；

(2)3 年以上期限的对未到期租金的让与；

(3)提前给予承租人或佃户的对 3 年以上期限的未到期租金的免除。

第 1572 条　——6.特许

由基层行政区、县或省就水体、矿藏给予的特许，得登记在财产登记簿中。

第 1573 条　(抵押登记簿)——1.原则

下列事项得登记在抵押登记簿上：

(1)所有意图设立、变更或消灭抵押权或不动产质押的行为；

(2)所有意图转让受抵押或不动产质押的债务行为，或意图让与法律赋予此等权利的优先权利益的行为。

第 1574 条　——2.扣押

无论债权人是否享有对某一不动产的抵押权，他主动请求法官判决出售该不动产的申请，亦得在抵押登记簿上登记。

第 1575 条　(不动产登记簿)——1.原则

(1)在某区存在的每一不动产，得依其在地籍中的编号记入不动产登记簿为其分配的页。

(2)这种登记簿的每一页得包含使该不动产得以区别于其他不动产的概括说明；

(3)涉及该不动产的所有需登记的行为得在此等页中记载，并标明它们在其他登记簿中的互见编号及其登记日期。

第 1576 条　——2.符合地籍测量计划

(1)不动产登记簿中对每项不动产的登记和描述,得根据地籍测量计划的测量和四至为之。

(2)不动产登记簿应被永久置备,并绝对符合此等计划。

第 1577 条 ——3.位于一个以上区的不动产

(1)位于一个以上区的不动产,得登记于每个区的登记簿中,同时提到其他区的登记簿。

(2)请求和登记得登记在该不动产的最大部分所在之区的登记簿上。

第 1578 条 ——4.公有不动产

非私有的不动产和用于公共用途的不动产,不得登记于不动产登记簿上,有需要登记的与它们有关的物权的除外。

第 1579 条 ——5.不动产的分割

(1)在分割不动产时,登记簿的置备人得在登记簿中记载每个新的部分,并提到原来的编号。

(2)新的登记页得包含对该不动产分割前的登记页的援引。

第 1580 条 ——6.部分的分离

(1)当某不动产为扣押给他人而分出一部分时,得保留原来的登记页。

(2)已发生的变更只需在"不动产的范围"的标题下对该不动产的描述中提到。

(3)应说明导致这种变更的行为以及发生此等变更的日期。

第 1581 条 ——7.数项不动产的合并

(1)在一个新的编号下,属于同一所有人的数项不动产合并成一项不动产,只有在这些不同不动产的登记页中无抵押或转让孳息的约定的记录,或在债权人同意做这种联合的情况下,才能登记于登记簿中。

(2)有关不动产负担有地役权时不得合并,地役权人同意做这种联合的除外。

(3)有为了该不动产的利益的地役权时不得合并,供役地的所有人对此同意的除外。

第 1582 条 ——8.密封页

(1)在某页因分割或联合不动产不再有用时,它得通过说明这些原因的附注予以密封,同时载明密封的原因、日期和必要的互见说明,并且它得以红墨水用斜线删除。

(2)上述规则应适用于某个登记的不动产转变成不必登记的不动产的情

形。

(3)绝不得毁损密封页。

第 1583 条　(所有人登记簿)——1.原则

所有人登记簿按字母顺序分类,得包含关于在一个主登记簿上登记的行为表明为处在该区的不动产之所有人的每个人的登记页。

第 1584 条　——2.共有的不动产

(1)不动产属于数个所有人时,得以各共有人的名义书写一张登记页。

(2)每个人的地位得在关于他的登记页中载明。

第 1585 条　——3.拥有数项不动产

一个人在一个区拥有数项不动产时,得以其名义书写与其拥有的单个不动产同等数目的登记页。

第 1586 条　(登记在页上的行为)

所有涉及特定不动产的需登记的行为,应被记载在此等不动产的页中,并指明它们在其他登记簿上的参见页码及其登记日期。

第 3 章　各种行为在登记簿中的登记

第 1 节　登记程序

第 1587 条　(登记簿的表现形式)

财产登记簿和抵押登记簿得包含由印制表格组成的文档,私人可查阅这些表格,并得删除其中任何无用的说明并填充其中的任何空白。

第 1588 条　(表格的确定)

农业部得拟定不动产登记簿的表格,并确定其格式。

第 1589 条　(表格的提供)

(1)各省省长得从农业部获得为置备登记簿所必要的表格,并无偿地将之提供给不动产登记簿置备人。

(2)不动产登记簿的置备人得每 6 个月编制一份其占有的表格清单,并在必要时根据其服务的要求充实其库存。

第 1590 条　(登记的形式)

(1)登记簿上的登记得使字迹清晰可读,并且无任何条例明示许可之外的缩略语。

(2)它们得写明作成的日期,以及在它们被登记的登记簿中分配给它们的号码。

第 1591 条 (数目或区域的表示)

当一项登记包含一个数目或区域的说明时,此等数目或区域得同时用阿拉伯数字和文字用语表明。

第 1592 条 (日期的表示)

(1)日期中的年份只得以非常清楚可读的方式以数字写明。

(2)它们中的月份以及月份的日期,得只以文字的形式写明。

第 1593 条 (要求登记的必要)

不动产登记簿的置备人不能自行进行登记。

第 1594 条 (谁可以要求登记)

(1)登记要求可由任何利害关系人提出。

(2)要求人在提出其要求时,得依官方制定的收费标准支付为提出这种要求确定的固定费用。

第 1595 条 (无保留)

登记要求的提出不得附有任何保留或条件。

第 1596 条 (形式或提出请求)

(1)要求在登记簿上作成登记的人,应一式二份填写行政当局提供其使用的印制表格。

(2)提出要求的人,得以打印方式或用黑墨水十分清晰可读地填写表格的空栏。

(3)他得删除该表格中无用的说明,或在与此等说明相对应的空格里划一条斜线。

第 1597 条 (被禁止的说明)

(1)在任何情况下,不得在表格中设置的供公众查阅的说明栏里添加任何说明。

(2)在适当时,利害关系人得通过提供补充文件或支撑性文件来补全此等说明。

第 1598 条 (置备人的义务)

(1)置备人在受到要求时,得分配给每个要求以分配登记簿中的一个与此等要求相对应的号码。

(2)他得在提交给他的表格上副署其姓名,并在上面加盖保存地的印章。

第 1599 条　（表格的交还）

置备人得向提出要求的人交还经他正式署名并盖有保存地印章的表格中的一份。

第 1600 条　（其他表格）

(1)其他表格应被编入对口的登记簿中。

(2)在各主登记簿中插入表格,得根据提出请求的顺序为之。

第 1601 条　（补充登记簿中的登记）

一个新登记的行为,应立即进入区的不动产登记簿或所有人登记簿。

第 2 节　用于登记的表格

第 1602 条　（所有表格共有的说明项）

用于不动产登记簿的表格在所有情况下都应指明:

(1)要求登记的日期;

(2)该登记涉及的不动产,以及使之区别于其他不动产的必要细节;

(3)该登记涉及的不动产之所有人的姓、名、父名和居所;

(4)提出要求的人的姓、名和父名,及其在该不动产登记簿被置备的城镇选择的住所;

(5)附于登记要求后的补充文件或支撑性文件的编号、性质和互见编号;

(6)可能有必要提到的以前登记的行为及其互见编号。

第 1603 条　（用于财产登记簿的表格）——1. 一般说明项

用于财产登记簿的表格应指明:

(1)导致登记的行为的性质;

(2)该行为或事件影响的权利的性质;

(3)获得该权利的人、承租人、受让人或该行为的其他受益人的姓、名、父名和居所或选择的住所;

(4)如果有导致登记的不同行为或事件,任何特殊规定。

第 1604 条　——2. 特殊规定

第 1603 条　提到的特殊规定得与下列事项有关:

(1)在销售、合伙出资、拍卖、出售允诺、赠与及其他类似行为之情形,被移转的权利的价格或价值;

(2)在财产分割之情形,使各部分均等而应付的金额;

(3)在租赁之情形,租赁期限和年租金;

(4)在让与或支付未到期租金之情形,让与或收受租金的最后日期;

(5)在出售的承诺之情形,将发生的出售的价格以及就承诺商定的时间限制;

(6)在对所有权作其他限制之情形,此等限制停止存在的日期。

第 1605 条 (用于抵押登记簿的表格)

用于抵押登记簿的表格应指明:

(1)抵押权人的姓、名、父名和居所;

(2)债务金额;

(3)将偿还债务的日期;

(4)债产生的年利率;

(5)该债权是可背书转让的,还是无记名的;

(6)该登记是否为更新先前的登记而作出的。

第 1606 条 (不动产的个别化)——1.原则

(1)与需要登记的行为相关的不动产,得通过说明其性质、所在的基层行政区及其地籍编号使其个别化。

(2)当有关不动产位于一个无地籍测量计划的地区时,得尽可能说明其性质、位置、面积及其毗邻土地。

第 1607 条 ——2.详细图表

(1)与上述行为相关的不动产的详细情况,可通过在支撑性文件中提出一项详细的图表来说明。

(2)在需要登记的行为涉及的不动产只涉及在地籍中有编号的不动产之一部的情况下,尤其必须提出上述图表。

(3)此等情形,作出的登记得指出在附于登记要求后的图表中出现的各分割部分的编号。

第 1608 条 (涉及社团的登记)

(1)当不动产属于一个合伙或协会时,姓、名和父名等说明项应由社团法人的名称或形式取代。

(2)该行为的受益人是合伙、协会或其他社团的情形,适用同样的规则。

第 1609 条 (已故的所有人)

关于死者的财产的登记,可通过指明该死者为不动产的所有人为之。

第 1610 条 (共有的不动产)

(1)当某不动产为共有,但只有一个共有人与需要登记的行为有利害关系时，表格中只登记该共有人，并在其中指明其财产的份额。

(2)当全体共有人或他们中的数人与需要登记的行为有利害关系时，表格中得记载“共有不动产”字样，并得援引确立该不动产共有状态的补充文件和支撑性文件。

(3)在所有人登记簿中，应在上述文件提到的每个共有人的有关登记页中说明此等行为。

第1611条　(一个行为有数个受益人的情况)

第1610条的规定应适用于数人为需登记之行为的共同受益人的情况。

第1612条　(要求人选择的住所)

(1)要求人应在不动产登记簿的保存地所在的城镇选择一个住所，他已在该城镇拥有居所的除外。

(2)所有有关登记的通知在上述住所送达于他的，即为有效送达。

第1613条　(支撑性文件)——1.原则

(1)提出要求的人可以在其要求后附上他认为合适的所有文件。

(2)登记簿的置备人不应由于在要求后未附必要文件而拒绝受理该要求。

(3)他只能提醒要求人注意有关文件的必要性，以及没有它们可能带来的后果。

第1614条　——2.最为常见的文件

附于一项要求后的补充文件或支撑性文件特别可能包括：

(1)该不动产的图表；

(2)申请人据此被授权代表不动产所有人或有关行为的受益人提出登记请求的委托书或其他文件；

(3)导致登记的发生的契据、判决或文件的副本；

(4)死亡登记或不动产所有人失踪之宣告的副本；

(5)证明要求人已提起与该不动产有关的诉讼的文件；以及

(6)关于各共有人对该不动产拥有的权利的声明。

第1615条　——3.支撑性文件的分类

(1)为支持登记要求，或者为了获得更正、变更或删划某项登记而提交的补充文件或支撑性文件，应在不动产登记簿于其中被置备的保存地进行分类。

(2)每份文件都应被赋予一个专门的互见编号。

(3)对于存放和保存，应收取规费。

第1616条　(行为的性质)

(1)在“行为的性质”标题下,表格得包括下列选项:“出卖、合伙出资、赠与、分割、和解、租赁合同、命令出售的判决、弃权、法定诉权、行为无效、权利主张、权利的设立、权利的变更、权利的消灭、允诺出售、授予特许、先买权、未到期租金的让与或提前支付、接受继承权、禁止让与的协议、禁止扣押的协议,参见第XX号附属文件。”

(2)要求人应在上述选项中选择与登记的行为的性质最相符合的一项或数项。

(3)他得删除,或者在合适时填写“参见第XX号附属文件”的项目。

第1617条 (受影响的权利的性质)

在“受影响的权利的性质”标题下,要求人得说明此等权利是所有权、共有财产的一部分、空虚所有权、用益权、地役权,或对所有权的限制。

第1618条 (债务金额)

(1)抵押或不动产典质的债务金额应以埃塞俄比亚货币表示。

(2)债务金额未确定时,登记就表示该不动产最高担保额的既定数字作出。

(3)不能与受到该抵押影响的不动产之所有人达成一致时,此等数字由法院确定。

第1619条 (可转让债务的顺位)

(1)抵押担保的债务仅经权利凭证的背书即可转让时,登记应以现持有人的名义进行。

(2)其利益得扩及于权利凭证的后手背书人,而无需任何手续。

第1620条 (产生于无记名权源证书的债务)

(1)抵押担保的债务产生于无记名权源证书时,补充文件得说明出票人的姓名、出票日期、所发行的权源证书的期次、编号和价值。

(2)在适当时,它应指明该权源证书的持有人的经授权的代理人的姓名。

第3节 登记的更正和注销

第1621条 (更正)——1.原则

(1)当提交给不动产登记簿置备人并插入在登记簿中的表格不完备或不准确时,可对登记进行更正。

(2)除法律规定的情形外,此等受更正之登记不发生无效。

第1622条 ——2.类似于更正的修改

在下列情形,亦可进行更正:

(1)表格中提到的某个人打算改变表格中指定给他的居所或选择住所;

(2)由抵押或转让孳息的约定权利所担保的债务至少已偿还1/4;

(3)由抵押所担保的债务已被让与或被出质;

(4)登记所涉及的行为是利害关系人约定或法院命令的修改对象。

第1623条 ——3.变更必须有法院命令

(1)除非根据法院向登记簿置备人发出的命令,不得对登记进行更正。

(2)任何利害关系人都可向法院申请发出更正命令。

第1624条 ——4.如何更正

(1)登记的更正得通过用一种特殊的墨水删划表格中需更正的记载事项为之。

(2)置备人应在表格的背面写明“已更正”字样,以及为更正之日期并援引命令为此等更正的判决。

(3)上述判决得与支撑性文件一起保存于保存地的档案室。

第1625条 ——5.补充登记簿中的附注

在登记后,应在不动产登记簿或所有人登记簿中写明“已更正”的字样以及为更正之日期。

第1626条 ——6.已被更正的文件的副本

(1)交给利害关系人的表格副本应与原件完全一致。

(2)它们应表明表格原件的内容与已作出的更正。

第1627条 ——7.更正的效力

登记的更正得自为更正之日起有效。

第1628条 (登记的无效)

有下列情形之一的,不动产登记簿中的某行为的登记无效:

(1)没有写明为登记之日期的;

(2)没有提供确定其所指的不动产的手段的;

(3)没有提供确定该不动产的所有人,或被赋予需要登记的权利的人的手段的;

(4)没有提供确定获得该不动产的人,或该需要登记的权利的受益人的手段的;

(5)没有写明抵押所担保的债务金额的;

(6)根据无效的权源作出登记的;

(7)过时的登记。

第 1629 条 (过时的登记)

一项登记若与在不动产登记簿中先前有效作出的一项登记相抵触,应被视为过时的登记。

第 1630 条 (注销)——1.必须由法院发出命令

法律宣告一项登记无效的,任何利害关系人都可申请法院发出注销命令。

第 1631 条 ——2.利害关系人间的协议

(1)在已登记的权利的受益人同意注销的情况下,该登记涉及的不动产的所有人可向法院申请注销该登记的命令;

(2)如果已登记的行为已发生效力,或如果由于任何其他原因,作出该登记的目的已不存在,应给予此等同意。

第 1632 条 ——3."依职权"作出的注销

(1)如果根据登记的条件,构成此等登记之对象的权利为特定的期间设立,而这一期间已经过,则不动产登记簿的置备人得自行注销该登记。

(2)如果一项抵押登记是 10 年前作出的,而且没有被申请展期,则置备人得自行注销该登记。

第 1633 条 ——4.如何注销

(1)登记的注销,得通过在整张表格上划上两条连接对角的斜线为之。

(2)置备人应在表格背面写明"已注销"的字样和注销的日期,并在适当时援引命令该注销的判决。

(3)上述判决得包括在支撑性文件中,置备于保存地的档案室。

第 1634 条 ——5.已被注销的文件的副本

(1)已被注销的登记应在登记簿中保持字迹清晰可读。

(2)利害关系人可要求其副本。

第 1635 条 ——6.补充登记簿中的附注

(1)登记后,应在不动产登记簿或所有人登记簿中写明"已注销"字样和为注销的日期。

(2)提供给利害关系人的上述登记簿的页的复制件,不得提到已被注销的登记。

第 1636 条 (对更正或注销可支付的费用)

(1)申请登记的更正或注销的人在申请时得支付规费。

(2)更正费用应由对要更正的错误有负责的人承担,或者在未发生错误时，由申请更正的人承担。

(3)注销的费用应由申请注销的人承担。

第4章 不动产登记簿中之登记的效力

第1637条 (登记行为的义务)

(1)不动产登记簿的置备人不得对提交给他们请求在登记簿上登记的行为的效力作出决定。

(2)利害关系人已履行法律要求的各项手续时，保管人得毫不迟延地对这些行为进行登记。

(3)一项行为在不动产登记簿上进行登记，不构成对其效力的决定。

第1638条 (确定日期)

在不动产登记簿上进行的登记，应将一个定期日授予该登记所涉及的行为，或存档于保存地档案室的补充文件或支撑性文件。

第1639条 (时效或取得时效)

某个行为在不动产登记簿上得到登记，对消灭时效或取得时效不产生影响。

第1640条 (不知登记)

(1)任何人不得利用他不知某一登记已进入不动产登记簿的事实而获利。

(2)如果此等不知可归因于此等服务机构运作中的过失，登记簿置备人和国家的责任不受任何影响。

第1641条 (两项登记间的冲突)

(1)两个人从同一人得到一项必须登记的权利时，其权利先在不动产登记簿上登记的人得优先。

(2)第二个人的权利，在其与先登记的权利相反对的范围内消灭。

(3)上述第二个人对他从其获得不动产的人的权利不受任何影响。

第1642条 (同日登记的权利)

(1)两项相互抵触的权利于同日进入登记簿时，应将优先地位赋予其权源较早者。

(2)如果两项权源同时设立，或两者不能确定先后时，则优先地位得给予登记簿中编号在前的登记。

第1643条 (法定诉权)

关于承认、移转、变更或消灭对某不动产的所有权或任何其他物权的判决，从为获得此判决的诉讼要求已被登记于不动产所在地的不动产登记簿之日起，可对抗第三人。

第 1644 条 （恶意）

(1)要求登记之人的恶意或要求该登记涉及的权利的人的恶意，不影响登记的效力。

(2)此等情形，因该登记受到损害的人可通过清楚地证明被告的恶意，请求损害赔偿。

第 1645 条 （没有登记的情形）

(1)某行为没有在不动产登记簿上登记的，一个人的权利不得对抗第三人。此等情形，任何人不得从该人获得可对抗第三人的权利。

(2)在这种条件下获得权利的人，在将其据之持有其权利的文件登记于登记簿前，应将其移转人持有其权利的文件进行登记。

第 1646 条 （向所有人通知登记）

(1)已在不动产登记簿上登记一项权利的人，应在 8 天内向该权利涉及的不动产的所有人送达一份经登记簿置备人确认的、已进入登记簿上的表格的副本。

(2)他得对因不遵守上述程序给不动产所有人或第三人造成的损害负责。

第 11 题　文学和艺术作品的所有权

第 1647 条 （权利的归属）

(1)一件智力成果的作者得因其创作的单纯事实，对其作品享有所有权的无体权利。

(2)他得享有这种权利，而不论该作品的性质、表达形式、优点或宗旨。

(3)尽管他是在履行雇佣合同或者与第三人缔结的项目实施合同中完成该作品的，他仍得享有上述权利。

第 1648 条 （智力成果）

下列作品应被认为是智力成果：

(1)文学作品，如书籍、小册子、报刊上的文章、讲课、演说、布道、戏剧和其他舞台作品；

(2)有乐谱或无乐谱的音乐作曲、戏剧音乐作品、无线广播或电视作品、其制作被写成文字或其他形式的舞蹈设计作品或哑剧；

(3)造形艺术作品，如素描、绘画、雕刻和雕塑以及摄影和电影摄像作品；

(4)图解、地图、规划图、示意图、地理学、地貌学、建筑学或其他学科范围内的有立体感的作品；

(5)由其作出的智力创作、表现了原创性的任何其他作品。

第 1649 条　(翻译和改编)

在不损害原作者权利的情况下，对文学或艺术作品的翻译、改编、配乐及其他演绎，与原作一样受保护。

第 1650 条　(百科全书和选集)

文学或艺术作品的汇编如百科全书或选集，如材料的选择或安排构成了智力创作，它们在不损害被包括在此等汇编中的每件作品之作者权的情况下受到保护。

第 1651 条　(官方文本)

(1)具有立法、行政或司法性质的官方文本不受本题的规定的制约。

(2)它们可被自由地复制。

第 1652 条　(发表权)

(1)只有作者享有发表其作品的权利。

(2)在作者死亡后，发表权得转移给其指定的人，无此等人时，转移于其继承人。

(3)继承人对发表的方式或条件不能达成一致时，法院得应任何一位继承人的申请解决这一问题。

第 1653 条　(作品的制作和复制)

(1)只有作者在其有生之年享有制作其作品的权利。

(2)只有作者在其有生之年享有复制其作品的权利。

第 1654 条　(改编)

(1)只有作者在其有生之年有权许可将其作品改编成戏剧、电影或电视，或进行任何其他形式的改编。

(2)如果一件作品明确地援引第三人的作品，或从具体情况明显可见，它主要是从第三人作品中取得其灵感的，则该作品应被认为是对该第三人作品的改编。

(3)模仿作品、混成作品或用漫画表达他人的严肃作品，不应被视为对作品的改编。

第1655条 （翻译）

(1)作者不能反对对其作品进行翻译。

(2)未经作者授权的翻译,应在该作品的开头明确说明这一事实。

(3)未作此等明确说明的,被视为损害了作者的权利。

第1656条 （私人免费表演）

作者不得禁止私人在家庭聚会或学校免费表演其作品。

第1657条 （有关时事的文章和报道）

(1)在报纸和刊物上发表的时事文章,可在新闻界以印刷或广播的形式进行复制,明确对这种复制作出保留的除外。

(2)在所有情况下都得明确说明其来源。

(3)仅作为新闻报道的关于正在发生的事件的日报新闻文章可被自由地复制。

第1658条 （公开演说）

在政治性集会、公共会议或者在官方举行的典礼上发表的演说,自演说之日起15日内可由新闻界以印刷或广播的形式自由复制。

第1659条 （演说或文章的汇编）

只有作者有权以书的形式出版其演说和文章,或发行其演说和文章的汇编本。

第1660条 （对专有复制权的限制）

(1)作者不能禁止对其作品进行分析和新闻评论。

(2)在仅用于私人用途的情况下,得允许对作品进行一次性的复写或复制。

第1661条 （引用）

作者不得禁止对其作品的简短引用,但对于诗作,引文不得超过原诗的40行;对于任何其他作品,引文不得超过原作品的1万个字母。

第1662条 （摄影作品）

(1)当摄影作品构成一本集子的一部分或在一本书上发表时,它们受到保护。

(2)其他情形,除非它们带有作者或其代理人的姓名和住址,不受保护。

第1663条 （作品的让与）

(1)作者的无形所有权独立于构成被保护的作品之物质载体的所有权。

(2)本题规定的权利不得仅因某人获得该物质载体的事实而归属于该人。

(3)作者不能为了使自己的权利能得以行使而要求该物质载体的所有人将此等载体交由他处分。

第 1664 条 (准用调整出版合同的规则)

作者可将文学或艺术所有权让与给第三人的条件,按本法典关于“出版合同”之章的规定(第 2672 条至第 2697 条)处理。

第 1665 条 (作品的变动)

无论是否有相反的规定,作者在自己的作品遭受第三人变动的情况下,阻止他人将此等作品介绍为自己的作品。

第 1666 条 (作者的确定)

(1)在不排除任何相反证明的情况下,作品以其名义被发表的人应被视为作品的作者。

(2)尽管作者使用了笔名,但只要其身份确定无疑,则作者可主张来源于本题规定的各项权利的利益。

第 1667 条 (匿名作品)

对匿名作品和除第 1666 条所提到者之外的笔名作品,其名字出现在作品上的出版者无需进一步证明,即应被视为作者。

第 1668 条 (数个作者创作的作品)——1.合作作者的权利

(1)由数个作者合作创作的作品应由他们共有。

(2)作者的权利得根据合作作者间的共同协议行使。

(3)如果每个作者贡献的是不同类型的作品,除非另有约定,在不损害共同作品之使用的前提下,每个作者可单独使用其个人作品。

第 1669 条 ——2.第三人的保护

(1)如果某作品以一个作者的名义发表,第三人有理由断定该作者是作品的唯一作者。

(2)合作作者的权利不得影响第三人。

第 1670 条 (作者的继承人)——1.财产权利

(1)作者死后,作者许可生产、复制或改编其作品的权利,自作品发表之日起 50 年内可由其继承人行使。

(2)诸继承人不能达成一致时,法院得应任何一个继承人的请求解决这一问题。

第 1671 条 (精神损害)

阻止已被第三人变动的作品被归之于作者的权利，可以由作者的配偶、尊亲属、子女和孙子女在其有生之年独立行使。

第 1672 条　（死后发表的作品）

在作者死后发表的作品自其发表之日起 50 年内受到保护。

第 1673 条　（公共当局的权利）

（1）尽管作者反对，公共当局为了公共利益，在作者或其继承人发表作品后，可许可该作品的演出或复制，或将其改编。

（2）这种许可的条件和形式，得依特别规定对作者作公正补偿的特别法确定。

（3）在任何情况下，公共当局都不得许可变动一部作品。

第 1674 条　（文学或艺术所有权的保护）

（1）其文学或艺术所有权受到侵犯的任何人，可要求停止侵害，并销毁违法制作的其作品的复本或改编本。

（2）他还可要求赔偿对他造成的精神和物质损害。

（3）他可采取行动的条件，根据本法典关于“非契约责任和不当得利”之题的规定（第 2027 条至第 2178 条）处理。

第四编

债

第12题　合同的一般规定

第1675条　（合同的定义）

合同是两个或两个以上的人在他们间达成的创设、变更或终止财产性的债的协议。

第1676条　（可适用于合同的规定）

（1）本题的一般规定可适用于所有合同，而不论其性质和当事人如何。

（2）本题对本法典第5编中和商法典中规定的适用于某些合同的特殊规定，无任何影响。

第1677条　（本题可适用的范围）

（1）本题的有关规定应适用于所有的债，即使它们并非产生于合同。

（2）本题对某些债因其发生根据或性质而可适用的特殊规定，无任何影响。

第1章　合同的成立

第1678条　（合同的要素）

有效合同须具备下列要素：

（1）当事人具有缔约能力，并作出了合乎法律规定之同意；

（2）合同标的充分确定，并且为可能和合法；

（3）如法律规定了合同的形式，合同已依法律规定的形式订立。

第1节　同意

第1目　同意的要素

第1679条　（同意的必要）

合同以当事人的同意为基础，当事人以此界定其承诺的标的，并商定受此等承诺的约束。

第1680条　（当事人的协议）

（1）当事人双方已就合同达成了协议时，合同成立。

(2)如果一方未将试图作出的保留或限制通知他方,此等保留或限制不影响他就协议所作的表示。

第 1681 条 (要约和承诺的形式)

(1)要约或承诺可以口头、书面形式作出,以通常使用的签名的方式作出,或以在当时的具体情况中毋庸置疑地表明当事人之同意的行为作出。

(2)发出要约的一方可规定特殊的承诺形式。

第 1682 条 (沉默)——1.原则

在发出要约的情况下,沉默不等于承诺。

第 1683 条 ——2.承诺的义务

(1)如果一方当事人依法或者依有关当局赋予的特许,有义务根据事先规定的条件缔结合同,则不必要求承诺。

(2)此等情形,一收到要约,合同即成立。

第 1684 条 ——3.事先存在商业关系

(1)一项要约,意在继续或修改一项既存合同,或者缔结一项附属或补充合同的,可以沉默方式作出承诺。

(2)如果要约是在一个特殊的文件中发出的,并告知他方如果在一段合理期间内未答复即视为承诺,在此等情形下,可以沉默方式作出承诺。

第 1685 条 ——4.装货清单

一方在装货清单上记载的事项不得约束他方,他们这样做是遵照事先的协议或他方明确表示接受的除外。

第 1686 条 ——5.商业一般条款

一方援用的商业一般条款不得约束他方,他方知道并接受这些条款,或这些条款是有关当局规定或批准的除外。

第 1687 条 (意思表示)

在下列情形中,任何人不应被认为发出了要约:

(1)他表示了其给某物、做或不做某事的意思,但未让该意思表示的受益人知道此等意思;

(2)他向另一人发送或在公共场所张贴定价表、价目单或商品目录,或者向公众展示待售商品。

第 1688 条 (拍卖)

(1)任何人提供某物进行拍卖,应被视为作出了意思表示,而不是发出一项要约。

(2)在此等情形,只有当该物经最后一次出价被拍定时,合同才成立。

第1689条 (悬赏广告)

(1)通过招贴或任何其他方式公布的奖赏找到失物或完成某特定行为的人的允诺,如果某人找回失物或完成指定的行为,即使他不知道该允诺,得视为已被承诺。

(2)允诺人得给付约定的报酬。

第1690条 (附有承诺期限的要约)

(1)任何向另一人发出缔结合同的要约,并确定了承诺期限的人,在约定的期限届满前,得受其要约的约束。

(2)如果在规定的期限届满前其要约被拒绝,则他不再受其要约的约束。

第1691条 (无期限的要约)

(1)任何向另一人发出缔结合同的要约,并且未确定承诺期限的人,在他能合理预期他方对该要约作出决定的期限内,得受其要约的约束。

(2)当承诺迟到时,如果要约人不打算受其约束,得立即通知他方迟到的事实。

第1692条 (不在场的当事人间的合同)

(1)不在场的当事人间订立的合同,应被认为在将承诺被送达要约人的时间和地点订立。

(2)通过电话订立的合同,应被认为是在接电话的一方所在地订立。

(3)本条的规定不影响当事人的相反约定。

第1693条 (要约和承诺的撤回)

(1)如果受要约人知道撤回发生在他知晓要约前或与其知晓相同时,得认为该要约未发出。

(2)第(1)款的规定,应适用于撤回承诺的情形。

第1694条 (有缺陷的承诺)

如果承诺是有保留地作出的,或不与要约的条款完全一致,得认为要约已被拒绝,受要约人发出了一个新要约。

第1695条 (合同的成立)

(1)只有各方当事人已表示同意全部协商条款时,合同才应被认为已成立。

(2)尽管各方当事人未表示同意全部协商条款,但如果他们表明他们打算受约束,合同被视为成立。

(3)在此等情形,法律将对当事人的协议中的任何不足予以补救。

第 2 目 同意的缺陷

第 1696 条 (合同的无效)

一方当事人因错误或在欺诈或胁迫下表示其同意的,合同可被宣告无效。

第 1697 条 (错误必须是决定性的)

诉诸其错误的一方当事人得证明,他如果知道真相就不会缔结合同。

第 1698 条 (错误必须是根本的)

如果错误以当事人认为是根本的合同要素为对象,或考虑到诚信和订立合同的环境这个要素是根本的,则合同可以第 1697 条界定的错误为理由被宣告无效。

第 1699 条 (关于合同的性质或标的的错误)

在下列情形,合同可以因错误被宣告无效:

(1)该错误以合同的性质为对象;

(2)发生错误的一方已承诺做远远大于他打算作出的履行,或收受了远远小于他打算收受的对价。

第 1700 条 (就人发生的错误)

如果错误以他方当事人的身份或资质为对象,并且一般认为或者考虑到案件的具体情况,这种身份或资质是合同的根本要素,则合同可因错误被宣告无效。

第 1701 条 (非根本性错误)

(1)如果错误仅以导致合同订立的动机为对象,则合同不得因错误被宣告无效。

(2)合同中的计算错误不影响其效力,并应被改正。

第 1702 条 (发生错误的当事人的诚信)

(1)发生错误的一方不得以违背诚信的方式利用其错误。

(2)如果他方同意履行他打算订立的合同,他应受该合同的约束。

第 1703 条 (损害的填补)

任何为避免合同的效力诉诸其错误的人,应赔偿因合同被宣告无效引起的任何损害,但他方人明知或应当知道该错误的除外。

第 1704 条 (欺诈)

(1)一方当事人利用严重的欺诈手法,他方当事人如未受骗便不会缔结合同的，此等合同可因欺诈被宣告无效。

（2）受第三人欺诈的当事人应受合同的约束，但另一缔约方在订立合同时明知或应当知道欺诈的存在，并利用了该欺诈的除外。

第 1705 条 （虚假陈述）

（1）如果一方当事人恶意或因过失作出虚假陈述，而缔约各方间存在一种产生特殊信任和要求特别忠诚的关系，则合同可被宣告无效。

（2）第（1）款的规定，应适用于因一方当事人的沉默致使他方当事人相信一个虚假事实的情形。

第 1706 条 （胁迫）

（1）如果胁迫行为使一方当事人相信，他本人、其尊亲属或卑亲属之一或其配偶的生命、人身、名誉或财产受严重且迫切的危险威胁，合同可因胁迫被宣告无效。

（2）胁迫必须达到强迫一个有理性的人行为的程度。

（3）胁迫的性质，得考虑有关当事人的年龄、性别和地位决定。

第 1707 条 （第三人的胁迫）

（1）尽管胁迫是从合同受益的当事人之外的人实施的，合同也可因胁迫被宣告无效。

（2）如果胁迫由第三人实施，并且另一缔约方不知且不应当知道该胁迫的存在，则诉诸胁迫避免合同效力的当事人，应赔偿他方因合同被宣告无效引起的损害。

第 1708 条 （行使某项权利的威胁）

行使某项权利的威胁不构成宣告合同无效的理由，但这种威胁被用于获得某种过分利益的除外。

第 1709 条 （敬畏）

（1）如果没有实施胁迫，对尊亲属或上级的畏惧不构成宣告合同无效的理由。

（2）如果合同是与引起畏惧的人订立的，且该人从该合同获得了过分的利益，则不应适用第（1）款的规定。

第 1710 条 （不合理的合同）

（1）合同不得仅因其条件对一方当事人远远比对他方当事人更为有利而无效。

（2）如公平要求如此，对于不合理的合同，如果受损害一方当事人的同意是利用其急需、头脑简单、年迈或明显缺乏商业经验获得的，合同可因其不合理被宣告无效。

第 2 节　合同的标的

第 1711 条　（标的的确定）

除法律规定的有关限制和禁止外，当事人得自由确定合同的标的。

第 1712 条　（给、做或不做的义务）

（1）一方当事人可承诺为他方当事人取得对某物的权利、做或不做某事。

（2）承诺做某事的当事人，可承诺为他方当事人取得特定利益，或尽力使其获得该利益。

第 1713 条　（合同的内容）

当事人应受合同条款的约束，并考虑合同的性质，应受因习惯、衡平和诚信附属于有关的债的具有附随效力的义务的约束。

第 1714 条　（标的必须确定）

（1）如果不能充分准确地确定全部合同当事人的债务或其中之一的债务，则合同无效。

（2）法院不得借解释为名为当事人订立合同。

第 1715 条　（标的必须可能）

（1）合同标的必须可能。

（2）如果全部当事人或其中之一的义务以不能的物或事实为对象，并且此等不能是绝对的，不可克服，合同无效。

第 1716 条　（非法或不道德的标的）

（1）如果全部当事人或其中之一的义务是非法或不道德的，则合同无效。

（2）如果一方当事人承担的与他方当事人的义务有关的义务被认为是非法或不道德的，则合同无效。

第 1717 条　（动机）——1. 原则

在确定当事人义务的非法或不道德性时，不得考虑当事人缔结合同的动机。

第 1718 条　——2. 例外

在下列情况下，法院不得命令履行合同：

（1）合同的条款表明全体当事人或其中之一潜在地具有某种非法或不道德的目的；

(2)要求履行合同的一方当事人提交了一份表明该目的的文件。

第3节　合同的形式

第1719条　(合同的形式)

(1)除非有相反的规定,合同无任何特殊的形式要求,在当事人商定的范围内有效。

(2)法律明确规定了某种特殊形式的,得遵守该形式。

(3)当事人可约定采取特殊形式订立合同。

第1720条　(关于形式之规定的效力)

(1)当法律规定必须采用某种特殊形式,而有关规定未被遵守时,则不存在任何合同而仅存在一份合同草案。

(2)即使完税规定未被遵循,如关于印花税或登记费的规定未被遵循,合同亦得有效。

(3)除非另有规定,即使未遵守有关公示措施的规定,合同亦得有效。

第1721条　(预约合同)

预约合同应以为本合同规定的形式订立之。

第1722条　(变更)

采取特殊形式订立的合同,应以相同形式变更。

第1723条　(以不动产为标的的合同)

(1)创设或转让对不动产的所有权或空虚所有权,或对不动产的用益权、地役权或抵押的合同,应采取书面形式,并由法院或公证人登记。

(2)分割不动产的合同和以不动产为标的的和解契约,应采取书面形式,并由法院或公证人登记。

第1724条　(与公共行政部门订立的合同)

约束政府或公共行政部门的合同应采取书面形式,并由法院、公共行政部门或公证人登记。

第1725条　(长期合同)

下列合同应采取书面形式:

(1)担保合同;

(2)保险合同;

(3)法律要求书面形式的任何其他合同。

第1726条　(约定的形式)

当事人约定采取一种法律未要求的特殊形式订立的合同，只有在以约定形式订立时，合同才被认为已成立。

第 1727 条 （书面形式）

(1)要求采取书面形式的合同，应由受该合同约束的全体当事人签署的特殊文件支撑。

(2)非经两位证人证明，上述合同无效。

第 1728 条 （签名）

(1)受合同约束的当事人应在合同上亲笔签名。

(2)当事人不能写字时，应在合同上按大拇指印。

(3)盲人或文盲的签名或拇指印对其本人不具有约束力，但经履行职务的公证人、登记人或法官认证的除外。

第 1729 条 （证人）——1.行为能力

(1)法律或协议要求证人时，除非有明确的相反规定，证人应是成年人，并且未被法院宣告禁治产。

(2)在确定担任证人的资格时，不得考虑性别或国籍。

第 1730 条 ——2.义务

(1)必要时，证人得证明合同的订立及其条款。

(2)除非证人明确地当保证人，他们不担保合同的履行。

第 2 章 合同的效力

第 1731 条 （原则）

(1)依法订立的合同规定如同法律对当事人产生约束。

(2)在遵守法律的强制性规定的条件下，当事人得确定合同的内容。

(3)本题的规定具有强制性者或未被当事人排除其适用者，应适用于所有的合同。

第 1 节 合同的解释

第 1732 条 （依诚信解释）

合同得依诚信解释，并考虑依商业惯例应存在于当事人间的忠诚和信任。

第 1733 条 （解释的限制）

当合同规定明确时，法院不能偏离它们以解释的途径确定当事人的意思。

第1734条 （当事人的共同意思）

（1）在合同的规定模棱两可时，得寻求当事人的共同意思。

（2）为此目的，应考虑当事人在订立合同前后的通常行为。

第1735条 （一般条款）

一项合同，无论它采用了多么一般的用语，它被认为只以当事人显然打算为之订约的事项为标的。

第1736条 （依上下文解释）

（1）合同的诸规定，得通过相互参照为解释，每个规定应被赋予合同整体所要求的意思。

（2）模棱两可的条款得考虑合同之标的赋予其更可能的意思。

第1737条 （肯定解释）

可能作两种解释的规定，应被赋予使其有效的解释，而不是使其无效的解释。

第1738条 （有利于债务人的解释）

（1）在存疑之情形，得对合同作不利于规定义务的当事人、有利于承担该义务的当事人的解释。

（2）一方当事人起草的合同中插入的一般规定、范本或表格中的条款，得作出有利于他方当事人的解释。

第1739条 （无偿合同）

未从合同获得任何利益的当事人承担的义务，得作较为限缩之解释。

第2节　合同的履行

第1740条 （由谁作履行）

（1）以对债权人必要的或有明确约定为条件，债务人得亲自履行其合同义务。

（2）在所有其他情形，经债务人、法院或法律许可，合同义务可由第三人履行。

第1741条 （对谁为清偿）

清偿应向债权人或者经债权人、法院或法律许可的代表债权人受领的第三人为之。

第1742条 （无行为能力的债权人）

向无受领能力的债权人所为的清偿无效，债务人能证明债权人已从该清偿中受益的除外。

第 1743 条 (向无资格者为清偿)

(1)向无资格代表债权人受领的人所为的清偿无效,但债权人追认或他已从该清偿中受益的除外。

(2)诚信地对一个看来确实是债权人的人所为的清偿有效。

第 1744 条 (关于债权人的疑问)

(1)在对谁有资格受领清偿存疑时,债务人可以拒绝清偿,并通过将应付金额提存于法院来解脱债务。

(2)在债务人明知有争议,向自称为债权人的任何人为清偿的情况下,债务人应自担风险为此等偿付。

(3)当案件在诉讼系属期间而债务已到期时,自称为债权人的任何人,都可要求债务人提存应付金额。

第 1745 条 (标的的同一性)

债权人无义务受领对他负欠的物之外的物,即使提供给他的物与对他负欠的物价值相等或更高亦同。

第 1746 条 (部分清偿)

(1)在债务已清算并全部到期时,债权人可拒绝受领部分清偿。

(2)当就部分债务存在争议时,债务人得清偿已被承认的、债权人愿意受领的那部分债务。

第 1747 条 (可替代物)——1.应有的质量

(1)除非另有约定,当负欠的物是可替代物时,债务人可选择待交付的物。

(2)但债务人不得提供低于通常质量的物。

第 1748 条 ——2.数量不足或质量低下

(1)债权人不得因对他交付可替代物的数量或质量与合同不完全一致而拒绝受领,这种一致对他至关重要或对此有明确约定的除外。

(2)当交付的物与合同标的物不完全一致时,债权人可按比例减少他自己的履行,或在他已为履行时,请求损害赔偿。

第 1749 条 (金钱债务)

(1)由一笔金钱构成的债务应以当地货币支付。

(2)当事人负欠的金钱数额,可参照原材料、商品或服务或任何其价值可确定的其他要素的价格加以确定。

第 1750 条 (非法定货币)

在合同规定以支付地的法定货币以外的某种货币支付债务时，除非合同包含"现值"的用语，或任何其他与课加按字义履行合同义务相同性质的规定，该债务可按照债务到期日的汇率用当地货币支付。

第1751条 （法定利息）

在应付利息而未确定利率时，利率得按年9%计算。

第1752条 （清偿的扣除）——1.诉讼费用、利息、主债

在债务人除了主债外还应支付诉讼费用和利息时，他所作的任何部分清偿首先得扣除诉讼费用，其次是利息，最后是主债。

第1753条 ——2.当事人的选择

(1)在债务人对同一债权人欠有数项债务时，他可指明对其所为之任何清偿的扣除。

(2)在债务人未指明对某项清偿的扣除时，该清偿应被扣除债权人在收据中指明的债务，但债务人立即反对这种扣除的除外。

第1754条 ——3.依法扣除

(1)在收据中未指明扣除时，清偿应被扣除到期债务，或在无到期债务时，扣除将最先到期的债务。

(2)有数项到期债务或数项债务在同一天到期时，清偿应被扣除其清偿对债务人最有利的债务。

(3)数项清偿对债务人同样有利时，清偿应被按比例扣除。

第1755条 （清偿的地点）

(1)清偿应在约定地点进行。

(2)合同未规定清偿的地点的，应在订立合同之时债务人有其通常居所的地点进行。

(3)除非另有约定，特定物的偿付应在订立合同时该物的所在地进行。

第1756条 （清偿时间）

(1)清偿应在约定的时间进行。

(2)合同未规定清偿时间的，得立即为清偿。

(3)一旦一方当事人要求他方履行其义务，得进行清偿。

第1757条 （同时履行）

(1)只有根据合同的条款或性质享受期限利益的当事人，或已履行或提出履行的当事人，可要求他方当事人履行其合同义务。

(2)一方当事人明确表示将不履行其义务，或法院确认他方当事人支付不

能时，他方当事人可拒绝履行其合同义务。

第 1758 条　（风险的移转）

（1）有义务交付物的债务人，在根据合同为交付前，得承担该物灭失或毁损的风险。

（2）当债权人迟延受领物时，风险得转移给债权人。

第 1759 条　（对拒绝履行权的限制）

尽管有第 1757 条第（2）款的规定，当一方当事人提供充分的担保保证他将在约定的时间履行其义务的，他方当事人得履行合同义务。

第 1760 条　（清偿费用）

除非另有约定，债务人得支付清偿费用。

第 1761 条　（收据）

（1）债务人在清偿时可要求受领人出具收据，并且在全部债务得到清偿时，要求交还证明该债务的文件或将其涂销。

（2）在部分清偿时，或该债权人享有由某一文件证明的附加权利时，债务人只能要求受领人出具一张收据，并在该文件上注明此等清偿。

第 1762 条　（证明债务之文件的灭失）

债权人宣称已丢失证明债务的文件时，债务人可要求提交一项证据，证明该债务的证明文件已被涂销并且债务已消灭。

第 3 节　合同的变更

第 1763 条　（法院的权力）

法院不得以衡平为由变更合同或改变其条款，法律有明确规定的情形除外。

第 1764 条　（合同均衡的变更）

（1）即使合同的履行条件已发生变化，一方当事人承担的义务变得比他预见的更重，合同仍然有效。

（2）这种变化的效力可由当事人而非法院在原合同或新协议中调整。

第 1765 条　（第三人仲裁）

在订立合同之时或之后，当事人可约定，如果出现了将改变合同的经济基础的某种情势，就应在合同中寻求作出的变更的任何决定，应委诸一位仲裁员。

第 1766 条　（当事人间的特殊关系）

如果当事人不能达成一致，并且在当事人间有一种产生特殊信任的家庭关系或其他关系迫使他们公正地对待对方时，法院可变更合同。

第 1767 条 （与公共行政部门订立的合同）

（1）一项与公共行政部门订立的合同，如果其订立时的情势由于一项官方决定发生改变，致使与公共行政部门订约的当事人承担的义务变得更重或不能时，法院可变更该合同。

（2）本法典关于“行政合同”的题的规定（第 3191 条至第 3193 条），可适用于与公共行政部门订立的合同。

第 1768 条 （部分履行不能）

合同一方当事人义务的履行变得部分不能，且无解除合同的理由时，法院可减轻他方当事人的义务。

第 1769 条 （合同的均衡）

法院在依第 1767 条和第 1768 条为决定时，得确保维持合同的均衡。

第 1770 条 （恩惠期）

（1）考虑到债务人的地位和公正的要求，法院在尽全部必要之注意的前提下，可给予债务人履行其合同义务的恩惠期。

（2）上述恩惠期不得超过 6 个月。

（3）当事人可约定不得给予恩惠期。

第 4 节 合同的不履行

第 1771 条 （不履行的效力）

（1）一方当事人不履行合同义务的，根据案件的具体情况，他方当事人可要求强制执行合同、解除合同，或者在某些情况下自行解除合同。

（2）此外，他可要求赔偿因不履行合同给他造成的损害。

第 1772 条 （必要的催告）

一方当事人只有在以通知要求他方当事人履行合同义务，从而置他于迟延之境后，才能诉诸他方当事人的不履行合同。

第 1773 条 （通知的形式和时间）

（1）通知的形式得为书面请求，或任何其他表明债权人获得合同履行之意思的行为。

（2）债务未到期的，不得发出通知。

第 1774 条 （履行的时间）

(1)债权人可在通知中确定一个期限,逾期他将不接受合同履行。

(2)上述期限得根据合同的性质和案件的具体情况合理地确定。

第 1775 条　(不必要的通知)

下列情形,不必发出通知:

(1)义务是不为某些行为;

(2)债务人承担了履行一项合同只允许在某个规定时期内履行的义务,而此等期限已经过;

(3)债务人已书面声明他将不履行其义务;

(4)合同约定不要求通知,并且一旦规定的期限届满,债务人即处于迟延之境。

第 1776 条　(强制实际履行)

除非强制实际履行合同对提出此要求的当事人特别重要,并且合同能被强制执行而不影响债务人的人身自由,不得命令强制实际履行合同。

第 1777 条　(作为或不作为义务)

(1)债权人可被授权做或让他人做债务人有义务做的行为,行为的费用由债务人承担。

(2)债权人可被授权摧毁或让他人摧毁债务人违反其不作为义务实施的工程,摧毁的费用由债务人承担。

第 1778 条　(可替代物)

在负欠标的为可替代物时,债权人可经法院许可购买债务人有义务交付的物,购买费用由债务人承担。

第 1779 条　(拒绝受领物的债权人)

如果债权人无充分理由拒绝受领交付给他的物,债务人可在公共仓库、储蓄银行或支付地的法院指定的任何其他地方提存该物,其风险和费用由债权人承担。

第 1780 条　(物的交付不能)

在不知谁是债权人,或就谁是债权人存疑,或债务人因故不能将物交债权人控制时,应适用第 1779 条的规定,且不要求依第 1772 条为通知。

第 1781 条　(出卖标的物)

(1)在标的物易腐烂,或其提存或保管费用与其价值不相称时,债务人可经法院许可以公开拍卖的方式出卖该物。

(2)在标的物在证券交易所有报价,或有某种市价,或公开拍卖的费用与其价值不相称时，债务人可经法院许可通过私人协议出卖该物。

(3)此等情形，出卖的收益得提存于一家公共储蓄银行。

第 1782 条 (提存的效力)

如果法院裁决标的物或其出卖收益已被有效提存，债务人应被免除债务。

第 1783 条 (提存的撤回)

(1)即使法院已裁决提存有效，在债权人受领该提存前，债务人可撤回已提存的物或金钱。

(2)提存一旦被撤回，请求权得复活。

(3)提存经法院裁决有效时，附属于请求权的担保不得复活。

第 1784 条 (法院解除合同)

一方当事人在约定的时期内未履行或未充分适当地履行其义务的，他方当事人可提请法院解除合同。

第 1785 条 (诚信)

(1)法院在为决定时，得考虑当事人的利益和诚信的要求。

(2)除了违反合同的根本规定的情形外，不得解除合同。

(3)除非合同的本质因不履行受到影响，并且有理由认为，如果合同中未包括他方当事人不履行的那个条款，要求解除合同的当事人就不会缔结该合同，不得解除合同。

第 1786 条 (一方当事人的解除)——1.依合同规定

如果合同已对当事人解除合同作出规定，并且执行此等规定的条件已满足，当事人可解除合同。

第 1787 条 ——2.期限届满

如果一方当事人未能在根据第 1770 条、第 1774 条 或第 1775 条第(2)款确定的期限内履行其义务，他方当事人可解除合同。

第 1788 条 ——3.履行不能

如果一方当事人履行其义务成为不能，或者受到妨碍，因此影响了合同的目的，即使该当事人的义务尚未到期，他方当事人也可解除合同。

第 1789 条 ——4.拒绝履行的当事人

(1)如果一方当事人以明确的方式告知他方当事人他将不履行其合同义务，则他方当事人可解除合同。

(2)打算解除合同的当事人应将他方置于迟延之境，如果迟延的当事人在 15 天内提供了充分担保保证他将在约定的时间履行其义务，则不得解除合同。

(3)如果当事人以书面形式告知他方当事人他将不履行其义务,则无需通知,可立即解除合同。

第 1790 条 (因不履行产生的损害)

(1)除了强制执行合同或解除合同外,当事人还可要求对方当事人赔偿因不履行义务对他造成的损害。

(2)在不损害下列数条规定的前提下,本法典关于"非契约责任"之章的规定(第 2090 条至第 2123 条)应适用于第(1)款规定的损害赔偿。

第 1791 条 (赔偿损害的时间)

(1)不履行义务的一方当事人即使无过失,仍得承担偿付赔偿的责任。

(2)除非他能证明其履行受到了不可抗力的阻碍,不得免责。

第 1792 条 (不可抗力)

(1)不可抗力产生于债务人通常不能预见,并且绝对阻碍其履行义务的事件。

(2)如果该事件债务人通常能预见,或该事件只是使债务人履行其义务变得更困难,不存在不可抗力。

第 1793 条 (不可抗力的情形)

根据情况,下列事件可构成不可抗力的情形:

(1)债务人对之不负责任的第三人的不可预见的行为;

(2)阻止履行合同的官方禁令;

(3)地震、雷击或洪水之类的自然灾难;

(4)国际战争或内战;

(5)债务人死亡或遭遇严重事故或出乎意料的重病。

第 1794 条 (非不可抗力的情形)

除非另有明确约定,下列事件不应被视为不可抗力的情形:

(1)在一方当事人的企业发生,或影响他进行活动的分支机构的罢工或闭厂;

(2)为合同的履行所必要的原材料价格的上涨或下跌;

(3)制定了使债务人的义务变得更重的新法律。

第 1795 条 (过失的证明)

在下列情形中,当事人不能以他方当事人不履行合同为由请求损害赔偿,但他能证明对方当事人有过失的除外:

(1)债务人已承诺尽其所能为对方当事人取得某物,但未保证他会成功;

(2)法律就某些合同明确规定了这种例外的情况。

第 1796 条 (重过失)

如果合同是为一方当事人的专有利益订立的,在他方当事人不履行时,不负偿付赔偿的责任;但他犯有重过失的除外。

第 1797 条 (通知他方当事人)

(1)债务人应立即将阻碍他履行其义务的原因通知他方当事人。

(2)对如果作出通知就可避免的给他方当事人造成的损害,债务人得承担如同在不履行的情形将归之于他的责任。

第 1798 条 (迟延的当事人)

当履行受不可抗力阻碍时,如果不可抗力发生于债务人被置于迟延之境后,后者应赔偿损害。

第 1799 条 (通常的损害赔偿额)

(1)赔偿额得等于在一个有理性的人看来不履行通常可能会对债权人造成的损害。

(2)在估算赔偿额时,得考虑合同的性质、当事人的职业和他们间的关系,以及债务人知道的关于订约环境的任何情况。

第 1800 条 (减少赔偿)

如果债务人能证明依第 1799 条估定的赔偿额大于对债权人造成的损害,他应在实际造成损害的范围内承担责任。

第 1801 条 (增加的赔偿)

(1)如果债权人在缔结合同时已告知了债务人赔偿因之增加的特殊情况,赔偿额得等于债权人实际遭受的损害。

(2)第(1)款的规定,适用于不履行是由于债务人造成损害的故意,或者其严重疏忽或重大过失的情况。

第 1802 条 (限制损害范围的义务)

(1)诉诸不履行的当事人应在不承受不便或高昂费用的情况下,采取所有的合理措施限制已引起的损害的范围。

(2)当他未采取此等措施时,他方当事人可诉诸此等不作为要求减少赔偿额。

第 1803 条 (金钱债务)—1.迟延利息

(1)在债务人负有金钱债务并陷于迟延时,即使合同对债务到期前应支付的利息规定了一个较低的利率，他仍得依法定利率（第 1751 条规定）支付迟延利息。

（2）当合同规定了一个较高的利率时，得支付依较高利率计算的利息而非第（1）款规定的利息。

（3）即使债权人未遭受任何损失，债务人仍得支付利息。

第 1804 条　——2. 利息的利息

（1）如果债务人未能定期支付构成债权人的一种收入的款项，如租金、终身或永久年金的余款或资本的利息，并且拖欠已达 1 年时，得从追偿债款的诉讼提起之日起支付迟延利息。

（2）在任何情况下，本条规定不得影响关于活期存款账户的规定。

第 1805 条　——3. 增加赔偿

当债权人所受的损害超过迟延利息时，如果债务人在缔结合同时已知道有关情况，或不履行是由于债务人造成损害的故意，或者其严重疏忽或重大过失，则债务人得全部赔偿债权人的损害。

第 3 章　债的消灭

第 1806 条　（债的履行）

债在根据合同得到履行时消灭。

第 1807 条　（其他消灭原因）

出现下列情形之一，债得消灭：

（1）产生债的合同无效或被解除；

（2）各方或一方当事人执行合同中作出了终止合同的规定；

（3）各方当事人同意以新债取代原债；

（4）债务人的债务为债权人对其负欠的某项债务抵销；

（5）债权人和债务人的身份混同在同一个人身上；

（6）未在规定的期限要求履行合同。

第 1 节　合同的无效和解除

第 1808 条　（谁可请求宣告合同无效）

（1）由于一方当事人同意的缺陷或无缔约资格使合同受到影响的，只有在该方当事人请求下，合同才可被宣告无效。

(2)标的违法或不道德的合同,或未按规定的形式订立的合同,经任一缔约方或有利害关系的第三人请求,可被宣告无效。

第1809条 (可拒绝履行的当事人)

有权主张合同无效的当事人可在任何时候拒绝履行合同。

第1810条 (宣告无效之诉)

(1)除非在导致合同无效的原因消失后2年内起诉,合同不应被宣告无效。

(2)当合同不合理,而受损害的当事人已成年时,诉讼应在合同订立后2年内提起。

第1811条 (合同的确认)

(1)同意因他人施加的不当影响而有缺陷的当事人,在使其同意发生缺陷的原因消失后,可放弃请求宣告合同无效的权利。

(2)当合同采取特殊形式订立时,第(1)款规定的放弃应以相同的形式作出。

第1812条 (终结诉讼)

一方当事人请求宣告不公正的合同无效时,他方当事人可通过提出弥补损害终结诉讼。

第1813条 (部分宣告无效)

当合同只有部分有缺陷时,只有该部分应被宣告无效,此等宣告无效影响合同目的的情形除外。

第1814条 (选择的义务)

(1)有权请求宣告合同无效或解除合同的一方当事人,在他方当事人询问其打算确认还是解除合同时,得毫不迟延地答复。

(2)即使有相反的证据,在适当时间内未答复的,得认为合同已被解除。

第1815条 (宣告无效或解除的效力)

(1)合同被宣告无效或被解除的,各方当事人得尽可能被置于如果未订立合同将会存在的状态。

(2)履行此等合同过程中的行为无效。

第1816条 (第三人的权利)

在诚信第三人的利益需要时,履行此等合同过程中的行为不应被宣告无效。

第1817条 (不能恢复到先前的状态)

(1)履行此等合同过程中的行为不能被宣告无效，或此等宣告无效将产生重大不利或不便时，不得宣告此等行为无效。

(2)通过支付损害赔偿或通过法院认为合适的任何其他补救，各方当事人得尽可能被置于如未订立合同将会存在的状态。

第 1818 条 (费用)

如果因合同被宣告无效或被解除而有义务回复某物的当事人已变更该物或对之发生了费用，则本法典关于“不当得利”之章的规定(第 2168 条至第 2178 条)应适用于解决因这种变更或费用产生的权利或义务。

第 2 节 合同的终止与债的免除

第 1819 条 (当事人的同意)

(1)在各方当事人一致同意时，可终止合同。

(2)已终止的合同不得再履行。

(3)终止无溯及力。

第 1820 条 (一方当事人的终止)

(1)合同中可规定，当事人双方或一方可在作出通知后终止合同。

(2)如果有两个以上的人缔结了一个合同，可预先规定，合同得对其中一人终止，而对其他各方仍有效。

第 1821 条 (无确定期限的合同)

对于无确定期限的合同，双方当事人都可在通知后终止合同。

第 1822 条 (通知的期限)

(1)终止合同的一方当事人得遵守法定的或习惯上的通知期限。

(2)在法律或习惯未确定通知期限时，得考虑具体情况确定一个合理期限。

第 1823 条 (当事人间的特殊关系)

如果一项合同要求当事人之间的特殊信任、合作或者意见一致，当这些条件不复存在时，当事人可申请法院命令终止合同。

第 1824 条 (无偿合同)

对专为一方当事人利益订立的合同，在他方当事人提出有充分根据的请求时，法院可命令终止之。

第 1825 条 (债务的免除)

当债权人通知债务人免除其债务时，债得消灭，但债务人立即通知债权人拒绝该债务免除的除外。

第3节　更新

第1826条　(原则)

在各方当事人同意以一项因为其标的或性质而不同于原债的新债取代原债时,原债得消灭。

第1827条　(更新的效力)

(1)除非另有明确规定,附属于原债的担保或特权不得转移于新债。

(2)除非另有明确规定,更新前到期的利息在更新后不应被追索。

第1828条　(消灭原债的意思)

除非各方当事人明确表明消灭原债的意思,不发生更新。

第1829条　(不发生更新的情形)

除非另有协议,下列情形不发生更新:

(1)制订一份新文件证明既存债务;

(2)债务人就既存债务签署一张本票或汇票;

(3)提供新担保以保证既存债务的偿付。

第1830条　(活期存款账户)

(1)在活期存款账户中贷方或借方栏的记入不引起更新。

(2)在最终确定并承认账户的收支差额时,得发生更新。

(3)除非另有约定,即使账户的收支差额已最终确定并承认,债权人得保留可附属于记入活期存款账户中的某个栏目的有关担保。

第4节　抵销

第1831条　(原则)

当两个人互负债务时,得发生抵销,并且两个人的债务得根据以下数条的规定消灭。

第1832条　(肯定条件)

只有当两笔债务都是金钱债务,或都以一定数量的同种类的可替代物为标的,并且都已清算且到期时,才能进行抵销。

第1833条　(否定条件)

除下列情形外,债务得不顾其中任一债务的原因发生抵销:

(1)债务的特殊性质要求债权人得到实际偿付,例如在为债权人及其家人的生活所必要的生活费或工资的情形；

(2)债务是对国家或市政当局欠下的；

(3)债务是回复所有人被不公正地剥夺的物；

(4)债务是返还寄存物。

第1834条　(恩惠期)

授予恩惠期不影响抵销。

第1835条　(清偿的扣除)

如果应当抵销的数个债务是同一人欠下的，抵销得根据本题关于清偿的扣除的第2章规定(第1752条至第1754条)为之。

第1836条　(抵销的效力)

债务得从它们都存在的那一日起，在较小之债额的范围内相互消灭。

第1837条　(第三人的权利)

抵销不影响第三人对其中一项债务可能享有的权利。

第1838条　(抵销的意思)

(1)除非债务人将其进行抵销的意图通知债权人，不发生抵销。

(2)非经当事人提请，法院不得考虑抵销。

第1839条　(抵销权的放弃)

债务人可预先放弃其抵销权。

第1840条　(约定抵销)

(1)在法律无规定的情况下，如当事人同意，可进行抵销。

(2)当事人可以预先规定抵销的条件。

第1841条　(法院进行的抵销)

(1)在数个债务之一尚未清算时，法院可认为在此等债额已被承认的范围内已进行了抵销。

(2)在数个债务之一尚未清算，但可毫不迟延地得到清算时，法院在其他债务被清算前可暂缓对其债务已被清算的债务人作出判决。

第5节　混同

第1842条　(原则)

债权人和债务人的身份合并于同一人时，发生混同，债得消灭。

第1843条　(第三人的权利)

混同不影响第三人对债可能享有的权利。

第 1844 条 （混同的结束）

在混同结束时，债得复活。

第 6 节 诉讼时效

第 1845 条 （时效期间）

除非法律另有规定，履行合同之诉、不履行合同之诉和宣告合同无效之诉，如果在 10 年内未提起，则禁止再行提起。

第 1846 条 （时效的开始）

时效期间得从债务到期日或合同权利可行使之日起算。

第 1847 条 （年金）

年金的时效期间，从未作出的第一次偿付的到期日起算。

第 1848 条 （期间的计算）

(1)时效期间不包括此等期间的开始日。

(2)期间的最后一日已经过而未在此之前起诉时，不得再起诉。

(3)如果时效期间的最后一日是支付地的假日，则在随后的第 1 个工作日不得再起诉。

第 1849 条 （从权利）

在主债权被阻却的情况下，利息和从债权应被阻却。

第 1850 条 （质物）

其债权由质物担保的债权人，即使该债权被阻却，仍可行使其产生于出质关系的权利。

第 1851 条 （中断）

在下列情形，时效期间中断：

(1)债务人承认债权，特别是通过支付利息、一个期次的付款、提出质物或保证为此等承认；或者

(2)债权人提起诉讼，要求债务人承担债务的。

第 1852 条 （中断的效力）

(1)在每一中断后，时效期间得重新起算。

(2)在债务已被以书面形式承认或经判决确认时，此等期间为 10 年。

第 1853 条 （当事人间的特殊关系）

(1)如果法院认为，债权人由于约束他的亲属关系或从属关系应服从债务人或感到害怕债务人而未能在适当时间内行使其权利，可驳回基于诉讼时效

的抗辩。

(2)此等情形,担保清偿债务的第三人仍应被免除责任。

第1854条　(恶意)

当事人即使是恶意的,也可主张时效作为抗辩。

第1855条　(相反规定)

当事人不得预先放弃时效限制,也不得规定不同于法律规定的时效期间。

第1856条　(时效的放弃)

(1)在时效已生效后,当事人可放弃诉讼时效。

(2)当事人未主张时效抗辩的,法院不得考虑诉讼时效。

第4章　债或合同的特殊条款

第1节　关于时间的规定

第1857条　(期间的计算)

如果将在自合同约定的期日或任一其他期日起的某个期间后履行债务或进行其他法律性质的行为,此等期间得根据以下数条的规定计算。

第1858条　(以日确定的期间)

期间以日确定时,债务应在此等期间的最后一日到期,但此等期间不包括订立合同的当日。

第1859条　(以周确定的期间)

期间以周确定时,债务应在最后一周与订立合同日同名的周日到期。

第1860条　(以月确定的期间)

(1)期间以月确定或包括几个月的,债务应在最后一个月与订立合同日同序数的日到期。

(2)如果期间是根据格里高利历确定的,而最后一个月没有与订立合同日同序数的日,则债务应在最后一月的最后一日到期。

(3)埃塞俄比亚历法的第13月,不得考虑。

第1861条　(以月为期的期间)

(1)期间在月初或月末届满的,它应在该月的第一天或最后一天届满;

(2)期间在月中届满的,它应在该月的第15天到期。

第1862条　(假日)

期间的届满日是支付地的假日的，该期间应在下一个工作日到期。

第 1863 条 （期间的经过）

（1）确定在规定期间内履行债务的，债务人应在该期间届满前履行其义务。

（2）他得确定履行其义务的确切期日，有情况表明将由债权人确定这一期日的除外。

第 1864 条 （期间的延长）

延长期间的，除非另有约定，新期间得从老期间届满日的次日起算。

第 1865 条 （期间的利益）

期间应被认为是为债务人的利益确定的，但合同或有情况表明它也是为债权人的利益确定的除外。

第 1866 条 （期间利益的放弃）

（1）债务人可在约定期间届满前履行其义务，但从合同条款、合同性质或具体情况可推断当事人的相反意思的除外。

（2）在约定期间届满前所为的支付，不得收回。

第 1867 条 （债权人的权利）

（1）债权人不应在约定期间届满前要求履行，但该期间是专为他的利益确定的情形除外。

（2）当期间是专为债权人的利益确定时，债权人在必要时得给予债务人一个履行其义务的合理期限。

第 1868 条 （期间利益的丧失）

其支付不能已得到确认的债务人，或减少其给予债权人的担保之价值的债务人，得丧失约定期间的利益。

第 2 节　条件

第 1869 条 （原则）

如果合同以一项其存在取决于不确定事件的发生或不发生的义务为标的，该合同应被认为是附有条件。

第 1870 条 （诚信）

如果一方当事人以违反诚信的方式阻碍条件的成就，他方当事人可认为该条件已成就。

第 1871 条 （停止条件）

除非另有约定，合同自条件成就之日起生效。

第 1872 条 （解除条件）

(1)其解除取决于不确定事件的发生的合同，得立即生效。

(2)在该事件发生后，合同失效。

第 1873 条 （无为）

当事人得禁绝实施任何可能阻碍取决于条件成就之合同的正常履行的行为。

第 1874 条 （管理行为）

行使权利的当事人在条件成就前所作的管理行为在条件成就后仍有效。如果此等行为是恶意实施的，可请求损害赔偿。

第 1875 条 （超越管理的行为）

(1)行使权利的当事人之超越管理的行为，在他方当事人的要求下，可被宣告无效。

(2)任何利害关系人都可要求该他方当事人在合理期间内就他是否要求宣告超越管理的行为无效作出声明。

(3)宣告无效的法律后果得依第 1808 条至第 1818 条的规定。

第 1876 条 （收益和利润）

在条件成就前行使权利的当事人，在条件成就时，得保留其在条件成就前依诚信取得的收益和利润。

第 1877 条 （保护性措施）

其附条件的权利面临危险的当事人，可以采取他可能采取的任何保护性措施，完全如同其权利未附条件。

第 1878 条 （不能、不法或不道德的条件）

本法典就不能、不法或不道德的合同标的所作的规定（第 1715 条和第 1716 条），应适用于合同依赖的条件为不能、不法或不道德的情形。

第 1879 条 （取决于一方当事人的条件）

(1)一项附条件承担的债，如果其条件的成就完全取决于承担债的当事人，则该债无效。

(2)如果合同排除允诺人不履行合同的责任，债可被认为是依第(1)款承担的。

第 3 节　选择之债

第 1880 条　（原则）

选择之债的债务人履行了合同规定的任何一种债务时，应被免除债务。

第 1881 条　（债务人的权利）

（1）债务人可选择他将履行的债务，但这种权利被明确授予债权人或第三人的除外。

（2）享有选择权的当事人经请求未行使其权利的，此等权利可转移于他方当事人。

第 1882 条　（履行不能）

（1）在履行其中一种债务已不可能或将成为不可能时，债务人得履行另一种债务。

（2）如果此等不能可归咎于无选择权的当事人的过失，他支付损害赔偿。

第 4 节　定金

第 1883 条　（定金的效力）

定金的给付是订约证据。

第 1884 条　（履行合同）

除非另有约定，接受定金的当事人在合同履行后得返还定金，或从其债权中扣除定金。

第 1885 条　（不履行合同）

（1）除非另有约定，给付定金的当事人可解除合同，但得丧失他给付的定金。

（2）除非另有约定，收受定金的当事人可解除合同，但必须双倍返还他收受的定金。

第 5 节　关于责任的规定

第 1886 条　（责任的扩大）

当事人可扩大其合同责任，约定即使履行为不可抗力所阻，他们仍将对不履行承担责任。

第 1887 条　（责任的限制）

当事人可限制其合同责任，约定无过失，他们即不承担责任。

第 1888 条 （雇员的行为）

（1）当事人可规定，如果不履行由其雇员或辅助人的过失引起，他们将不承担责任。

（2）如果此等条款是为了损害作为他方当事人雇员的当事人订立的，条款无效。

第 1889 条 （违约金）

当事人可确定如果一方不履行债务，或未在适当时间内完全履行其债务应支付的损害赔偿额。

第 1890 条 （债权人的权利）

（1）除非另有约定，债权人可要求履行规定了违约金的合同。

（2）他不能同时要求强制执行合同和违约金，违约金是就迟延履行或不履行从债规定的除外。

第 1891 条 （适用条件）

只要债权人有权因不履行合同请求损害赔偿，违约金即得予以支付。

第 1892 条 （实际损害）

（1）即使债权人未因违约遭受任何实际损害，他方当事人仍得支付违约金。

（2）损害赔偿请求不得超过违约金，但不履行可归因于债务人故意造成损害的，或其严重疏忽或重过失的除外。

第 1893 条 （违约金的变更）

法院不得减少当事人约定的因不履行应付的违约金额，违约方已作出部分履行的除外。

第 1894 条 （宣告无效）

（1）合同被宣告无效，其中规定的违约金条款亦得无效。

（2）即使违约金条款无效，合同仍有效。

第 1895 条 （约定制裁）

如果合同约定，一方不履行其某项义务的，他方可适用某种制裁，则即使有相反的规定，法院仍应核查是否可适用约定的制裁。

第5章　多个债务人或债权人

第1节　连带之债

第1896条　（连带责任的情形）

除非另有约定或者法律另有规定，共同债务人得承担连带责任。

第1897条　（连带责任的原则）

(1)债权人可要求全体债务人或他们中的一人履行全部或部分债务。

(2)在债务全部履行完毕前，每个债务人都得承担责任。

第1898条　（既判力）

对债务人之一起诉，不阻却对其他债务人提起相同的诉讼。

第1899条　（通知）

置一个债务人于迟延之境的通知，对所有债务人有效。

第1900条　（债的无效）

(1)任何债务人都可对债权人提出债无效的抗辩。

(2)在债的无效是由于某个债务人同意上的缺陷或无行为能力时，此等无效只能由该债务人主张。

第1901条　（清偿和时效）

任何债务人都可对债权人提出债已全部或部分清偿的抗辩或时效已经过的抗辩。

第1902条　（债务的免除）

(1)对一个债务人免除债务的，所有共同债务人均应被免除债务。

(2)即使有第(1)款的规定，债权人可规定债的免除是专为一个债务人的利益作出的。

(3)第(2)款规定的免除并不解脱共同债务人的债务，但债务最终归于为其利益作出免除的债务人的除外。

第1903条　（更新）

(1)第1902条的规定，应适用于债权人与一个债务人达成以新债取代旧债的协议的情形。

(2)债权人可规定更新只适用于该债务人的份额。

第1904条　（抵销）

债权人对一个债务人负有债务的，共同债务人不得从债务中解脱，但债务最终归于与之作抵销的债务人的除外。

第 1905 条 （混同）

当一个债务人成为债权人时，混同并不解脱共同债务人的债务，但债务将最终归于成为债权人的债务人的除外。

第 1906 条 （责任）

（1）负连带责任的债务人不得实施任何会增加共同债务人之责任的行为。

（2）在一个债务人未提出所有共同债务人都可主张的抗辩时，他得对共同债务人承担责任。

第 1907 条 （债务的份额）

除非另有约定或法律另有规定，每个债务人得均等地分担对债权人的清偿。

第 1908 条 （共同债务人间的请求权）

（1）支付债款超过其份额的债务人，可要求共同债务人按其份额比例支付超过部分。

（2）任何不能从一个债务人收回的债款，应由其他债务人按其份额的比例偿还。

第 1909 条 （代位）

（1）可依第 1908 条为请求的债务人，应在其向债权人支付的金额范围内代位债权人。

（2）债权人应将所有文件转交给为清偿的债务人，并提供所有手续以使得该债务人能向其他债务人求偿。

（3）如果债权人造成代位不能，他得对因自己给债务人造成的损害承担责任。

第 2 节 共同债权人

第 1910 条 （适用范围）

除非另有约定或法律另有规定，共同债权人不享有连带请求支付的权利。

第 1911 条 （原则）

（1）每个共同债权人可要求债务人清偿全部债务。

（2）对其中一个债权人进行的清偿得对所有债权人有效。

（3）在被告知其中一个债权人已起诉前，债务人可选择任一共同债权人为清偿。

第1912条　（诉讼失效）

与任何一个共同债权人有关的中断诉讼时效期间的行为，得为全体债权人的利益中断此期间。

第1913条　（债务的免除）

由一个共同债权人作出的债务免除，仅在该债权人的债权份额内解脱债务人的债务。

第1914条　（更新）

第1913条的规定，应适用于在一个共同债权人与债务人达成的更新协议。

第1915条　（抵销）

在债务人成为共同债权人之一的债权人时，只有在该债权人在债权中的最终份额的范围内，他可对其他共同债权人诉诸抵销。

第1916条　（最终分享）

(1)除非合同或法律另有规定，每个共同债权人都有权均分债务人的清偿。

(2)受领了超过其份额的债权人，应向其他债权人交出超过部分。

第3节　非共同之债

第1917条　（不可分性）

关于共同之债的规定，得类推适用于因其性质为不可分的债。

第1918条　（多个债务人）

(1)既非共同之债又非在性质上不可分的债，应在债务人间进行分割。

(2)每个债务人得对其法定份额，或对合同或法律可能规定的该债务中的其他份额承担责任。

(3)本条规定毫不影响一个债务人作为保证人行事并担保主债务人清偿债务的情形。

第1919条　（多个债权人）

(1)既非共同之债又非在性质上不可分的债，应在债权人间分割。

(2)每个债权人只能要求清偿其法定份额，或合同或法律可能规定的该债中的其他份额。

第4节　保证

第1920条　（原则）

任何债的保证人应向债权人承诺，当债务人不履行债务时，他得履行该债务。

第1921条　（债务人的同意）

毋庸被保证之债务人的请求或其知情，可提供保证。

第1922条　（形式）

（1）禁止推定保证的存在。

（2）保证得明示，且不得超越保证合同的限制。

（3）保证合同只有在规定了最高保证额时才有效。

第1923条　（主债无效）

（1）只可为有效债务提供保证。

（2）对于因错误或无行为能力对债务人不具有约束力的合同产生的债，如果保证人在承担保证时知道使合同发生缺陷的瑕疵属于债务人，保证有效。

第1924条　（保证的范围）

（1）保证不得超过债务人所欠金额，也不得根据更具负担的条件缔结。

（2）保证可只就部分债务设定，并从属于较少负担的条件。

（3）超过债务金额的保证，或已根据更具负担的条件缔结的保证并非无效，而仅可减少到主债的金额。

第1925条　（将来的或附条件的债）

（1）就将来的或附条件的债可设定保证。

（2）在设立保证的文件中未规定保证人承担义务的期间的，只要主债尚未到期，保证人可终止其保证。

第1926条　（主债的消灭）

（1）一旦主债不论何种原因被履行，保证人应被免除责任。

（2）保证人可行使债务人可行使的所有抗辩对抗债权人，债务人可能已放弃这些抗辩的事实不得用以对抗保证人。

（3）主债务人的债务因其同意有缺陷或他无行为能力而无效的事实，如果保证人完全知道这些情况仍提供保证的，不对他产生影响。

第1927条　（补充履行）

债权人自愿受领清偿主债的不动产或任何其他资产，即使债权人尔后可能受到追夺，亦得免除保证人的责任。

第 1928 条 （主债的变更）

(1)债权人和主债务人在订立保证合同后缔结的合同，不得增加保证人的责任。

(2)债权人未经保证人明示许可，授予债务人额外的清偿时间的，保证人得免除责任。

第 1929 条 （时效）

对主债务人起诉发生对保证人中断诉讼时效的效果。

第 1930 条 （利息）

在被保证的债务带有利息时，除非另有约定，保证人应在保证合同规定的最高额的范围内保证利息的支付。

第 1931 条 （法律程序费用）

即使在保证合同规定的最高额的范围之外，保证人得对针对主债务人提起的所有诉讼的费用负责，但他须获得这些诉讼的充分通知，使他能通过履行债务先行排除此等费用。

第 1932 条 （债务的到期）

(1)即使主债由于债务人破产而提前到期，在为偿付主债规定的时间到来之前，不得要求保证人偿付。

(2)如果主债只有在事先通知债务人后才可要求履行，则这种通知亦得对保证人作出。

(3)保证人的通知期间从他被通知之日起算。

第 1933 条 （共同保证）

(1)在承担保证的某人把自己说成是共同保证人、共同债务人或用相同词语描述自己时，债权人可对他起诉，而不必事先要求债务人清偿或者实现其担保。

(2)本章的有关规定应适用于共同保证。

第 1934 条 （简单保证）

(1)除第 1933 条规定的情形外，只有主债务人不履行债务时，保证人才向债权人清偿。

(2)保证人可以要求债权人，在要求他支付前应诉追主债务人的资产，尤其应实现可利用的物保。

第 1935 条 （先诉利益）

(1)除非保证人在他先被起诉时立即提出先诉抗辩，债权人不得诉追主债务人。

(2)在债务人的支付不能已被法院证实时，保证人不得主张先诉利益。

第 1936 条 （可先诉的资产）

(1)要求先诉债务人的保证人，应向债权人指出债务人的资产，并预付足够金钱作为先诉此等资产的费用。

(2)他不得指出债务人的系争财产、位于支付国之外的财产或作为担保为债务抵押而不在债务人的占有中的财产。

第 1937 条 （未起诉）

在保证人已按照第 1936 条的规定指出资产，并提供了充分金钱用于先诉此等资产的费用的情况下，对主债务人由于债权人未起诉发生的支付不能，债权人应在保证人如此指出的资产之价值范围内对保证人承担责任。

第 1938 条 （催告起诉）

(1)当主债已到期时，保证人可要求债权人为执行其权利应在 6 个星期内起诉主债务人。

(2)对于债权人不遵守这种催告，或未以合理的勤勉进行诉讼的，保证人应被免除责任。

第 1939 条 （提交清偿）

(1)在主债已到期时，保证人可要求债权人接受其清偿。

(2)当债权人不受领此等清偿，或拒绝向保证人移转他享有的担保时，保证人应被免除责任。

第 1940 条 （保证人的求偿权）

(1)已经清偿的保证人应向主债务人求偿，是否在主债务人明知的情况下提供的保证，在所不问。

(2)上述求偿权应适用于主债、利息和发生的诉讼费用。

(3)保证人可请求偿还的诉讼费用，只能是因他向主债务人通知了对他本人提起的诉讼所发生的费用。

第 1941 条 （损害赔偿）

(1)由于债务人的过失或疏忽致使保证人不得不向债权人清偿的，保证人可请求债务人赔偿损害。

(2)此等损害赔偿的数额，得根据本题第 2 章制定的规则(第 1790 条至第 1805 条)确定。

第 1942 条 （求偿权的消灭）

（1）保证人有权利、也有义务向债权人提出主债务人可利用的所有抗辩，这些抗辩为其保证的性质所排除的除外。

（2）保证人未提出此等抗辩的，在这些抗辩可使他免于偿付的金额的范围内，其补救应被阻却。

（3）第（2）款的规定，不适用于保证人能证明他无过失地不知此等抗辩的情形。

第 1943 条 （重复清偿）

（1）由于保证人未能将其清偿告知债务人，债务人又进行清偿的，保证人丧失其求偿权。

（2）他可要求债权人返还其从债务人受领的不当清偿。

第 1944 条 （代位）

（1）保证人应在其向债权人清偿的范围内代位行使债权人的权利。

（2）此等代位利益不得预先放弃。

第 1945 条 （债权人的义务）

债权人应将权源证书转交向他进行清偿的保证人，并办理一切使保证人能行使其补救和实现债权人利益的担保的手续。

第 1946 条 （代位不能）

由于债权人的行为或疏忽使保证人不再能实现对债权人的权利、抵押权和留置权的代位的，保证人应被免除对债权人的责任。

第 1947 条 （债务人破产）

（1）在债务人破产的情况下，债权人应在破产程序中作出证明。

（2）债权人在知道破产程序后，得立即通知保证人此事。

（3）如果债权人未能遵守上述规则，他应在由此给保证人造成的损失的范围内丧失对保证人的权利。

第 1948 条 （反担保）

在下列情形中，即使在保证人作出清偿前，他可对债务人采取行动，要求他提供担保：

（1）债务人已收到清偿其债务的通知；

（2）债务人已被宣告破产；

（3）由于债务人已遭受的损失或由于债务人的过失，保证人承担了比他承担保证时大得多的风险。

第 1949 条　（反保证人）

反保证人向保证人保证其对主债务人的求偿权的实现。

第 1950 条　（第二保证人）

(1)一个人不仅可为主债务人作保，而且可为其保证人作保。

(2)第二保证人对保证人的地位同于一般保证人对主债务人的地位。

(3)主债务人和附属保证人的混同不得消灭债权人对第二保证人的诉权。

第 1951 条　（多个保证人）

(1)当数个保证人就同一债务同时成为同一债务人的保证人时，每个保证人得就其份额承担一般保证人的责任，就其他保证人的份额承担第二保证人的责任。

(2)当诸保证人以前后相继的行为承担保证时，在后承担义务的保证人得作为在先承担义务的保证人之第二保证人承担责任。

(3)当诸保证人明示约定不论对主债务人还是彼此之间都承担共同保证人的义务时，每个保证人都对全部债务负责，但以将来其他保证人按其份额的比例分摊其清偿为条件。

第 6 章　与合同有关的第三人

第 1952 条　（合同效力的相对性）

(1)除本法典规定的情形外，合同只应在缔约方之间产生效力。

(2)本条规定不影响关于非契约责任的规定(第 2056 条)。

(3)本条规定不影响关于代理的规定(第 2179 条至第 2265 条)。

第 1 节　涉及第三人的允诺和约定

第 1953 条　（由第三人代替的选择权）

在订立合同时，当事人可为另一人保留代替他承担合同规定的权利和义务的选择权。

第 1954 条　（效力）

(1)如果在随后的 3 天内作出这样规定的指定，则合同有效，犹如它是通过代表缔结的。

(2)如果在 3 天内未作出指定，则合同将作为订立合同的当事人间的合同生效。

第 1955 条 （为第三人允诺）

一个人可以作为第三人的允诺人，允诺该第三人的作为或不作为。

第 1956 条 （效力）

(1)当第三人批准了涉及他的许诺时，代替其作出允诺的人得免除责任。

(2)除非另有约定，代替他人作出允诺的人不保证该合同的适当履行。

(3)如果第三人不批准该合同，代替他作出允诺的人得对他方因该合同的不履行蒙受的损害承担责任。

第 1957 条 （为第三人利益的约定）

合同当事人可约定，一方当事人得为某一第三人的利益履行一项义务。

第 1958 条 （约定者的权利）

(1)除非另有约定，为他人利益作出约定的人，只要他尚未将选择权赋予合同中提到的第三人，或上述第三人拒绝了该约定的利益，他可自己保留合同利益，或指定一个该约定的新受益人。

(2)如果该约定的受益人已接受它，在允诺人不履行其义务时，订约人得保留维护因不履行合同产生的权利的权利。

第 1959 条 （受益人的选择权）

为其利益作出约定的人在依合同获得选择权时，可随其所愿接受或拒绝该约定的利益。

第 1960 条 （订约人的继承人）

(1)如果允诺人承担的义务要在订约人死后履行，订约人指定的该约定的受益人如果主张该约定的利益，得于受益人死亡之日获得其针对允诺人的权利。

(2)订约人的继承人不得撤销订约人作出的该约定的受益人指定。

第 1961 条 （受益人的权利）

(1)一旦约定的受益人受领，他不可撤销地获得合同赋予他的针对允诺人的权利。

(2)允诺人可对此等受益人提出他可对订约人提出的任何纯人身性质的抗辩。

第 2 节　债权的让与和代位

第 1962 条 （权利让与）

债权人可不经债务人同意将其权利让与第三人，法律或合同禁止此等让与或该交易本身的性质阻却此等让与的除外。

第 1963 条　（让与的范围）

利息之债应被视为与债的本金一起让与。

第 1964 条　（担保）

(1)在有偿让与之情形，让与人应担保权利在让与之时存在。

(2)他不保证债务人的清偿能力，但他明确接受这种责任的除外。

(3)如果让与是无偿的，让与人不保证权利的存在。

第 1965 条　（保证的范围）

(1)负有保证义务的让与人，仅在他收受的本金和利息金额的范围内对受让人负责。

(2)此外，他得对让与费用和任何败诉于债务人的费用负责。

第 1966 条　（有效的抗辩）

(1)债务人可对受让人提出他可对让与人提出的、在他知道让与事项时可利用的一切抗辩。

(2)如果他对让与人享有某一当时还不能要求履行的债权，如果其债权不晚于被让与的债权到期，他可诉诸抵销。

第 1967 条　（债务人反对让与的可能）

(1)如果债务人在让与人或受让人通知让与情事前依诚信对让与人作了清偿，应被免除责任。

(2)如果同一债权被让与给数个受让人，应注意将这些让与通知债务人的期日，或债务人在一份附有经认证的期日的文件中商定的期日。

(3)债务人应向主张自己在最早的期日受让债权的受让人为清偿。

第 1968 条　（债权人的代位）

(1)得到第三人清偿的债权人可以由该第三人代位取得其权利。

(2)代位应是明示的，并在清偿之时完成。

第 1969 条　（债务人的代位）

向第三人借贷金钱或其他可替代物偿债的债务人，可被出借人代位取得债权人的权利而不经债权人同意。

第 1970 条　（条件）

(1)债务人代位的默示条件是，证明该贷款的文据带有一个经认证期日，并且其中说明了所贷款项的用途。

(2)贷款的收据得带有一个经认证的期日，并包含一项明确说明清偿是通过该贷款进行的声明。

(3)在债务人要求时,债权人不得拒绝在收据中包含这一声明。

第 1971 条 (法定代位)

在下列情形,在已清偿的金额的范围内,依法发生对债权人权利的代位:

(1)为了此等人的利益发生法定代位:他们就债务的偿付与他人共负义务或代表他人,一经清偿了债务就因此有权向其共同债务人求偿或要求他们分摊;

(2)为此等人的利益发生法定代位:他们是某项财产的所有人,或对该财产享有留置权、抵押权或者质权,向对同一财产享有留置权、抵押权或质权的债权人作了清偿;

(3)法律规定的任何其他情形。

第 1972 条 (部分清偿)

(1)代位不得为损害只获得部分清偿的债权人而发生。

(2)债权人可优先于他从其获得部分清偿的人行使其对于仍待给付的余债的权利。

第 1973 条 (代位或让与的效力)

(1)某项权利的代位债权人或受让人可行使附属于该权利的留置权、担保和其他从权利。

(2)未经出质人同意,他不能进入对债权人作为质物收受的物的占有。

第 1974 条 (原债权人的义务)

(1)让与某项权利或接受第三人支付的人,应向受让人或代位债权人移交与该债务有关的权源文件,并向他提供任何可利用的证明手段,以及使他能维护其权利的必要资料。

(2)在部分让与或清偿的情况下,原债权人得提供经两个证人证明的债权证明文书的副本。

第 1975 条 (例外)

(1)前数条的规定不影响调整某些特定权利之让与的特殊规则。

(2)请求权包含在经登记的文件、汇单或无记名票据的情形,不受任何影响。

第 3 节 委任与债务的让与

第 1976 条 (委任的原则)

经债权人同意，或在法律或习惯规定的情形无需债权人同意，债务人可委任另一人履行其债务。

第 1977 条 （债权人的接受）

（1）除非有明确的相反规定，同意这种委任的债权人得保留其对原债务人的权利。

（2）在要求被委任的债务人清偿债务前，他不得要求原债务人清偿。

第 1978 条 （被委任人的接受）

即使被委任人是其委任人的债务人，他亦无接受该委任的义务，但这一规定应依习惯调整。

第 1979 条 （委任的撤销）

（1）委任人在被委任人接受对债权人的责任或完成清偿后，不可撤销委任。

（2）即使在委任人死亡或丧失行为能力后，被委任人仍可接受此责任或履行此债务。

第 1980 条 （被委任人的权利）

（1）被委任人不得对债权人提起产生于他与委任人的个人关系或产生于债权人与委任人的关系的抗辩。

（2）他可对债权人提出产生于他们间的个人关系的抗辩。

第 1981 条 （被委任人支付不能）

（1）在受委任的债务人变得支付不能时，已免除原债务人责任的债权人对后者无任何补救，委任文件对此作了明确保留的除外。

（2）如果被委任人的支付不能在作出委任之时法院已有记录，他得保留其对原债务人的补救。

第 1982 条 （担保）

已为债务提供财产担保或作为保证人的第三人对债权人不负责任，他们对这种委任表示同意的除外。

第 1983 条 （财团的让与）

（1）取得了某一财团或者一家带有资产和负债之企业的人，一旦他将该转让通知债权人或在报纸上公告，应对这些债权人就债务承担债的责任。

（2）前债务人应在 2 年内与新债务人共同承担责任。

（3）对到期债务，这一期限从通知或公告之日起算，对其他债务从债务到期日起算。

第 1984 条 （企业合并）

当两家企业通过相互移转其资产和负债进行合并时，新企业得对每家企业的全部债务负责。

第 1985 条 （合伙的形成）

(1)第 1984 条的规定，应适用于一家独资企业转换成一个普通合伙或有限合伙的情形。

(2)新合伙得对它吸收的独资企业的债务负责。

第 4 节 当事人的继承人

第 1986 条 （原则）

合同当事人的继承人应在该合同中取代被继承人，有相反的约定或合同性质要求产生相反情形的除外。

第 1987 条 （为第三人利益的约定）

为第三人利益作出的一项约定，如果被该第三人接受，在它得到履行前第三人死亡，则该约定得为其继承人的利益履行。

第 5 节 当事人的债权人

第 1988 条 （扣押）

(1)债务人对其债务的履行应由其全部资产担保，但依法不能被扣押的资产除外。

(2)有关扣押的规则，特别是关于扣押债务人的债权的规则，规定于民事诉讼法典中。

第 1989 条 （债务人间的协议）——1. 原则

(1)某人缔结的协议可对抗其债权人。

(2)某人就某物缔结的协议，自该协议的期日被认证之日起，或在法律规定了公告此等协议的情况下，从公告之日起，可对抗从该人取得了针对该物的某一特定权利的第三人。

第 1990 条 ——2. 享有优先权的债权人

第 1989 条的规定，不适用于法律特别规定的情形，在此等情形中，法律或合同授予债权人以优先权或者留置权，或债务人被法院判决剥夺了对其财产的管理权。

第 1991 条 ——3. 表见行为

(1)第 1989 条的规定,不适用于虚假意思表示案件。

(2)涂销了印鉴的文件只约束缔约当事人。

(3)一方当事人的债权人可根据其缔结的合同利用此等表见行为。

第 1992 条　(保全措施)

债权人可以债务人的名义采取为防止债务人某项权利的灭失所必需的任何保全措施。

第 1993 条　(行使债务人的权利)

(1)经法院许可,债权人可作为债务人的代表行使债务人的全部权利,以防止债务人的贫困危及债务的清偿。

(2)如果债权人打算行使的权利在性质上或依法具有债务人的人身属性,法院得拒绝对债权人给予上述行为许可。

(3)如果其支付不能不在考虑中的债务人的怠于行使权利并未使债权人的权利遭受危险,法院得拒绝给予上述许可。

第 1994 条　(虚假表示)

债权人可通过法院判决确定债务人完成的某项交易是假装的,属于当事人商定了不打算履行的协议。

第 1995 条　(债务人的欺诈)

债权人可以自己的名义对债务人以诈害债权人权利为目的实施的财产让与或缔结契约行为的效力提出异议。

第 1996 条　(诈害行为)

(1)如果债务人实施某种行为是为了变得支付不能,或知道他会以此等行为加重其支付不能的状态,该行为应被认为是为了诈害债权人的权利实施的。

(2)债权人不得对债务人清偿到期债务提出异议。

第 1997 条　(诚信第三人)

因债权人的诉权受危害的第三人,只要受到异议的行为或赋予该第三人权利的不特定行为是有偿实施的,他可提出其诚信作为抗辩对抗此等诉权。

第 1998 条　(除斥期间)

债权人的诉权得自对此等行为提出异议之日起 2 年内行使。

第 1999 条　(效力)

(1)债务人经宣告为欺诈的行为不得对抗提起诉讼的债权人。

(2)该行为在当事人间以及对于其他债权人仍有效。

第 2000 条　(破产)

前数条的规定，不影响关于在债务人破产的情况下债权人行使债务人的权利的规则，或债权人对抗债务人的诈害行为的诉权。

第7章　合同的证明

第1节　举证责任与证据的可接受性

第2001条　(举证责任)

(1)要求履行债的人得证明债的存在。

(2)主张债无效、已变更或消灭的人，应证明引起此等无效、变更或消灭的事实。

第2002条　(证明的手段)

证明可根据本章确定的规则和民事诉讼法典规定的形式，通过书面文件、证人、推定、当事人的承认或宣誓提供。

第2003条　(应以书面形式订立的合同)

如果法律要求以书面形式订立合同，则该合同不能由证人或推定来证明，但已证实，证明该合同的文件已毁坏、被盗或丢失的除外。

第2004条　(关于证据的协议)

当事人不能在其合同中对阻却或限制某种证明手段的可接受性的规则作出例外规定。

第2节　书面证据

第2005条　(书面文件的证明力)

(1)书面文件在签名的各方间是文件中包含的协议和载明的日期的决定性证据。

(2)对于有关行为的被代理人和当事人的继承人，它具有相同的证明力。

第2006条　(相反证据)

(1)书面文件中包含的陈述，只可由在文件上签名的人通过向利用它的当事人宣誓的方式表示异议。

(2)不得接受任何证人或推定反对此等陈述。

第2007条　(否认笔迹)

(1)受到一份未经认证的文件的诘难的人，如果不想承认它是自己签署的，他得正式否认其被声称的笔迹和签名。

(2)继承人宣称他们不承认其尊亲属的笔迹或签名，即为已足。

第 2008 条 (笔迹鉴定)

如果一方当事人否认其笔迹或签名，或其继承人宣称不承认此等证据，法院可命令进行笔迹鉴定。

第 2009 条 (第三人)

(1)第三人可以各种方法证明包含于一份文件中的陈述为虚假，但该文件由一位公务员起草或被其接受的除外。

(2)他们尤其可以各种方法证明文件上的日期为虚假，该日期已被认证的除外。

第 2010 条 (经认证的文件)

(1)如果有关文件由一位具有适当资格的公务员起草或接受，第三人只能对文件中源于当事人，并且不可能由该公务员本人证实的有关陈述自由地提出异议。

(2)未经法院允许，不能对公务员本人证实的陈述提出异议。

第 2011 条 (经认证的文件的副本)

(1)经认证的文件原件的副本或影印件，当它们经具有适当资格的公务员证明时，与原件具有相同的证明力。

(2)相同的规则应适用于原件的部分影印件。

第 2012 条 (公共记录)

保存在公共登记簿上的公共或私人文件的副本，由被委托管理登记簿的登记官员依条例发放的，与原件具有相同的真实性。

第 2013 条 (核对与照片)

(1)在前数条规定的情形中，当事人不能要求向法院提交文件原本，但可要求自负费用把提交的副本与原本进行核对，或在没有原本时，与保存在公共登记簿中的副本进行核对。

(2)他们可自负费用要求核对文件的影印本。

第 2014 条 (原件遗失)

在没有原件或保存于公共登记簿中的副本时，根据前数条制作的副本如果表面上看不出任何涂擦、变造或使人有理由生疑的任何其他特殊之处，得维持其真实性。

第 2015 条 (经认证的日期)

在下列情形，文件得获得一个被认证的日期：

（1）如果该文件由一位公务员制作或接受，其制作或被接受之日；

（2）如果该文件被另一份由一位公务员制作或接受的文件援引，其他文件的制作或接受之日；

（3）如果签署该文件的人之一已死亡或变得在物理上不能签署它时，死亡或这种无能力发生之日。

第 2016 条　（商业账簿）

（1）商业账簿上的记载不能作为有利于为此等记载者的证据。

（2）它们是不利于作出记载者的证据，但试图利用它们的当事人不能为了抛弃反对其债权的记载而割裂它们。

第 2017 条　（家庭记录和文件）

家庭记录和文件不是有利于书写有关记录和文件者的证据。

第 2018 条　（反对作者的证据）

下列情形中的记录和文件，是反对书写该记录和文件者的证据：

（1）它们正式提到一项清偿；

（2）它们包含一项明确的陈述，声明该项记录是为了弥补权源证书的遗漏以有利于为了其利益它们声明一项债的人。

第 2019 条　（原因的证明）

（1）如果某人允诺作出清偿或承认某债务，为其利益作出允诺或承认债务的人，不必证明他人作出允诺或承认的合理原因。

（2）可推定存在一项有效的协议，此等推定可被相反的证据推翻。

（3）如果提出了原因为虚假的证据，则主张该债务具有其他合法原因的当事人得证明之。

第 3 节　清偿的推定

第 2020 条　（清偿的推定）——1. 转交权源文书

向债务人转交权源文书的行为，应被推定已清偿债务。

第 2021 条　——2. 债权人的记载

债权人在始终由他占有的权源文书的末尾、页边空白或背面的记载，如果它们倾向于证明债务人的免责，即使债权人未签名或注明日期，亦得成为决定性证据。

第 2022 条　——3. 前债或现债

(1)对于利息或其他定期应付款项，如果债权人未作任何保留地出具了某特定期间的收据，他被视为已收到了前一期的应付款。

(2)如果债权人出具了受领主债的收据，他被视为已受利息之偿付。

第 2023 条 ——4.6 个月后的推定支付

下列债务在其到期后已满 6 个月的，应被视为已支付：

(1)对职员、公务员、仆人、短工和工人欠的工资债务；

(2)对师傅或教师就其每月上的课程欠的债务；

(3)对旅馆老板、客栈老板或寄宿处管理人欠的膳宿费债务；

(4)就商人向私人提供的为消费或日用的商品和食物对商人欠的债务。

第 2024 条 （两年后的推定支付）

下列债务在其到期后已满 2 年的，应被视为已支付：

(1)对内科医生、外科医生、牙医、助产士、药剂师或兽医因其职业服务或供应所欠的债务；

(2)对律师、公证人或其他法律职业人员就其职业服务所欠债务；

(3)对手工艺者就其完成的工作所欠债务；

(4)对房屋或农用资产的租金债务；

(5)定期付款的债款；

(6)贷款利息和一般每年或在更短的周期间隔内可支付的金额的利息。

第 2025 条 （反证）

下列情形，不应适用前数条规定的推定：

(1)债务人已书面承认债务的；

(2)在法律规定的期限届满前，债权人为了让债务人清偿债务已起诉的。

第 2026 条 （宣誓）

(1)不得采纳任何证据推翻第 2020 条至第 2024 条规定的推定。

(2)债权人可要求债务人，或债务人可要求债权人，就债务是否已清偿宣誓。

(3)债权人或债务人的继承人可被要求就他们是否知道债务清偿宣誓。

第13题　非契约责任与不当得利

第1章　非契约责任

第2027条　(非契约责任的发生根据)

(1)任何人应对因过犯给他人造成的损害承担责任,而不论他为自己设定的责任如何。

(2)在法律有规定的情形,一个人应对因其从事的活动或所占有的物给他人造成的损害承担责任。

(3)如果某人根据法律应对第三人负责,他应对该第三人因过犯或依法律规定发生的责任负责。

第1节　因过犯所生责任

第1目　一般规定

第2028条　(一般原则)

任何因过犯给他人造成损害的人,得赔偿损害。

第2029条　(过犯的种类)

(1)过犯可由故意行为或纯粹的疏忽构成。

(2)过犯可由行为或不行为构成。

第2030条　(公共道德)

(1)如果某人以违反道德或公共秩序的方式或在这样的状态中行为或不行为,则他实施了过犯。

(2)必须考虑一个合理的人的行为。

(3)除非法律另有规定,过错的估计不得考虑有关人的年龄和精神状态。

第2031条　(职业过失)

(1)从事某一职业或某特定活动的人在从事该职业或活动时,得遵守调整该活动的规则。

(2)如果适当考虑到其职业活动的科学事实或既定规则,他犯有由确凿无疑地不知其义务构成的不慎或疏忽,他应承担责任。

第2032条 (故意伤害)

(1)一个人如果故意侵辱他人,即使他未从其行为中寻求任何个人利益,他实施了过犯。

(2)一个人如果在充分知情的状况下,为了寻求与其所致损害不相称的个人利益而给他人造成了实质的损害,则他实施了过犯。

第2033条 (滥用权力)

(1)如果一个人把为了他人利益被赋予的权力转化为自己的利益,则他实施了过犯。

(2)如果公务员把因其职责为了公众利益被赋予的权力转化为自己的利益或另一人的利益,则他实施了过犯。

第2034条 (权利的目的)

不得因权利的行使方式违背该权利的经济或社会目的而对其提出异议,前数条规定有相反表示的除外。

第2035条 (违反法律)

(1)一个人如果违反某法律、法令或行政条例的任何专门和明确的规定,则他实施了过犯。

(2)对法律的不知不得成为宽宥的理由。

第2036条 (上级命令)

(1)尽管某项行为是根据上级当局的命令实施,但并不必然免除行为人的责任。

(2)行为人如果知道该命令的违法性质,特别是因为发出命令的人无管辖权,以及被命令作出的行为的犯罪性质而具有上述认知,则他实施了过犯。

(3)如果根据案件的具体情况,特别是考虑到行政或军事纪律的严格要求,行为人处在不能质疑所收到的命令或采取其他行为的地位,则不存在过犯。

第2037条 (合同的不履行)

(1)如果某人未能履行合同义务,他没有实施非契约责任方面的过犯。

(2)关于不履行合同的规定应适用于此等情形。

第2目 特殊情形

第2038条 (人身攻击)——1.原则

(1)一个人如果故意违背他人意愿接触他人身体,则他实施了过犯。

(2)不论对他人的身体伤害是由于人身接触、还是由于使用有生命或无生命的物件所致,都实施了过犯。

(3)除非另有规定,仅作出对他人进行人身攻击的威胁不构成过错。

第 2039 条 ——2.正当行为

在下列情形,不得视为实施了过犯:

(1)被告不可能合理预见到原告会反对其行为;

(2)该行为是以合理的方式进行正当自卫,或为正当地保卫他人,或为了保护被告是其合法所有人或占有人的财产;

(3)该行为是被告对其子女、被监护人、被保佐人或仆人施加的合理体罚;

(4)原告是一个危险的精神病患者,因而必须阻止他造成损害,而该阻止他的行为是以合理的方式作出的;

(5)一个合理的人认为能证明被告的行为正当的任何其他情况。

第 2040 条 (干涉他人自由)——1.原则

(1)当某人未经正当的法律授权哪怕是在短期内干涉他人的自由并禁止他人按照其有权做的那样迁移时,他实施了过犯。

(2)在此等情形,即使对原告的人身未造成侵辱,亦应被视为实施了过犯。

(3)原告由于受到他不可能不知道的危险的威胁而被迫以特定方式行为,即为已足。

第 2041 条 ——2.合法授权

如果对在被告的合法羁押下的某人课加的强制是以合理方式进行的,并且是为了实施法律赋予被告的权力,则不应被认为实施了过犯。

第 2042 条 ——3.刑事犯罪

(1)如果干涉他人自由的人有充分理由相信被干涉的人犯了罪,则不应被认为实施了过犯。

(2)在第(1)款规定的情形,如果干涉他人自由的人未能立即将受其强制的人交给警察,则他得承担干涉他人自由的责任。

第 2043 条 ——4.保释

为他人提供保释金,向当局保证该人将居住于特定地点的人,当他有充分理由认为被保释人准备潜逃时,他可合法地干涉该人的自由。

第 2044 条 (诽谤)——1.原则

通过其言辞、文字或任何其他方法使另一个生存的人变得可恶、卑鄙或可笑,并使其信用、名誉或前途受到危害的人,实施了过犯。

第 2045 条 ——2.侵辱故意的阙如

(1)侵辱的故意不被认为是构成诽谤的一个实质要件。

(2)如果被指控为诽谤的言说者或作者,没有在其言语或文字中有意针对任何特定的人,不应被认为犯有诽谤。

(3)此等情形,言说者或作者只有处在本应合理预见到其言辞或文字可能给他人造成侵辱的境地时,才得承担责任。

第 2046 条 ——3.公众关心的问题

(1)如果某人把自己限制在表达其对公众关心的问题的意见的范围内,即使这种意见使他人受到公众强烈谴责从而使其受到侵辱,亦不得认为该人实施了过犯。

(2)在此等情形,除非被告确知对原告的控告是诬告,不得认为犯有诽谤。

第 2047 条 ——4.被主张之事实的真实性

(1)如果被告提出证据证明其控告的准确性,则不得认为犯有诽谤。

(2)在此等情形,除非其行为仅出于故意侵辱,不承担责任。

第 2048 条 ——5.豁免

(1)对于在议会辩论或诉讼过程中的言论,不产生任何责任。

(2)以其精确的方式重复此等言论的人,只有在仅出于侵辱的故意行事时,才承担责任。

第 2049 条 ——6.正当行为

(1)通过出版物进行的诽谤,如果被告的行为没有侵辱的故意和重大疏忽,经原告请求被告立即公开撤回并公开道歉的,不产生任何责任。

(2)对于通过出版间隔在一周以上的定期出版物上进行的诽谤,原告可要求立即在他选择的期刊上公开撤回并公开道歉。

(3)在其他情况中,撤回和道歉应在公布诽谤事实的期刊上刊登。

第 2050 条 (对配偶权的侵辱)——1.原则

(1)某人在明知某女已结婚的情况下,违背其丈夫的意愿引诱该妇女离开其丈夫的,无论引诱人是男是女,都实施了过犯。

(2)某人在明知某男已结婚的情况下,违背其妻子的意愿引诱该男子离开其妻子的,无论引诱人是男是女,都实施了过犯。

(3)某人在充分知道某已婚妇女的丈夫反对的情况下,违背其丈夫的意愿接待、隐匿或容留该妇女的,实施了过犯。

第 2051 条 ——2. 正当行为

第 2050 条第(3)款的规定，如属于下列情形之一，则不得认为实施了过犯：

(1)丈夫和妻子已同意分居的；

(2)丈夫犯有对其妻犯有残暴行为，或被告有充分理由这样认为，并且出于人道而容留该妇女。

第 2052 条 (教育和监督的义务)

(1)如果某人对法律规定或依照法律委托他看管或监督的人，考虑到具体情况和习惯，可合理预期他会采取教育和监督措施而未采取的，他实施了过犯。

(2)如果由于他不履行义务导致受其看管的人遭受损害的，他得承担责任。

(3)如果由于他不履行义务致使受其监督的人给第三人造成损害的，他得承担责任。

第 2053 条 (非法侵入)

某人如果无正当的法定授权，违背土地或房屋的合法所有人或占有人明确表示的意愿，强行侵入他人的土地或房屋，他实施了过犯。

第 2054 条 (对财产的侵犯)

某人如果无正当的法定授权，违背有关财产的合法所有人或占有人明确表示的意愿占有财产，他实施了过犯。

第 2055 条 (缔约谈判)

某人如果在宣告其订约意图并诱使他人为与之订约发生费用后，任意放弃其意思，他实施了过犯。

第 2056 条 (无视既有合同的责任)

(1)任何知道另外两人间存在合同的人，如果与其中一人缔结合同，由此使第一个合同的履行成为不可能，他实施了过犯。

(2)如果指责对第一个合同之违反的当事人未能采取本可确保该合同的有效履行的必要措施，则第(1)款规定的人不承担责任。

第 2057 条 (不公平竞争)

某人通过虚假出版物或以其他有悖于诚信的方法，损害某产品的声誉或某商业企业的信用的，他实施了过犯。

第 2058 条 (虚假表示)

如果某人通过表示或行为或通过不作为，导致第三人或特定第三人相信某种事态，又违反诚信对相信此等事态的真实性的第三人起诉，则他实施了过犯。

第 2059 条 （虚假信息）——1.原则

在下列情况中，如果某人故意或过失地向他人提供虚假信息，他实施了过犯：

(1)他知道接受该信息的人或另一特定的人将依此信息行事并因此遭受损害；

(2)他受到其职业规则的约束，必须提供准确信息。

第 2060 条 ——2.例外

(1)如果提供不正确信息的人所作的陈述以另一人的资格、行为、清偿能力、权能或允诺为内容，并且陈述的目的是为了使该人得到信用、金钱或商品，得不承担责任。

(2)在这种情况下，除非陈述是以签名文件的形式作出的，陈述者不承担责任。

第 2061 条 （证人）

(1)证明特定事件的发生或未发生，或特定事实的存在或不存在的证人，应保证其陈述的准确性。

(2)如果有关陈述不准确，他们应对基于该陈述的信任采取行动的第三人承担责任。

(3)诚信的证人对导致其发生错误的人提起诉讼的权利不受影响。

第 2062 条 （建议或推荐）

如果某人把自己限制为向他人提出建议或推荐，他不应被认为实施了过犯。

第 2063 条 （扣押财物）

某人为了担保对他负欠的债务之偿付，不必要地在与债额不成比例的范围内扣押其债务人占有的财货的，实施了过犯。

第 2064 条 （执行法院的命令）

(1)执达吏执行法院以规定形式发布的命令的，未实施过犯。

(2)如果该命令未采取规定的形式，或执达吏超越其指示，或执行这些指示而未适当考虑法律规定，应被认为实施了过犯。

第 2065 条 （诉讼时效）

诉诸为他的利益进行的取得时效或除斥期间的，未实施过犯。

第2节　过犯阙如的责任

第2066条　（紧急避险）

（1）为了使本人或他人的人身或财产免受紧迫的损害，故意给他人造成损害的人，应对因此导致的损害承担责任。

（2）如果损害是由于受害人的过失所致，则不导致任何责任。

第2067条　（身体伤害）——1.原则

（1）以其行为造成他人身体伤害的人，应承担责任。

（2）如果致损行为是法律命令的，或是出于正当自卫而为，或损害完全是由于受害人的过失所致，则不导致任何责任。

第2068条　——2.体育活动

在进行体育活动的过程中，对参加同一活动的人或在场观众造成伤害的人，如果不存在任何欺骗行为或对运动规则的重大违反，不承担任何责任。

第2069条　（危险活动）——1.原则

（1）通过使用或储存爆炸性或有毒物质、安装高压输电线路、改变地势、或从事特别危险的工业活动使他人承担不正常风险的人，如果他创造的危险已成为事实，由此引起他人的损害，他应承担责任。

（2）即使危险的制造者是国家或已获得授权的行政当局，仍应适用第（1）款的规定。

第2070条　——2.潜在危险

不正常风险的设立导致相邻财产价值减少的，风险的制造者不承担责任，有过失的情形除外。

第2071条　（因动物产生的责任）——1.所有人

动物的所有人对动物所致的任何损害承担责任，即使动物偶然逃脱其控制，或所致损害是不可预见的，亦得如此。

第2072条　——2.看管人

（1）为个人营利目的占有某动物的人，应对在其看管期间的动物所致的任何损害承担责任。

（2）第（1）款的规定，应适用于为照料或为任何其他原因租用或借用动物，或占有动物的情形。

（3）照顾动物或为动物所有人或其他人的利益使用动物的雇员，对动物所致损害不承担责任，该损害是由于他自己的过失所致的除外。

第 2073 条　——3. 责任的移转

(1)动物所有人已对受害人支付赔偿的，可向动物看管人求偿。

(2)他可主张全额赔偿，但损害是由于他自己的过失或他对其负责的另一人的过失所致的除外。

第 2074 条　——4. 所有人交出动物

(1)如果损害是由家畜所造成的，该动物的所有人可通过将该动物的所有权移转于受害人来免除自己的责任。

(2)如果损害是他自己或他对其负责的另一人实施的过犯的结果，他不能依第(1)款的规定免责。

(3)通常为娱乐或营利目的饲养的动物，应被视为家畜。

第 2075 条　——5. 看管人交出动物

(1)动物看管人只对动物在造成损害时的价值负责。

(2)如果损害是由家畜以外的动物所致，或是由于他本人或他对其负责的另一人实施的过犯，他的责任不是有限的。

第 2076 条　——6. 受害人的担保

(1)为了确保获得可能对他负欠的赔偿，土地所有人或占有人可扣押并照管属于另一人的对其财产造成了损害的动物。

(2)在情况需要时，为了防止与动物的价值不成比例的实质损害，他可杀死动物。

(3)在上述两种情形，他得毫不迟延地通知动物所有人，或在不知道动物的所有人时，采取必要措施查明。

第 2077 条　(建筑物)——1. 原则

(1)对建筑物所致的损害，即使该损害是不可预见的，建筑物的所有人亦得承担责任。

(2)所有人可向该建筑物的建造人、占据人或对所致损害有过失的人要求补偿。

第 2078 条　——2. 交出建筑物

(1)所有人可通过向受害人交出建筑物的所有权来免除自己的责任。

(2)如果损害是他自己或他对其负责的另一人实施的过犯的结果，他不能依第(1)款免责。

第 2079 条　——3. 损害的威胁

受他人建筑物威胁的人，可要求其所有人采取必要措施防止危险的发生。

第 2080 条　——4. 从建筑物上坠落的物

建筑物的占据人，应对从建筑物上坠落的物所致的任何损害承担责任。

第 2081 条　（机器和机动车辆）——1. 所有人

（1）机器或机动车辆的所有人，应对机器或车辆所致的任何损害承担责任，该损害是由未经允许操作、发动或驾驶该机器或车辆的人造成的，亦同。

（2）如果他能证明，在造成损害时该机器或车辆已被从他处盗走，他不承担责任。

第 2082 条　——2. 保管人或代理人

（1）为个人营利目的占有机器或车辆的人，应对在其占有期间的机器或车辆所致损害承担责任。

（2）为所有人或其他人的利益看管机器或车辆的代理人，对该机器或车辆所致损害不承担责任，但他有过失的情形除外。

第 2083 条　——3. 责任的移转

（1）已向受害人支付赔偿的所有人，可向机器或车辆的保管人求偿。

（2）他可主张全额赔偿，但他实施了过犯或他对其负责的另一人实施了过犯的除外。

第 2084 条　（车辆碰撞）

（1）当两辆机动车发生碰撞时，每辆车应被视为对该事故负均等的责任。

（2）每辆车的所有人或对车辆负责的人，应承担该事故所致损害总额的一半。

（3）本条规定，不应适用于经证明事故完全或主要由于一方司机的过失所致的情形。

第 2085 条　（制造物）

（1）为营利制造商品并向公众销售的人，应对因该商品的正常使用给他人造成的损害承担责任。

（2）如果导致损害的缺陷本可通过对商品的通常检验发现，则不导致任何责任。

第 2086 条　（免责）

（1）被法律宣告对不正常风险的设立，或对动物、建筑物、机器、机动车辆或制造物所致损害负有责任的人，可通过证明他们没有实施任何过犯，或不能查明致损原因，或防止损害不在他们的权限内，或损害是由于第三人的过失所致，使自己免除对受害人的责任。

(2)只有当损害完全或部分是由于受害人的过失时，他们才应被全部或部分免责。

第 2087 条　（其他物件）

在不损害前数条规定的前提下，物件的所有人或保管人，只有在他实施了过犯或他对其负责的另一人实施了过犯时，才对该物件所致的损害承担责任。

第 2088 条　（合同义务）

(1)根据由负有法定责任的人缔结的合同与导致损害的危险性工业活动、动物、建筑物或物件有关的人，不得援引关于因异常风险、动物、建筑物或物件产生的责任的规则。

(2)在这种情况产生的损害后果，得按调整已达成的协议的规则解决。

第 2089 条　（无利害关系的当事人）

(1)甚至在没有合同依据的情况下，于发生损害时正在使用有关动物、建筑物或物件，而此等使用并未给该动物、建筑物或物件的所有人或保管人带来任何利益的人，不得援引调整因动物、建筑物或物件产生的责任的规则。

(2)此等情形，所有人或保管人除非实施了过犯，不承担责任。

第 3 节　赔偿的形式和范围

第 1 目　损害赔偿

一、物质损害

第 2090 条　（赔偿的形式）

(1)除非另有规定，损害得通过给予受害人与损害等值的金额予以弥补。

(2)法院可命令任何适当的替代赔偿或额外赔偿，以弥补或限制损害赔偿，但不得损害当事人的自由权以及第三人的权利。

第 2091 条　（损害赔偿的范围）

法律宣告其负有责任的人应承担的损害赔偿额，应等于引起责任的行为给受害人造成的损害。

第 2092 条　（将来损害）

确定会发生的将来损害，得予以赔偿而毋庸等到其实际发生。

第 2093 条　（受害人已投保的情形）

(1)如果受害人已投保,他可就其所遭受的损害请求赔偿,完全如同他没有投过保。

(2)保险人不得为自己的利益向造成保险合同所承保的风险发生的行为人请求赔偿。

(3)保险合同可规定保险人代位取得受害人对责任人的权利。

第 2094 条 (取得年金的受害人)

(1)如果受害人因致损行为获得一笔年金,他可就其遭受的损害请求损害赔偿,完全如同他没有取得年金。

(2)支付年金的人不得为自己的利益向导致应当支付年金的行为人请求赔偿。

(3)他与受害人间的契约可规定由其代位取得受害人对责任人的权利。

第 2095 条 (死亡事故)——1.特定近亲属的权利

(1)在发生死亡事故的情况下,死者的配偶、尊亲属及其卑亲属可为自己的利益请求赔偿其因死者的死亡遭受的物质损害。

(2)在这种情况下,损害赔偿得采取给付生活津贴的形式。

(3)即使上述原告有可要求对其尽生活保持义务的亲属,这种生活津贴仍得支付。

第 2096 条 ——2.其他人

在发生死亡事故时,其他人不得为自己的利益请求赔偿,即使他们证明自己是死者生前提供物质帮助或扶养的人亦不例外。

第 2097 条 (诚信)

(1)损害赔偿的请求不得违背诚信。

(2)受害人不得就他可采取合理行动避免或限制而听任其发生的损害要求赔偿。

第 2098 条 (受害人的过错)

(1)如果损害部分地由于受害人的过错所致,则受害人仅有权请求部分赔偿。

(2)在确定待赔偿的损害的范围时,应考虑案件的所有情况,特别是所犯过失对引起损害的作用大小以及这些过失各自的严重程度。

第 2099 条 (衡平的权力)——1.不知过犯

(1)如果导致责任的过犯是处在不知其行为的过错性质状态的人实施的,在衡平需要时,法院可减少授予的赔偿额。

(2)在这一问题上，必须考虑当事人各自的财务状况和过犯的行为人的赔偿损害责任的后果。

第 2100 条　——2. 上级命令

(1)如果由纪律或服从产生的责任感推动行为人作出过犯行为，在衡平需要时，法院可减少授予的赔偿额。

(2)在作出决定时，必须考虑这种责任的紧迫程度。

第 2101 条　——3. 不可预见的损害

(1)在衡平需要时，如果赔偿额由于不可预见的情况超出本可合理预期的范围，则法院可减少致损人应支付的赔偿额。

(2)如果损害是由于故意过犯所致，则不得依第(1)款规定作出减少的命令。

第 2102 条　——4. 估算有困难

(1)在不能计算出准确的赔偿额时，法院应考虑事态的正常发展和受害人采取的措施，公平地确定此等金额。

(2)对于一项损害的存在本身，而不仅就其数额存在疑问的，不能授予任何赔偿。

第 2103 条　——5. 紧急避险

一个人在未实施过犯的情况下，为了使本人或他人免受紧迫的损害或危险给他人财产造成损害的，法院得公平地确定他应付的赔偿额。

第 2104 条　(名义上的损害赔偿)

如果起诉完全是为了证实原告的某项权利受到侵犯，或被告已导致某种责任，可授予一个纯粹名义上的损害赔偿。

二、精神损害

第 2105 条　(原则)

(1)不当行为的行为人得赔偿因其不当行为给他人造成的精神损害，但以就此等补救存在适当的程序为条件。

(2)除非法律另有明文规定，精神损害不能通过损害赔偿的途径来填补。

第 2106 条　(故意的过犯)

如果被告故意使原告遭受精神损害，法院可通过补救的途径，命令被告向原告或原告指定的慈善机构支付公平的赔偿。

第 2107 条　(人身攻击)

如果被告强行对原告的人身进行使人不愉快的或令人反感的接触，则法院可通过补救的途径，命令被告向原告或原告指定的慈善机构支付公平的赔偿。

第 2108 条 （非法拘禁）

如果被告非法剥夺原告的自由，则法院可通过补救的途径，命令被告向原告或原告指定的慈善机构支付公平的赔偿。

第 2109 条 （诽谤）

对于侮辱或诽谤，如属下列情形之一，可通过补救的途径，裁决向原告或原告指定的慈善机构支付公平的赔偿：

(1)侮辱或诽谤原告已犯罪或实施了可依照刑法惩罚的过犯；

(2)他们声称原告无能力从事其职业或不诚实地执行此等职业；

(3)原告是商人时，他们声称原告支付不能；

(4)他们声称原告患有传染病；

(5)他们声称原告道德低下。

第 2110 条 （对配偶权的侵辱）

如果被告已侵辱了原告作为配偶的权利(第 2050 条)，则法院可通过补救的途径，裁决向原告或原告指定的慈善机构支付公平的赔偿。

第 2111 条 （诱拐儿童）

如果被告已被刑事法院就诱拐受原告合法看管的儿童作了判处，法院可通过补救途径，裁决向原告或原告指定的慈善机构支付公平的赔偿。

第 2112 条 （对财产的侵犯）

如果被告违背原告明确表示的意愿，强行侵入原告的土地或房屋或扣押原告合法所有的财产，则法院可通过补救途径，裁决支付公平的赔偿。

第 2113 条 （身体伤害或死亡）

公平赔偿可通过补救的途径授予身体伤害的受害人，或在他因此死亡时，给其家人。

第 2114 条 （猥亵罪）

(1)如果某人已因强奸或猥亵受刑事法院判决，则法院可通过补救的途径授予受害人公平的赔偿。

(2)在此等情形，还可授予妇女的丈夫，或被强奸少女的家人赔偿。

第 2115 条 （对妻子的伤害）

(1)如果某人对他人妻子的身体造成伤害，致使她的性器官功能退化或与丈夫的性行为不协调，则法院可通过补救的途径，裁决该人向受害人的丈夫支付公平赔偿。

(2)丈夫以此为理由提出的诉讼可独立于其妻子就其所受伤害提起的损害赔偿诉讼。

第 2116 条　(习惯)

(1)在确定前数条规定的公平赔偿额，以及确认谁有资格担任家庭的代表时，法院应考虑当地习惯。

(2)除非这些习惯不合时宜，或明显违反情理或道德，法院不能忽视这些习惯。

(3)授予精神损害的赔偿额，在任何情况下都不能超过 1000 埃塞俄比亚元。

第 2117 条　(家庭的代表)

在无可适用的当地习惯时，仅下列人员应被考虑为有资格代表家庭：

(1)受害人的丈夫或妻子；

(2)若无丈夫或妻子或他或她无行为能力，受害人的依法有行为能力的最长子女；

(3)若无最长子女或他或她无行为能力，受害人的父亲；

(4)若无父亲或他无行为能力，受害人的母亲；

(5)若无母亲或她无行为能力，受害人依法有行为能力的兄弟姐妹中的最年长者。

第 2 目　其他赔偿形式

第 2118 条　(返还)

(1)法院得命令被告，将不适当地从原告那里拿走的财产及其自拿走之日起产生的收益归还原告。

(2)如果该财产已遗失或毁坏，即使损毁是不可抗力所致，被告应偿还财产的价值。

(3)如果被告已就他被要求返还的财产发生费用，应适用关于不当得利的规定(第 2168 条至第 2178 条)。

第 2119 条　(实物返还)

(1)法院在认为合适时，可命令替换或整理已损毁的财产，其费用由对此种毁坏或减等负责的人承担。

(2)在此等情形,法院得确定替换或整理财产的方法。

(3)如果赔偿责任由国家承担,则法院不得采用这种赔偿方式。

第 2120 条 (荣誉和名誉)

对于针对某个人或多个人的荣誉或名誉的行为,法院可命令由被告承担费用刊登可能抵销此等行为之效果的广告。

第 2121 条 (禁令)

(1)法院可发布禁令,禁止被告实施、继续实施或恢复损害原告的行为。

(2)只有在有充分理由相信可能进行不利于原告的行为,并且他受到其威胁的损害不能通过给予损害赔偿进行补救时,才能发布禁令。

第 2122 条 (不正当竞争)

在不正当竞争的情形中,法院可命令放弃被告采用的不诚实做法。

第 2123 条 (虚假表示)

某人通过其作为或不作为制造某种假象的,第三人基于对此等假象的信赖所实施的行为,可被宣告用来对抗假象的制作人。

第 4 节　对他人行为承担责任

第 2124 条 (父亲的责任)

在未成年子女导致责任时,其父亲得依法承担之。

第 2125 条 (子女的其他监护人)

下列人员得替代父亲承担责任:

(1)对子女行使亲权的母亲;

(2)当子女不住在自己家里时,子女被置于其管理之下的人;

(3)在子女上学或当学徒期间的校长或雇主;

(4)根据如下数条的规定,由于子女的某种行为使其受到责任牵连的雇主。

第 2126 条 (国家责任)——1. 原则

(1)文官或政府雇员得赔偿因其过失给他人造成的任何损害。

(2)当该过失是一种职业过失时,受害人可向国家要求赔偿,但以国家可随后向有过失的文官或雇员求偿为条件。

(3)当该过失是一种个人过失时,国家不承担责任。

第 2127 条 ——2. 职业过失

(1)如果犯有过失的人诚信地认为他是在其职责范围内,并且是为了国家利益行事，该过失应被认为是职业过失。

(2)在其他情形下，过失应被视为个人过失。

(3)除非有相反的证据，文官或雇员应被视为诚信行事。

第 2128 条 ——3.准用情形

第 2126 和 2127 条的规定，应适用于国家以下的行政区划的文官和雇员，以及被立法赋予一定身份的公共服务机构的文官或雇员。

第 2129 条 （社团的责任）

如果社团的代表人、代理人或受雇的工人在履行其职责时导致责任，社团得依法承担之。

第 2130 条 （雇主的责任）

如果雇员之一在履行其职责时导致责任，雇主得依法承担之。

第 2131 条 （履行职责）

(1)在适用第 2129 和 2130 条的范围内，如果错误的作为或不作为是为了履行职责实施的，责任应被视为是在履行职责时发生。

(2)错误的行为或行为是越权行为，或行为人被严格禁止实施该行为的事实，不得免除在法律上为其负责的人的责任，受害人知道或本应知道该事实的除外。

第 2132 条 （推定）

(1)如果损害由社团的代表人或代理人造成，或由受雇工人在其正常受雇的地点或期间造成，他应被视为因履行其职责导致了损害。

(2)可采纳相反的证据推翻此等推定。

第 2133 条 （不履行职责）

有关职责仅为行为人提供了实施因其损害的错误的行为或不作为的机会的，不得认为责任是在履行职责时产生的。

第 2134 条 （独立的工人）

某人要求他人进行工作，后者在工作时犯有过失或过犯的，如果过犯的行为人不受前者制约，并被认为保持其独立性，则前者不对后者的行为承担责任。

第 2135 条 （诽谤）

报纸的执行编辑、小册子的印刷商或书籍的出版者，依法对某印刷文本之作者所犯的诽谤承担责任。

第 2136 条 （责任的累计）

(1)即使法律宣告他人对损害承担责任,造成损害的人仍得弥补损害。

(2)造成损害的人和法律宣告对损害承担责任的人,应共同对弥补损害承担责任。

(3)依法对他人的行为承担责任的人,可要求在受害人提起的损害赔偿诉讼中追加造成损害的人为当事人。

第5节　损害赔偿诉讼

第2137条　(法定豁免)——1.君主

对埃塞俄比亚皇帝陛下实施的过犯,不得以此为据提起任何责任之诉。

第2138条　——2.部长、议员和法官

不得对下列人员就其职责行为有关的行为结果提起任何责任之诉:

(1)埃塞俄比亚帝国政府成员,

(2)埃塞俄比亚议会成员,

(3)埃塞俄比亚法院的法官。

第2139条　(例外)

第2138条的规定,不应适用于该条所述之人因其职务行为被刑事法庭宣判并受原告援引的情形。

第2140条　(准用行政法)

在国家负有责任时,得准用行政法的规则确定对谁起诉,何部门或机构最终承担债务负担。

第2141条　(举证责任)

受侵辱的受害人应确定受到损害的数额,并证明使被告有责任填补损害的各种情况。

第2142条　(未查明加害人)

(1)如果损害是由数人中的某个人造成的,并且不能查明所涉及的哪个人是加害人,法院在衡平需要时,可命令由可能造成损害,并且在其中确定可找到加害人的那一群人共同赔偿损害。

(2)在此等情形,法院可命令依法无疑要对损害的不确定加害人承担责任的人赔偿损害。

第2143条　(时效期间)

(1)受害人得自遭受其要求赔偿的损害之日起2年内提起诉讼。

(2)如果损害是某种犯罪行为所致,而刑法典对此犯罪规定了一个更长的

时效期间的，则后一期间应适用于损害赔偿之诉。

(3)本条规定不影响受害人请求返还其财产或诉诸关于不当得利的规定(第 2162 条至第 2178 条)的权利。

第 2144 条　(继承人)

(1)受害人的继承人可请求赔偿他所受的物质损害。

(2)除非法律另有规定，他们不得请求赔偿受害人所受的精神损害，受害人在生存时已就此等提起损害赔偿诉讼的除外。

(3)对侵辱承担责任的人的继承人，得如同自己应赔偿损害一样承担责任。

第 2145 条　(受害人的债权人)

(1)如果债务人所受伤害与其人身、身体完整或名誉有关，则其债权人不能代表他请求赔偿。

(2)如果债务人在债成立后遭受的损害只影响其经济利益，则其债权人可依第 1993 条规定的条件行使债务人的诉权。

第 2146 条　(请求权不得让与)

(1)受害人对损害责任的人的请求权，在未经法院判决确认并确定数额前，不得让与。

(2)此后，它可根据第 1962 条至第 1975 条的规定让与。

第 2147 条　(免责协议)

(1)任何人不得自行免除对其过犯行为后果的责任。

(2)某人可通过合同约定，他将不对他依法应对其负责的人实施的过犯承担责任。

(3)某人可通过合同约定，除过犯情形外，他将不对依本题的规定在未实施过犯的情况下也要填补的损害承担责任。

第 2148 条　(和解)

在损害发生后，当事人可同意不要求赔偿，或可就赔偿的条件达成和解协议。

第 2149 条　(刑事诉讼对民事诉讼的效力)

民事法院在决定是否实施了过犯行为时，不受刑事法院的宣告无罪或开释之判决的约束。

第 2150 条　(估定损害的日期)

(1)法院在作出判决之日估定受害人所受的损害。

(2)不能在判决之日最终估定损害的,法院可作出临时判决,并允许申请对该判决进行复议。

(3)复议的申请应在作出临时判决之日起 2 年内提起。

第 2151 条　(既判力)

(1)在不损害第 2150 条之规定的前提下,法院对损害的估计是终局性的。

(2)受害人不得就赔偿他遭受的其他损害提起一个新诉,但该损害的起因与他已请求赔偿的损害无关的,不在此限。

第 2152 条　(禁止上诉)

不得对于一审法院应付的损害赔偿额作出的判决提出上诉。

第 2153 条　(例外)

第 2152 条的规定不适用于下列情形:

(1)法院考虑了它本不应考虑的情况,或未考虑它本应考虑的情况;

(2)法院确定的损害赔偿额明显不合理,并且只可能是由于偏见或不正当的动机导致的;

(3)损害赔偿额是由于法院一方的计算错误所致。

第 2154 条　(津贴)

(1)如果采取津贴的支付方式与损害的性质或案情相适应从而被证明是合适的,则法院可命令以津贴方式赔偿损害。

(2)在此等情形,债务人得就偿付津贴提供担保。

第 2155 条　(共同责任)

(1)如果数人被要求赔偿同一损害,他们应共同赔偿之。

(2)不得区分教唆犯、主犯和共犯。

(3)被要求赔偿同一损害的人得共同承担责任,不考虑他们中某个人的责任依据是合同还是非契约责任。

第 2156 条　(单独责任)——1. 原则

如果有责任的人中只有一人实施了过犯,他将最终单独承受债务的负担。

第 2157 条　——2. 责任的公平划分

(1)社团的代表人或代理人或受雇人在履行其职责时实施过犯的,法院可判决该债务最终全部或部分由该社团或雇主承担。

(2)过犯由文官或雇员的职业过失构成时,法院可判决该债务最终得全部或部分由国家或国家以下的行政区划或有关公共服务机构承担。

第 2158 条　——3. 应遵循的方向

(1)法院在作出判决时,应考虑过犯的严重性,以及它是否可归因于行为人尽可能遵照其良心实施其职责的愿望。

(2)不得考虑被宣告有责任者各自的经济状况。

第 2159 条　——4.限制

在下列情形,法院不得作出任何责任划分:

(1)产生责任的行为出于伤害的故意而实施;

(2)有关过犯是犯罪行为,其行为人已受刑事法院判决。

第 2160 条　(集体责任)

(1)如果数人因他们的过失或过犯导致同一损害的,法院得根据衡平确定每个有责任的人最终应承担的债务份额。

(2)法院在作出判决时,应考虑所有情况,特别是这些过犯对损害的作用大小以及其中每个过犯的严重性。

第 2161 条　(代位)

(1)即使最终有责任承担不止一个份额的债务的人,当他已支付全部债务时,得有权向共同责任人追偿。

(2)为完成此等追偿,他代位取得受害人的请求权。

第 2 章　不当得利

第 1 节　一般规定

第 2162 条　(一般原则)

无正当原因从他人的工作或财产中获得利益的人,应在其已因此等工作或财产获益的范围内,赔偿他以之为代价获得利益的人。

第 2163 条　(得利的丧失)

(1)如果已收受不当利益的人能证明在他被请求返还利益之时不再得利,则不得命令他作出返还。

(2)如果被告恶意转让该利益,或在转让时本应知道他有责任返还的,则应当返还。

(3)如果不当得利已无偿地移转给第三人,则可对该第三人提出返还请求。

第2节　非债清偿

第2164条　（非债清偿）

（1）任何作出其不必履行的清偿的人，可要求返还该清偿。

（2）如果被作出清偿的人恶意行事，则作出清偿的人可要求后者返还财产自作出该清偿之日起的孳息或法定利息。

第2165条　（错误阙如）

如果某人自愿为清偿，并且充分知道他无义务为清偿的事实，不得承认其返还请求。

第2166条　（充分原因）

（1）如果清偿是为履行某项被阻却的债或道德义务作出的，不得承认返还请求。

（2）此等情形，如果为清偿的人无权为无偿之转让，得承认返还请求。

第2167条　（禁止返还）

（1）非债清偿的收受人如果因为清偿诚信地毁灭或废止了其权源、放弃其债权担保或听任其对真正债务人的诉权失效，则他无返还的义务。

（2）在此等情形，进行非债清偿的人只得对真正的债务人享有法律补救。

第3节　费　　用

第2168条　（本节的适用范围）

如果某人被要求返还其已占有一段时间的财产，除非法律或合同另有规定，因他对该财产可能作出的任何变动产生的权利和义务，得受如下数条之规定的调整。

第2169条　（必要的费用）

被要求返还财产的人有权要求赔偿其为防止该财产的损毁或减等支出的费用，该费用无益或由于他自身或他对其承担责任的另一人的过失引起的除外。

第2170条　（保养费）

被要求作返还的人无权要求赔偿保养该财产的费用以及由于他占有该财产而支付的税款。

第2171条　（附加于财产的价值）

（1）如果花费在财产上的费用增加了该财产的价值，则被请求作返还的人有权就有关费用求偿。

(2)他不能请求多于返还时计算的从其已花费用产生的增值。

第 2172 条 （恶意）

(1)如果被告支出有关费用时知道或应当知道其返还该财产的责任，则在衡平要求时，法院可减少或拒绝第 2171 条规定的赔偿。

(2)在衡平需要时，法院可给予原告不超过 2 年的恩惠期清偿第 2171 条规定的赔偿。

第 2173 条 （拆除权）

被请求作返还的人在返还该财产的任一部分之前，在不给该财产造成明显损害的情况下，可取走他结合在该财产上的可分离的任何物。

第 2174 条 （留置权）

(1)被请求作返还的人，在其收受依数条规定应付给他的赔偿之偿付前，或在收受在到期日支付有关偿付的适当担保前，可拒绝返还该财产。

(2)小偷或在占有该财产时明知自己对财产不享有任何法定权利或源于有效合同的权利的人，不能行使留置权。

第 2175 条 （减等）

(1)被请求作返还的人如果引起财产减等，应向真正的所有人赔偿。

(2)如果他在财产发生损坏时明知自己对该财产不享有任何法定权利或源于有效合同的权利，即使损坏是不可抗力所致，他亦得对财产的任何减等承担责任。

第 2176 条 （财产的灭失）

(1)第 2175 条的规定应适用于财产全部或部分灭失的情形。

(2)它们应适用于不论什么原因，该财产不能以实物形式返还给对其享有权利的人的一切情形。

第 2177 条 （赔偿的范围）

(1)应付的赔偿应等于财产在变得不能实物返还之时的价值。

(2)被请求作返还的人在此时知道其对该财产不享有任何法定权利或源于有效合同的权利的，可对他主张额外的损害赔偿。

(3)在此等情形，有权请求返还的人应被置于如果他对其财产保持不间断的占有他会所处的状态。

第 2178 条 （孳息）

(1)被请求作返还的人得保留财产的他已收受的孳息。

(2)他在占有该财产时明知自己对该财产不享有任何法定权利或源于有效合同的权利的,他应向原告偿付孳息的价值。

第14题 代　　理

第1章 一般规定

第2179条 (代理权的发生依据)

代表他人行为的权利可源于法律或合同。

第2180条 (代理权的形式)

如果法律要求某项合同以规定的形式订立,则代表他人缔结此种合同的授权得以相同形式赋予。

第2181条 (代理权的范围)

(1)合同赋予的代理权的范围得根据该合同确定。

(2)如果代理人向第三人告知其代理权,则对此等第三人,其代理权的范围得根据代理人向其作出的告知确定。

(3)代理权的范围应以限缩方式解释之。

第2182条 (代理权的消灭)

(1)除非另有约定,如果本人或代理人死亡、被宣告失踪、失去行为能力或被宣告破产,则合同授予的代理权消灭。

(2)第(1)款的规定应适用于社团停止存在的情形。

第2183条 (代理权的撤销)

(1)本人可随时限制或撤销他授予代理人的以其名义与第三人订立合同的权力。

(2)对该权利的任何放弃无效。

第2184条 (应返还的文件)

(1)在代理权终止时,如果有证明其代理权的文件,代理人应向本人交还之。

(2)在与本人最后结清账目或了结对本人的有关请求权之前,他不能保留此等文件。

第 2185 条 （丢失文件）

代理人声称已丢失证明其代理权的文件时，本人可向法院申请宣告撤销该文件，费用由代理人承担。

第 2186 条 （代理权的证明）

任何与代理人进行交易的人，可随时要求代理人对其代理权作出证明，当其代理权由一项文件证明时，可要求代理人提供经代理人正式签名的此等文件的副本。

第 2187 条 （相互冲突的利益）

(1)在代理人的利益与本人利益存在冲突的情况下由代理人订立的合同，如果缔结该合同的第三人知道或应当知道此等冲突的，则在本人的请求下，可撤销该合同。

(2)本人应在他知道有关情况后 2 年内表明他是否打算撤销该合同。

(3)如果有关第三人未能在接到本人撤销合同的意思的通知后 2 个月内宣布他受该合同约束的意思，则合同应被撤销。

第 2188 条 （与自己订立合同）

(1)代理人与自己订立合同，不论他是以自己还是以第三人的名义行事，在本人的请求下，可撤销该合同。

(2)第 2187 条第(2)款和第(3)款的规定应适用于这种情形。

(3)本条规定不影响适用于行纪人的特殊规定(第 2248 条和第 2252 条)。

第 2189 条 （一般代理）

(1)代理人在其权限内以本人名义订立的合同被视为直接由本人订立。

(2)代理人在订立合同时同意上有缺陷的，本人可用以否定合同的效力。

(3)与代理人缔结合同的第三人可就代理人实施的任何欺诈对抗本人。

第 2190 条 （权力的滥用或失效）

(1)代理人超越其权限以他人名义订立合同的，被代理人以其名义行事的人可选择追认或否认该合同。

(2)第(1)款规定应适用于代理人依据已失效的代理权行事的情形。

第 2191 条 （本人的选择权）

(1)已与代理人缔结合同的第三人可要求被代理人以其名义行事的人立即表明其打算追认还是否认该合同。

(2)未能立即进行追认的，该合同应被视为已被否认。

第 2192 条 （追认的效力）

如果合同被追认，代理人应被视为在其权限范围内行为。

第 2193 条 （否认的效力）

(1)本法典第 1808 条至第 1818 条的规定应适用于合同被否认的情形。

(2)已与代理人缔结合同的第三人，可要求因他诚信地相信存在有效的代理权遭受的损害根据以下数条的规定进行赔偿。

第 2194 条 （责任）

(1)在第 2193 条规定的情形中，代理人得对第三人承担赔偿责任。

(2)代理人在不知其代理权即将终止的原因而诚信行事时，不承担责任。

(3)在此等情形，本人有责任偿付赔偿。

第 2195 条 （本人的责任）

出现下列情形之一，本人应与代理人共同承担责任：

(1)他告知了第三人存在代理权，但未能告知该第三人已部分或全部撤销该权力；

(2)他未向代理人要求交还证明代理权的文件，并且未向法院寻求撤销该文件的判决；

(3)他以任何其他方式，特别是通过其陈述、作为或不作为导致第三人相信自己正与之交易的人被允许代表本人行为。

第 2196 条 （责任的排除）

(1)除欺诈的情形外，如果与代理人交易的第三人在缔结合同之前已审查过证明该代理人之代理权的文件，则该第三人不能以代理人超越其代理权限为由向代理人要求赔偿。

(2)如果第三人与之交易的人的个人资质对他不重要，并且代理人同意自己受他代表他人完成的行为的约束，则该第三人不能要求赔偿。

第 2197 条 （代表自己行为的代理人）

(1)代表自己行为的代理人，即使与之订立合同的第三人知道他是一个代理人，得自己享受由此等合同产生的权利或承担由此等合同导致的责任。

(2)在此等情形，第三人不得对本人直接起诉，而只能代表代理人对本人行使属于代理人的权利。

第 2198 条 （本人的权利）

(1)在不损害诚信第三人的权利的前提下，本人可取得代理人以其名义行为时代表他获得的任何动产。

(2)为了强制执行为他获得的债权，本人可代替代理人。

(3)除非本人对代理人履行了其债务,不能行使本条规定的权利。

第2章　代　　理

第2199条　(定义)

代理是一种合同,据此,一个人(代理人)与另一人(本人)达成协议,由前者代表后者履行一项或数项具有约束力的行为。

第1节　代理的成立和标的

第2200条　(代理的形式)

(1)代理权可明示或默示地授予代理人。

(2)如果代理人将要履行的行为依法须采取某种规定的形式,则在授予代理人代理权时应遵守同样的形式。

第2201条　(代理的接受)

(1)代理人对其任命的接受可以是明示的,也可以是默示的。

(2)当代理事项是代理人以正式资格或职业性地执行的业务,或他对外主张自己从事此等业务,则代理人的任命得视为已被接受,但被任命的人立即拒绝的除外。

第2202条　(代理的范围)

(1)如果合同未明确规定代理的范围,此等范围得根据与代理有关的交易的性质确定之。

(2)代理可以是只涉及某特定事务或某些事务的特别代理,也可以是就本人的所有事务的一般代理。

第2203条　(一般代理)

以一般条款表示的代理只授予代理人实施管理行为的代理权。

第2204条　(管理行为)

(1)为财产的保存或维修、不超过3年期的租赁、受领债款、收入投资和清偿债务所实施的行为,被认为是管理行为。

(2)出卖谷物、用于销售的商品或易腐烂的物品,应被视为管理行为。

第2205条　(特别代理)

(1)如果代理人被召集实施管理行为以外的行为,应要求特别代理权。

(2)无特别代理权的代理人不能转让或抵押不动产、将资本进行投资、签署汇票、达成和解、同意仲裁、赠与、起诉或应诉。

第 2206 条 （特别代理人的代理权）

(1)特别代理只授予代理人处理授权证书中指明的事务、根据此等事务的性质和习惯产生的自然结果的权力。

(2)代理人超越其代理权限实施的行为，经本人追认或符合调整无权代理的原则，才可约束本人。

第 2207 条 （追认的义务）

(1)在诚信要求时，即使代理人背离了委托条款的规定，本人应追认代理人实施的行为。

(2)如果有理由认为，在某种情况下，如果本人知道了具体的情势会扩大代理人的权力范围，应适用第(1)款的规定。

(3)如果在行为前代理人有机会从本人获得授权，或在行为后他未立即通知本人其行为，则代理人不能要求本人追认。

第 2 节 代理人的义务

第 2208 条 （严格诚信）

(1)代理人之行为应保持对其本人最严格之诚信。

(2)他应向本人披露可能要求撤销代理或变更授权委托书条款的任何情况。

第 2209 条 （效力）

(1)代理人得为本人的专门利益行为，在本人不知情时，不能从自己根据代理权达成的任何交易中获益。

(2)他不能利用他在履行其作为代理人的职责时获得的任何资料损害本人。

第 2210 条 （账目）

(1)代理人应向本人报告其受雇期间收受的所有款项和自然增值的所有利润，他收到的款项不属于本人的，亦同。

(2)如果代理人将应转交给本人的钱挪作自用，无需本人向其发出通知，他得负责偿付从挪用之日起的利息。

第 2211 条 （代理人被要求达到的勤勉）

(1)只要被授予代理权，代理人应在进行代理时具有与善良家父相同的勤勉。

(2)他应对在履行其职责中的欺诈和违约承担责任。

(3)任何无偿地同意担当代理人的人不承担责任,但他对本人事务的管理缺乏与管理自己的事务相同的注意程度的除外。

第 2212 条 (代理人不负责任)

(1)除非另有约定,即使代理人以自己的名义行为,对于与之缔结合同的人的债务履行,他对本人不承担责任。

(2)他在订立合同时知道或应当知道与之缔约的人支付不能的,不应适用第(1)款的规定。

第 2213 条 (报告的义务)

(1)经本人请求,代理人应随时向本人报告其事务的管理。

(2)他得毫不迟延地通知本人他已完成代理事务。

第 2214 条 (管理行为的批准)

(1)如果本人在接到代理人关于管理行为的陈述后,在某一超过事理之性质或习惯要求的期间保持沉默的,他被视为已批准代理人的管理。

(2)即使代理人背离了他收到的指示或超越其代理权限行为,仍应适用第(1)款的规定。

第 2215 条 (复代理)——1. 可能性

(1)代理人应亲自进行代理,本人授权他指定一个替代者的除外。

(2)如果依习惯,代理人是亲自行为还是通过替代者行为无关紧要,则上述授权可默示为之。

(3)如本人的利益需要,而预料不到的情况阻碍代理人执行代理,并且他不能向本人通知此等情况,代理人应指定一个替代者。

第 2216 条 ——2. 代理人的责任

(1)代理人应对其未经授权指定的替代者的行为承担责任,如同有关行为是他自己作出的一样。

(2)如果代理人已被授权指定一个替代者,他只对他选择替代者并对其作出指示的注意承担责任。

第 2217 条 ——3. 本人与复代理人间的关系

(1)如果复代理人有理由相信代理人已获得任命一个替代者的授权,则本人与复代理人之间的关系得如同该复代理人已直接从本人获得作为代理人进行活动的授权一样。

(2)在相反的情形,应适用第 2257 条至第 2265 条的规定。

第 2218 条 （多个代理人）

(1)除非另有约定，如果数人被同一文件任命为代理人，除非所有相关人员已接受代理合同，代理合同无效。

(2)如果数人被同一文件任命为代理人，则只有他们共同作出的行为才得约束本人，另有约定的除外。

第 3 节 本人的义务

第 2219 条 （约定报酬）

(1)代理人有权得到合同规定的报酬。

(2)如果合同规定的报酬数额过大并与代理人提供的服务不成比例，法院可减少该报酬。

第 2220 条 （合同未规定报酬）

(1)在合同未作规定的情况下，除非代理人在其职业义务范围内执行代理，或约定俗成应给付报酬，代理人无权获得报酬。

(2)当事人之间不能达成一致的，法院应根据公认的比率和习惯确定报酬。

第 2221 条 （开支和费用）

(1)本人应向代理人预付为执行代理所必要的款项。

(2)他得报销代理人正当地执行代理时发生的开支和费用。

(3)本人得支付从这些开支和费用发生之日起的利息，毋庸以通知预先将本人置于迟延之境。

第 2222 条 （责任和损害赔偿）

(1)本人应解脱代理人为本人利益发生的任何责任。

(2)对代理人在执行代理时遭受的损害，如果不可归咎于他自己的过错，则本人应对代理人承担责任。

第 2223 条 （抵销）

(1)本人不得以交易未成功为由拒绝支付他对代理人负欠的款项。

(2)他可将这些款项与代理人欠他的款项，特别是因代理人在执行代理时的过错导致的款项进行抵销。

第 2224 条 （代理人的留置权）

在本人支付因代理应付的款项前，代理人应对本人为执行代理交给他的物件享有留置权。

第 2225 条 （多个本人）

如果代理人被数个本人任命处理某项共同事务，对于该合同的所有后果，他们得共同对代理人承担责任。

第 4 节 代理的终止

第 2226 条 （代理的撤销）

(1)本人可任意撤销代理，并在适当时，强迫代理人向他交还证明其代理权的书面文件。

(2)任何相反的约定无效。

第 2227 条 （撤销的效力）

(1)如果在约定的日期之前撤销，或在有害于代理人的条件下撤销，本人得赔偿代理人因撤销遭受的损害。

(2)如果上述日期是专门为本人自己的专门利益约定的，或他有撤销的正当理由，则他不承担任何责任。

第 2228 条 （多个本人）

(1)如果代理人被数个本人任命处理某项共同事务，则代理的撤销只能由全体本人作出。

(2)未经其他本人的同意，其中一个本人不能撤销共同代理人，但该撤销有正当理由的除外。

第 2229 条 （代理人的辞职）

(1)代理人可通过向本人发出辞职通知来辞去代理。

(2)如果这种辞职有害于本人，他得受代理人之赔偿，但代理人继续执行代理会使自己遭受重大损失的除外。

第 2230 条 （代理人死亡或失去行为能力）

(1)除非另有约定，代理合同得因代理人死亡、被宣告失踪、失去行为能力或被宣告破产而终止。

(2)代理人的继承人或法定代理人如果知道该代理的存在，得毫不迟延地将此等情况通知本人。

(3)在本人可采取必要的措施前，他们得作出在当时情况下为保护本人的利益所必需的任何事情。

第 2231 条 （多个代理人）

(1)除非另有约定，如果数个代理人被任命处理同一事务并被要求共同行动，对其中一个代理人发生的终止代理原因得终止所有代理人的代理权。

(2)其他代理人在知道代理终止原因后应立即通知本人，同时应作出在当时情况下为保护本人的利益所必需的任何事情。

第 2232 条 (本人死亡或失去行为能力)

(1)除非另有约定，代理合同得因本人死亡、被宣告失踪、失去行为能力，或被宣告破产而终止。

(2)在上述情形，代理人得继续他已开始进行的管理，并且在无延误的危险时，直到本人的继承人或法定代理人处于能自己接管该管理为止。

第 5 节 代理对第三人的效力

第 2233 条 (适用关于代表的规则)

本人、代理人和第三人的法律关系，由本题第 1 章的规定(第 2179 条至第 2198 条)规范之。

第 3 章 行 纪

第 1 节 买卖行纪

第 2234 条 (定义)

(1)买卖行纪是一种代理合同，据此，代理人(被称为行纪人)同意以其自己的名义但代表他人(称为本人)买卖货物、有价证券或其他可替代物。

(2)除受本节作出的特殊规定和例外的规范外，调整代理的规则应适用于这一合同。

第 2235 条 (保存措施)

(1)行纪人得采取一切必要措施保存以本人名义运送给他的货物，并在货物看上去已受损或到货已迟延时维护本人对承运人的权利。

(2)他得立即将此等事件以及货物尚未到达的事实通知本人。

(3)某人即使没有接受该委托，如果该委托在其职业活动范围内，他亦得履行上述义务。

第 2236 条 (销售货物)

如果寄售的货物存在很快减等的风险，则行纪人在符合本人的利益的情况下，可在货物所在地主管当局的帮助下销售这些货物。

第 2237 条　（预付）

未经本人同意，行纪人在交货前向卖方付款的，他应自己承担风险。

第 2238 条　（赊销）

（1）如果给予买方嗣后付款期限是销售发生地的贸易习惯，并且本人未作相反之指示，行纪人可给予买方此等嗣后付款期限。

（2）给予嗣后付款期限的行纪人应将买方的名字和所给予的嗣后期限通知本人。

（3）行纪人未进行上述通知的，此交易应被认为现金交易，并应适用下条规定。

第 2239 条　（未授权的赊销）

（1）如果行纪人违反本人的指示或习惯给予嗣后付款期限的，本人可要求立即付款。

（2）在此等情形，行纪人可保留他在给予嗣后付款期限时收受的利益。

第 2240 条　（行纪人给予的保证）

（1）在行纪人作为信用担保代理人行事时，他应对与之缔结合同的人的清偿或履行其他债务向本人负责。

（2）除非另有约定，受托买卖有价证券的行纪人被视为信用担保代理人。

（3）对于受托买卖货物的行纪人，如果其居所地有这样的贸易惯例，或如果他担保与之缔结合同的人的清偿能力，他被视为信用担保代理人。

第 2241 条　（信用担保代理人）

（1）信用担保代理人是与同他缔结合同的人共同承担责任的保证人。

（2）在所有情况下，他应向本人负责其缔结合同的履行，但不履行是由于本人迟延所致的除外。

第 2242 条　（保险）

行纪人不负有给货物保险的义务，本人指示他进行保险的除外。

第 2243 条　（行纪人的报酬）

（1）如果当事人间未能就行纪人的报酬达成一致，其报酬得根据行纪人缔结合同之地的习惯确定。

（2）无此等习惯的，法院得根据衡平，并考虑到行纪人完成的工作、所花的费用和承担的风险确定此等报酬。

（3）如果行纪人作为信用担保代理人行事，他有权获得根据合同条款或根据习惯或衡平确定的特殊报酬。

第 2244 条 （支付报酬的时间）

(1)对于委托行纪人办理的特定交易，在交易完成时，或未能完成交易是由于可归责于本人的原因时，行纪人得有权获得报酬。

(2)如果交易因其他原因未完成，他无权获得报酬，但在他的职业活动地有相反习惯的除外。

第 2245 条 （剥夺报酬权）

(1)在行纪人对本人不诚实地行为时，得剥夺其报酬权。

(2)在行纪人假装以比实际买卖价格更高或更低的价格买卖时，尤其应剥夺其报酬权。

第 2246 条 （开支和预付款）

(1)行纪人对他诚信执行本人委托的交易而支付的一切开支和预付款及其利息，有权得到报销。

(2)除非另有约定，即使委托给他的交易未能完成，此等报销仍得为之。

第 2247 条 （留置权）

(1)行纪人就本人应对他支付的款项享有留置权。

(2)他可对他占有的、被指示代表本人买或卖的一切货物行使此项权利。

(3)他可对其受领的买方付给本人的金钱行使此项权利。

第 2248 条 （为自己利益进行的交易）

(1)行纪人被委托买卖在证券交易所报价或有市价的货物时，在无本人相反指示的情况下，他可作为第三人为自己的利益进行交易，并与自己缔结合同。

(2)在此等情形，他仍有权获得约定的或根据习惯应偿付的报酬。

(3)此等交易中确定的价格，不得低于本人告知他的价格，也不得低于证券交易所的报价或市价。

第 2249 条 （推定）

自己有权作为买方或卖方行事的行纪人，如果将执行的交易通知本人而未告知与之缔结合同的人的名称，他被视为为自己的利益承担了买方或卖方的债务。

第 2250 条 （行纪的终止）

本人或行纪人死亡、失去行为能力或被宣告失踪时，如果本人或行纪人的继承人或代表继续其商业活动的，行纪并不终止。

第 2 节 承揽运送

第 2251 条 (承揽运送)

(1)承揽运送是一种代理合同，据此，代理人(被称为行纪人、托运人或承揽运送人)同意以其自己的名义但代表他人(被称为本人)缔结一项货物运输合同。

(2)调整买卖行纪合同的规则应适用于这种合同。

第 2252 条 (保险和为自己利益的交易)

(1)除非另有协议，承揽运送人无为货物保险的义务。

(2)他可自己承担实施运输。

(3)在此等情形，他得享有与承运人相同的权利和义务。

第 4 章 法院赋予的代理权

第 2253 条 (原则)

代表他人实施某一种类的一个或多个行为的代理权可由法院授予以下称为“保护人”[①]的人。

第 2254 条 (申请任命)

(1)任命一名保护人的申请可由被代表人的亲属或配偶向法院提出。

(2)此等申请不应由任何其他人提出。

第 2255 条 (法院的判决)

(1)除非被代表人因为外出、患病或其他原因不能指定代理人，法院不得许可此等申请。

(2)法院得授权它任命的保护人实施紧急性质的行为。

(3)法院得发布它认为适当的命令，以保护被代表人的利益，并确保保护人将执行任何可能对他作出的关于其对被代表人的责任的判决。

第 2256 条 (效力)

(1)法院任命的保护人应尽可能迅速地向其所代表的人通知该任命。

(2)被代表人和法院任命的保护人各自的权利和义务，得受本题第 2 章之

---

① 保护人，原文为“Curator”，拉丁文的含义就是保佐人，但由于在本法典的人法部分已经将 Tutor 一语翻译为“保佐人”，不能再把 Curator 译成保佐人，因此把它译成“保护人”。——编者

规定(第 2199 条至第 2233 条)的规范。

第 5 章　无权代理

第 2257 条　(适用范围)

无代理权的人明知此等事实,在未被任命为代理人时管理他人事务的,为无权代理。

第 2258 条　(违背本人意愿的管理)

(1)如果管理的承担违背本人的意愿,关于不当得利的规定,以及在适当时关于非契约责任的规定(第 2027 条至第 2178 条),应适用之。

(2)本章的规定不应适用于此等情形,本人追认行为人的管理的除外。

第 2259 条　(非为本人利益承担的管理)

(1)行为人是为了自己的利益而非为本人的利益承担管理时,关于不当得利的规定,在适当时,关于非契约责任的规定(第 2027 条至第 2178 条)应适用之。

(2)如果行为人自己的事务与他人的事务十分紧密地结合在一起,以致不能分开管理其中之一的事务,行为人在管理自己的事务的同时也管理了另一方的事务的,应适用本章的规定。

第 2260 条　(行为人的义务)

(1)行为人得尽可能迅速地将他已承担管理的情况通知与该事务有关的本人。

(2)只要与该事务有关的本人不能亲自接管,行为人得继续承担管理,直到其完成。

(3)关于汇报账目的义务,他得受与代理人相同的规则(第 2213 条和第 2214 条)的约束。

第 2261 条　(勤勉和责任)

(1)行为人得以与一位善良家父相同的注意管理他已承担的事务。

(2)考虑到诱使行为人承担管理的情况,法院可减少因行为人因违约责任产生的损害赔偿。

第 2262 条　(行为人的无能)

如果行为人处在不擅长缔约的状态,他只在其获益的范围内,或在违反诚信获得的利益的范围内承担责任。

第 2263 条　(诚信)

(1)行为人行事,应对本人尽最严格之诚信。

(2)调整代理关系的规定(第2208条至第2212条)应适用于这一方面。

第2264条　(本人的义务)

(1)如果本人的利益要求承担该管理,他得追认行为人以其名义实施的行为。

(2)他得就行为人个人承担的所有责任为赔偿,报销其为本人利益支出的费用,并赔偿其在进行管理中遭受的非因其过错引起的任何损害。

(3)行为人支出的费用得自作出支付之日起产生利息,毋庸先以通知的方式将本人置于迟延之境。

第2265条　(追认的效力)

如果本人依法有义务追认交易或他事实上予以追认的,应适用关于代理的规定(第2233条)。

第五编

合同分则

第 15 题　以权利让与为标的的合同

第 1 章　买　　卖

第 2266 条　（定义）

买卖合同是一方当事人（卖方）为获得另一方当事人（买方）承诺向其偿付的以金钱形式表现的对价，同意向买方交付某物并移转其所有权的合同。

第 2267 条　（本章的适用）——1. 有体动产

(1)本章的规定应适用于有体动产的买卖。

(2)本条不影响关于买卖特定种类之有体动产的特殊规定。

第 2268 条　——2. 不动产的固有部分

(1)如果不动产的固有部分依合同将与不动产相分离，并作为有体动产移转给买方，则该部分的买卖应被视为动产买卖。

(2)在买卖以庄稼、拆毁中的建筑物的材料或采石场的产品为标的时，尤其应适用第(1)款的规定。

第 2269 条　（待交付的出售）

在适用本章的范围内，如果承诺交付的当事人将提供制造或生产有体动产所必要的主要材料，交付待制造或生产的有体动产的合同被视为买卖。

第 1 节　合同的成立

第 2270 条　（买卖的标的物）

(1)买卖可以属于卖方的某现存之物为标的。

(2)买卖可以卖方为向买方交付而承诺制造的未来之物为标的。

(3)买卖也可以属于第三人的物为标的。

第 2271 条　（由第三人估计价金）

(1)买卖的价金可由第三人裁决。

(2)如果该第三人拒绝或不能作出估价的，买卖自始不存在。

第 2272 条　（合同的条件）

(1)一项买卖合同可以无期限无条件，也可包含特殊条件。

(2)除非另有明确约定,课加给当事人的义务不应被视为影响合同存在的条件。

第 2 节　合同的履行

第 1 目　卖方的义务

第 2273 条　(一般规定)

(1)卖方得根据合同和本法典的规定向买方交付标的物。

(2)他应向买方移转标的物的所有权,并担保物的特定缺陷。

(3)此外,他得对买卖合同课加给他的任何其他义务承担责任。

一、交付义务

第 2274 条　(义务的实质)

交付是根据合同移交标的物及其从物。

第 2275 条　(近似确定的数量)

(1)卖方承诺交付"大约某一数量"的特定物时,应为他的利益确定将交付的确切数量,但根据当时情况,合同中包含这一规定完全是为了买方利益的除外。

(2)当买卖的标的物是一条船上的全部货物时,合同中规定的近似数量与实际交付数量之间的差额不得超过 10%,在其他情形中不得超过 5%。

第 2276 条　(交付时间)

如果交付日期不能从当事人的意愿推断出来,则卖方应在买方要求他交付时立即交付标的物。

第 2277 条　(在确定的期间交付)

当事人已同意在确定的期限交付时,应为卖方的利益确定确切的交付日期,但根据当时情况应为买方利益确定此等日期的除外。

第 2278 条　(同时履行)

(1)除非合同另有规定,交付标的物得与支付价金同时进行。

(2)此等情形,卖方可在得到付款前保留标的物。

第 2279 条　(交付地点)——1. 原则

除非另有约定,卖方应在缔约时他的营业地,或在无营业地时,在他的通常居所地交付标的物。

第2280条　——2. 例外

(1)如果买卖的标的物是某一特定物，并且当事人在缔约时都知道该物的所在地，则卖方应在该地点交付该物。

(2)合同的标的物是从一批存货或一批专门供应品中选定的可替代物，或是在当事人缔约时知道的某个地点将制造或生产的物的，可适用第(1)款的规定。

二、移转所有权的义务

第2281条　(为移转所有权所必要的措施)

卖方应为向买方移转对物的不受攻击的权利采取必要措施。

第2282条　(不受剥夺占有担保)——1. 原则

卖方应向买方担保，他不会因第三人行使在合同订立时他就享有的某项权利而遭受全部或部分的剥夺占有。

第2283条　——2. 法定限制

(1)如果买方在缔约时就知道他有被剥夺占有的风险，则卖方不担保标的物，但他已明确承诺作出此等担保的除外。

(2)如果剥夺占有可归因于卖方的出质行为，则出卖人发生担保义务。

第2284条　(排除或限制担保的规定)

(1)排除或限制卖方承担的剥夺占有担保的规定，应严格解释。

(2)除非另有明确约定，此等规定应课加卖方在发生剥夺占有时向买方返还全部或部分价金的义务。

(3)如果卖方故意隐瞒第三人对标的物享有的某项权利，或剥夺占有是由于卖方的行为所致，则排除或限制此等担保的规定无效。

第2285条　(追加卖方作为当事人参加诉讼)

(1)如果买方因剥夺占有被诉，他应追加卖方作为当事人参加对他提起的诉讼。

(2)如果卖方适时地参加了诉讼，他得实现其担保，但他能证明剥夺占有是由于买方的行为所导致的除外。

(3)在卖方未被追加参加诉讼且他本身无任何过失时，如果他能证明，若他适时追加参加了诉讼，该诉讼可能会产生一个更为有利的结果，他应被免除担保。

第2286条　(和解)

买方在诉讼程序外承认第三人的权利，或已与此等第三人达成和解的，他不能利用卖方提供的担保，但他能证明卖方不可能防止剥夺占有的除外。

三、物的瑕疵担保

第2287条 （原则）

卖方应向买方保证，被出售的物符合合同规定，且未受瑕疵的影响。

第2288条 （符合合同）

在下列情形，物不应被认为符合合同：

(1)卖方仅向买方交付被出售物的一部分，或比他在合同中承诺交付的数量更多或更少的物；或者

(2)卖方向买方交付的物不同于合同中规定的物或是另一种类的物。

第2289条 （瑕疵担保）

如果交付的物具有下列情形之一，瑕疵担保应生效：

(1)该物不具有为其正常使用或商业利用所要求的质量；

(2)该物不具有合同明示或默示规定的特定用途所要求的质量；

(3)该物不具有合同明示或默示规定的质量或说明书。

第2290条 （考虑瑕疵的时间）

(1)符合合同和瑕疵阙如的事实，应考虑物在风险转移时的状况确定。

(2)如果由于合同已被宣告解除，或物已被要求替换而未发生风险转移的，必须考虑如果物符合合同风险本来可以转移的时间。

(3)如果在本条规定的期日后的期日发生不符或瑕疵，并且是由卖方或他对其承担责任的人所致，卖方应被要求遵守其担保。

第2291条 （买方对物的检查）

(1)只要买方有机会，得毫不迟延地对物进行检查。

(2)除非另有约定，上述检查得根据检查地的惯例进行。

(3)如果买方打算利用此等检查的结果，他应适时地邀请卖方或其代表出席这种检查，有关的物易于腐烂的除外。

第2292条 （瑕疵的通知）

(1)如果经检查发现物不符合同或有瑕疵，买方应毫不迟延地将此等情况通知卖方。

(2)在通知瑕疵时，买方得根据习惯和诚信说明其性质。

第2293条 （未作通知）

(1)如果买方未按第2292条的规定通知卖方,他不再能利用此等不符或瑕疵,但卖方承认它们存在的除外。

(2)如果通过正常检查程序不能发现的瑕疵后来被发现,并且买方在发现后立即通知卖方,则买方可利用此等瑕疵。

(3)故意误导买方的卖方,不得利用瑕疵通知不够精确或未适时作出的事实。

第2294条 (以协议限制的担保)

如果卖方已担保物在特定时期内具有特定质量或良好的工作状况,则买方在此等期限届满前将瑕疵通知卖方,即为已足。

第2295条 (买方知道瑕疵)

(1)如果卖方能证明买方在缔约时知道这些瑕疵,他不负瑕疵担保责任。

(2)在此等情形,卖方的作出的明示担保本身无效。

第2296条 (买方的严重疏忽)

(1)对于买方忽略了明显的瑕疵只可能是严重疏忽的结果,卖方不负瑕疵担保责任。

(2)如果卖方已明确宣布物没有瑕疵,或已明示担保物具有特定质量,则此等担保必须维持。

第2297条 (排除或限制担保的规定)

如果卖方向买方欺骗性地隐瞒标的物的瑕疵,则任何排除或限制瑕疵担保的规定无效。

第2298条 (依担保诉追的期间)

(1)买方自通知卖方有关瑕疵的存在后,应在1年内依瑕疵担保起诉,否则丧失其权利,但卖方故意误导他的不在此限。

(2)当事人不得缩短这一期间。

(3)如果卖方已担保在特定期间内物具有特定的质量或良好的工作状况,则买方可提起诉讼的时间得从该期间届满之日起计算。

第2299条 (期限届满时买方的地位)

(1)第2298条规定的期间届满后,买方不再能利用标的物的瑕疵或与合同不符。

(2)但如果买方未支付价金,并且适时地通知了瑕疵或不符,则他可将减少价金请求权或损害赔偿请求权与对方当事人的支付要求进行抵销。

第2300条 (卖方可纠正瑕疵)

(1)在出卖可替代物的情形，卖方可在合同规定的期限内以新物取代有瑕疵的物。

(2)在出卖方按照买方的说明书制造或生产的货物时，卖方可在一个合理的期限内纠正瑕疵，该纠正甚至可在规定的交付期限届满后进行，但这种迟延不能给买方造成任何实质上的不便或费用。

(3)买方的损害赔偿请求权不受任何影响。

四、卖方的其他义务

第 2301 条　(移交文件)

(1)如果依习惯卖方应向买方移交关于被售物的文件，则除了交付外，卖方得移交此等文件。

(2)此等文件应在合同规定或根据习惯确定的地点尽可能小心和迅速地移交。

(3)除非这类文件符合合同，买方无接受它们的义务。

第 2302 条　(保险)

如果根据当时情况，卖方肯定知道运输保险是一种惯例，并且如果卖方无缔结这种保险合同的义务，则在买方向他要求有关信息时，卖方应向买方提供这些必要的信息，使后者能缔结保险合同。

第 2 目　买方的义务

第 2303 条　(一般规定)

(1)买方应支付价金，并接受物的交付。

(2)他得受买卖合同给他设定的任何其他义务的约束。

第 2304 条　(支付价金的义务)

(1)支付价金的义务，应包括采取合同或习惯规定的步骤安排或保证支付价金。

(2)因此根据具体情况，买方可能被迫接受汇票、开立信用账户、提供银行担保等。

第 2305 条　(根据重量确定的价金)

如果价金是依标的物的重量确定的，在对重量发生争议时，应将重量考虑为净重。

第 2306 条　(依时价的物)

如果标的物是在市场上有报价或有时价，当事人应被视为依此价格缔结买卖合同，同时要考虑交付发生的时间和地点。

第 2307 条 （卖方通常出售的物）

(1)如果买卖的标的物是卖方通常出售的物，当事人应被视为依卖方通常收取的价格缔结该买卖合同，同时要考虑交付发生的时间和地点。

(2)卖方提供的售货发票上显示的金额被视为符合此等价格。

第 2308 条 （超过约定的数量）

(1)如果卖方交付了超过合同规定的数量，则买方可接受或拒绝超过约定数量的部分。

(2)他接受了全部数量的物时，他得支付与交付给他的数量按比例增加的价金。

第 2309 条 （支付地点）

(1)买方应在合同规定的地点支付价金。

(2)如果合同未规定支付地，则他应在卖方的地址支付价金。

(3)如果合同规定价金应在移转物或文件之时支付，则价金应在合同规定的移交该物或文件的地点支付。

第 2310 条 （支付日期）——1.现金交易买卖

如果应于交付时支付价金，则买方在他有机会检查该物之前，不承担支付价金的义务。

第 2311 条 （赊销）

如果合同为赊销，且未确定支付日期，则在作出交付日之后，一经卖方要求买方即得支付价金。

第 2312 条 （交付时的合作）

在合适时，买方应采取可能要求他采取的措施，以使卖方能履行其交付物的义务。

第 2313 条 （受领交付）

在交付后，买方应采取可能必要的措施完成物的交付。

第 3 目　买卖双方的共同义务

一、费用

第 2314 条 （合同费用）

缔结买卖合同的费用由买方承担。

第 2315 条　（清偿的费用）

(1)清偿的费用由买方承担。

(2)如果卖方在合同订立后改变其营业地的地址或居所，他得承担因此产生的任何额外费用。

第 2316 条　（交付的费用）

(1)交付的费用由卖方承担。

(2)该项费用包括对物进行计算、测量和称重的成本。

第 2317 条　（交付后的费用）

交付后产生的任何费用由买方承担。

第 2318 条　（运费）

(1)如果出售的物必须运至交付地之外的某地，运费由买方承担。

(2)如果交付是免付运费的，则此等费用由卖方承担。

(3)如果物的运输被超出任一方控制的事件所中断，则额外的运费由承担风险的当事人承担。

第 2319 条　（关税）

(1)如果进口税或对该进口货物征收的其他税预定由卖方支付，而这些税在合同订立后增加，则此等增加额应加进价金。

(2)但如果负担此等税收的交付由于卖方或卖方对其承担责任的另一人的行为陷入延迟，只要买方能证明，如果在合同确定或法律规定的时间交付，不会发生税收的增加，则额外税收应由卖方支付。

(3)关税减少时，价金应相应减少。

二、物的保存

第 2320 条　（卖方的义务）

(1)如果买方迟延受领交付的标的物或支付价金，则卖方得确保物的保存，其费用由买方承担。

(2)他可保有该物，直到买方向他偿付他在保存物的过程中支出的费用。

第 2321 条　（买方的义务）

(1)如果买方已收到交付的标的物，当他打算拒绝受领它时，他得确保其保存，其费用由卖方负担。

(2)未经进一步的手续，他不应将物交还卖方。

(3)他可保有该物,直到卖方向他偿付在保存物的过程中支出的费用。

第 2322 条 (物的寄售或出售)

根据本法典关于“合同的一般规定”之题的规定(第 1779 条至第 1783 条),卖方和买方都可通过寄售或出售物来免除自己保存物的义务。

三、风险的移转

第 2323 条 (原则)

如果风险已移转给买方,即使标的物灭失或其价值发生变化,买方仍应支付价金。

第 2324 条 (物的交付)

(1)根据合同或本法典的规定,风险应自标的物被交付给买方之日起移转于买方。

(2)即使交付的标的物并不符合合同,如果买方既不解除或要求解除合同,也不要求替换该物,仍应适用第(1)款规定。

第 2325 条 (买方的迟延)

(1)风险也应从买方迟延支付价金之日起移转于买方。

(2)如果买卖的标的物是可替代物,则买方的迟延不导致风险移转给他,但为了履行合同,物已被特定化并特别划拨给买方,且卖方已将此通知买方的除外。

(3)如果可替代物的性质使卖方只有在买方接受交付时才能分离其中的一部分,则卖方已履行为使买方能立即受领交付所必要的所有行为,即为已足。

第 2326 条 (航运中的物)

(1)如果买卖的标的物处于航运中,则风险自因物被移交承运人发生交付之日起移转给买方。

(2)如果卖方在订立合同时知道或应当知道物已灭失或毁损,则不应适用第(1)款规定。

第 2327 条 (关于费用的规定)

当事人关于费用的约定,特别是关于由卖方承担费用的规定本身,不移转风险。

第 2328 条 (共同运输的货物)

在某人的货物与他人的物品一起运输时,如果卖方已将证明已发生装运的提单或其他文件寄送给买方，则风险得从因将货物移交承运人而发生交付之日起由根据其份额的比例分配给每个买方。

第3节　合同的不履行

第1目　合同的强制执行

第2329条　（不履行交付义务）——1.原则

如果卖方未有规律地交付标的物，买方可在对其特别重要的时机要求强制执行合同。

第2330条　——2.替代购买的可能性

如果买卖的标的物的替代购买符合商业惯例，或这种购买不会给买方带来不便或很大的费用，买方不能要求强制执行合同。

第2331条　——3.迟延

(1)如果买方未在迟延得到确定后的短期内将其要求强制执行的意思通知卖方，他丧失要求强制执行合同的权利。

(2)在为履行合同确定的日期是一个强制性的日期时，应对此等期限作非常严格的估计。

第2332条　（不符或瑕疵）

(1)已按规定通知标的物的瑕疵的买方，在可要求强制执行合同时，可要求卖方交付新物或物缺失的部件或质量。

(2)如果买卖的标的物是卖方按照买方的说明书制造或生产的物，并且有关瑕疵可被修补的，买方可要求卖方在合理期限内修补瑕疵。

第2333条　（不支付价金）

如果买方不付价金，卖方可要求支付，习惯允许对该标的物实行保护性销售的除外。

第2334条　（依说明书的买卖）——1.卖方的权利

如果买方在合同中保留尔后确定标的物的形状、大小或其他细节的权利，而他未在合同规定的时间，或在通知他的一个合理期限届满时给出此等说明书的，则卖方可根据他所知道的买方要求自己制作此等说明书。

第2335条　——2.方法和违约金

(1)卖方应在他确定标的物的说明书后将之通知买方，并为他确定一个合理的期限提出不同的说明书。

(2)买方未在此等期限内提出说明书的,卖方制作的说明书具有约束力。

第2目　合同的解除

一、买方的解除理由

第2336条　(原则)

(1)买方可请求法院命令解除合同,也可根据本法典关于"合同的一般规定"之题的规定(第1784条至第1789条)宣布解除合同。

(2)如下数条的规定不受任何影响。

第2337条　(强制性的交付日期)

(1)如果标的物在市场上有一个卖方可查询到的市价,则为交付规定的日期应被视为一个强制性的日期。

(2)如果由卖方或买方中的任一方享有在合同规定的期限内确定交付日期的利益,则由卖方或买方确定的日期也被视为一个强制性日期。

第2338条　(增加时间)——1.可能性

(1)规定的交付日期不是一个强制性日期时,法院可给予卖方一个恩惠期,卖方应在此恩惠期内履行其义务。

(2)在相同情形中,买方可给予卖方一个合理确定的附加期限,并通知卖方,他在该期限届满时将拒绝接受标的物。

(3)如果卖方未在这个附加的期限内交付标的物,则合同当然被解除。

第2339条　——2.期限不适当

(1)如果买方确定的期限不合理,卖方可在短期内通知买方,他将只在一个合理期限届满时才交付标的物。

(2)未作此等声明的,卖方应被视为接受买方确定的期限。

第2340条　(交付的地点)

(1)如果卖方在他有义务为交付之地以外的某地交付标的物,法院不得依买方的申请解除合同,但强制执行该合同的方式构成根本违约的除外。

(2)如果该违约可由卖方在合同或法律规定的期限内补救的,则不得解除合同。

第2341条　(未向买方移转完全的所有权)

(1)如果由于影响其权源的瑕疵,卖方未向买方移交免于属于第三人的任何权利的物,可解除合同。

(2)但如果买方在购买该物时明知该缺陷,则不得解除合同。

(3)如果标的物的缺陷并不重要,并且买方即使知道这种缺陷仍会购买该物,不得解除合同。

第2342条 (剥夺占有)

(1)如果买方被完全剥夺物,而卖方负有担保买方不被剥夺占有的义务,可当然解除合同。

(2)如果买方被部分剥夺物,可解除合同。

(3)但如果剥夺占有仅影响该物的一个较次要的部分,并且买方即使知道会被剥夺对该部分的占有仍会购买该物,不能解除合同。

第2343条 (部分交付)

(1)如果仅交付了标的物的一部分或标的物的一部分不符合合同,买方不能解除全部合同,但如果买方事先知道该合同的这种执行方式就不会缔结该合同的除外。

(2)在部分物的交付迟延的情况下,即使后来交付了物的其余部分,但如果交付日期构成全部交付的一个强制性日期,则买方可解除全部合同。

(3)如果买方无权解除或要求解除合同,他可部分解除合同或要求部分解除合同,并只支付与正当地交付给他的部分给付之价值相当的价金。

第2344条 (瑕疵)

(1)如果标的物受卖方向买方担保的瑕疵之影响,可解除合同。

(2)但如果该瑕疵并不重要,并且即使买方知道该瑕疵仍会购买该物,不能解除合同。

第2345条 (部分物有瑕疵)——1.原则

(1)如果买卖同时有几个标的物,或标的物是几个部件的集合,其中只有一些物有瑕疵,只能针对此等有瑕疵的物或部件解除合同。

(2)在此等情形,买方应向卖方支付与已向其交付的无瑕疵的物或部件的价值相当的价金。

第2346条 ——2.例外

(1)如果物或部件的有瑕疵的部分与无瑕疵的部分导致买方或卖方的极大不便且不能分离,可全部解除合同。

(2)即使主物和从物分别标价出售,解除以主物为标的的合同得扩及于从物。

二、卖方的解除理由

第 2347 条　（原则）

（1）卖方可向法院申请命令解除合同，也可根据本法典关于“合同的一般规定”之题的规定（第 1784 条至第 1789 条）宣布解除合同。

（2）一下数条的规定不受任何影响。

第 2348 条　（不付价金）

（1）在买方未支付价金的情况下，如果买卖合同明确授予卖方解除合同权，卖方可径直宣布解除合同。

（2）无明确约定时，如果买卖的标的物在证券市场上有报价或有时价，或合同已明确赋予卖方有关权利时，卖方可在他置买方于迟延之境的通知中确定的一个合理期限届满时解除合同。

（3）如果法院已给予买方一个恩惠期，则卖方也可在此等恩惠期届满时宣布解除合同。

第 2349 条　（迟延受领给付）

在买方未按照合同规定的条件受领标的物的交付时，如果买方的这种不履行证明卖方对买方将不支付价金的担心是合理的，或从当时情况来看，受领交付是合同的一项基本约定，则卖方可要求解除合同。

第 2350 条　（未制作说明书）

如果买方在合同中保留其以后决定标的物的形状、大小或其他细节的权利，而未在约定为强制性的日期或在卖方给予他的合理期限届满时提出此等说明书，卖方可宣布解除合同。

三、双方当事人的解除理由

第 2351 条　（连续交付的合同）

（1）在连续交付的合同中，如果由于一方当事人不履行或一次履行有瑕疵，使另一方当事人有理由担心以后的合同将不会被履行或会受到瑕疵的影响，则该另一方当事人可要求解除以后的合同。

（2）如果买方能证明，由于各次交付间的联系，没有未作出的交付或受瑕疵影响的交付将使其他交付对他毫无用处，他也可要求解除以后的交付，或解除已进行的交付，或二者都解除。

第 2352 条　（履行不能）

即使在规定的履行日期之前，缔约一方履行其义务已成为不能，或其迟延已影响了合同本身的基础，他方当事人可宣布解除合同。

第 2353 条　（预期违约）

如果在规定的履行日期之前，一方当事人通知另一方当事人他将不履行合同，则后一方当事人可根据本法典关于“合同的一般规定”之题的规定（第 1789 条）宣布解除合同。

四、解除的条件和效力

第 2354 条　（因迟延解除）

如果迟延履行构成合同的一项基本规定的义务的当事人询问他方当事人他是否仍同意执行合同，另一方当事人未在短期内作出答复的，合同将当然被解除。

第 2355 条　（解除的效力）

（1）合同被解除的，在不妨碍可能要发生的损害赔偿的前提下，当事人可被免除合同义务。

（2）如果当事人已履行其全部或部分义务，他可请求返还他已交付的财物，包括所花的费用。

（3）如果双方均已履行了其义务，在一方返还从对方所得财物前，他方可拒绝返还从对方所得的财物。

第 2356 条　（价金的利息和孳息）

（1）只要卖方被要求偿还价金，他应另外支付该价金从支付之日起算的利息。

（2）除了标的物外，买方得返还从标的物取得的孳息。

第 2357 条　（物不能回复到其先前状态的情形）

（1）如果标的物的全部或部分已灭失或毁损，只要不是由于买方自己的行为或他对其承担责任的另一人的行为所致，买方可保留要求法院命令解除合同或自行宣告解除合同的权利，或利用已作出的解除宣告的权利。

（2）在标的物由于他依习惯进行检查而致损时，他尤其可保留此项权利。

（3）如果买方不能返还原物乃因为他已让与或改变标的物，或标的物已因其行为灭失或毁损，则不能解除合同。

第 2358 条　（物的改变）

如果标的物已改变，在下列情形，买方可保留要求法院命令解除合同或自行宣布解除合同的权利：

(1)在他能发现可用来支持要求或宣布解除合同的瑕疵前，他已全部或部分改变标的物的；

(2)标的的改变不重要。

第2359条 (费用)

(1)关于买方在标的物上的支出，应适用本法典关于“不当得利”之章的规定(第2168条至第2178条)。

(2)在剥夺占有的情形中，如果买方不能自己从剥夺其占有的第三人获得赔偿，他只能请求卖方偿付这些开支。

第3目 损害赔偿

第2360条 (一般规定)

(1)如果缔约一方不履行其义务之一对他方有损害，卖方或买方可要求以损害赔偿的方式填补由此造成的损害。

(2)在合同未得到适当和确切的履行时，无论合同被解除还是被维持，都可要求损害赔偿。

一、合同未被解除的情形

第2361条 (损害赔偿的数额)

(1)合同未被解除的，损害赔偿额应根据本法典关于“合同的一般规定”之题的规定(第1790条至第1805条)确定。

(2)在迟延支付价金的情况下，买方应依法定利率支付利息(第1803条)。

(3)复利不包括在内，但买卖双方间有往来账户的除外。

二、合同被解除的情形

第2362条 (标的物有时价的情形)——1.原则

(1)如果合同被解除，且标的物有时价，损害赔偿额应等于合同规定的价格与可行使宣布解除合同权之日，或在合同被法院解除或当然解除的次日的时价之间的差额。

(2)此外，必须考虑替代购买或保护性销售的正常费用。

(3)要考虑的价格，是买方或卖方在正常业务过程中将买卖合同标的物之地的市场价格。

第 2363 条　——2. 替代购买或保护性销售

(1)如果买方已完成替代购买或卖方已完成保护性销售,则在计算损害赔偿额时,应将为这种购买支付的价金,或为这种销售获得的价金考虑在内。

(2)如果他方当事人证明,替代性购买或保护性销售是恶意或在不正常的商业条件下进行的,可减少此等损害赔偿额。

第 2364 条　——3. 较大损害

(1)如果遭受损害的一方当事人证明,在订立合同时他已将会增加损害的特殊情况通知他方,则损害赔偿额得等于实际造成的损害。

(2)第(1)的款规定,也适用于当事人证明不履行是由于另一方损害的故意、严重疏忽或重过失的情形。

第 2365 条　(标的物无时价的情形)

(1)如果标的物无时价,则损害赔偿额得等于一个合理的人看来不履行通常会给债权人造成的损害。

(2)在具备第 2364 条提到的情节时,损害赔偿额得等于实际造成的损害。

第 2366 条　(预期违约)

(1)在预期违约的情形,如果标的物有时价,则损害赔偿额应考虑合同为债的履行规定的期限的最后一天该物的市场价格计算。

(2)如果合同未规定任何期限,则损害赔偿额应考虑可行使宣布解除合同权之日该物的市场价格计算。

(3)但损害赔偿额不得超过提前进行的替代性购买实际支付的价金,也不得超过合同规定的价格与提前进行的保护性销售所实际收受的价金之间的差额。

第 2367 条　(剥夺占有)

如果买方被剥夺对标的物的占有,在不影响其他损害赔偿额的情况下,卖方应报销买方不得不提起的诉讼的诉讼费用和非诉讼费用,但买方本可通过通知卖方参加诉讼从而避免支出的费用除外。

第 4 节　各种形式的买卖

第 1 目　牲畜及其他活动物的买卖

第 2368 条　(原则)

在不与下列条款的规定冲突的前提下,牲畜及其他活动物的买卖得受前述条款规定的规范。

第 2369 条 （传染病）——1. 法定担保

在为交付时，卖方应保证其出售的动物未患下列疾病中的任何一种：

各种动物的狂犬病、所有反刍动物的牛瘟、牛的胸膜肺炎（牛的传染性胸膜肺炎）、鼻疽病、家畜慢性致命性放线菌病、马及其杂交种（骡）的马媾疫和淋巴管病、马、牛、绵羊和山羊的炭疽病和急性疟原虫病。

牛、绵羊、山羊、猪和骆驼的口蹄疫。

牛的黑肢症或恶性水肿和肺结核。

羊痘、绵羊和猪的疥螨病、猪热病、猪的肺肠炎和猪痘、猪的肺结核。

马、驴及其杂交种和骆驼的锥体虫病。

绵羊的食道疾病。

牛、羊和山羊的布鲁氏菌病。

立克次氏体属微生物引起的疾病、马的传染性贫血症。

鹦鹉热、蜜蜂的传染病。

维尔岛病、蜂孢子虫病

第 2370 条 （相反的约定）

与第 2369 条的规定相反的任何约定无效。

第 2371 条 （瑕疵）——1. 法定担保

如果出售的动物受到某种瑕疵的影响，造成它不适合于依其性质或合同设定的目的，卖方的担保生效。

第 2372 条 ——2. 合同规定

(1)当事人可通过合同中明示的规定，排除根据第 2371 条的规定应对特定瑕疵提供的担保。

(2)当事人可扩大担保的范围，并规定卖方应保证动物具有特定本领。

第 2373 条 （合同的解除）

如果动物患有传染病或受到依法或合同应予担保的瑕疵的影响，则买方可要求解除此买卖合同。

第 2374 条 （动物的灭失）

如果出卖的动物因应予担保的疾病或瑕疵死亡，或由此等瑕疵造成的偶然事件死亡，则卖方应承担此等损失，并偿还他收受的价金。

第 2375 条 （损害赔偿）

在下列情形，卖方应赔偿对买方造成的损害：

(1)卖方已明示担保动物未受到可导致解除买卖合同的疾病或瑕疵的影响；

(2)经证明，卖方在交付时已知道可导致解除买卖合同的疾病或瑕疵的存在。

第 2376 条　(合同被维持)

(1)如果买方未让专家查明该疾病或瑕疵，并在当事人书面约定的期限内将此等疾病或瑕疵通知卖方，他丧失对卖方的权利。

(2)未规定期限时，如果买方未让专家查明该疾病或瑕疵，并在交付动物后 30 天内将此等疾病或瑕疵通知卖方，买方将丧失其权利。

第 2 目　样品买卖

第 2377 条　(卖方担保的质量)

(1)对于凭样品或母件的买卖，标的物的质量应符合样品或母件的质量。

(2)如果样品与合同中对标的物的描述方式不一致，则样品优先。

(3)如果有差别但无不符，则标的物将取样品的质量与描述的质量的中间值。

第 2378 条　(样品的展览)

被托管样品的当事人应证明展览的样品与收受的样品完全一致。

第 2379 条　(本目的适用)

如果卖方证明样品或母件仅以资料的形式出示于买方，而未就样品必须与标的物相符作任何承诺，则不发生凭样品或母件的买卖。

第 3 目　试验买卖

第 2380 条　(接受的时间)

(1)如果买卖以试验的方式为之，买方应在合同规定的期限内宣布他是接受还是拒绝标的物。

(2)如果合同未规定任何期限，卖方可给予买方一个合理期限作出决定。

第 2381 条　(买方沉默)

(1)买方未在第 2380 条规定的期限内将其决定通知卖方的，在该物已交付买方以使其可以试用时，该买卖应被视为已经成立。

(2)在相反的情形，应视为拒绝该物。

第 2382 条　(默示接受)

如果买方无保留地支付全部或部分价金，或以非为试用所必要的方式处分标的物，则买卖被视为已成立。

第2383条 （风险）

即使该物已交付买方，只要买方尚未接受它，风险应由卖方承担。

第4目 分期付款买卖

第2384条 （卖方的选择权）

如果标的物已按价金将以分期付款方式支付的条件出售并交付，并且买方拖欠其中一次应付款，则卖方可起诉追索未支付的期次，或在为他明确保留了此等权利时，宣告解除该合同。

第2385条 （解除合同）

(1)合同被解除的，卖方和买方应返还各自从对方获得的给付。

(2)但卖方可要求合理的租金并赔偿标的物的损耗。

(3)对买方课加更重义务的规定无效。

第2386条 （可请求的余款）

(1)如果合同约定，买方迟延偿付某期次的付款即可导致卖方可请求剩余的所有债款，则除非买方连续拖欠两期付款，并且其总额不低于该买卖价金的1/10，卖方不得利用该规定。

(2)对买方课加更重义务的规定无效。

第5目 保留所有权的买卖

第2387条 （对第三人的效力）

(1)卖方在买方支付价金前保留对已移转买方占有的物的所有权的规定，不得影响第三人，但此等规定已在买方居所地为此目的置备的公共登记簿上登记的除外。

(2)如果获得该物的第三人破产，除非按照商法典规定的条件，这项规定不得影响其债权人。

第2388条 （风险）

从物交付给买方起，风险应由买方承担。

第2389条 （买卖的解除）

(1)买卖被解除的，卖方应向买方返还他收受的所有部分偿付。

(2)但他可要求合理的租金并赔偿物的损耗。

(3)对买方课加更重义务的规定无效。

第 6 目　附赎回权的买卖

第 2390 条　(附赎回权的买卖)

卖方可未自己保留在特定的期限内赎回自己已出售给买方的标的物的权利。

第 2391 条　(赎回的时间)

(1)行使赎回权的期限不得超过 2 年。

(2)未规定一个更短期限的,该期限得为 2 年。

第 2392 条　(违约金)

(1)买方不得让与赎回权所及的物。

(2)第(1)款规定的禁止不得影响第三人,但规定赎回的条款已在买方居所地为此目的置备的公共登记簿上登记的除外。

第 2393 条　(卖方的义务)

(1)行使其赎回权的卖方,应向买方偿还他已收受的价金以及订立买卖合同的费用。

(2)除非另有约定,关于买方对该物所花的费用,应适用本法典关于“不当得利”之章的规定(第 2168 条至第 2178 条)。

第 7 目　附托运义务的买卖

第 2394 条　(负责办理运输)

如果卖方依合同有义务托运标的物,他得按照通常的条件并使用通常方法订立必要的运输合同,以使该物被实际运至买卖合同规定的地点。

第 2395 条　(交付)——1. 原则

(1)如果买卖合同隐含了运送标的物的意思,除非另有约定,交付得通过将标的物移交承运人实施。

(2)如果卖方使用自己的或其租用的运输工具完成了部分运送,则交付应通过将标的物移交代表卖方与之订立了运输合同的承运人实施。

(3)如果标的物将由联运人运送,并且卖方依合同有义务缔结涵盖全部运送的一个或数个运送合同,则交付应通过将标的物移交第一承运人实施。

第 2396 条　——2. 非用于履行合同的物

如果由于合同上写明的地址或其他原因,移交给承运人的物明显不是用于履行合同的，则不得认为已履行交付义务，但卖方将该运输通知买方，并在适当时向他提供了一份描述该标的物的文件的除外。

第 2397 条 ——3. 水运

(1)根据前数条的规定接收标的物的承运人，被要求从水路运输物的，则根据合同条款，交付得于标的物被置于甲板或装船时实施。

(2)卖方可依合同向买方出示“收货待装船”提单或任何其他类似性质的单证的情况，不受任何影响。

第 2398 条 (卖方的留置权)

(1)如果运输合同未授予卖方处分在途货物的权利，则卖方可推迟托运货物，直到获得价金。

(2)约定在到达地交付或在交付后支付价金的，不适用第(1)款的规定。

(3)如果卖方因有权在航运开始后处分货物而托运货物，则他在获得价金支付前，可反对在目的地将标的物移交买方。

第 2399 条 (凭单付款)

(1)如果已发出允许取得物的交付或为处分货物所必须持有的提单或其他单证，则只有在移转合同或习惯规定的单证后，才能要求支付价金。

(2)此等情形，买方不得以其不能检查标的物为由拒绝支付价金。

(3)如果这种单证是提单或任何其他允许获得物的交付，或必须持有它才能处分物的单证，则移交单证的义务应被认为是合同的一项基本规定。

第 2400 条 (中途停运权)

(1)如果卖方在已托运货物后才开始知道买方已被宣告支付不能，即使买方已占有允许获得物的交付的提单或任何其他单证，卖方仍可反对将物交付给买方。

(2)如果依法占有提单或上述单证的第三人要求交付，卖方不得反对交付。

(3)此等情形，除非提单或其他单证包含了关于其转手的效力的保留规定，或卖方能证明持有人在获得该提单或其他单证时，在明知的情况下以损害卖方的方式行为，卖方不能反对交付。

第 2401 条 (接受交付的义务)

(1)如果货物已被托运至买方并在目的地交由他处置，则买方若打算拒收货物，他应为了卖方占有这些货物，但他这样做得支付价金并且会带来不便或花费巨大费用的除外。

(2)如果卖方在目的地出现或在目的地有一个有资格接收货物的人，不适用第(1)款规定。

第 2402 条 (检查货物)

(1)货物被托运的，买方应在目的地检查。

(2)如果货物未经中转又由买方发运的，并且如果卖方在订立合同时知道或应当知道再次发运的可能性，则检查得推迟到货物到达新目的地进行。

第 8 目 拍卖

第 2403 条 (合同的成立)

(1)在拍卖的情形，买卖合同得通过卖方或拍卖人对物作出的拍卖缔结。

(2)拍卖师被认为有权把标的物拍定给出价最高的竞买人，但卖方已表示相反意思的除外。

第 2404 条 (竞买人的义务)

(1)竞买人得按出售条件的规定受其要约的约束。

(2)除非另有规定，如果有人出更高价或他的要约在通常的叫价后未被立即承诺，则他应被免除责任。

第 2405 条 (现金支付)

(1)除非出售条件另有规定，竞买人有支付现金的义务。

(2)不支付现金或根据出售条件支付的，卖方可立即解除合同。

第 2406 条 (卖方应提供的担保)

(1)在公开的自愿性拍卖中，卖方应给予与普通买卖相同的担保。

(2)在强制性拍卖中，卖方不给予担保，但卖方有欺诈的除外。

第 2407 条 (扣押被拍卖的财产的人应提供的担保)

(1)应其请求进行拍卖的人，应担保货物与出售条件中对它的说明相符。

(2)他也得对其可能犯下的任何欺诈承担责任。

第 2 章 与买卖有密切联系的合同

第 1 节 互易合同

第 2408 条 (与买卖的区别)

(1)对于互易物，每个交换人都承担与卖方相同的权利和义务。

(2)依互易合同有义务支付差额的交换人,对此等差额的支付负与买方相同的义务。

(3)除非另有约定,交换人应均摊互易合同的费用。

第 2409 条 (关于买卖的规定之准用)

对互易合同的其余内容,适用于买卖合同的规定,应适用于互易合同。

第 2 节 除所有权以外的权利的转让

第 2410 条 (用益权的移转)

(1)某人有偿移转对某物的用益权,应适用买卖合同的规定。

(2)此等情形,卖方移转标的物所有权的义务应代之以移转对此等物的用益权的义务。

第 2411 条 (无体权利的移转)

(1)某人有偿移转某项无体权利时,在不影响特别法规定的前提下,应尽可能适用买卖合同的规定。

(2)系争物的移转,应适用本法典关于"合同的一般规定"之题的规定(第 1962 条至第 1975 条)。

第 3 节 租 售

第 2412 条 (视为买卖)

在不影响以下数条之规定的前提下,如果当事人将其合同表述为租用某物的合同,并规定该物的承租人在支付特定期次的分期付款后将成为该物的所有人,则适用于买卖合同的规定应适用于之。

第 2413 条 (风险)

从标的物交付于承租人之日起,风险由他承担。

第 2414 条 (合同的终止)

承租人可通过随时将物归还出租人终止合同。

第 2415 条 (合同的解除)

(1)合同被解除的,出租人应向承租人返还他已收受的租金。

(2)他只能请求合理的租金并赔偿标的物的损耗。

(3)对承租人课加更重义务的规定无效。

第 4 节　供应合同

第 2416 条　（定义）

供应合同是一方为获得价金承诺为他方利益定期或连续交付标的物的合同。

第 2417 条　（合同的标的物）

(1)未确定供应的数量时，供应方应提供能满足他方正常需要的数量，同时考虑订立合同的时间。

(2)如果当事人只规定了全部供应或每次交付的最大额和最小额，则供应方的相对人可在这些额度内确定向其供应的数量。

(3)根据当事人的需要确定数量时，即使该数量超过了合同规定的最小额，供应方的相对人应受领他全部需要的供应。

第 2418 条　（价金）

如果供应定期作出，当合同中无明确规定时，应根据本题第 1 章的规定确定每次交付的价金。

第 2419 条　（支付价金的时间）

(1)如果供应定期作出，应在每次交付时支付价金。

(2)如果供应是继续性的，应在通常的到期日支付价金。

第 2420 条　（期限）

(1)为各种履行确定的时间，应视为是为双方当事人的利益确定的。

(2)如果允许有权获得供应的一方决定应作出每次履行的时间，则他应通过向供应方发出合理通知的形式通知他此等时间。

第 2421 条　（不履行合同）

(1)对于某次履行当事人未履行其义务的，如果不履行的后果严重并足够破坏对以后义务之履行的规则性的信赖，可解除合同。

(2)供应方在给予其相对人合理的通知后，才可解除合同或中止履行。

(3)任何相反的规定无效。

第 2422 条　（优先条款）——1. 持续期

(1)某人如果需要特定种类的货物，他将承诺从一个特定供应方优先获得供应的规定，其有效期不得超过 3 年。

(2)如果规定了一个更长的有效期，应将之缩减为 3 年。

第 2423 条　——2. 适用

(1)任何已达成第2422条规定的承诺的人,应向该供应方通知由第三人对他要约的条件。

(2)供应方应在合同规定的期限内或一个合理的期限内,宣布他是否打算利用该优先条款,违者失去该权利。

第2424条 (约束客户的排除条款)

(1)如果合同已规定,某人应专门从一个特定的供应方为自己获得特定货物的供应,该人不能从第三人获得合同规定性质的货物的供应。

(2)除非另有约定,该人不能自己制造或生产合同规定性质的货物。

第2425条 (约束供应方的排除条款)

(1)如果合同已约定,供应方只向特定的人供应其产品,则供应方不能在合同规定的地区和合同的有效期内,直接或间接地向第三人供应合同规定性质的货物。

(2)如果缔约方已承诺在合同规定的地区开展已为他作出保留的货物的销售,则在他未履行这一义务时,即使他销售了合同规定的最小额,他亦得承担责任。

第2426条 (合同的终止)

如果供应合同未规定其持续期间,则各方当事人都可通过给予合同规定的通知,或在合同无此等规定时给予合理的通知,终止该合同。

第3章 赠　　与

第2427条 (定义)

赠与是一个人(赠与人)为了给予另一个人(受赠人)恩惠,给予某些他的财产或承担某项义务的合同。

第2428条 (死因赠与)

在赠与人死亡后生效的赠与,应适用关于遗嘱的规定。

第2429条 (结婚时的赠与)

(1)结婚时所为的赠与,应适用关于一般赠与的规定。

(2)此等赠与在任何情况下都不应被视为为了获得对价而为。

(3)本条规定不影响关于在结婚时作出的赠与的特殊规定(第2457条)。

第2430条 (无偿服务)

提供无偿服务或使他人能免费处分某物的事实,不应被视为构成一项赠与。

第 2431 条 （放弃）

放弃继承权、拒绝遗赠或不成就获得或维护某项权利的条件之事实，不应被视为构成一项赠与。

第 2432 条 （自然债务）

为履行一项道德义务进行的给付，不应被视为构成一项赠与。

第 2433 条 （报酬）

为酬劳向赠与人或其家人提供的服务而根据习惯进行的支付，不应被视为构成一项赠与。

第 2434 条 （赠与的人身性质）

(1)赠与是纯粹属于赠与人个人的行为。

(2)作出一项赠与的授权无效，该授权指明了待赠与的财产和受赠人的除外。

第 2435 条 （作出赠与的允诺）

(1)作出赠与的允诺不产生任何债。

(2)此等允诺被违反时，允诺人应偿付相对方以该允诺未依据诚信支出的费用。

第 2436 条 （受赠人的承诺）

(1)在受赠人表示其接受施舍的意思前，赠与合同不成立。

(2)如果在赠与人死亡或失去行为能力后表示此等承诺，该承诺无效。

(3)赠与可由受赠人的法定代表人，而不可由其继承人代表他接受。

第 2437 条 （精神不健全的赠与人）

除下列情形外，不能以赠与人精神不健全为由宣告赠与无效：

(1)赠与人在赠与时被禁治产，并且赠与不是由其监护人正常作出的；

(2)在赠与人生前已提出了一项宣告赠与人禁治产的申请，而在法院对该申请作出决定前赠与人死亡的；

(3)赠与人的精神错乱状态能从赠与合同的条款中推断出来。

第 2438 条 （非法动机）

(1)如果赠与完全或主要由某种不道德或非法动机导致，则赠与无效。

(2)在此等情形，除非不道德或非法动机能从赠与合同或赠与人书写的其他文件中推断出来，赠与不得无效。

第 2439 条 （不当影响）——1. 继承的规定之准用

(1)法院可缩减一项赠与或宣告其无效,作出如此处理的条件同于缩减一项遗嘱规定或宣告其无效的条件(第 868 条至第 873 条)。

(2)即使受赠人是赠与人的血亲、姻亲或配偶,也可提出上述缩减或宣告无效申请。

(3)在对监护人或保佐人为赠与之情形,赠与人的年龄不予考虑。

第 2440 条 ——2.考虑到某个争端的赠与

如果赠与的目的是使受赠人或另一人运用其影响力或提供帮助,以解决影响赠与人、其配偶或某个亲属之利益的争端,可提出宣告该赠与无效的申请。

第 2441 条 ——3.如何申请

(1)缩减或宣告赠与无效的申请,应自赠与作出后 2 年内提出,违者丧失该权利。

(2)赠与人死后,它只能由依法被授权以不当影响为由要求宣告遗嘱中的某项规定无效的人提出(第 874 条)。

第 2442 条 (错误或欺诈)

(1)赠与人的继承人不能以赠与人犯有错误为由申请宣告赠与无效,他们具备可以错误为由申请宣告遗嘱中的一项规定无效的条件的,不在此限(第 877 条)。

(2)赠与人的继承人不能以欺诈为由申请宣告赠与无效。

(3)在任何情形,继承人可继续进行赠与人已在其生前提出的基于错误或欺诈宣告赠与无效的诉讼。

第 2443 条 (赠与的形式)——1.不动产

以不动产或不动产上的权利为标的的赠与,必须采取公开遗嘱的形式订立(第 881 条至第 883 条),否则无效。

第 2444 条 ——2.有体动产和无记名权源证书

(1)赠与有体动产和无记名权源证书,只需单纯的交付。

(2)它们还可采取赠与不动产采用的形式被赠与。

第 2445 条 ——3.其他权利和债权

(1)赠与其他权利和债权,可采取适用于有偿让与的形式。

(2)赠与可通过免除受赠人的债务进行。

(3)它还可通过把受赠人指定为赠与人与他人订立之合同的为第三人之条款的受益人进行。

第 2446 条　（假装的赠与）

（1）赠与可采取为有偿行为规定的形式进行。

（2）调整赠与的实质性规则，于假装的赠与适用。

第 2447 条　（赠与的证明）

（1）任何主张已作出赠与的人，应证明其存在。

（2）占有有体动产或无记名权源证书，不是赠与存在的证据，但此等占有无争议的除外。

第 2448 条　（因忘恩负义的撤销）——1.由赠与人撤销

（1）无论是否有相反规定，如果受赠人已作出的某种行为使他不配承继[①]赠与人，则赠与可以受赠人的忘恩负义为由被撤销。

（2）赠与人已宽宥受赠人的，不得撤销该赠与。

（3）无论是否有相反的证据，如果赠与人在他知道可能的撤销理由后 1 年内未将其撤销赠与的意思通知受赠人，应视为已给予受赠人宽宥。

第 2449 条　——2.赠与人的继承人撤销赠与

除非在下列情形，赠与不应被赠与人的继承人撤销：

（1）赠与人在其死亡前明确将其撤销赠与的意思告知了受赠人；

（2）受赠人故意造成赠与人死亡的；

（3）在赠与人死后发生了被声称的忘恩负义行为；

（4）受赠人阻碍赠与人行使其撤销权的。

第 2450 条　（子女的出生）

除非赠与合同另有规定，赠与不能因赠与人新出生子女的事实被撤销。

第 2451 条　（赠与的标的物）

（1）赠与的标的物只能是作出赠与之日属于赠与人的财产。

（2）赠与全部或部分以未来的财产为标的时，在涉及未来财产的范围内无效。

第 2452 条　（有争议的财产）

赠与全部或部分以在作出赠与之日是某争端的标的物的财产为对象时，赠与在涉及争议财产的范围内无效。

第 2453 条　（用益权的保留）

---

① 承继，原文为 Succeed。在西方语言中，承继是“继承”和“受遗赠”的种概念，以这两种方式得到死者遗产的人，都是死者的承继人。——编者

赠与人可为自己保留被赠与财产的用益权。

第 2454 条 （定期金的赠与）

除非另有明确规定，以定期金为标的的赠与在赠与人死亡时失效。

第 2455 条 （条件或负担）

(1)赠与可附条件或负担。

(2)本法典关于“继承”之题下涉及与遗赠的条件或负担的规定(第 916 条至第 923 条)，应适用于赠与的条件和负担。

第 2456 条 （不能或不法的条件或负担）

(1)赠与人对赠与所附的条件或负担不能或有违法律或道德时，视为未附此等条件或负担。

(2)在此等情形，即使该条件或负担对赠与人很重要，赠与也不无效。

第 2457 条 （结婚时的赠与）

(1)对未来的配偶一方的赠与，应以缔结婚姻为条件。

(2)对未来配偶的父母或其他亲属所为之婚因赠与，亦同。

(3)婚姻的解除或终止对此等赠与的影响，按本法典关于“家庭关系”之题(第 684 条和第 689 条)的规定处理。

第 2458 条 （对赠与人提供生活保持的义务）

(1)除非另有明确规定，赠与得受一项负担的约束，据此，在赠与人需要时，受赠人必须对赠与人提供生活费。

(2)赠与人可任意选择向受赠人还是向在法律上有义务为他提供生活费的其他人要求生活保持。

(3)后一种人向赠与人提供生活费后，可向受赠人请求。

第 2459 条 （支付债款的负担）

要求受赠人偿付赠与人之债务的负担无效，但指明了将由受赠人支付的债务金额的除外。

第 2460 条 （返还赠与财产）

(1)赠与人可规定，如果受赠人先于他死亡，他赠与的财产应返还给他。

(2)除非另有明确规定，如果死亡的受赠人遗留有卑亲属，不得强制执行返还财产的规定。

(3)返还财产的规定与禁止让与的规定具有相同的效力，并且得受相同手续的约束。

第 2461 条 （替补）

(1)赠与人可规定，受赠人得保存赠与财产，在他死亡时，或指定期限届满或规定的条件成就时，将其移转给替补受赠人的一人或数人。

(2)此等规定应根据本法典就依遗嘱替补规定的条件生效，并受制于此等替补规定的手续（第929条至第934条）。

第2462条　（负担的执行）

(1)赠与人可要求执行赠与合同中规定的负担。

(2)执行的要求还可由负担的受益人、赠与人以确保执行负担为目的指定的人或赠与人的继承人提出。

(3)受赠人执行负担的义务，以赠与财产在为赠与之日的价值为限。

第2463条　（捐赠与信托）

受赠人可根据本法典关于"社团和财团"之题的规定（第483条至第544条）设立一项捐赠基金或信托。

第2464条　（赠与因不执行负担而撤销）

(1)赠与可根据第2462条　所述的任何人的申请，以受赠人不执行负担为由被撤销。

(2)除非赠与人作出了这方面的明确规定，并规定了此等撤销的效力，赠与不能根据赠与人之继承人的申请被撤销。

(3)撤销赠与的条件及其效力，按本法典关于"合同的一般规定"之题（第1808条至第1818条）的规定处理。

第2465条　（追夺担保）

(1)如果赠与人对受赠人明确作了追夺担保，或追夺是由其违约或欺诈所致，则赠与人应向受赠人担保赠与财产免于被追夺。

(2)此等担保应适用本法典关于买卖合同的规定（第2282条至第2286条）。

(3)被追夺的受赠人可根据上述规定，要求就赠与给他造成的费用并且被获得的赠与财产的孳息所补偿的费用，获得偿还。

第2466条　（瑕疵担保）

(1)赠与人不对受赠人就赠与财产的瑕疵承担担保责任，但他已明确给予这种担保或实施了欺诈的除外。

(2)此等担保应适用本法典关于买卖合同的规定（第2287条至第2300条）。

(3)受赠人可根据此等规定要求偿还因瑕疵给他引起的、以取得的赠与财产的孳息不足补偿的费用。

第 2467 条 （保利安之诉）

(1)赠与人的债权人可申请撤销赠与人以诈害其债权为目的所为之赠与。

(2)在此等情形，应适用本法典关于“合同的一般规定”之题的规定（第1995 条至第 1999 条）。

第 2468 条 （生活保持义务的债权人）——1. 原则

任何有权对已故赠与人的遗产享有生活保持请求权的人，当该遗产不够时，可向在赠与人死前 3 年内获得其赠与的任何人提出生活保持的请求。

第 2469 条 ——2. 应予考虑的价值

(1)受赠人应在赠与给他的财产的价值范围内承担责任。

(2)赠与财产的价值应根据作出赠与之日标的物的价值进行估价。

(3)在适当时，得减去赠与所受之负担的价值。

第 2470 条 ——3. 多项赠与

(1)死者在其死亡前 3 年作多项赠与的，每个受赠人都有责任按赠与给他的财产价值的比例满足生活保持请求权。

(2)作出各项赠与的日期不予考虑。

第 4 章 货币及其他可替代物的借贷

第 2471 条 （定义）

货币及其他可替代物的借贷是一方（贷方）同意向他方（借方）交付一定数量的货币或其他可替代物，并向他转移其所有权，而借方将向他返还相同数量的同种同质的货币或其他可替代物的合同。

第 2472 条 （借贷的证明）

(1)借贷金额超过 500 埃塞俄比亚元时，借贷合同只能以书面或在法庭上的供认或宣誓得到证明。

(2)借贷合同不能以任何其他方式证明。

(3)本条规定应适用于偿还 500 埃塞俄比亚元以上的任何金额的证明方式。

第 2473 条 （银行家与客户间的关系）

(1)第 2472 条的规定，不应适用于主要与银行业有关的人或公司与其客户的关系。

(2)此等情形,借贷合同或贷款的偿还可由证人或推定证明。

第 2474 条 (贷方的义务)

(1)"买卖"之章关于卖方义务的规定应适用于贷方(第 2273 条至第 2302 条)。

(2)在贷方无偿提供贷款时,对其义务应作较少严格的解释。

(3)在此等情形,贷方只担保他明知的物的瑕疵。

第 2475 条 (借方支付不能)

(1)如果借方在订立合同后变得支付不能,贷方可拒绝交付允诺之物。

(2)即使支付不能产生于订立合同前,但如果贷方在订立合同后才知道的,他也可拒绝交付。

第 2476 条 (费用和物的妥善保管)

(1)"买卖"之章关于当事人偿付费用或妥善保管物的义务的规定(第 2314 条至第 2322 条)应适用于借贷。

(2)在这一方面,贷方应承担卖方的义务,借方应承担买方的义务。

第 2477 条 (风险)

(1)借方成为出借物的所有人。

(2)他从交付时起承担标的物灭失或减等的风险。

第 2478 条 (利息)——1.应付利息的情形

除非已约定支付利息,借方不负向贷方支付利息的义务。

第 2479 条 ——2.利率

(1)当事人约定的利率不得超过每年 12%。

(2)如果已约定借贷将支付利息,但未书面确定某一较高利率的,借方应以每年 9%的利率付息。

(3)如果书面约定的利率超过每年 12%,则借方应以每年 9%的利率付息。

第 2480 条 ——3.可主张付息的时间

除非另有约定,利息应从订立合同之日起算的每年的年底支付。

第 2481 条 (复利)

(1)当事人不得事先约定利息将计入本金,并自己生息。

(2)关于活期存款账户的复利的计算规则,不受任何影响。

第 2482 条 (返还出借物的时间)——1.约定了时间的情形

(1)借方应在约定的时间返还相同数量和质量的出借物。

(2)如果借贷不计利息,借方可在约定的时间前,在向贷方告知他返还出借物的意思后返还出借物。

(3)无论是否有相反的协议,当书面确定的利率超过每年12%时,应适用第(2)款的规定。

第2483条 ——2.未约定返还时间的情形

(1)未约定返还时间时,借方应在贷方要求他返还出借物后的1个月内返还出借物。

(2)在相同情况下,他可在通知贷方其返还的意思后的1个月内向贷方返还出借物。

第2484条 ——3.特殊规定

如果已约定借方将在他能够时或有资力偿还时偿还,则法院可根据情况决定支付时间,但该支付时间不得超过6个月。

第2485条 (返还的标的物)——1.以埃塞俄比亚元表示的金额

(1)如果出借物是以埃塞俄比亚元表示的一笔款项,则借方应在付款日通过支付作为法定货币的同等数额的票据或现金履行其义务。

(2)不应考虑该笔款项的购买力在借贷之日后的变化。

(3)不应考虑埃塞俄比亚元的定义在借贷之日后可能发生的任何变化。

第2486条 ——2.以外币表示的金额

(1)如果出借物是以外币表示的一笔款项,则借方应以在该外币所属国在付款日作为法定货币的同等数额的票据或现金支付该外币表示的款项,从而履行其义务。

(2)如果他愿意,他也可通过在支付日以埃塞俄比亚元支付与该笔款项等值的金额来履行其义务 。

第2487条 ——3.商品或金属锭块

(1)如果出借物属于金属锭块、商品或货物,借方应通过返还相同数量和质量的物来免除自己的义务。

(2)不应考虑这些金属锭块、商品或货物的价格在出借后的变化。

(3)如果借方不能返还物,或由于超出其控制的原因致使返还很困难,借方得通过偿付有关的物在其应返还的时间和地点被估定的价值免除自己的义务。

第2488条 (借方迟延)——1.合同的解除

(1)在不支付利息的情形,债权人不能要求偿还贷款,但借方连续两次拖欠债款且其总额至少为出借的原本的1/10的除外。

(2)第(1)款的规定,应适用于约定分期偿还出借的本金的情形。

(3)任何相反的规定无效。

第2489条　——2.损害赔偿

(1)借方迟延返还出借物,或迟延支付应由他支付的利息时,他应根据本法典关于"合同的一般规定"之题的规定(第1790条至第1805条)支付法定利息。

(2)任何增加借方责任的规定无效。

第5章　定期支付合同

第2490条　(定义)

(1)定期支付合同是一方当事人以转让某物或让与资本为代价,赋予他方当事人要求其定期支付一定款项或一定数量的可替代物之权利的合同。

(2)也可作为施舍行为的表现形式商定关于此等支付的规定。

第2491条　(证明债务的权源证书)

(1)债权人自持有权源证书之日起9年后,可要求债务人为他提供新的权源证书。

(2)新权源证书应由债权人自负费用进行制作。

第2492条　(永久年金和终身年金)

年金可永久性设立,或作为终身年金设立。

第2493条　(支付债款)

(1)除非另有约定,年金的债款应在从合同缔结之时起算的每年的年底支付。

(2)当事人不能事先约定未支付的债款可自行生息。

第2494条　(调整借贷的规则之准用)

定期支付合同还可适用本题第4章的规定。

第2495条　(保留条款)

关于政府贷款或其他公共集体发放的贷款的规则,不受任何影响。

第1节　永久年金

第2496条　(赎回权)——1.原则

无论是否有相反规定，永久设立的年金可由债务人赎回。

第 2497 条 ——2.可能的限制

(1)但当事人可约定，在债权人死亡前，或在不超过 10 年的期限届满前，不得进行回赎。

(2)他们还可约定，只能在向债权人发出回赎通知 1 年后进行回赎。

(3)如果约定了更长期限，第(1)款和第(2)款规定的最长期限将取代之。

第 2498 条 （赎回的义务）

在下列情形，永久年金的债务人可被强制赎回年金：

(1)他连续 2 年停止履行其义务；

(2)他未向贷方提供合同约定的保证或与此相当的新保证；

(3)债务人的支付不能已经法院确认。

第 2499 条 （在赎回时应付的原本）

(1)在赎回年金时，债务人应向债权人支付一笔与年金以法定利率为依据转化成的原本数相对应的款项。

(2)在这方面增加债务人责任的任何规定无效。

第 2 节　终身年金

第 2500 条 （年金的持续时间）——1.一个人的生命

(1)终身年金可就债权人、债务人或第三人的有生之年设立。

(2)除非另有约定，它应被视为就债权人的有生之年设立。

第 2501 条 ——2.几个人的有生之年

(1)终身年金可就几个人的有生之年设立。

(2)当事人也可约定，在债权人死亡后，年金可就另一人的有生之年设立。

第 2502 条 （无效的情形）

(1)如果终身年金合同就其有生之年设立的数人在订立合同之日无一人生存，此等合同无效。

(2)除非规定年金可转而就其有生之年设立的人在订立创设年金的合同之日仍然生存，标准人转换条款无效。

第 2503 条 （可移转性）

除非另有约定，就债务人或第三人有生之年设立的年金，可移转给债权人的继承人。

第 2504 条 （债款的高利率）

(1)如果设立终身年金是为了换取支付一笔本金，则债务人应付的债款不得超过该本金的20%。

(2)如果未以书面确定一个更高的利率或已确定了一个超过20%的利率，则它们应适用12%的利率。

第2505条　(合同的解除)

为其利益设立终身年金的人，在年金的设立人不向其提供就此等合同之履行规定的保证时，可要求解除合同。

第2506条　(不支付债款)

(1)仅仅不支付年金的债款，不得成为年金受益人要求偿还本金或重新占有其转让的财货的理由。

(2)他只能扣押其债务人的财产并将其销售，并命令或约定从销售价金中提留出足够的金额保证债款之支付。

第2507条　(赎回权阙如)

(1)债务人不能通过提出偿还本金并放弃对已支付债款的返还请求权，来免除自己支付年金的责任。

(2)他应在年金就其有生之年被设立的一人或数人的整个生存期间支付年金，而不论这些人的寿命长短，支付年金的负担可能变得多么沉重。

第2508条　(风险)

(1)终身年金应按照它被就其有生之年被设立的人生存的天数的比例自然增益于债权人。

(2)在约定预付年金的情况下，债款应从应作支付之日起算。

第2509条　(让与和扣押)

(1)除非另有约定，债权人可让与其权利。

(2)无偿为第三人利益设立年金的人可在其设立年金之时规定，年金不能被此等第三人的债权人扣押。

第2510条　(债权的证明)

终身年金的债权人，只能通过证明他生存，或年金就其有生之年被设立之人的生存来要求债款。

第2511条　(依保险应付的年金)

在偿付终身年金的义务因保险合同发生时，调整保险合同的规定不受任何影响。

第16题　提供服务的合同

第1章　雇佣合同的一般规定

第2512条　（定义）

雇佣合同是一方当事人（雇员）为获得雇主同意对他偿付的工资，同意在确定或不确定的期限内，按照他方当事人（雇主）的指示提供体力或脑力性质的服务的合同。

第2513条　（公务员和政府雇员）

(1)本章的规定，不应适用于公共当局与公务员的关系。

(2)除非特别法另有规定，本章的规定，应适用于由国家或其行政或技术部门管理的工商企业缔结的雇佣合同。

第2514条　（特别类型）

适用于具有特定法律地位的某些种类的雇员的特别规定，不受任何影响。

第1节　合同的成立

第2515条　（合同的成立）

雇佣合同的成立，无任何特殊手续要求。

第2516条　（集体协议）——1.原则

雇主或雇主协会为一方，雇员工会为另一方，可在集体协议中规定受此等集体协议权威约束的所有个人雇佣合同应包括的条件。

第2517条　——2.有效条件和持续时间

(1)第2516条所述的集体协议，除非以书面形式订立并经主管公共当局确认，无效。

(2)无论是否有相反规定，它们可通过给予6个月的通知，在1年期限届满后的任何时间被确定。

第2518条　——3.效力

(1)个人雇佣合同的条款与集体协议不一致的，除非它们对雇员更有利，无效。

(2)个人雇佣合同的无效条款，应由集体协议中规定的条款补充。

第 2519 条　(标准协议)——1. 原则

(1)公共当局可为不同种类的雇佣合同拟订标准协议。

(2)如此拟订的标准协议非经正当公布，不得有效。

第 2520 条　——2. 效力

(1)个人雇佣合同应被认为根据标准协议的条款订立。

(2)当事人可以书面形式背离标准协议的条款。

第 2521 条　(企业的员工守则)

(1)雇主为其企业拟订的员工守则对雇员不具有约束力，但它们是在雇员被雇佣前已转化为书面形式并通知了雇员的除外。

(2)雇主根据此等守则对雇员施加的任何惩罚如果违反法律或衡平，法院可改变之。

第 2522 条　(不利于雇员的条款)

(1)未经法律明确授权，雇佣合同中订立的与本题的规定相比对雇员较为不利的条款无效。

(2)它们得以书面形式订立，否则无效。

第 2 节　雇员的工作

第 2523 条　(义务的人身性质)

雇员应亲自完成其承担的工作，但合同或情势另有要求的除外。

第 2524 条　(注意义务)

(1)雇员应尽注意地完成其工作。

(2)他应对因其故意、过失或不谨慎给其雇主造成的损害承担责任。

(3)为了评估雇员的责任，应考虑他从事的工作的性质、培训程度以及雇主知道或应当知道的该雇员的能力和品质。

第 2525 条　(工作时的服从)

雇主关于执行工作的命令，如果不违反合同、法律或道德，并且服从它们无任何危险，雇员应服从。

第 2526 条　(要做的工作)——1. 原则

雇员应履行他为之受雇的工作。

第 2527 条　——2. 工作的变换

(1)除非另有约定，在企业的利益需要时，雇主可随时分配雇员做不同的工作,条件是这种改变不会减少该雇员的工资,或实质性地改变其级别。

(2)如果新工作的工资高于该雇员为之受雇的工作的工资,该雇员有权得到这个较高的工资。

第 2528 条 ——3.超时工作

(1)雇主可要求雇员做比合同约定更多的工作。

(2)如果雇员有能力这么做,并且其拒绝将违反诚信,则他应从事该额外的工作。

(3)雇员有权为此等额外工作获得额外报酬,该报酬应考虑约定工资和所有具体情况确定。

第 2529 条 ——4.计件工或包工

(1)计件付酬或按包工方式付酬的雇员,可要求其雇主在合同持续期内给他充分数量的工作。

(2)无计件工或包工可做时,雇主可按小时或按天雇佣该雇员。

第 2530 条 (工具和原料)——1.供应

(1)除非有相反的约定或习惯,雇主应为雇员提供为其工作所必要的工具和原料。

(2)如果雇员在无强迫的情况下自己全部或部分提供了工具和原料,则雇主应就它们对该雇员为补偿。

第 2531 条 ——2.注意义务

雇员得妥善保存为执行其工作委托给他的物件。

第 2532 条 (雇员的发明)

(1)雇员所为之发明,即使是他在向其雇主服务期间进行的工作完成的,亦得归他所有。

(2)但如雇员明确是为从事研究或发明被雇佣的,这些发明属于其雇主。

第 2533 条 (关于企业的信息)

(1)即使在雇佣合同终止后,雇员亦得保守他在工作过程中获知的雇主的秘密。

(2)他不能为损害其雇主利益利用他在其工作过程中获得的信息。

第 3 节 应付给雇员的工资

第 2534 条 (工资请求权)

所有工作都被视为是以工资为报酬从事的,但习惯上免于支付工资的工作或工作属于行为人职业义务范围的除外。

第 2535 条 （工资的数额）

(1)雇员有权获得约定的工资，或雇主有义务遵从的集体协议或标准合同规定的工资。

(2)无此等规定时，工资额得根据行业习惯或工作履行地的习惯决定。

(3)此等习惯阙如时，由法院根据衡平决定工资额。

第 2536 条 （确定工资的方法）

(1)工资可就特定期限确定，如 1 小时、1 天、1 周、2 周、1 月或 1 年。

(2)它们也可根据雇员为雇主提供的工作，通过一次总付的金额，或以计件或包工的方式进行计算。

第 2537 条 （利润中的份额）

(1)工资可全部或部分由雇主赚得的利润中的份额构成，或由雇主营业额的一定百分比或企业营业额的一定百分比构成，或由企业实现的收益的一部分或其他同类的回报构成。

(2)此等情形，雇主应在每次估算后向雇员提供关于他应向雇员的支付的款项的账目。

(3)雇员可要求，如此提供的账目由当事人间的协议指定的第三人核实，无此等协议时，由法院指定的第三人核实。

第 2538 条 （小费）

工资可全部或部分由顾客给予雇员的小费，或雇主代表其雇员收取的小费构成。

第 2539 条 （支付日期）

(1)从事体力性质劳动的雇员的工资，应在历法上的每两周结束时或在合同可能规定得更短的期限结束时支付。

(2)文秘或店铺雇员的工资，应在每月底或合同可能规定得更短的期限结束时支付。

(3)在任何情况下，雇佣合同终止之际，即为支付工资之时。

第 2540 条 （工作的终止）

在不损害第 2541 条至第 2543 条规定的前提下，雇员在其没有工作的时间内无权获得工资。

第 2541 条 （未工作）

(1)雇员未做任何工作的，如果这是由于雇主不给他工作或阻止他工作所致，雇员仍有权获得其工资。

(2)雇主可从工资中扣除雇员因未从事其工作产生的剩余工钱、雇员从事某种其他工作获得的利润。

(3)如果不工作非由于雇主的过错，他还可从工资中扣除雇员在进行其他工作时如果诚信行事就能创造的利润。

第2542条 (雇员生病)——1.原则

(1)如果雇员在工作至少3个月后非由于故意患病不能工作的，他有权获得一半的工资。

(2)如果雇员在停止工作前为其雇主工作了1年或更长时间，则在1个月的月底终止工资请求权，在其他情况下，在两周后终止此等权利。

(3)雇主可从因停止雇员工作应向其支付的金额中依国家强制保险计划作应有之扣除。

第2543条 ——2.计件工资和小费

(1)按计件或包工的方式支付工资的，在适用第2542条时，应考虑企业向做相同工作的因病不工作的雇员支付的平均工资。

(2)还应考虑在停止该生病的雇员的工作前的1个月向其支付的平均工资。

(3)如果工资全部或部分由小费构成，只应考虑雇主代表其雇员收取的小费，或以另一种允许他控制小费的方式的规则控制的小费。

第2544条 (工资的扣押或让与)

(1)雇员的工资不受其债权人的扣押，但根据民事诉讼法典规定的条件进行的扣押，不在此限。

(2)它们不应被雇员让与给第三人，但在上述条件下作出的让与，不在此限。

第2545条 (预付工资)

(1)在雇主预付雇员工资不会对自己造成不利时，雇主应根据已完成的工作向急需的雇员预付工资。

(2)他不能就尚未完成工作向雇员预付工资，但该雇员的工资可由他移转的，不在此限。

第2546条 (抵消)

(1)雇主不能抵消雇员的工资，但它们可被移转的除外。

(2)但它们可用以抵消因雇员故意造成雇主损害而应付的赔偿。

第 2547 条 （工资的扣除）

(1)已约定可从工资中进行扣除时，除非另有约定，这些扣除被认为只是为了赔偿雇员今后可能给雇主造成的损害的目的。

(2)除工资可被移转的情形外，不允许作此等扣除。

(3)它们得自为扣除之日起产生利息。

第 4 节 雇主应采取的安全防范措施

第 2548 条 （原则）

(1)雇主应采取特殊工作环境要求的措施来保护雇员的生命、身体完整、健康和道德标准。

(2)为此，他尤其应根据一般做法和技术要求在其企业内安排有关房屋、置备有关设施。

第 2549 条 （工伤事故）

雇主应对雇员因其工作遭受的事故承担责任。

第 2550 条 （类似情形）

对于雇员在为企业利益从事活动中遭受的事故，即使这些活动不是雇主命令的，雇主仍应对之承担责任。

第 2551 条 （在工作时间和地点发生的事故）

(1)如果雇员在办公房屋或在雇佣合同指派给他的地点从事其工作，雇主得对该雇员在其工作时间和地点遭受的事故承担责任。

(2)属于该工作的休息时间应被视为工作时间的一部分。

(3)雇主安排雇员在休息时间使用的房屋，应被视为工作地点的一部分。

第 2552 条 （职业病）

(1)雇主应对雇员因其工作患上的疾病承担责任。

(2)不同行业的行政条例应规定什么疾病是因工作患上的疾病，即使有任何相反的证据，亦不例外。

(3)雇员可随时主张他已因其工作患上了未被包括在任何职业病清单中的疾病。

第 2553 条 （雇主免责的情形）——1.雇员的过错

(1)如果雇主能证明事故或疾病是由于受害人的故意行为所致，他将被免除根据前数条承担的责任。

(2)如果雇主能证明事故或疾病的发生，是因为该雇员违反了以书面形式提醒其注意的管理规则，则他也将被免除责任。

第 2554 条 ——2. 与工作无关

如果雇主能证明有关事故与雇员的工作无关，也与它联系的雇佣合同无关，他不必承担责任。

第 2555 条 ——3. 其他原因

雇主不得因任何其他原因被免除其责任。

第 2556 条 （责任范围）——1. 医疗和其他费用

(1)雇主应支付事故或疾病使雇员必须支付的以及雇员合理支付的一切医疗费、药费、住院费和其他费用。

(2)他应在相同条件下，在雇员因该事故或疾病死亡时支付丧葬费。

第 2557 条 ——2. 工资的分割

(1)雇员因事故或疾病不能工作的，雇主在雇员不得不停止工作之时起的 1 年时间内，应向他支付其工资的 75％。

(2)雇主应付的数额，应按雇员已为雇主服务的工龄每年增加 5％，但其总数不得超过该雇员的工资。

(3)无论如何，这个金额不能超过每月 500 埃塞俄比亚元。

第 2558 条 ——3. 生活保持义务

(1)第 2557 条规定的期限届满后，如果雇员因事故或疾病被永久剥夺其工作能力的一半或更多的，雇主有义务保持雇员及其未成年子女的生活。

(2)除非雇员不能从其家庭成员获得生活保持，雇主不受此等义务的约束。

(3)此等事项，应由本法典关于“家庭关系”之编[①]的规定(第 807 条至第 825 条)调整。

第 2559 条 ——4. 雇主的严重过犯或欺诈

(1)如果雇员遭受的事故或疾病是由于雇主的故意行为或疏忽大意所致，则不应适用第 2557 条和第 2558 条的规定。

(2)此等情形，雇员、其家人和其继承人，可根据本法典关于“非契约责任”之章的规定(第 2027 条至第 2161 条)主张赔偿他们遭受的损害。

(3)如果雇主所犯错误、所为之轻率或疏忽行为只能以愚蠢、疏忽大意或对其雇员的生命或健康漠不关心解释，构成严重过犯。

---

① 本法典的第 2 编，全称应该是“家庭与继承”。——编者

第5节　雇员应得的休假日

第2560条　（通常的休息时和休息日）

雇主应给予雇员正常的休息时和休息日。

第2561条　（年休假）

如果雇主利用了雇员的所有或大部分时间，他应给予雇员一段时期的年休假，在此期间内他应向该雇员支付工资。

第2562条　（休假的持续时间）

（1）雇员已为雇主服务1～5年的，休假的持续时间应为10个连续日。

（2）雇员已为雇主服务5～15年的，休假的持续时间应为15个连续日。

（3）雇员已为雇主服务15年以上的，休假的持续时间应为20个连续日。

第2563条　（合同的终止）

如果雇佣合同接近终止，雇员有权获得与其在这一年度已为雇主工作的时间成比例的天数的休假。

第2564条　（应予扣除的天数）

（1）雇主可从休假中扣除雇员在其年休假前，在这一年度已请假或自行休假的天数。

（2）他不能扣除雇员因任何其他原因不工作的天数。

第2565条　（休假的时间）

（1）休假应被授予于一年最方便的时间。

（2）确定休假时应考虑工作的性质，并尽可能协调雇员与雇主的相互利益。

（3）雇员应在准许其休假时，至少提前1个月收到通知。

第2566条　（产假）

（1）临产的雇员应有权在其围产期获得1个月的假期。

（2）在产假期间，雇主应付雇员半薪。

第6节　合同的终止

第2567条　（确定了期限的合同）

（1）确定了期限的雇佣合同，于约定期限末终止。

（2）为进行特定工作缔结的合同，在约定工作完成时终止。

（3）除非另有约定，合同的终止无需任何通知。

第 2568 条 （合同的最长期限）

（1）任何人不得提供超过 5 年的服务。

（2）就一方当事人的终生或就超过 5 年的期限订立的合同，只约束当事人 5 年。

（3）超过这一期限时，任何一方当事人可在提前 6 个月作出通知后终止合同。

第 2569 条 （合同的更新）

就某一确定期限订立的雇佣合同，在约定期限届满后，如果雇员继续其工作雇主不对此表示反对，该雇佣合同被视为就一个不确定的期限作了更新。

第 2570 条 （未确定期限的合同）

（1）如果未确定合同的期限，并且从约定做的工作的性质或任何其他情况也不能得出合同的期限，则任何一方当事人可随时终止合同。

（2）终止合同权的行使，以雇主或雇员事先给予通知为条件。

第 2571 条 （通知的期限）

（1）事先通知应至少提前 7 天作出，并且只有到下一次工资的发放日才能生效。

（2）如果雇佣合同已持续 1 年以上，事先通知至少应提前两个月作出，并于月底生效。

（3）如果雇主立即向雇员支付第（1）款和第（2）款规定的期间的工资，他毋庸向雇员作出事先通知。

第 2572 条 （终止合同的理由）

在雇员提出此等要求时，雇主应将终止未确定期限的雇佣合同或不更新有确定期限的雇佣合同的理由，以书面形式告知雇员。

第 2573 条 （解雇赔偿）

雇主终止合同或拒绝更新合同的，如果他无充分理由证明其决定的正当性，雇员有权要求公平赔偿。

第 2574 条 （赔偿额）

（1）在决定赔偿额时，法院要考虑雇员之服务的性质和持续时间、他可能被指控的过错的严重性、企业的财务状况以及它认为适于考虑的任何其他情况。

（2）赔偿额不得超过雇员在其工作的最后 6 个月受领的工资。

第 2575 条 （正当理由）

(1)如果在当时的情形,鉴于工作的性质,合同被延期或更新的希望不合理,雇主决定的正当理由成立。

(2)如果雇员在进行其工作时,没有表现出可以对他合理预期的技术知识、自觉、可靠或速度,雇主决定的正当理由也成立。

(3)如果雇员担任的职位被诚信取消,雇主决定的正当理由也成立。

第 2576 条 (雇员终止合同的情形)

(1)即使合同的终止不是出于雇主的行为,如果雇主运用其策略,明显强迫雇员自己终止合同,他可向雇员支付解雇赔偿。

(2)雇主不公正地对待雇员,或实质性或反复违反合同规定时,尤其发生上述结果。

第 2577 条 (信托服务)

(1)如果雇佣合同涉及要求特殊资格的机密事务,雇主无需披露其终止或不更新合同的理由。

(2)在此等情形,终止合同不导致损害赔偿请求权,经证明是为了损害他方当事人故意终止合同的,或未适当考虑终止将给他方当事人造成损失的除外。

第 2578 条 (合同的解除)——1.原则

在有正当的解除理由时,雇主或雇员可不经事先通知立即解除雇佣合同。

第 2579 条 ——2.不履行义务

一方当事人不履行合同规定的义务不构成解除合同的正当理由,但考虑到当时情况和习惯,不履行的性质足够严重的除外。

第 2580 条 ——3.非自愿地终止工作

如果雇员因病或其他原因不能工作,如果这不可归因于雇员的过错,不构成雇主解除合同的正当理由。

第 2581 条 ——4.罢工

(1)如果罢工只是为了侵辱雇主被煽动起来,或法律或公共当局已宣告罢工为非法,雇员仍参加罢工的,构成雇主解除合同的正当理由。

(2)任何其他情况下的罢工,都不构成解除合同的正当理由。

第 2582 条 ——5.雇主破产或支付不能

如果雇主破产或支付不能,雇员不能解除合同,但未在合理时间内被给予他要求的工资担保的除外。

第 2583 条 (赔偿的义务)——1.不合理解除

如果合同被一方当事人以不公正方式解除，该方当事人应赔偿他方当事人因不公正撕毁合同遭受的损失。

第 2584 条 ——2. 正当的解除

如果一方解除合同的正当理由涉及违反合同或以这种违反为对象，则不履行其义务的当事人应赔偿他方因合同终止遭受的损失。

第 2585 条 (雇员死亡)

(1)雇佣合同因雇员死亡终止。

(2)雇员的继承人不因该合同承担任何个人债务。

第 2586 条 (雇主死亡)

(1)雇佣合同不因雇主死亡而终止，但他本人是订立合同中的一个决定性因素的除外。

(2)如果雇佣合同因雇主死亡终止，雇员有权在他死后获得工资，完全如同他在雇主死亡之日收到了终止不定期服务合同的事先通知一样。

第 2587 条 (企业转手)

(1)雇主转让其企业时，他订立的雇佣合同应在其雇员和企业收购方之间继续生效。

(2)雇员应保留其在企业转手前已获得的工龄权。

(3)收购方与转让方应共同承担责任支付在转让时应付给某雇员的与其工作有关的一切款项，包括因转让方终止合同应付的款项，条件是收购方在转让时已被告知这些款项已到期，或企业账簿或其工作簿记已显示它们已对雇员到期。

第 2588 条 (提供工作证明)

(1)雇员在其合同终止时，可要求雇主给他一个仅表明其工作的性质、服务期限以及雇主的姓名和地址的工作证明。

(2)此证明不得包括关于雇员完成的工作的质量或该雇员的品行的说明，但雇员明确要求其雇主提供此等说明的除外。

第 2589 条 (竞业禁止的规定)——1. 原则

(1)如果给予雇员的工作使他能会见雇主的客户、获得其商业秘密，当事人可规定，合同终止后，雇员不应从事与其雇主相竞争的营业，或以任何方式受雇于与其雇主竞争的企业。

(2)除非明确地以书面形式订立，此等规定无效。

第 2590 条 ——2. 限制

(1)除非是为保护雇主的合法利益所必要，并且未以不公正的方式妨碍雇员的经济前途，依第2589条的规定无效。

(2)除非它们在时间、地点和对雇员禁止的业务方面受到限制，尤其无效。

第2591条　——3.违约金

(1)任何违反依第2589条所作的规定的人，应就因此等违反导致的损害承担责任。

(2)如果该规定包含了违约金，则除非另有约定，雇员可通过向雇主支付规定的违约金额来免除其义务。

(3)如果有明确的书面约定，雇主除了获得损害赔偿外，还可获得限制违反行为的禁令，但以该行为被受到该雇员的行为伤害或威胁的利益的重要性证明为合理为条件。

第2592条　——4.规定的失效

(1)如果已证明，维持依第2589条所作的规定对雇主无任何重要利益，该规定失效。

(2)如果雇主解除雇佣合同或拒绝更新该合同，除非雇员为他这样做提供了正当理由，雇主不能利用此等规定。

(3)如果他自己为雇员解除合同提供了正当理由，他也不能利用此等规定。

第2593条　(最终免责时的收据)

(1)雇主签名的最终免责收据，只应涉及雇主所欠的工资。

(2)雇主可能应向雇员支付的其他金额不应被视为已清偿，但有承认其已清偿的特殊收据的，或雇员已就此等金额签署一份放弃其对它们的权利的文件的除外。

第2章　特定种类工作的合同

第1节　学徒合同

第2594条　(雇主对学徒的培训)

(1)受学徒合同约束的雇主，应保证将其全部注意力放在该学徒的职业培训上。

(2)雇员只能被雇从事与合同规定的特定职业有关的工作。

第 2595 条 （上学）

(1)雇主应确保学徒接受义务教育。

(2)他应给予他必要的时间上学、学习职业课程和参加学徒考试。

第 2596 条 （禁止的工作）

除非当时的情况证明为合理，学徒不能被用于夜间工作或星期天工作。

第 2597 条 （雇佣合同的规定之准用）

关于雇佣合同的规定应适用于学徒合同。

第 2 节　附试用期的合同

第 2598 条 （试用）

(1)雇员可被试用。

(2)除非另有书面规定，试用的雇员被视为是为不确定期限雇佣的。

第 2599 条 （推定）

除非有相反的约定，家庭工雇佣合同的头两周被视为试用期。

第 2600 条 （试用合同的终止）

(1)在试用期，任何一方当事人都可终止合同，而无需给予通知或支付赔偿。

(2)但如果为试用规定了一个最短的时间，在该最短时间届满前，不得行使终止合同权。

第 3 节　住家家庭工合同

第 2601 条 （仆人的健康和精神健全）

如果仆人住在雇主家里，后者应在住宿、饮食、工作和休息时间方面采取一切合理措施保护雇员的健康和精神健全。

第 2602 条 （照顾雇员的义务）——1. 原则

(1)如果与雇主的家人一起生活并由雇主提供食宿的雇员生病，则在合同存续期间，不论是通过在其家内进行医疗护理还是将其送医院，雇主应提供为该仆人的疾病治疗需要的所有照顾。

(2)如果疾病发生于合同开始生效的至少 1 年后，则该项义务得限于 1 个月，如果它发生于合同开始生效的至少 3 个月后，则为两周。

(3)雇主可以他如此发生的一切费用抵消仆人在生病期间到期的工资。

第 2603 条 ——2. 保留条款

（1）如果仆人系故意染上疾病，则雇主可被免除第 2602 条规定的义务。

（2）如果该仆人依强制健康保险计划住院的，他也被免除义务。

（3）雇主不能通过以雇员生病为由终止合同的方式使自己免除第 2602 条规定的义务。

第 2604 条　（工资的支付）

（1）除非雇佣合同规定了一个更短的期限，与雇主同住的雇员的工资应每 3 个月的月底支付。

（2）但在任何情况下，合同终止之际，亦是支付工资之时。

第 4 节　农业工作的合同

第 2605 条　（原则）

（1）为从事农业工作订立的合同应适用本章的规定，特别是在合适时，应适用上文第 3 节的规定。

（2）下列数条的规定不受任何影响。

第 2606 条　（无确定期限的合同）

（1）除非提前 3 个月给予通知，雇主不得终止无确定期限的合同。

（2）第（1）款规定的期限，根据雇员为雇主服务的年限，或他在未成年状态下在雇主的企业中度过的年限，每年应增加 1 个月。

（3）合同的终止只应在紧接着终止之日后的 3 月 1 日[①]生效。

第 2607 条　（负生活保持义务的雇主）

（1）雇主应向已在特定企业工作 10 年的雇员提供生活保持。

（2）在不与如下数条规定相冲突的前提下，提供生活保持义务的履行，应按本法典关于“家庭关系”之题[②]的规定（第 807 条至第 825 条）处理。

第 2608 条　（义务的辅助性）

（1）雇员不能在损害由于血亲或姻亲关系，雇主有义务对之提供生活保持的人的情况下要求生活保持。

（2）如果与雇员有血亲或姻亲关系的人有义务或能向其提供生活保持，则

---

① 3 月，原文为 Megabit，是埃塞俄比亚历法的第 3 个月，相当于中国的春节期间。在长期合同关系中，人们通常以该月作为年度核算的期间。——译者

② 本法典中无“家庭关系”之题，关于生活保持义务的规定，处在“血亲和姻亲关系”之题中，法典此处的文本显然有误。——编者

该雇员不能要求雇主提供生活保持。

第 2609 条 （时限）

雇主在合同终止后，提供生活保持的义务的存续期不超过 2 年。

第 3 章　承揽合同

第 2610 条 （定义）

承揽合同是一方当事人（承揽人）同意由自己负责生产特定成果，而他方当事人（定作人）同意向他支付报酬的合同。

第 2611 条 （建筑企业）

(1)适用于以不动产为标的的承揽合同的规定，规定于本法典关于“以不动产为标的的承揽合同”之题中（第 3019 条至第 3040 条）。

(2)而本章的规定，适用于所建造的建筑物的总成本不超过 500 埃塞俄比亚元的情形。

第 2612 条 （默示承诺）

(1)如果一个人已公开要约从事某项工作，或从事这项工作属于其职业义务范围，则如果该人在收到一项要约后未立即拒绝从事已被指示的工作的，承揽合同成立。

(2)如果一个人被公共当局指定从事某项工作，而未立即拒绝该指定，应适用前款规定。

第 2613 条 （原料和工具）

(1)承揽人应自费提供为进行工作所需要的原料和工具。

(2)但约定他只提供其劳务时，原料或工具应由定作人提供。

第 2614 条 （承揽人提供原料）

(1)承揽人应对其提供的原料的良好品质负责。

(2)他应承担与卖方相同的担保责任。

(3)如果当事人同意做的工作相对于他提供的材料的价值具有次要性，此时发生的是买卖合同而非承揽合同。

第 2615 条 （定作人提供原料）

(1)定作人提供原料的，承揽人应小心使用它们。

(2)他应向定作人汇报他使用此等原料的账目，并完成工作后向他返还剩余的材料。

(3)如果定作人提供给他的原料有瑕疵,承揽人应立即将此等情况通知定作人。

第 2616 条　(承揽人的独立性)

(1)承揽人应按其意愿从事其工作,并遵守其职业规则。

(2)他不负遵守定作人的命令的义务,但他在订立合同时已同意遵守的除外。

第 2617 条　(亲自实施工作)

承揽人应亲自执行工作,但考虑到被指示做的工作的性质,他本身的资格对定作人不重要的除外。

第 2618 条　(实施工作中的迟延)

(1)如果由于承揽人迟延实施其工作,因而很明显他不能在合同规定的时间内完成工作,则定作人可为他确定一个合理的开始实施工作的期限。

(2)如果承揽人在该期限届满后仍未开始其工作,或恶意中断工作,定作人可解除合同,而不必等到为完成该工作规定的期限届满。

(3)此等情形,在适当时,定作人还可要求承揽人赔偿损害。

第 2619 条　(未确定期限的情形)

(1)如果合同未规定期限,承揽人应立即开始实施其工作,并根据习惯在一个合理期限内完成此等工作。

(2)第 2618 条的规定,应适用于承揽人未立即开始实施其工作或他中断此等工作的情形。

第 2620 条　(执行工作的缺陷)

(1)如果在合同有效期内,各种情况表明工作是以一种有缺陷的方式或违反合同的方式执行的,定作人可为承揽人确定一个合理的纠正错误的期限。

(2)如果承揽人不在上述期限内根据其职业规则和合同纠正其方式上的缺陷,定作人可为了主张其权利而解除合同,无需等到为完成该工作规定的期限届满。

(3)在适当时,他还可请求承揽人赔偿损害。

第 2621 条　(将成果交由定作人处分)

(1)当承揽人已完成其工作时,他应在合同规定的地点,或在合同未规定地点时,在承揽人拥有企业或住所之地将成果交定作人处分。

(2)定作人应根据商业习惯立即接收该成果。

第 2622 条　(瑕疵担保)

(1)承揽人应向定作人保证工作成果与合同相符并且无瑕疵。

(2)本法典关于“买卖”之章的规定(第2287－2300条、第2332条、第2344条至第2346条),应适用于承揽人向定作人提供的担保。

第2623条 (付款时间)

(1)如果成果已完成并为定作人接受,应向承揽人支付酬金。

(2)在约定了部分交付和部分付款的情况下,与成果的每个部分的相对应的价金应在交付和接受工作成果的此等部分时支付。

第2624条 (预先确定的价金)

(1)如果已预先确定价金,则定作人应支付该价金。

(2)承揽人不能以该成果要求比预计的更多的努力或费用为由要求增加价金。

(3)定作人不能以该成果要求比预计的更少的努力或费用为由要求减少价金。

第2625条 (约定工作的改变)

(1)即使当事人间达成的一项新协议对最初据以实施该工作的条件进行了修改,为该工作预先确定的价金可保持不变。

(2)此等改变不得导致价金的增加或减少,但已约定价金作出变化的除外。

第2626条 (未预先确定的酬金)

(1)如果合同未确定价金,则价金由承揽人根据行业费率和习惯确定。

(2)在无行业费率和习惯的情况下,应考虑承揽人提供的原料的价值、为完成任务通常需要的工作量和承揽人的费用确定。

第2627条 (大致确定的酬金)

如果在订立合同时大致地确定了一个价金,则实际的价金不得超过如此确定的大致价金的20%。

第2628条 (留置权)

(1)承揽人对属于定作人的,由他制造、修理和占有的动产享有留置权,以担保定作人对他承担的合同义务之履行。

(2)如果定作人交给他的物品属于第三人,则承揽人可以其留置权对抗此等第三人,但如果他已知道或应当知道此等物品是在该第三人不知道或违背其意愿的情况下交给他的除外。

第2629条 (风险)

(1)如果为完成工作所需要的原料因不可抗力灭失，其损失由提供原料当事人承担。

(2)关于风险的移转，应适用本法典关于"买卖"之章的规定(第2323条至第2328条)。

第2630条　(承揽人死亡)

(1)承揽人死亡或因不可抗力不能完成工作时，如果承揽人的个人能力是订立合同的基础，则合同终止。

(2)定作人应接受他能使用的已完成的部分工作成果，并为此支付酬金。

(3)他可要求在支付合理费用后，向其交付为进行该工作准备的原料和图纸。

第2631条　(单方面终止合同)

(1)定作人可随时终止合同。

(2)此等情形，承揽人有权获得已确定的价金。

(3)但承揽人因终止合同节省的款项，以及他在其他地方利用其工作成果可获得的利益，或他因其恶意而未能获得的利益，都应从该价金中扣除。

第4章　脑力工作的雇佣

第2632条　(可适用的规定)

(1)以提供智力性服务为标的的合同应适用下列条款。

(2)前1章的规定，在与下面这些规定相一致并相关的范围内，也应适用(第2610条至第2631条)。

(3)关于从事某些职业的特别法的规定，不受任何影响。

第2633条　(义务的人身性质)

(1)任何受雇从事工作的人应亲自履行其义务。

(2)但如果合同或通例允许合作，或如此不违反合同的目的，他可使用在他控制之下并由他承担责任的助手。

第2634条　(定作人的预付款)

(1)定作人应向他方当事人预付为实施工作所必要的费用。

(2)在有通常做法的情况下，他还可分期支付其报酬。

第2635条　(过多的支付)

如果当事人约定的报酬过高，违反了接受雇佣者的职业守则，法院可减少该报酬。

第 2636 条 （必需的注意和责任）

(1)任何受雇者都应保证为其定作人的最佳利益认真地按其职业惯例和规则工作。

(2)他对其定作人不承担责任,但考虑其职业守则他犯有错误的除外。

(3)这种错误可以是疏忽,也可以是有损于其定作人的某种行为。

第 2637 条 （合同的终止）——1. 由定作人终止

(1)定作人可随时终止合同。

(2)此等情形,他应赔偿他方当事人的有关费用,并为其已完成的工作向其支付合理的报酬。

第 2638 条 ——2. 由他方当事人终止

(1)任何受雇人都可随时终止合同。

(2)在此等情形,他应向定作人返还在其报酬和费用项下已收受的任何预付款。

(3)应以使定作人遭受最小损害的方式终止合同,违者承担损害赔偿。

第 5 章 医疗或住院合同

第 2639 条 （医疗合同的定义）

医疗合同是医生为获得付费,同意向某人提供医疗,并尽力使他保持健康或治愈其疾病的合同。

第 2640 条 （医疗职业）

关于医疗合同的规则应适用于外科医生、牙医、精神病医生、放射医师、助产士、护士及其他从事与医疗活动相关的类似职业的人。

第 2641 条 （住院合同的定义）

住院合同是一家医疗机构同意由专攻特定疾病的一个或几个医生向某人提供医疗的合同。

第 2642 条 （合同的成立）

(1)此等合同可直接在需要医疗的人与医生或医疗机构间订立。

(2)它也可由第三人代表需要医疗的人与医生或医疗机构订立。

第 2643 条 （病人的义务）

合同已由第三人代表患者订立的,在下列情形下,患者应向医生或医疗机构付费：

(1)代表他订立合同的人是其父母、依法律或合同有义务照顾其健康的其他人；

(2)在订立合同时，他不能表达自己的愿望，并且在订约之时对他进行治疗很重要。

第 2644 条　(召医者的义务)

任何代表他人与医生或医疗机构订立合同的人，在下列情形下，都要负责偿付医生或医疗机构的费用：

(1)他依法律或合同有义务照顾已被治疗的人的健康；

(2)已明确约定，他个人对医生或医疗机构承担责任。

第 2645 条　(报销)

已向医生或医疗机构未偿付的人，有权向已接受治疗的患者报销。

第 2646 条　(医费)

(1)医生或医疗机构的医费由合同规定。

(2)合同无规定的，应遵照习惯确定。

(3)如果合同规定的医费过高，违反医疗职业守则的，法院可变更此等数额。

第 2647 条　(医生的责任)

(1)医生不对其依合同承担义务的人承担责任，但根据其职业守则他犯有过错的除外。

(2)这种过错可以是疏忽，也可以是有损于病人的行为。

(3)无正当理由放弃他已同意治疗的病人，并且未根据习惯安排替代人的医生，尤其应承担责任。

第 2648 条　(治愈的保证)

医生不应保证其治疗的成功，但他明确以书面形式承担此等义务的除外。

第 2649 条　(义务的人身性)

(1)同意对某人进行治疗的医生应亲自履行其义务。

(2)但他可使用受其控制、由他承担责任的助手。

(3)在此等情形，他应根据本法典关于"非契约责任"之章的规定(第 2130 条至第 2133 条)，对因其某个助手的过错给病人造成的任何损害承担责任。

第 2650 条　(对第三人的责任)

(1)在因医生的过错发生死亡事故的情况下，只有患者的丈夫、妻子、其尊亲属或卑亲属可要求医生赔偿他们因患者的死亡遭受的损失。

(2)不应赔偿此等人遭受的精神损失，但患者的死亡是由于医生的故意行为所致的除外。

(3)任何其他人，即使能证明患者曾给他们物质帮助，或由患者提供生活保持，他们也不能因患者死亡依据他们自己的权利主张赔偿。

第 2651 条 (医疗机构的责任)——1. 医疗

医疗机构应对因它使用的医生或辅助人员的过失给患者造成的损害承担民事责任。

第 2652 条 ——2. 膳宿

如果为治疗的目的，患者由医疗机构提供膳宿的，对于该机构因膳宿产生的义务和责任，应适用关于旅店合同的规定(第 2653 条至第 2671 条)。

第 6 章 旅店合同

第 2653 条 (定义)

(1)旅店合同是从事旅店职业的人同意向旅客提供一个或几个夜晚的住宿的合同。

(2)如果提供 1 个月或更长时间的住宿，此时发生的是租用合同，而不是旅店合同。

第 2654 条 (合同的持续时间)

(1)除非另有约定，旅馆房间的使用应从正午到正午。

(2)旅店主可要求不再续住的旅客正午时腾出房间。

第 2655 条 (合同的更新)

如果旅客或旅店主未在正午前表示不延展合同的意思，旅客占用的房间应被视为再住 1 天。

第 2656 条 (设备)

除了指定的房间外，旅店主应根据旅馆的等级和惯例，向旅客提供为住宿所需要的家具和设备，如灯光、暖气等。

第 2657 条 (看管行李)

从入住房间的上午到腾出房间的当晚，旅店主应接待旅客并看管其行李，而无权要求任何额外付酬。

第 2658 条 (旅店主的担保)

(1)旅店主应向旅客保证,后者入住的房间和旅馆的公用部分适于居住、健康和安全。

(2)当他向旅客提供食物或饮料时,他还得保证它们正常和无害。

(3)如果损害是由于不可抗力或旅客的过错所致,他应被免除依本条应承担的责任。

第 2659 条 (食堂主和酒吧老板)

食堂主和酒吧老板同样应向其客户保证他们提供的食物和饮料正常和无害。

第 2660 条 (房间的预留)

(1)如果旅客为特定的一天预订了一个房间,并且获得了旅店主关于已为他保留该房间的通知,则即使由于不可抗力他未使用它,他仍应支付该房间 1 天的价金。

(2)除非他适时通知了旅店主他已放弃预订,并且旅店主在收到通知后能将已预留的房间出租给第三人,他不应被免除上述义务。

(3)除非另有规定,即使房间已被约定预留数天,价金按周或按月支付,但只得赔偿 1 天的租金。

第 2661 条 (合同的解除)

(1)如果房间已被预定了几天,而旅客未在他指定的日期使用它,应解除合同。

(2)在此等情形,如果旅店主将房间出租给他人,他不承担责任,但他已从该旅客或代表他的任何人收到该旅客要求保留该房间的通知的除外。

(3)如果旅店主已收受预付款,他应在他由此等预付款的支付力的范围内将房间交由旅客处置。

第 2662 条 (留置权)

(1)在旅客付清因在该旅馆已经作出的居住而应付的全部款项之前,旅店主可留置旅客带进旅馆的财物。

(2)他对此等财物享有质权人的权利和利益。

第 2663 条 (责任的原则)

(1)旅店主对其旅客带进旅馆的物品,应承担与领取薪金的受托保管人相同的责任。

(2)可以任何方式提出物品已由某旅客带进旅馆的证据。

第 2664 条 (责任的限制)

旅店主的责任总额限于500埃塞俄比亚元。

第2665条 （无限责任）——1.过错或实际寄托

但在下列情形，不得限制旅店主的责任：

(1)损失是由于旅店主或其某个家庭成员或其一位职员的过错所致；

(2)旅客已特别寄托于旅店主处的物品发生损失。

第2666条 ——2.实际寄托的拒绝

(1)如果旅店主无正当理由拒绝寄托的物品发生损失，也不得限制其责任。

(2)如果考虑到旅馆的等级和可利用的服务设施，上述物品具有过高的价值或很笨重，成立拒绝寄托的正当理由。

第2667条 （不承担责任）

(1)如果旅店主能证明物品的搬走、灭失或减等是由于旅客自己、拜访他的人、陪同他的人或他雇佣的人的过错所致，应免除其责任。

(2)如果灭失或减等是由于该物的性质或瑕疵，或不可抗力所致，亦应免除其责任。

第2668条 （给予通知的义务）

如果旅客未在知道损害后立即将之通知旅店主，应免除后者的责任。

第2669条 （免责条款）

任何排除或限制旅店主责任的规定无效。

第2670条 （法律的效力范围）

(1)本章的规定应从物品进入旅馆时起开始适用，但预先寄送物品的旅客未到达的除外。

(2)它们还应适用于在与旅店毗邻的房屋中提供的物或旅馆交给旅客支配的物，如四轮马车、汽车、活动物等。

第2671条 （类似于旅店的企业）

本章的规定，应适用于医疗机构、疗养院、公共娱乐场所、洗浴企业、供膳寄宿处、餐馆、卧铺车、公共马厩及其他类似性质的企业的经营。

第7章 出版合同

第2672条 （定义）

出版合同是一方当事人(以下称为“作者”)将其文学或艺术作品中的无体

权利的全部或部分让与他方当事人(以下称为"出版商"),后者同意复制或生产该作品并向公众销售的合同。

第 2673 条　(披露的义务)

如作品的全部或部分已让与另一出版商,或作者已知道该作品已以其他方式出版的,作者应在缔结合同前向该出版商告知这一情况。

第 2674 条　(合同的形式)

作者给予的复制或生产其作品的授权应该是明示的。

第 2675 条　(让与未来的作品)——1.条件

(1)作者对其尚未写作的作品的让与,如果它涉及足够成熟的一部或数部作品,并且根据一个合理的人的估计,作者能在不超过 2 年的期限内完成它们,则让与有效。

(2)如果作者超出这个限制让与其在未来作品中的权利,无论是否有相反的规定,他可随时终止合同,并保留出版商已向其支付的款项。

第 2676 条　——2.出版商的优先权

(1)已终止其合同的作者,在自终止之日起不超过 5 年的期限内,有义务先于任何其他人向该出版商让与其权利。

(2)他可将第三人为获得这些权利向他提出的条件告知上述出版商。

(3)出版商应在一个合理的期限内宣布他是否打算利用其优先权,违者丧失该权利。

第 2677 条　(效力)

(1)出版合同应根据本章的规定,在履行合同所要求的范围内移转作者的版权于出版商。

(2)在法律未明文禁止取代这些规定的前提下,当事人可背离这些规定。

(3)在有争议时,对合同的规定应作有利于作者的解释。

第 2678 条　(限制性解释)

(1)给予出版商以某种方式使用作品的授权,应以限制的方式为解释。

(2)出版商不能使用不同于合同规定的方式使用作品。

第 2679 条　(经授权的使用作品的方法)

(1)无论合同的条款多么一般,出版商只获得当事人在订立合同时已考虑到或应考虑到的方法使用作品的权利。

(2)在这一方面,应考虑一个合理的人的估计。

第 2680 条　(改写和翻译)

授权复制或生产作品，并不隐含改编、改写或翻译作品的授权。

第 2681 条 （广播作品的录音）

授权广播某作品并不隐含利用包含固定声音或图像的机器对被广播作品进行录音的授权。

第 2682 条 （单行本和全集）

(1)出版某作者的作品的单行本权利并不隐含以全集的形式出版它们的权利。

(2)出版某作者的全集或其某类作品的权利，并不授予出版商单独出版它们包含的各种作品的权利。

第 2683 条 （作者的担保）

作者应向出版商担保，他占有并拥有让与他依出版合同移转给出版商的文学或艺术作品的版权。

第 2684 条 （向出版商移转的权利）

(1)只要出版商有权发行的版本没有售完，作者不能在损害出版商的情况下处分该作品或其任何部分。

(2)集体作品中的稿件或文章，在第一次出版完成之日起的 3 年期满前，不能由作者再次出版。

第 2685 条 （两个出版商间的冲突）

(1)如果作者在将其权利让与给一位出版商后又将相同权利让与给另一个出版商，则与后者缔结的合同有效，但后者知道前一项合同的存在的除外。

(2)作者应赔偿对他每个出版商造成的损害。

第 2686 条 （作品的复制）

(1)出版商应以适当的形式复制作品，不得节略、增补或改写。

(2)他应确保对作品进行广告宣传，并采取通常的措施保证其传播。

(3)他应确定销售价格。

第 2687 条 （作者的更正）

(1)作者可随时对其作品进行更正或完善，但不能因此损害出版商的利益或增加其责任。

(2)如果此等更正或完善给出版商带来费用，则作者应对其偿付有关费用。

第 2688 条 （新版）

在发行新版或新印刷本之前，出版商应给予作者一个完善其作品的机会。

第 2689 条　（经授权的版本和印刷本）

（1）除非另有约定，出版商享有只出版作品的一个版本的权利。

（2）如果合同未规定一版包括的印数，出版商将决定印数的多少。

第 2690 条　（已售完的版本）

（1）如果合同授权出版商出版一部作品的几个版本或所有版本，在该作品的最后一版售完时，作者可允许出版商在 1 年的期限内发行新版。

（2）如果出版商未在此等期限内发行新版，将被剥夺其权利。

（3）任何相反的规定无效。

第 2691 条　（对相续版本的效力）

（1）如果出版商有权发行几个版本，则为第 1 版约定的条件应视为适用于随后的每一个版本。

（2）第（1）款的规定，特别应适用于关于作者的报酬的条件。

第 2692 条　（作者的报酬）——1. 原则

（1）让与作品进行出版的人应被视为有权获得报酬，有能证明他同意放弃任何报酬的假设是合理的情况的除外。

（2）在当事人之间无约定时，应付给作者的报酬由法院依公平决定之。

第 2693 条　——2. 免费样书

（1）作者有权得到一定数量的免费样书。

（2）合同无规定时，上述样书的数量由法院以公平的方式确定。

第 2694 条　——3. 报酬的支付

（1）作者的报酬应在作品已准备销售时尽快支付。

（2）当事人已约定作者的报酬全部或部分取决于预期的销售的，出版商应在约定的时间段向作者提交销售的证据。

（3）如果无相反规定，出版商的账目应在每年的第 1 个月提交给作者。

第 2695 条　（作品的灭失）——1. 出版前

（1）如果作品在被交付出版商后，在出版前意外地灭失或损坏，出版商应向作者支付其报酬。

（2）如果作者有遗失作品的副本，则他应将它交由出版商处置。

（3）在其他情况下，如果重新创作很容易做到并且出版商请求他重新创作时，作者应在获得合理赔偿后重新创作该作品。

第 2696 条　——2. 出版后

（1）如果出版商已准备好的版本意外地全部或部分灭失或损坏，出版商可自费替换已遗失的副本。

(2)如果出版商能以合理费用这样做,他应替换上述副本。

第 2697 条 (合同的失效)

(1)作者在完成作品前死亡或失去行为能力,或非因其过错不能完成作品时,出版合同失效。

(2)出版商的死亡或失去行为能力不导致出版合同的终止。

(3)如果出版商被宣告破产,作者可将作品交给另一个出版商,但他被给予履行该出版商在被宣告破产时尚未履行的那些义务的担保的除外。

第 17 题 动产的保管、使用或占有合同

第 1 章 一般规定

第 2698 条 (本题的适用范围)

(1)如果某人根据合同条款占有动产,而对此等动产的保管或占有是由其合同当事人移转给他的,则他在与其合同当事人的交易中的权利和义务按本题的规定处理。

(2)在法律有规定的情况下,上述规定应适用于动产所有人与持有人间的关系,他们之间是否有合同关系在所不问。

第 2699 条 (不动产)

(1)调整不动产租赁的规定,制定于本法典关于"以不动产为标的的合同"之题中(第 2896 条至第 3018 条)。

(2)本题关于无息借贷的规定,应适用于将不动产免费给他人使用或占有的情形(第 2701 条至第 2726 条和第 2767 条至第 2778 条)。

第 2700 条 (所有人)

(1)在本题中的范围内,"所有人"一词指已转移对动产的占有的人。

(2)本题的规定,应类推适用于某人对动产享有或请求享有的权利是所有权以外的某种权利的情形。

(3)在本题的范围内,持有人与占有人地位相同。

第 2701 条 (交付的义务)

所有人应向持有人交付动产及其从物，此等物应处于适合于依其性质或依合同被设定的用途的状态。

第 2702 条　（买卖的规则之准用）

交付时间和地点应适用关于买卖的规定。

第 2703 条　（有瑕疵的动产）——1. 合同的废止

(1)如果动产在移转给持有人之时受到瑕疵的影响，该瑕疵明显降低了该物对持有人的效用，或使保存它变得更困难或花费更高，持有人可申请废止合同。

(2)如果瑕疵是在交付动产后出现或变得明显的，持有人享有相同的权利。

(3)不应考虑该物对持有人的某种特殊效用，但所有人在订立合同时已知道或应当知道这一情况的除外。

第 2704 条　——2. 损害赔偿

(1)所有人在将动产交付持有人时知道或应当知道瑕疵，但未对持有人作相应告知的，他应赔偿持有人因该动产的瑕疵遭受的任何损害。

(2)上述规定应适用于瑕疵因所有人的迟延在履行合同中产生的情形。

第 2705 条　——3. 合同约定的担保

如果动产不具有或停止具有所有人已保证其存在的某种品质，持有人可申请废止合同，并赔偿该动产给他造成的损害。

第 2706 条　——4. 持有人知道瑕疵的情形

(1)如果所有人能证明持有人在订立合同时知道瑕疵的存在，他不承担瑕疵担保义务。

(2)在此等情形，所有人给予的任何明示担保无效。

第 2707 条　——5. 危险瑕疵

(1)如果动产处于严重危及持有人、其家庭成员或其雇员的生命或健康的状态，即使持有人在订立合同时知道动产的瑕疵的存在，他也可申请废止合同。

(2)任何相反的规定无效。

第 2708 条　——6. 免责条款

如果所有人欺骗性地隐瞒瑕疵，或瑕疵致使动产对持有人毫无用处，所有人排除或限制其对动产的瑕疵的责任的规定无效。

第 2709 条　（和平占有）

所有人应保证持有人在合同有效期内和平占有动产。

第 2710 条 （对动产的改变）

所有人不能对动产作任何会使持有人对动产的占有减少利益或增加花费的改变。

第 2711 条 （干扰）

(1)所有人无义务担保持有人不受并不对动产主张权利的第三人对其占有的干扰。

(2)持有人可以自己的名义对此等第三人起诉。

第 2712 条 （负担和税收）

动产上的负担和税收由所有人负担。

第 2713 条 （动产的保管和保存）

(1)持有人应确保动产的保管和保存。

(2)未经所有人同意，他不能改变动产的使用方式。

第 2714 条 （告知所有人的义务）

对于所有要求所有人注意的事项，如紧急修理、发现瑕疵、第三人侵犯、干扰和损害动产，持有人应毫不迟延地告知所有人。

第 2715 条 （保存和保养的费用）

(1)如果动产的保存或保养发生了不应由持有人承担的费用，持有人应向所有人进行相应的告知。

(2)持有人有权报销他在紧急情况下承担的费用，但以他立即向所有人进行相应告知为条件。

第 2716 条 （所有人的核查）

(1)所有人可随时弄清持有人遵守合同义务的状况。

(2)此等核查应以合理的、不惹麻烦的方式进行，不得给持有人带来不适当的麻烦。

第 2717 条 （第三人对动产为请求）

(1)如果第三人对动产主张所有权或某项权利，持有人应立即将此等情况告知所有人，违者承担损害赔偿之罚。

(2)如果第三人起诉，持有人可要求法院驳回其诉讼，在第三人和所有人之间解决争议。

(3)在此等情形，他可通过依法院确定的条件，以所有人的费用提存动产来免除自己返还它的责任。

第 2718 条　（返还的义务）

（1）持有人应在他收受动产之地返还与他收受时相同状态的动产。

（2）动产在被持有人收受时的状态，应在当事人起草的清单中载明。

（3）如果无此等清单，动产应被视在持有人收受它时处于良好的状态。

第 2719 条　（持有人被剥夺占有）

（1）如果持有人因他不应负责的事件被剥夺对动产的占有，应免除其返还它的义务。

（2）他应立即将导致他停止占有动产的事件告知所有人，违者承担损害赔偿之罚。

（3）所有人有权获得因持有人被剥夺占有获得的用以交换动产的任何财物，并得代位取得持有人的权利。

第 2720 条　（动产的灭失或减等）——1. 有酬保管

（1）如果持有人为照管动产获得补偿或他被允许使用它，或其他任何方法从该动产中获利，则他应对该动产在他收受它后的灭失或减等承担责任。

（2）他还应对经他允许利用，即使是临时性地利用动产的人造成的任何灭失或减等承担责任。

第 2721 条　——2. 责任的限制

（1）持有人只有在其能证明灭失或减等是由于不可抗力所致时，才不承担责任。

（2）如果他能证明灭失或减等是由于动产的腐烂、坍塌或其他缺陷所致，他不应承担责任。

第 2722 条　——3. 无偿保管

（1）如果持有人未从动产中获利，完全是为了所有人的利益照管它，他不必对该动产的灭失或减等承担责任，但由于他自己的迟延或灭失或减等发生在他被催告返还该动产之后的除外。

（2）除非持有人在保管和保存动产时所尽的注意少于他在保管和保存自己的财产时所尽的注意，他无过错。

第 2723 条　（持有人迟延）

持有人被催告返还动产的，如果他能证明，即使他在约定日期将该动产返还所有人，它也会以同样的方式灭失或减等，他不必承担责任。

第 2724 条　（对动产的改良）——1. 赔偿请求权

（1）持有人就他对动产作出的改良无任何赔偿请求权。

(2)如果此等改良征得了所有人的同意而为,持有人可要求报销他已花费的金额,或该动产在返还之时的增值,二者中以较少者为准。

第2725条 ——2.补偿与拆除权

(1)即使在持有人无任何赔偿请求权的情形,他亦可用他造成的该动产的任何增值来抵消该物非因其迟延但应由他负责的减等造成的价值损失。

(2)在可以拆除而不损害动产的前提下,持有人可拆除他对动产所作的改良。

第2726条 (留置权)

(1)在所有人已支付依本章应付的所有赔偿前,持有人可拒绝将动产返还所有人。

(2)持有人有权获得因其他原因有权主张的偿付的,不得拒绝返还动产。

(3)如果所有人否认他应向持有人作任何赔偿,则他在为免除其可能承担的责任提供了充分的担保后,可要求将动产返还他。

第2章 租 赁

第1节 一般规定

第2727条 (定义)

租赁合同是一方当事人(出租人)为获得报酬(称为租金或赁金),同意在规定的期限内向他方当事人(承租人)移转对某一物件的占有的合同。

第2728条 (租赁与买卖)

(1)租赁物仍是出租人的财产,它应在合同终止时返还出租人。

(2)如果合同规定,承租人在支付特定期次的租金或赁金后成为该物的所有人,则即使当事人称其为租赁合同,该合同应构成一项买卖合同。

第2729条 (租赁与无息借贷)

在未规定任何租金或赁金的情况下,应适用关于无息借贷的规定。

第2730条 (不当使用)

(1)如果承租人不根据合同或习惯使用财产,而此等使用使租赁物承受了不可弥补的损害的风险,出租人可申请废止合同。

(2)如果租赁物已遭到损害,或废止合同对出租人造成了损害,出租人还有权要求损害赔偿。

第 2731 条 （租赁物的保养）

(1)承租人应保养租赁物。

(2)保养的费用由承租人承担。

第 2732 条 （租金或赁金的支付）

(1)承租人应在约定的或习惯上的日期支付租金或赁金。

(2)在无任何相反规定或习惯的情况下，租金应在其到期日，在每个季度末支付。

第 2733 条 （欠款的支付）

(1)如果承租人拖欠租金或赁金，出租人可给他 10 天的恩惠期，同时通知他，仍迟延支付时，将在该期限届满时废止合同。

(2)恩惠期应从承租人收到出租人的通知之日起算。

第 2734 条 （转租）

除非另有约定，未经出租人同意，承租人不能将租赁物转租或让与该合同。

第 2735 条 （合同的终止）

(1)就特定期限缔结的租赁合同，在当事人约定的日期终止。

(2)除非另有规定，合同不得因一方或双方当事人死亡或失去行为能力而终止。

(3)在承租人破产时，出租人可废止合同，但他在合理期限内就拖欠的租金或赁金以及将来到期的租金或赁金提供了担保的除外。

第 2736 条 （不定期合同）

(1)如果租赁合同未确定其持续期，任何一方当事人可随时终止合同。

(2)此等情形，他方当事人有权获得一个合理的期限，以履行其返还租赁物或接受其交付的义务。

第 2737 条 （迟延返还）

(1)如果承租人在被催告返还后未返还租赁物，他应支付租金或赁金直到返还该物为止。

(2)他还应赔偿出租人因其迟延所受的任何损害。

第 2738 条 （合同的展期）

(1)如果就确定期限缔结的租赁合同到期，承租人仍占有租赁物，出租人不请求返还的，应认为租赁合同被当事人按与原合同相同的条件不定期地展期。

(2)在此等情形,应免除担保原合同履行的第三人的责任。

第2节 牲畜的租赁

第1目 包含在农业企业之租赁中的牲畜

第2739条 (本目的适用范围)

除非当事人另有约定,以下数条的规定应适用于出租给农民的农业企业中包括牲畜的情形。

第2740条 (牲畜的出售)——1.农民的权利

(1)农民可出售包括在该企业中的牲畜。

(2)但他应在土地上保有与他收受的同种、同量、同质的牲畜。

(3)即使牲畜数量增加,出租人亦不能强迫农民出售牲畜。

第2741条 ——2.出租人的权利

(1)出租人不能出售包括在该企业中的牲畜。

(2)他可要求农民每年起草一份在该企业内找到的牲畜的清单。

(3)如果有情况表明,由于可归因于农民的原因,牲畜的数量减少了1/4以上,他可终止合同。

第2742条 (畜产品)——1.原则

(1)在不与如下数条的规定相冲突的前提下,农民可自由处分畜产品,处分它们的皮、毛皮和增益。

(2)如果租金由这些产品的一定份额组成,或是考虑这些产品决定的,则农民应向出租人汇报其管理。

第2743条 ——2.羊毛

(1)如果农民管理该企业,而羊群包含的羊不足50头,则只有农民可出售绵羊和母羊的羊毛。

(2)如果出租人管理该企业,而羊群包含的羊在50头以上,则只有他可出售此等羊毛。

第2744条 ——3.粪

牲畜所出之粪应专用于土地的利用。

第2745条 ——4.因繁殖产生的增益

死亡或被宰杀的牲畜应与按因繁殖产生的幼畜的比例被增补。

第2746条 (返还牲畜的义务)

(1)农民应在合同终止时,返还与他收受的同种、同量、同质的牲畜。

(2)即使在合同中对牲畜作了估价,仍应适用第(1)款的规定。

第 2747 条　(亏损)——1. 由出租人承担损失

(1)发生亏损时,如果租金由一定份额的利润或特定的畜产品构成,损失由出租人承担。

(2)农民对此等亏损不承担责任,但牲畜的损失是由于他的过错或他对其承担责任的人的过错导致时除外。

第 2748 条　——2. 农民承担损失

如果租金的确定与牲畜的利润无关,农民应负责偿付他未返还的牲畜的价值。

第 2749 条　——3. 责任的范围

(1)未返还的牲畜的价值应根据当事人所作的估价确定。

(2)无此等估价时,农民应偿付它们在合同终止之日的价值。

第 2 目　作为合同主要标的物的牲畜

第 2750 条　(本目的适用范围)

(1)以下数条的规定,应适用于合同的主要标的由其繁殖具有农业或商业利益的牲口或其他牲畜构成的情形。

(2)相反的习惯不受任何影响。

第 2751 条　(示范合同)

(1)农业部可起草示范合同,作为以特定种类的牲畜为标的的个别合同的基础,或作为将在帝国的特定地区执行的合同的基础。

(2)示范合同中规定的以牲畜为标的的个别合同或以特定地区为适用范围的个别合同,被视为根据此等示范合同规定的条件订立。

(3)当事人可以明示的条款背离示范合同的条款。

第 2752 条　(合同的持续期)

(1)除非另有明确约定,合同应被视为就 4 年的期限订立。

(2)4 年的期限应从订立合同之日起算。

第 2753 条　(通知土地所有人)

(1)如果牲口被给予另一个农民,通知应给予其土地被此等农民利用的所有人。

(2)未作出通知的,即使有任何相反的习惯,所有人都可扣押或扣留牲畜,以便获得其对农民的请求权的支付。

(3)不得主张他知道或应当知道这些牲畜不属于他的农民。

第 2754 条 (牲畜清单)

(1)牲畜所有权不得因合同中制作了牲畜的清单而被移转给佃户。

(2)该清单的唯一用途在于允许使用它来证明在合同终止时是盈利还是亏损。

第 2755 条 (牲畜的保养)

(1)佃户应以习惯要求的注意保存和维护牲畜。

(2)他应承担由此产生的费用。

第 2756 条 (因繁殖产生的增益)

因繁殖所得的幼畜归出租人和佃户共有。

第 2757 条 (畜产品)

只有佃户有权获得牲畜的日常产出、粪和畜力。

第 2758 条 (羊毛)

(1)绵羊和母羊的羊毛应在出租人和佃户间均分。

(2)佃户应将剪羊毛的日期告知出租人。

第 2759 条 (牲畜的出售)

(1)未经出租人同意,佃户不得处分畜群中的任一牲畜或繁殖的幼畜。

(2)未经佃户同意,出租人不得处分它们。

第 2760 条 (牲畜的损失)

(1)佃户不必对牲畜的损失承担责任,但损失是由于其过错导致的除外。

(2)出租人应证明佃户有过错。

(3)佃户应报告已死牲畜的皮的用途。

第 2761 条 (账目)

(1)出租人可要求佃户每年提交牲畜的清单及其年度账目。

(2)如果各种情况表明,由于可归因于佃户的原因,牲畜的数量减少了1/4以上,他可终止租约。

第 2762 条 (合同的终止)

(1)合同应在当事人约定或法律规定的期限届满时终止。

(2)一方当事人打算终止合同时,应至少提前 6 个月通知他方。

第 2763 条 (当事人死亡)

(1)合同不因任何一方当事人的死亡终止。

(2)但已故佃户的继承人,可通过在佃户死后6个月内通知出租人终止合同。

(3)在此等情形,合同应在3月1日终止,但该日期应自出租人收到佃户继承人的通知后不少于3个月。

第2764条　(账目的清算)

(1)如果合同终止或被废止,应编制一个新的牲畜清单。

(2)出租人可在所编制的第一个清单指出的范围内拿走各种牲畜。

(3)剩余的牲畜应在出租人和佃户间均分。

第2765条　(牲畜的数量不足)

(1)如果牲畜减少到第一个清单指出的数量以下,出租人可拿走剩余的牲畜,当事人应均摊损失。

(2)佃户不必对这种亏损承担责任,但这是由于他的过错或他对其承担责任的另一人的过错所致时除外。

第2766条　(无效的习惯或规定)

(1)任何习惯或规定,要求佃户对偶然事件造成的所有动物的灭失,在他无过错的情况下承担责任的无效。

(2)任何习惯或规定,要求佃户承担的亏损额多于其分享利润额的无效。

(3)任何习惯或规定,认为出租人可在合同终止时拿走比他提供的更多牲畜的无效。

第3章　使用借贷和无息借贷

第2767条　(定义)

使用借贷和无息借贷是一方当事人(出借人)同意向他方当事人(借用人)移转某动产供其无偿使用的合同。

第2768条　(合同的无偿性)

(1)无息借贷在本质上是无偿的。

(2)如果规定出借人收受报酬,则应适用关于租赁合同的规则。

第2769条　(动产的所有权)

(1)出借人应保留出借动产的所有权。

(2)借用人应在合同终止时将动产返还出借人。

第2770条　(动产的保养)

(1)借用人得维护动产。

(2)保养费用应由借用人承担。

第 2771 条 (动产的使用)

(1)借用人只能将出借动产用于合同规定的用途,或在无此等规定时,用于与其性质相符的用途。

(2)未经出借人同意,他不得允许第三人使用该动产。

第 2772 条 (动产的返还)

(1)借用人应在约定的时间返还动产。

(2)如果未约定返还时间,并且借用该动产的用途本身并不隐含此等返还时间,经出借人要求,借用人应立即返还该动产。

第 2773 条 (提前返还)——1.借用人的权利

借用人可在约定的时间前返还动产,但此等返还给出借人造成损害的除外。

第 2774 条 ——2.出借人的权利

如果借用人不按约定使用动产、损坏它或允许第三人使用它,或出借人自己在紧急和不可预见的情况下需要它,出借人可在正常返还时间到来前要求返还该动产。

第 2775 条 (借用人死亡)

如果借用人死亡,即使出借人已同意将动产就确定的期限借给借用人,出借人可要求借用人的继承人立即将之返还于自己。

第 2776 条 (不当使用)

(1)如果借用人将出借动产用于未被授权的用途,或不适当地允许第三人使用它,对于该物的灭失或减等,即使因不可抗力所致,借用人仍应承担责任。

(2)此等情形,除非借用人能证明,如果他不违反其义务,该动产也会灭失或减等,他不应被免除责任。

第 2777 条 (可避免的损失)

因不可抗力导致动产损失时,如果借用人本可通过使用他自己的动产避免损失,或在不能同时挽救他自己的动产和借给他的动产时选择挽救自己的动产,则借用人应承担责任。

第 2778 条 (合同约定的价值)

在订立合同时对动产作出了估价的,在任何情况下,借用人应对其损失承担责任。

第4章 寄　托

第1节 寄托的一般规定

第2779条 （定义）

寄托合同是一个人（受托人）同意从另一人（寄托人）收受某动产并为后者的利益保管它的合同。

第2780条 （寄托、附条件买卖和雇佣）

（1）如果受托人享有在合同期满时，通过支付其价金保留该动产的选择权，则应适用关于附条件买卖的规则而非关于寄托的规则。

（2）如果受托人同意修理或改造动产，则应适用关于雇佣的规则而非关于寄托的规则。

第2781条 （动产的所有权）

（1）寄托人应保留被寄托动产的所有权。

（2）受托人应在合同终止时将该动产返还寄托人。

第2782条 （可消耗动产的寄托）

（1）如果委托给受托人的动产是一笔钱或一定数量的可消耗商品，并且受托人已被授权使用它们，则应适用关于金钱和其他可替代物之借贷的规则。

（2）如果委托给受托人的动产是一笔钱，并且在交给他时既未密封又未封闭，则受托人被视为得到了使用它的授权。

第2783条 （寄托动产的使用）

（1）如果寄托的物品是其他动产，未经寄托人授权，受托人不能使用它们。

（2）如果他违反这项规则，调整租赁的规则将作对他不利的适用。

（3）寄托人尤其可要求支付租金，其数额应根据公平原则确定。

第2784条 （无偿和有偿的寄托）

（1）如果当事人明显不打算向受托人提供报酬，寄托是无偿的。

（2）在这一问题上，应考虑受托人的职业身份和所有其他有关情况。

第2785条 （寄托情势的改变）

（1）如紧急情势要求，受托人可按不同于约定条件的条件保管动产，特别是在它面临灭失或减等的紧迫危险时，可将该动产托付给第三人或转让它。

（2）他应尽快将这些事件告知寄托人。

第2786条 （寄托的终止）——1.寄托人的权利

(1)一经寄托人要求，受托人应将动产返还给他，但已为受托人的利益确定了一个期限的除外。

(2)寄托人应向受托人赔偿他因考虑到约定的期限发生的费用。

第2787条 ——2.受托人的权利

(1)受托人可随时要求寄托人取回动产，但已为寄托人的利益确定了一个期限的除外。

(2)未约定此等期限的，法院可给予寄托人一个取回动产的合理期限。

第2788条 （数个寄托人）

(1)如果数个寄托人已将动产托付给受托人，他们不能就该动产应予返还的条件达成一致，法院将确定此等条件。

(2)寄托人死后遗留有数个继承人，而动产是不可分物时，应适用第(1)款的规定。

第2789条 （为第三人利益的寄托）

如果寄托为第三人的利益作出，且此等第三人已将其同意告知寄托人和受托人，则未经该第三人同意，受托人不得将该动产返还寄托人。

第2790条 （动产的返还）

(1)如果已约定受托人应在特定地点保管该动产，则返还应在该地点完成。

(2)在所有情况下，返还动产的费用和风险都应由寄托人承担。

第2791条 （利润的返还）

受托人应返还他已从动产收取的利润。

第2792条 （对谁返还）

(1)受托人应将该动产返还寄托人或他指定的人。

(2)他可要求寄托人证明他是动产的所有人。

第2793条 （寄托人的义务）

(1)寄托人应向受托人支付约定的报酬。

(2)他应赔偿受托人为保存动产发生的全部费用。

(3)他应赔偿受托人因寄托可能给他造成的全部损害，但此等损害是由于受托人的过错或受托人对其承担责任的另一人的过错所致的除外。

第2794条 （留置权）

受托人可在因寄托应付给他的所有款项完全支付前，留置动产。

第 2795 条　（受托人的继承人）

（1）受托人的继承人已诚信地转让了动产，并且不知寄托的存在的，他只应偿还他已收受的价金。

（2）如果该价金尚未支付，寄托人可代位取得继承人对买方的请求权。

第 2 节　讼争物寄托

第 2796 条　（定义）

其法律地位存在争议或处在不确定状态的动产被委托给第三人（受托人），由他保管该动产，在争议解决后将它返还给其合法所有人，此等情势唤作讼争物寄托。

第 2797 条　（受托人的指定和罢免）

（1）受托人应根据争议当事人间的协议指定。

（2）无此等协议的，由法院指定。

（3）受托人不能在他完成其职责前被罢免，但当事人同意或有正当理由的除外。

第 2798 条　（动产的返还）

除非所有有利害关系的当事人同意，或依法院的命令，受托人不能返还动产。

第 2799 条　（关于寄托的规则之准用）

除了本节的规则外，应适用关于寄托的规则。

第 3 节　灾险寄托

第 2800 条　（定义）

某人因紧急的需要所迫，将属于他自己的动产委托他人保管，以保护它们免受紧迫危险的，此等情势唤作灾险寄托。

第 2801 条　（灾险寄托的特殊规则）

被提交动产的人无正当理由不得拒绝接受。

如果寄托持续达 1 周以上，他可要求报酬。

法院可减少他在寄托之时要求的报酬额。

第 2802 条　（形式和证明）

灾险寄托不受任何特殊形式的限制。

它可通过任何手段进行证明。

第 2803 条 （适用寄托的规则）

除了本节的规则外，还可适用关于寄托合同的规则。

第 4 节 拾得动产和在某人不知时在其处所为寄放

第 2804 条 （拾得人的权利和义务）

任何拾得动产并占有它的人，依法处于与受托人相同的地位。

本法典关于“个人所有权”之题的规定（第 1154 条至第 1158 条）不受任何影响。

第 2805 条 （他人不知或违背他人意愿的寄放）

在某人不知或违背其意愿的情况下将动产寄放在他那里的情况，不适用关于寄托的规则。

在其处所被如此寄放动产的人，不对此等寄放的后果承担任何责任。

第 5 章 仓储

第 2806 条 （定义）

仓储合同是经公共当局正式发放执照的一方当事人（仓储人），同意为寄托人、货物的买方、或收受货物作为抵押的人接收并保管货物的合同。

第 2807 条 （货物的灭失或减等）

仓储人应负责保存他收受的货物。

如果他能证明，货物的灭失或减等是由于不可抗力，或由于货物或其包装的性质或瑕疵所致，他不承担责任。

第 2808 条 （通知寄托人的义务）

货物正在经受看来需要采取进一步措施的变化时，仓储人应通知寄托人。

第 2809 条 （货物的返还）

仓储人应保管货物直到约定的期限届满。

他不能利用会导致受托人因不可预见事件将会被允许在约定的日期前返还货物的情况。

第 2810 条 （混合货物）

未经明确许可，仓储人不能将可替代的货物与同种同质的其他货物混合。

寄托人可就这些混合的货物中与其份额相应数量的部分提出请求。

仓储人可返还这一份额而毋庸其他寄托人的合作。

第 2811 条　（出售货物）

如果寄托人未在合同规定的日期搬走货物，仓储人在给予寄托人适当的通知后，可出售这些货物。

如果未为仓储规定明确的期限，他可自寄放之日起的 1 年后出售这些货物。

在任何情形，只要这些货物面临腐烂的危险，他即可将其出售。

第 2812 条　（价金的处理）

销售的价金，在扣除销售费用及其他应付给受托人的款项后，应交由有权获得它们的人自由处分。

第 2813 条　（收据和凭单）

在寄托人如此要求时，仓储人应给他一张仓储的货物的收据。

该收据应附上一张与该收据包含相同信息的凭单。

该收据和凭单应从同一存根的登记簿开出，该存根应由仓储人留存。

第 2814 条　（收据和凭单上的记载事项）

该收据和凭单应写明：

(1)寄托人的姓、名、或商号以及住址；

(2)仓储地点；

(3)所储存货物的种类和数量及其他为识别它们所必要的任何信息；

(4)是否已就货物付关税，是否已就它们投保。

第 2815 条　（权源凭证的受益人）

收据和凭单可以寄托人的名义或其指定的第三人的名义开出。

它们可一起或单独以背书形式移转。

第 2816 条　（两种权源的持有人的权利）

同时持有收据和凭单的人，可要求把仓储货物移交给他。

他还可要求由他承担费用将货物分成多份，而且仓储人应就每一单独的份额给他一张收据和凭单，以换取原来的权源凭证。

第 2817 条　（凭单持有人的权利）

只占有凭单的人对仓储人保存的货物享有抵押权。

第 2818 条　（凭单的移转）

如果凭单只是第一次受背书，应在凭单上写明债务的数额及其利息的数额，以及到期支付的日期。

背书和上述信息应由背书的受益人记录在收据上，并副署姓名。

第 2819 条 （必要信息的阙如）

如果凭单上的背书未写明被担保的债务额，则应以仓储的货物担保的全部价值担保该债务。

如果以其名义开出收据的人或收据的持有人已支付一笔未到期的款项，则他可向第一个被背书人以及恶意持有凭单的任何人追索。

第 2820 条 （收据持有人的权利）

只有占有收据的人可检查仓储的货物并根据惯例提取货物样品。

他不能搬走仓储的货物，但他在仓储人或寄托人处寄放到期应付给抵押权人的款项的除外。

第 2821 条 （抵押权人进行的出售）

如果凭单持有人在到期日未获支付，并且他已根据商法典第 781 条至第 784 条的规定起草了一份拒付证书，则他可在支付到期的 8 日后使人出售这些货物。

自愿偿付凭单持有人的背书人代位取得该持有人的权利。

他可在债务到期 8 日后使人出售这些货物。

第 2822 条 （仓储货物的出售）

如果仓储的货物将被无论是仓储人还是持有凭单的债权人出售，关于抵押之章的有关规定，应适用之。

第 2823 条 （对背书人的追索）

持有凭单的人在他使人出售货物前，不能对背书人起诉。

对后手背书人追索的时间限制，应依照商法典第 817 条第(3)款的规定处理。

它们得从货物被出售之日起算。

第 2824 条 （不遵守必要的手续）

如果凭单持有人未在到期时起草其拒付证书，或未在作出此等拒付证书后 15 天内起诉以出售这些货物，则他丧失向背书人追索的权利。

但他应保留其追索收据的背书人以及债务人的权利。

在 3 年内不行使上述追索权的，则禁止再行提出。

第6章 质押合同

第1节 质押合同的一般规定

第1目 合同的有效条件

第2825条 （定义）

质押合同是债务人同意向其债权人交付某物（称为“质物”）作为履行债务的担保的合同。

第2826条 （提供质物的人）

质押合同可在债权人和担保他人债务的第三人间订立。

第2827条 （被担保的债务）

质押合同可为担保将来的债务或附条件的债务订立。

第2828条 （合同的形式）

在所有的情况下，应在质押合同中明确规定被担保的债务的最高额，否则合同无效。

如果该数额超过500埃塞俄比亚元，则质押合同无效，但它被书面文件证明，并且从此等契据获得了无可非议的日期的期日得到证明的除外。

第2829条 （质物）

质物可由一件动产、全部财产、以动产为标的的请求权或其他权利构成。

它们必须能被分别以公开拍卖的形式出售。

第2830条 （债权人的占有）

如果或缺就不能处分质物的权源凭证已交付债权人，则债权人被视为已占有质物。

第(1)款的规定，应特别适用于仓储货物的凭单、运输中的货物的提单或托运单已为其利益被背书转让的情形。

第2831条 （约定的第三人的占有）

当事人可约定，质物应被交付给双方都可接受的第三人。

该第三人的权利和义务应依照关于货物寄托或仓储的规定处理。

第2832条 （债务人的占有）

在此等情形，不剥夺债务人的占有的质物提供，只有在法律有明确规定的情况下方可为之。

在其他所有情况下，如果规定质物仍由债务人占有，合同无效。

第 2833 条 （质押合同的规范）

除本章外，调整质押合同的规则可见于关于质押的特别案型和形式的特别法，或许可以提供担保换取信贷的制度。

调整仓储货物的提交的特殊规则，前文关于仓储的章节已有规定。

第 2 目　出质人的权利和义务

第 2834 条 （质物的所有权）

除因质押合同产生的限制外，出质人应保留其对质物的权利。

他可自由处分其权利，尤其可转让质物或尔后将它再质押。

第 2835 条 （保养和保存质物的费用）

出质人应报销质权人为保养和保存质物所花的费用。

第 2836 条 （债权人滥用权利）

债权人不遵守法律关于质物的规定时，出质人可要求将之交付给一个受托人。

第 2837 条 （提前清偿债务）

出质人可通过清偿由质物担保的债务，随时要求返还质物。

任何相反的规定无效。

第 2838 条 （第三人提供质物）

在质物由第三人提供时，债权人和债务人在提供质物后订立的任何合同都不得损害该第三人的地位。

出质人可向债权人提出债务人可提起的所有抗辩对抗债权人，债权人不得以债务人已放弃它们的事实对抗出质人。

第 3 目　质权人的权利和义务

第 2839 条 （一般原则）

质权人对其债务人的财产享有债权人的权利。

他对质物还享有本章规定的特殊权利。

第 2840 条 （质物的使用）

未经出质人同意，质权人不能使用质物，但这种使用是为保存质物所必要的除外。

第 2841 条 （孳息）

如果质物产生孳息，债权人或质物的保管人应收取之。

孳息应成为质权人的财产。

质物产生的孳息的价值，应依次用于为保管和保存质物所花费用、利息和被担保债务的本金。

第 2842 条 （占有之诉）

质权人可就质物提起占有之诉。

质物保管人应毫不迟延地将要求提起此等诉讼的情况告知质权人和出质人。

第 2843 条 （第三人对质物的请求权）

即使质物是一个无权处分它的人交付给质权人的，他仍可行使质押合同规定的权利。

第 2844 条 （例外）

质物所有人证明质权人在订立合同时知道或应当知道他方当事人无权质押标的物时，可取回质物。

他还可通过履行由质物担保的债务以取回质物。

第 2845 条 （质物的返还）

如果质押合同因清偿债务或任何其他原因消灭，债权人应将质物返还出质人或其指定的人。

在返还质物前，他应根据第 2720 条的规定对质物的灭失或毁损承担责任。

第 2846 条 （留置权）

在依本章的规定应付给质权人的款项全部付清前，质权人可留置质物。

第 2847 条 （质物的灭失或减等）

如果质物已交由质权人保管，他应根据本法典第 2720 条和第 2721 条的规定对质物的灭失或减等承担责任。

第 2848 条 （财产权代位）

在质物因任何原因灭失或毁损时，质权人的权利将及于对此等灭失或减等承担责任的人、保险人或征用质物的人为替代质物作出的到期赔偿。

第 4 目 质押合同的消灭

第 2849 条 （合同的从属性）

在其担保的债务得到履行的情况下，质押合同消灭，应返还质物。

第 2850 条 （质物的不可分性）

即使债务或质物是可分的，债权人在获得全部支付前，不能被要求返还质物或其部分。

第 5 目 质物的出售

第 2851 条 （解除约款）

任何协议，即使是在提供质物后订立的，如果允许债权人在债务于到期日未获偿付的情况下，不依法律要求的手续占有或出售质物，无效。

但可在债务到期后约定，债务人应将质物移交债权人以清偿债务。

第 2852 条 （对第三人的效力）

除非在质权人诉诸质押合同时质物在质权人或当事人为此目的指定的人占有下，质押合同不影响第三人。

如果此时质物仍由债务人占有，或已经质权人同意返还给债务人占有，或由债权人不能向其要求返还的第三人占有，质押合同无效。

第 2853 条 （迟延）

在使人出售质物前，质权人应要求出质人履行债务，并给予他适当的如下通知：一旦迟延，他将使人出售质物。

类似的通知应对提供质物的第三人作出。

第 2854 条 （出售质物）

自发出第 2853 条规定的通知起 8 日内未提出反对或反对被驳回的，质权人可使人以公开拍卖的方式出售质物。

如果质物在市场上有报价或有一个时价，质权人可借助私人合同通过经许可进行此等销售的人的中介使该物得以出售。

第 2855 条 （法院的限制）

如果质物有多件，其价值足以清偿质权人的债权，则经出质人申请，法院可限制债权人出售某件质物的权利。

第 2856 条 （让与质物于质权人）

质权人可申请法院命令在负欠他的金额范围内将质物交给他作为清偿，质物的价值根据专家的估计，在质物在市场上有报价时，根据其时价。

第 2857 条 （优先权）

质权人可从质物的出卖价金中优先于所有其他债权人获得清偿。

除了质押合同规定的债务外，质物应担保债务的约定利息和法定利息，以及为保管、保存或出售质物支出的费用。

第 2858 条　（对债权人权利的限制）

质权人不能超出质押合同规定的最高额强制执行其产生于质押合同的优先权。

质权人不得为获应对其他债务的担保而强制执行其优先权，即使此等债务发生在订立质押合同后，是债务人或出质人对他负欠的，亦同。

第 2859 条　（价金的处分）

在对债权人负欠的债务金额范围内，价金被认为归之于债权人，并被视为已由出质人支付。

价金的余额应被转交给出质人。

第 2860 条　（数个质权人）

如果质物上负担了数个质权，债权人应根据其顺序接受清偿。

上述顺序应根据各个质押合同的缔结日期来确定。

第 2861 条　（买受人的权利）

质物的买受人应取得其免于任何负担的所有权。

第 2862 条　（债权人的责任）

出售适当质押的属于第三人的物的债权人不承担责任，但他在订立合同时明知或应当知道质物属于第三人的除外。

第 2 节　债权或其他无体物的质押

第 2863 条　（出质人与债务人间的关系）

调整保证人和主债务人间关系的规定，应适用于提供质物的第三人与主债务人间的关系。

第 2864 条　（未经权源凭证证实的债权）

未经权源凭证证实的债权之出质，无论被担保的金额的多少，应以一份指明被质押的债权和被担保债务的最高额的文件的形式实施。

此等出质行为应被通知于其负担的债权已被出质的债务人，或由债务人在一份有确定日期的文件中表示承认，否则将被宣告无效。

第 2865 条　（未被权源凭证证实的权利）

出质非债权且未被权源凭证证实的权利，应以为移转上述权利规定的形式实施。

在所有的情况下，都要求制作一份有确定日期的、并充分说明被质押的权利和被担保的债务的文件，否则质押无效。

可能调整此等权利中的某些权利之质押的特别规定，不受任何影响。

第 2866 条 （债务的承认书）

如果被质押的债权或权利由债务承认书或其他不流通票据证实，此等票据应交付给质权人或质押合同指定的第三人。

由流通票据证实的债权和权利的质押，应根据商法典第 950 条至第 958 条的规定执行。

第 2867 条 （产生定期收入的债权）——1. 质物的范围

除非另有规定，在生息或产生其他定期收入如红利的债权上设定的质押，只应适用于当前利益，而不包括先前到期的利益。

如果此等从属利益由分别的权源凭证表示，则它们不包括在质物中，但它们本身按法律要求的形式制作的除外。

第 2868 条 ——2. 质权人的权利和义务

质权人应收取质押给他的债权上的利息以及在其债权下的债务人应付的所有其他定期支付。

他应将这些收益依次用于对他自己负欠的费用、利息和被担保的债务的本金。

质押人不能反对这种支付。

第 2869 条 （保存措施）

质权人应采取必要措施防止被质押给他的债权或权利消灭。

第 2870 条 （被质押的股份）

股份被质押的，应由股东本人而非质权人代表它出席公司的年度股东大会。

第 2871 条 （被质押债权的债务人的权利）

已被质押的债权的债务人，可对质权人提起他有权对自己的债权人提起的所有抗辩。

如果他已无保留地接受质押行为，则无论如何，他不能反对抵消在他为接受前对他自己的债权人产生的反请求权。

第 2872 条 （被质押的债款的收取）

质权人应收取被质押给他的债权的到期债款。

但如果质押人反对此等清偿，债务人只能通过提存他应给付的金额或货物来免除其债务。

在给付中收受的货币或其他可替代物，应寄放于当事人约定的地点，无此等约定时，寄放于法院确定的地点。

第 2873 条　（出售被质押债权或权利）

如果被担保的债务已到期，质权人可依本章第 1 节的规定，使人出售被质押给他的债权或权利，或在给付中从债务人收受的货物。

第 2874 条　（前节之准用）

本节未规定的与债权或无体物的质押有关的任何事项，应适用本章第 1 节的规定。

第 18 题　以不动产为标的的合同

第 1 章　不动产的买卖

第 2875 条　（原则）

在不与以下数条的规定相冲突的前提下，不动产的买卖应适用本法典关于“以权利让与为标的的合同”之题的规定。

第 2876 条　（与不动产有关的加工承揽和买卖）

一方当事人同意向他方当事人交付尚不存在的房屋、公寓或其他建筑物的合同，是以不动产为标的的承揽合同，而非买卖合同。

第 2877 条　（合同的形式）

不动产买卖合同非以采取书面形式订立无效。

第 2878 条　（在不动产登记簿上登记）

不动产的买卖，除非它已被登记于被售不动产所在地的不动产登记簿，不得影响第三人。

第 2879 条　（卖方的合作）

卖方应向买方提供所有必要的文件，以使买方能使不动产的移转被登记于不动产登记簿。

此等义务应被视为买卖合同的一项基本规定。

第 2880 条　（卖方应告知第三人对不动产享有的某些权利）

第三人对被售不动产享有权利的，如果此等权利能不顾不动产登记簿上的登记对抗买方，则卖方应向买方告知这些权利。

即使第三人对不动产享有的权利已登记于不动产登记簿，合同也可要求卖方向买方告知此等权利。

第 2881 条 （被登记的权利和负担）——1. 原则

买方被视为已知道在不动产所在地的不动产登记簿上登记的影响该不动产的所有权利和负担。

第 2882 条 ——2. 卖方的明示担保

对于第 2881 条提到的权利，买方不能利用关于追夺担保的规定，但卖方已担保此等权利并不存在的除外。

此等担保只能产生于买卖合同中的一项明确规定。

第 2883 条 ——3. 抵押和不动产典质

不动产应享有抵押权或不动产典质的债权人的请求被扣押并出售时，买方可利用关于追夺担保的规定。

第 2884 条 （出卖属于他人的不动产）

作为买卖标的的不动产全部或部分不属于卖方时，应适用关于追夺担保的规定。

买方可利用关于追夺担保的规定，而不必等到他被追夺。

如果正值法院即将作出判决之时，他无需再担心追夺，他不能利用此等规定。

第 2885 条 （追索权）

除非另有明确约定，对被售的不动产享有法定追索权的人利用此权利向买方追夺的，卖方不对买方的损害承担责任。

第 2886 条 （卖方的责任）

在买方全部或部分受追夺的情况下，卖方除了偿还价金和合同费用外，还应向买方偿还其改造不动产支出的全部费用。

第 2887 条 （非常损害）

不得以买方或卖方遭受非常损害为由取消不动产买卖。

第 2888 条 （面积担保）——1. 原则

合同已指明被售不动产的面积时，卖方应保证不动产具有该面积。

第 2889 条 ——2. 买方的权利

如果真实面积小于合同指明的面积，买方可要求相应减少价金。

如果真实面积比合同指明的面积至少小1/10，或面积的短少使不动产不适于买方打算的用途，而此等用途为卖方所知，则买方可要求废止合同。

第2890条　——3.条件和期限

买方的基于面积担保之诉，受瑕疵担保之诉的相同条件的制约，并应在相同的期限内提起。

第2891条　——4.卖方的权利

当真实面积大于合同指明的面积时，卖方不得要求加价。

第(1)款的规定，不适用于卖方的错误可归因于买方的欺诈的情形。

第2892条　(合同的强制执行)

不动产的买方将被视为对合同的强制实际履行具有特别利益。

因而他可要求作此等执行。

如果买方未在他确定卖方迟延后的1年内提出要求，他丧失要求强制实际履行合同的权利。

第2893条　(附赎回权的买卖)

在买卖合同中，卖方可保留在某个时期从买方买回不动产的权利。

本法典关于"共有、用益权和其他物权"之题涉及出卖之允诺的规定(第1410条至第1425条)，适用于此等约定。

第2894条　(准用)

本法典关于"关于权利让与的合同"之题中适用于互易、除所有权以外的权利的转让、租售合同的规定，应适用于以不动产为标的的合同。

第2895条　(在租售情况下的登记)

在租售之情形，租售方可将由合同产生的约定优先购买权在该不动产所在地的不动产登记簿上进行登记。

第2章　租　　赁

第1节　不动产租赁的一般规定

第2896条　(定义)

不动产租赁是一方当事人(出租人)为获得以实物或其他方式确定的报酬，同意确保他方当事人(承租人)在特定时期内时使用和享有某不动产的合同。

商法典或关于从事商业或其他行业的不动产租赁的特别法，不受任何影响。

第 2897 条 （租赁与买卖）

如果合同约定，承租人在支付一定期次的租金后成为不动产的所有人，那么即使当事人称它为租赁合同，它应构成一项买卖。

第 2898 条 （合同的证明）

只要租约尚未开始执行，不动产已被出租只能通过书面文件、在法庭上所作的承认或宣誓得到证明。

不许以任何其他证明手段证明此等合同的存在。

如果租赁合同已开始执行，它可通过证人或推定证明。

第 2899 条 （不动产登记簿上的记载）

为期 5 年以上的租约只有在不动产所在地的不动产登记簿上登记后，才可影响第三人（第 1571 条）。

为期 5 年以上的租约未在不动产登记簿上登记的，如果它们的日期是确定的，可在第三人登记其对不动产的权利之日起算的 5 年内影响此等第三人。

其他情形，此等租约被视为是为不确定的期限订立的。

第 2900 条 （交付不动产）

出租人应向承租人交付被租用的不动产及其从物，该不动产应处于适于依合同或根据其性质对其进行利用的状态。

交付的时间和地点，应根据有关买卖的规定调整。

第 2901 条 （地产状况和清单）——1. 原则

应任何一方当事人的请求，并且一俟提出此等请求，应起草一份表明地产状况的说明，以及具有对已给予承租人使用和享用的租约所涉不动产的附属动产的估价的清单。

任何相反的规定无效。

第 2902 条 ——2. 费用

制作财产清单和表明地产状况的说明的费用，由双方共同承担。

如果承租人已垫付该费用，他可从他应付给出租人的租金中扣除后者应付的金额。

第 2903 条 ——3. 制裁

如果一方当事人未与他方当事人一起参加起草该说明和财产清单，此等他方当事人可起草它们或自费使人起草它们，并将它们通知另一缔约方。

如果后者未在合理期限内告知其反对意见和保留，他应被视为已同意该说明和财产清单。

除非该缔约方在他收到第(1)款规定的通知后的6个月内自费使人起草了一份表明地产状况的说明和财产清单，不应考虑其反对和保留。

第2904条　(物的瑕疵)——1.废止合同

如果在交付时，物具有明显减损其正常用途性质的瑕疵，承租人可要求废止合同。

如果瑕疵是在不动产已交付承租人后发生或被发现的，承租人享有相同的权利。

不必考虑出租物对承租人的某种特定用途，但出租人在订立合同时知道或应当知道这种用途的除外。

第2905条　——2.损害赔偿

如果出租人在交付出租物时知道或应当知道瑕疵的存在，而未将它告知承租人，他应对由此给承租人造成的损害承担责任。

出租人还应对在合同有效期内因其过错给承租人造成的损害承担责任。

第2906条　——3.与废止的关系

第2905条规定的损害赔偿独立于废止合同。

即使合同未被废止，仍可判处损害赔偿。

如果合同被命令废止，仍可判处损害赔偿，特别为了赔偿因废止合同产生的损害而作此等判处。

第2907条　——4.明显瑕疵

如果承租人据以提出请求的瑕疵是明显的，或他在订立合同时知道或应当知道该瑕疵的存在，他不能依前数条行使其权利。

第2908条　——5.危险瑕疵

如果物处于构成对承租人、与他同住的人、其雇员的生命或健康的严重危险的状态，即使瑕疵是明显的，或承租人在订立合同时知道瑕疵的存在，他亦可要求废止合同。

任何相反的规定无效。

第2909条　——6.免责协议

如果出租人恶意不说明瑕疵，或瑕疵达到了使该物对承租人毫无用处的程度，出租人用以排除或限制他因租赁物的这些瑕疵产生的责任的任何规定无效。

第 2910 条 ——7.约定担保

如果出租物不具有或不再具有出租人已明确担保其存在的品质，承租人可要求废止合同并赔偿他遭受的损失。

前数条对此等权利的限制，出租人不得援用之。

第 2911 条 （不动产的和平享有）

出租人担保承租人在租约有效期内和平享有不动产。

第 2912 条 （改变不动产）

未经承租人同意，出租人在租约有效期内不能对不动产作任何改变。

第 2913 条 （第三人对不动产的请求权）

如果第三人主张对出租不动产享有所有权或主张对其享有其他权利，承租人应立即将该主张通知出租人。

如果第三人起诉，承租人可要求中止对他的诉讼，而在第三人和出租人之间继续进行该诉讼。

如果承租人对出租物的享有因这种诉讼被中断，如果他将这种干扰或妨碍通知了出租人，他有权要求按比例减少租金。

第 2914 条 （纯粹事实上的骚扰）

对于不对不动产主张任何权利的第三人对承租人之占有的骚扰，出租人无担保义务。

承租人可以自己的名义对此等第三人起诉。

第 2915 条 （负担和税收）

出租人应偿付课加给不动产的负担和税收。

第 2916 条 （修理）——1.出租人的义务

在租约有效期内，出租人应维持不动产于良好状态，并对它进行必要的、由承租人负担的修理之外的修理。

第 2917 条 ——2.通知出租人的义务

如果租赁物为了其保存或保养需要费用，而这些费用不应由承租人承担，承租人应将这种需要通知出租人。

第 2918 条 ——3.容忍修理的义务

在租约有效期内，租赁物需要修理，而这种修理不能推迟到租约届满后的，不论该修理给承租人造成了怎样的不方便，即使他在执行修理期间可能被剥夺出租不动产之一部，承租人应容忍进行修理。

第 2919 条 ——4.对出租人义务的限制

如果出租人负责的修理的费用超过其在 3 年租期内从不动产收取的租金，则不得迫使他进行这种修理。

第 2920 条　——5. 出租人义务的保障手段

如果出租人未立即实施为确保承租人对租赁物的享用所需要的由其承担的修理，承租人可自行出资实施此等修理，并从其应支付的租金中扣留修理费及其法定利息。

如果承租人愿意，可根据具体情况要求出租人赔偿损害，并在适当时终止租约。

第 2921 条　（承租人对不动产的享用）

承租人应以所有必要的注意并根据租约约定的目的使用租赁的不动产。

他尤其不得对不动产或其利用方式进行其效果将延伸到租期以外的任何重大改变。

第 2922 条　（出租人的控制）

出租人可随时核实承租人是否履行了其义务。

这种控制应合理实施，不得引起承租人的过分不便，不得具有令人厌烦的性质。

第 2923 条　（支付租金）

承租人应在合同规定的时间支付租金。

在合同无此等规定时，他应在法律规定的时间支付租金。

第 2924 条　（出租人的留置权）——1. 原则

出租人对承租人装备出租不动产并用于其装备或其使用的动产享有留置权，以作为过去的 1 年和今后 6 个月期间的租金的担保。

第 2925 条　——2. 受影响的动产

留置权不得影响出租人知道或应该知道不属于承租人财产的物。

如果出租人只在租约生效后才知道承租人带来的某些动产并非其财产，他对此等动产的留置权失效，但他通知在下一个租期终止合同的除外。

第 2926 条　——3. 效力

根据其留置权，经法院许可，出租人可强制承租人在出租不动产里留下为担保租金所需要之数量的动产。

对于以欺瞒或暴力拿走的物，如果出租人在它们被拿走后的 10 日内扣押了它们，则这些动产继续用于清算出租人的优先请求权。

第 2927 条　（合同的持续时间）

不动产租约可就确定期限订立，也可就不确定期限订立。

它不能就 60 年以上的期限订立。

就 60 年以上期限订立的不动产租约，应被视为是就 60 年的期限订立的。

第 2928 条　（出租人或承租人死亡）

租赁合同不因出租人或承租人死亡或其中任何一方失去行为能力而终止。

关于土地租赁的特别规定以及商法典关于承租人破产的规定，不受任何影响。

第 2929 条　（出租不动产的灭失）

在租约有效期间，出租不动产因偶然事件完全毁损时，租约应当然终止。

如果不动产只是部分毁损，则根据情况，承租人可要求减少租金或终止租约。

在上述两种情况下，都不得支付赔偿。

第 2930 条　（出租人不履行义务）

如果出租人不履行其义务导致明显减损了不动产的使用或享用，承租人可要求终止合同。

在此等终止之外或独立于此等终止，他还可要求出租人赔偿因其不履行义务给他造成的损害。

第 2931 条　（承租人不履行义务）

承租人不履行义务危及出租人的权利时，出租人可要求终止合同。

在此等终止之外或独立于此等终止，他还可要求承租人赔偿因其不履行义务给他造成的损害。

第 2932 条　（买卖不破租赁）——1. 原则

除非出租人和承租人间另有明确约定，如果第三人在出租不动产交付承租人后取得了此等不动产的所有权或用益权，该租赁合同可对抗此等第三人。

不动产被公共当局征用的情形，不受任何影响。

第 2933 条　——2. 未在不动产登记簿上登记的租约

如果租约未在不动产所在地的不动产登记簿上登记，不动产取得人可认为该租约是为不确定期限订立的。

如果租约的日期是确定的，承租人可在自买受人将其合同登记于不动产登记簿起的 5 年内，以此等租约对抗买受人。

第 2934 条　（与此等案型有关的约定）——1. 效力

如果出租人和承租人已约定，取得不动产的人可终止租约，则取得该不动产的人应在承租人向他提出如此要求后的 3 个月内，应通知承租人他是否打算终止租约。

取得不动产的人未在此等期限内行使此等权利的，丧失权利。

第 2935 条　——2.保留赎回权的买卖

取得受赎回权限制的不动产的人，在由于为赎回权确定的期限届满成为完全所有人时，才可利用此等权利驱逐承租人。

第 2936 条　（返还物的义务）——1.原则

在租约终止时，承租人应向出租人返还出租的不动产。

他还应向出租人以实物形式返还所有他与该不动产一同收受且仍以实物形式存在的物。

第 2937 条　——2.与报告书或财产清单相符

如果出租人和承租人已制作表明地产状况的报告书或财产清单，承租人应根据此等报告书或财产清单返还他收受时之状态的物。

第 2938 条　——3.报告书或财产清单的阙如

如果当事人未共同起草表明地产状况的报告书，承租人将被视为收受了处于良好状况的不动产。

如果当事人未共同起草财产清单，不动产被视为不包含任何从物。

可采纳反证以推翻此等推定。

第 2939 条　——4.法院的权力

如果表明地产状况的报告书或财产清单是由一方当事人单方面起草的，且未得到他方的批准，法院可给予该报告书或财产清单以它认为在具体情境中它应得的信赖。

第 2940 条　（财产的灭失或减等）

如果财产在承租人收受后被遗失或减等，他应承担责任。

如果灭失或减等是由其家庭成员或他允许其进入不动产的人所致，他尤其应承担责任。

第 2941 条　（责任限制）

如果承租人能证明灭失或减等是由出租人的过错或意外事件所致，则他不必承担责任。

如果承租人能证明灭失或减等是由于出租物年代久远或某种其他瑕疵所致，则他不必承担责任。

如果毁损是由于对出租物的正常合法使用所致，则他不必承担责任。

第 2942 条 （承租人迟延）

如果承租人已被要求返还财产，则他应对其迟延返还后出租物的灭失或减等承担责任，但他能证明即使他在规定时间将该财产返还出租人，它也会灭失或毁损的除外。

第 2943 条 （损害赔偿额）

如果未被返还的财产已经当事人共同估价，则承租人根据此等估价额承担义务。

如果出租人能证明承租人已以高于此等估价额的价格转让出租物，他可获得额外的损害赔偿。

如果承租人转让出租物是根据出租人和承租人在缔结租赁合同时的共同意思进行的管理行为，则第(2)款的规定不适用。

第 2944 条 （撤销合同可归因于承租人的情形）

如果撤销因承租人的过错引起，则在不影响可能因滥用出租物造成的损害赔偿的情况下，承租人应支付在为重新出租该不动产所必要的时间内的租金。

第 2 节　关于房屋租赁的特殊规则

第 2945 条 （本节的适用范围）

本节的规定应适用于租赁合同以配备家具或未配备家具的房屋、公寓、房间或某种其他建筑物或建筑物的一部分为标的的情形。

本法典关于“提供服务的合同”之题中调整与旅店有关的合同的规定（第 2653 条至第 2671 条）不受任何影响。

第 2946 条 （示范合同）

对于位于特定城市地域内的房屋或公寓之租赁的示范合同，可由市政当局起草。

以此等房屋或公寓为标的的单个合同，将被视为根据此等示范合同规定的条款订立的。

当事人可通过明示约定背离此等条款。

第 2947 条 （不动产之一部的租赁）——1. 出租人的义务

在不动产只有一部分出租给承租人使用时，出租人应在出租该不动产的另一部分时根据习惯和该不动产的性质考虑到第一个承租人的利益。

关于其他承租人的选择以及与之订立的合同中应包括的规定，出租人应遵守第(1)款的规定。

第 2948 条　——2. 承租人的义务

承租人应考虑已居住在其一部已被出租给他的房屋中的人应得到何种利益。

如果承租人本人、与他共同生活的人或他允许其进入该不动产的人的行为打扰了享用该不动产的其他承租人，则出租人可要求终止与该承租人的租约。

此等其他承租人或出租人要求赔偿他们因此遭受的损害的请求权不受任何影响。

第 2949 条　(为出租的不动产配备家具的义务)

承租人应依照被出租之不动产的性质，并根据当地习惯为之配备家具。

如果承租人已租用配有家具的房屋，或预付了一期租金，或为此等支付提供了担保或其他保证，则第(1)款的规定不适用。

第 2950 条　(租金额)

租金额由当事人以协议自由确定。

在有疑问时，租金应依市政当局确定的价目表确定，在无此等价目表时，依当地习惯确定。

第 2951 条　(租金到期的时间)

除非另有约定，如果租约是就 1 年或 1 年以上订立的，则租金应在每季度末支付。

如果租期不到 1 年，或租约是就不确定期间订立的，则租金应在每月末支付。

在所有情况下，租约届满时应支付租金。

第 2952 条　(承租人迟延)

如果承租人迟延支付已到期的某期租金，则在租期是 1 年或 1 年以上时，出租人可给他 30 天的期限，在租期不到 1 年时为 15 天，并通知他在不支付时，合同将在该期限届满时终止。

该期限从承租人收到出租人的通知之日起计算。

缩短上述期限的任何约定，或授予出租人因不支付租金即可立即终止合同之权利的任何规定，无效。

第 2953 条　(承租人负责的修理)——1. 承租人的义务

承租人应自费进行由其负责的修理。

第 2954 条 ——2. 哪些修理由承租人负责

租赁合同中规定由承租人承担的修理，被视为是由其负责的修理。

除非另有约定，对门、窗、地板、天花板、水龙头和排水管的必要修理，应被视为由承租人负责的修理。

为出租物的享用而成为必要的清洁和维修工作也应被视为是由承租人负责的修理。

第 2955 条 （年代久远或不可抗力）

任何视为由承租人负责的修理，如果仅仅是因年代久远或不可抗力引起，都不应由承租人承担。

租赁合同可通过明示约定排除此项规则。

第 2956 条 （因修理造成的对享用的剥夺）

如果出租人在租约期间对不动产进行的修理超过 15 天，则租金应按时间和承租人被剥夺该出租物的部分的比例减少。

如果修理导致为承租人及其家人的生活所必要的空间不可居住，承租人可要求终止租约。

第 2957 条 （转租）——1. 原则

承租人可将出租给他的不动产的全部或部分转租。

在转租前，他应将其意思通知出租人，并询问他是否反对此等转租。

第 2958 条 ——2. 出租人的反对

如果转租违反了出租人为同一不动产的其他承租人的利益在合同中所作的承诺，或转租具有因任何其他原因将给他造成损害的性质，他可反对此等转租。

在此等情形，承租人可终止合同。

如果出租人反对的理由承租人在订立合同时已知道或应当知道，则出租人要求损害赔偿的请求权不受任何影响。

第 2959 条 ——3. 限制转租权的条款

租赁合同可禁止转租不动产或使此等转租以出租人的同意为条件。

如果依租赁合同，不动产的转租以出租人的同意为条件，则在出租人武断地拒绝同意转租时，承租人可要求终止租约。

第 2960 条 ——4. 承租人的义务

已转租不动产的全部或部分的承租人，在其与出租人之间的关系上，仍应依租赁合同受他必须履行的所有义务的约束。

即使出租人已同意转租，仍应适用第(1)款的规定。

承租人不应被解除此等义务，但他自己与出租人之间明示约定此等解除的除外。

第 2961 条 ——5.转租人的义务

转租人应遵守主租约关于被租用的不动产之享用的规定。

出租人可直接对对转租人采取行动以强制其遵守上述规定。

如果转租人不知此等规定，或被承租人免除了对它们的遵守，则出租人对承租人享有追索权。

第 2962 条 ——6.出租人的直接行动

转租人只对已转租给他的不动产应支付的租金额承担责任。

出租人不得要求转租人直接向他支付此等租金。

转租人不得以他所作的预付对抗出租人，但根据主租约的现行条款进行的支付除外。

第 2963 条 ——7.扣押权

出租人和承租人可对转租人带进不动产的动产行使出租人扣押权。

第 2964 条 ——8.主租约终止

主租约的终止导致转租合同终止。

如果出租人已明确同意转租，则转租人可替代承租人执行主租约。

第 2965 条 （有确定期限的租赁合同的终止）

就确定期限订立的租赁合同随约定期限的届满而当然终止，不必通知。

第 2966 条 （未确定期限的租赁合同的终止）

如果租赁合同是就不确定期限订立的，则出租人可向承租人为通知，承租人也可向出租人通知。

在此等情形，如果未为通知，合同应在第 2 期租金依合同约定或法律规定到期之日终止。

第 2967 条 （取得不动产的人）

如果取得不动产的人希望终止租约，在已保留给他这种权利时，他应遵守第 2966 条规定的期间。

任何相反的规定无效。

第 2968 条 （合同的更新）

如果租约期满，承租人继续享用租赁物，而出租人知道且不反对，则租赁合同就不确定的期限得到了更新。

当事人在租约的进一步延续中的权利和义务，由前合同的规定调整。

但就原租约提供的担保应被解除。

第 2969 条 （出租人收回不动产）

除非另有约定，即使出租人宣布自己想占据被出租的房屋，他不能终止租约。

如果租赁合同已约定出租人可占据该房屋，则他应通知承租人搬出，并遵守第 2966 条规定的期间。

第 2970 条 （不动产发生火灾）——1. 原则

承租人应对出租物的火灾向出租人承担责任，但他能证明火灾是由于不可抗力、建造的缺陷或在邻屋首先起火的除外。

第 2971 条 ——2. 数个承租人

如果有数个承租人，在发生火灾时，他们都得按其占用的那部分不动产的租金价值的比例承担责任。

如果能证明火灾是在他们中的一人的住处先起的，则该承租人应单独对火灾承担责任。

如果一些承租人证明火灾不可能在他们的住处先起，此等承租人不必承担责任。

第 2972 条 ——3. 部分由出租人居住的不动产

第 2971 条的规定，也适用于出租人居住在着火的不动产的一部分的情形。

此等情形，应将出租人作为该部分不动产的承租人对待。

第 2973 条 （对不动产所作的改良）——1. 赔偿权

承租人无权就他未经出租人同意对不动产所作的改良获得赔偿。

如果改良是经出租人同意作出的，则承租人可请求出租人对他偿付他所花费用额与返还时该不动产的增值额的中间值。

第 2974 条 ——2. 抵消与拆除权

即使承租人无权获得赔偿，他亦可将其使不动产获得的增值与该不动产因他应承担责任但非因其过错发生的减等承受的贬值相抵消。

在不给不动产造成损害的前提下，承租人也可拆除他对该不动产所作的改良。

第3节　关于土地租赁的特殊规则

第2975条　(本节的适用范围)

本节的规定适用于租赁合同以承租人许诺开发一片土地为标的的情形。

当事人可在其合同中排除此等规则,但法律明文禁止这种排除的除外。

第2976条　(示范合同)

就打算用作特定种类耕作的土地或位于埃塞俄比亚的特定地区的土地的租赁,农业部可起草示范合同。

以这些示范合同涉及的土地为标的的单个合同,应被视为根据此等示范合同制定的条款订立的。

单个合同可通过明示约定排除这些条款。

第2977条　(开发方向)——1.其确定权之归属

开发方向应依当事人的协议确保之。

除非另有约定或习惯规定,如果租金全部或主要由被租用土地之产品的特定部分构成或由其特定的产品构成,则开发方向的确定权归出租人。

除非另有约定或习惯规定,如果租金全部或主要由对出租人支付的一笔现金构成,则开发方向的确定权归承租人。

第2978条　——2.他方当事人的权利

如果打算作出的决定具有其效果将在租约终止后继续存在的性质,则他方当事人应被征询意见。

此等当事人在另一缔约方未在适当时间通知其决定时可以并且应该代替后者决策,在无重大不便的情况下,此等决策不得迟延作出。

第2979条　(开发的义务)

佃农应开发土地,并使其保持良好的生产状态。

如果佃农不履行此等义务,出租人可要求解除合同。

第2980条　(耕作的性质和方式)

享有开发方向确定权的缔约方应决定将采取的耕作的性质和方式。

第2981条　(工作时间)

在任何情况下,佃农可决定他进行耕作或做其他工作的时间。

在这方面,出租人只能向他提出建议。

第2982条　(开发费用)

因开发产生的普通费用由佃农承担。

如果租金由土地产品的一部分或由其特定产品构成，则在佃农不能支付此等费用时，出租人应为佃农垫付此等费用，不得收取利息。

如此作出的垫付款应从下次收获的产品中返还给出租人。

第 2983 条 （修理和保养）

佃农应在租给他的用作住处、谷仓、马厩的房屋和其他建筑物上进行依本章第 2 节由其负责的那些修理。

他应根据当地习惯保养出租的不动产包括的道路、井、栅栏、沟渠、运河和堤坝。

第 2984 条 （年代久远或不可抗力）

即使第 2893 条提到的修理是因年代久远或不可抗力引起的，佃农仍应为之。

佃农应替换因年代久远或不可抗力毁损的小价值器具或工具。

第 2985 条 （特别费用）

异常灾难后重建地产的特别费用，佃农无义务支付之。

第 2986 条 （地块的交换）

享有开发方向确定权的当事人为了便利此等开发，可与其他所有人或佃农交换地块。

如果这些交换是由佃农进行的，它们只影响此等地块的享用。

它们的效力应在租约终止时当然终止，但交换是由出租人决策的或出租人对之表示同意的除外。

第 2987 条 （地产的经营）

佃农可除去阻碍合理开发出租地产的斜坡、地沟或栅栏。

第 2988 条 （租金的种类）

租金可由固定的金额、固定数量的农产品构成，也可由根据某些农产品的时价而变化的金额构成。

租金还可由出租土地的某种农产品或多种农产品的固定份额构成。

第 2989 条 （租金额）

租金额依当事人之间的协议确定。

第 2990 条 （法律上的推定）

除非习惯另有规定，租金应由出租土地的一半农产品构成。

除非习惯另有规定，出租人和佃农应以实物形式分享产品。

在为任何分割前，佃农可保留为下一季耕种所必要的种子。

第 2991 条　（法定最高额）

应付给出租人的产品份额绝不得超过 3/4。

在已约定更大份额的情况下，此等约定无效，产品将在出租人和佃农间均分。

第 2992 条　（为生计所必要的产品）——1. 原则

在任何情形中，佃农都可保存产品中为其生计和与其共同生活的人的生计所必要的部分。

如果该产品对出租人和与其共同生活的人的生计同样必要，则第(1)款的规定不适用。

此等情形，产品应在出租人和佃农间均分。

第 2993 条　——2. 出租人权利的保留

如果由于适用第 2992 条的规定，出租人未收受其应得份额之全部，他应对下一季的收成行使其权利。

第 2994 条　（庄稼）

如果租金由庄稼的一部分构成，或考虑此等庄稼来确定，则佃农应尽可能在收割庄稼前通知出租人。

在依合同应给予出租人的那部分庄稼已交付给他前，佃农应确保该庄稼的保管和保存。

第 2995 条　（支付租金的时间）——1. 原则

如果租金由一笔金钱或预定数量的农产品构成，应在租约年度的每年底支付。

租约年度从出租人将不动产交付佃农之日起算。

第 2996 条　——2. 佃农迟延支付租金

如果佃农迟延支付已到期的租金，出租人可给他 60 天期限，并通知他在迟延支付时，合同将在该期限结束时终止。

此等期限应从佃农收到出租人的通知之日起算。

任何缩短此等期限或授予出租人因佃农不支付租金可立即终止合同之权利的规定或习惯，无效。

第 2997 条　——3. 由产品构成的租金

如果租金由出租地产的特定份额的产品构成或由其特定产品构成，则在产品已与土地分离后，应付给出租人的份额应在出租人为此等要求时向其交付。

有相反习惯的,依习惯。

第 2998 条 (租金的变更)——1. 原则

在租金由一笔金钱或事先确定的一定量农产品构成的情况下,如果由于蝗虫侵袭、严重旱灾或相同性质的其他非常事故或灾难,某年的产量与正常年景相比至少减少了一半,则佃农可要求黜免其部分债务或推迟偿付此等债务的时间。

任何相反的约定或习惯,无效。

第 2999 条 ——2. 例外

如果庄稼的损失发生在它们已从土地分离之后,则佃农不能获得任何黜免。

如果在订立合同时导致损害的原因已存在并且为人所知,则佃农不能要求黜免。

如果他遭受的损害可通过保险或其他方式得到填补,他不能要求黜免。

第 3000 条 ——3. 黜免额

在确定佃农可要求的黜免额时,必须考虑通常的产量和已遭受之损失对佃农的具体影响。

还必须考虑该佃农前几年从庄稼获得的利润或他在租约继续有效的年度内可预期盈利。

除非公平如此要求,并在使佃农及其家人能生存并能继续开发土地所必要的范围内,法院不应变更合同条款。

第 3001 条 (转租)——1. 原则

非经出租人同意,佃农不能为转租,但习惯另有规定的除外。

如果出租人武断地拒绝同意转租,佃农可要求解除租约。

第 3002 条 ——2. 例外

佃农可转租属于租赁物的建筑物,但以不因此引起任何对出租人不利的改变为条件。

此等情形,以及在出租人同意转租之情形,本章第 2 节关于转租的规定适用之。

第 3003 条 (合同终止)——1. 原则

租赁合同在规定期限届满之日终止,但一方当事人应在是日前至少 6 个月通知他方。

有相反习惯的,依习惯。

第 3004 条 ——2. 租约的更新

如果未作出第 3003 条规定的通知，或尽管作出了此等通知，但佃农仍继续享用该地产而出租人知道且不表示反对，则租赁合同就 4 年的期限更新，但习惯另有规定的除外。

当事人在更新后的合同中的权利和义务，应根据前合同的规定确定之。

但为原租约提供的担保将被解除。

第 3005 条 ——3. 长期合同

如果租赁合同是就终生或就 10 年以上的期限订立的，如果自土地交付给他起已经过 10 年，佃农可单方面地变更此等合同期限条款。

此等情形，租赁合同可在 3 月 1 日终止，但此等日期应在出租人收到佃农关于终止合同之意思的通知 4 年后。

任何相反的约定或习惯，无效。

第 3006 条 ——4. 就不确定期限订立的租约

没有指出其持续期间的租约，被视为是就 4 年的期限订立的，此等期限从佃农开始占有地产之日起算。

有相反习惯的，依习惯。

第 3007 条 ——5. 不动产的转让

如果取得不动产的人打算终止租约，在已为其保留此等权利的情况下，他应在他取得租赁物所有权后的 3 个月内通知佃农。

租约应在 3 月 1 日终止，但此等期日应在为此等通知之日起不少于 3 个月后。

任何相反的约定或习惯，无效。

第 3008 条 ——6. 佃农的权利

已对之作出通知的佃农可通过向出租人或不动产取得人通知其终止合同的意思，将终止合同的期日提前。

在此等情形，合同在佃农确定的期日终止，该期日必须在出租人或不动产取得人收到佃农的意思之通知的最少 1 个月以后。

第 3009 条 （佃农或出租人死亡）

在佃农死亡时，其继承人可通过在死亡发生后的 6 个月内通知出租人的方式终止租赁合同。

在出租人死亡时，如果开发方向的确定权由租赁合同保留给了出租人，则佃农可通过在死亡发生后的 6 个月内通知出租人之继承人的方式终止租赁合同。

在第(1)款、第(2)款所述的情形,合同在3月1日终止,但此等期日应在出租人或其继承人收到佃农或其继承人的通知后的不少于3个月之后。

第3010条 (佃农生病)——1.佃农的权利

如果影响佃农或其一个家庭成员的疾病阻止他继续以正常方式开发,则他可在合同或法律规定的时间之前终止租约。

援用此等权利的佃农不负支付赔偿的责任。

合同在出租人收到佃农之通知的6个月后终止。

第3011条 ——2.出租人的权利

租金由地产之产品的特定份额构成或由其特定的产品构成时,如果影响佃农或其一个家庭成员的疾病阻止他继续以正常的方式为开发,则出租人可在合同或法律规定的时间之前终止租约。

出租人援用此等权利时,他应向佃农支付等于一年的平均租金之一半的赔偿。

合同在佃农收到出租人之通知的6个月后终止。

第3012条 (火灾)

本章第2节关于租赁物被火烧毁或烧坏的规定,应适用于构成租给佃农的不动产之一部分的住处和其他建筑物。

第3013条 (合同终止时的清算)——1.厩草、饲料和粪肥

即将停租的佃农应留下最后一个耕作年度的、为地产的正常开发所需数量的厩草、饲料和粪肥。

如果在佃农开始占有该地产时,他收受了数量较少的厩草、饲料和粪肥,他得有权就差额获得赔偿。

除非习惯另有规定,如果他于开始占有该地产时收受了较多数量的厩草、饲料和粪肥,他应就差额偿付赔偿。

第3014条 ——2.种子

除非习惯另有规定,即将停租的佃农无义务为下一季的播种留下种子。

第3015条 ——3.耕作费用

佃农无权获得在合同终止之时仍未与土地分离的孳息。

在衡平如此要求时,法院可允许他就已发生的耕作费用获得赔偿。

此等赔偿不能超过出租人从其受益的孳息的价值。

第3016条 (对地产所作的改良)——1.原则

不论什么原因导致租约终止，承租人如通过其劳动或自己承担费用已对出租地产作出改良，他有权在租约终止时获得赔偿。

如果佃农已在出租地产上营造建筑物，他也有权获得赔偿。

任何相反的约定或习惯，无效。

第 3017 条 ——2. 赔偿额

应付的赔偿应等于该地产因改良或营造在 9 年内的租金价值的增值额。

法院可给出租人定出一个支付此等赔偿的期限。

第 3018 条 ——3. 拆除权

如果佃农愿意，他可拆除已作的改良或拆除他营造的建筑物，但以此举可在不损害有关不动产的情况下实施为条件。

第 3 章 以不动产为标的的承揽合同

第 3019 条 （可适用的规定）

本章的规定，适用于以完成与建筑物、不动产的修理或安装有关的工作为标的承揽合同。

本法典关于"提供服务的合同"之题规定的有关承揽合同的规定（第 2610 条至第 2631 条）在与本章之规定不冲突时，亦应适用。

第 3020 条 （合同的订立和证明）

在当事人就将做的工作和价金达成一致时，合同成立。

如果承包商已在发包人知情的情况下从事工作，或已从发包人收受了预付款，则存在合同的证据。

第 3021 条 （将做的工作）——1. 充分的说明

将做的工作可通过计划、纲要或其他文件说明。

此等情形，承包商应遵守上述文件给予的指示。

第 3022 条 ——2. 一般性说明

如果将做的工作是以一般的方式说明的，应以限制性的方式对合同为解释，也要考虑到这项工作的重要性。

在承担工作前，只要看来合理，承包商应确认发包人同意自己承担该工程。

第 3023 条 （价金条款）

发包人支付的价金可以只算总价的方式确定之。

可确定一个估价。

如果未确定总价或估价，价格被视为已考虑为履行合同所必要的材料和工作的重要性加以确定。

第 3024 条 （大致确定的价金）

如果价金已大致确定，承包商应履行合同，如同价金已以算总价的方式得到确定一般。

他应考虑在履行合同中所花的费用和遭遇的困难确定最终的价金，但如此确定的价金不能超过大致商定的价金的 20％。

除非另有约定，发包人不能要求就该最终价金的使用汇报账目，也不能对此等价金提出上诉。

第 3025 条 （考虑费用和劳务确定的价金）——1. 账目汇报义务

在价金是考虑为履行合同所必要的材料和工作的价值而确定时，无论是否有相反的约定，承包商应通知发包人他已做的工作和已发生的费用。

除非另有约定，此等通知应在每个月底作出。

第 3026 条 ——2. 承包商的报酬

承包商有权获得当事人间的协议确定的报酬。

在无特别规定的情况下，他只能在其交给发包人的账目中记入与其工作相应的工资。

第 3027 条 ——3. 发包人的权利

发包人可随时要求由专家对承包商账目中的数字进行核查。

如果当事人未商定承包商的报酬，发包人可要求由仲裁员确定此等报酬。

第 3028 条 （工作的检验）

发包人可随时让专家检验工作取得的进展、所用材料和所完成工作的质量。

第 3029 条 （交付与付酬）

偿付价金的行为隐含着发包人已验收工作的推定。

如果支付的款项被认为是价金的分期支付，则不适用第(1)款的规定。

第 3030 条 （部分交付与付酬）

如果已约定工作分阶段进行，则在每个阶段完工时检验并交付此等工作。

承包商可要求在每个阶段完工时支付与其已完成的工作相应的价金之部分。

第 3031 条 （发包人要求变更）——1. 发包人的权利

发包人可要求对原计划的工作作出变更，但此等变更应在技术上可行且不能损害该工作的牢固性。

第 3032 条　——2.效力

如果发包人要求的变更减少了承包商的费用，他可要求减少原先约定的价金。

如果发包人要求的变更增加了承包商的费用、工作或责任，承包商可要求增加原先约定的价金和其报酬。

如果当事人不能达成一致，上述减少或增加应由当事人指定的仲裁员决定之，如此仍不能解决争议时，由法院决定之。

第 3033 条　——3.承包商拒绝变更

如果发包人要求的变更影响了当事人已商定的计划、纲要或其他文件，承包商可拒绝变更。

如果变更的性质或意义使它成为一项完全不同于约定工程的工程，承包商也可拒绝变更。

如果变更涉及的价值超过原工程的价值或可估计之价值的 20%，则该工作被视为完全不同于约定工程的工程。

第 3034 条　（承包商要求变更）

如果因技术原因看来有必要对原先约定的工程作出变更，除紧急情况外，承包商应将此通知发包人。

即使提议的变更不会使发包人必须支付更多的价金，承包商仍应为此等通知。

第 3035 条　（合同终止）

无论承包商是否有过错，发包人都可随时终止合同。

第 3036 条　（承包商的权利）——1.以算总价的方式确定价金

在发包人终止合同时，承包商有权获得约定的合同总价或大致确定的合同价。

应扣除承包商因合同终止而节省的金额。

如果价金已以大致的方式确定，承包商可增加之，但不得超过发包人根据第(1)款、第(2)款之规定应付之金额的 20%。

第 3037 条　——2.以其他方式确定的价金

如果价金已考虑为履行合同所必要的材料和工作的价值确定，承包商有权获得在他收到终止合同通知前已使用的材料和已完成的工作的价值。

发包人在合同终止前应受承包商诚信订立之合同的约束，或应赔偿因解除此等合同给承包商造成的损害。

承包商有权获得与发包人商定的全部报酬。

第 3038 条 （解除合同）

如果合同因承包商所犯的过错或因他拒绝接受发包人要求的变更而被解除，承包商有权获得与已完成的工作相应的价金和报酬之部分。

发包人对承包商不履行其义务对他造成损害的赔偿请求权，不受任何影响。

第 3039 条 （承包商应承担的担保）

承包商应担保自交付起的 10 年内其完成工作的适当运行和牢固。

在这一期间内，他应对工程由于运行的缺陷或已完成工程之地基的性质引起的工程灭失或减等承担责任。

任何缩短第(1)款规定的期限或排除承包商应承担的担保的规定，无效。

第 3040 条 （转包人或工人的请求）

依以不动产为标的的承揽合同雇用的独立承包商或工人，可向以他们的名义完成工程的人提出要求，以求在发包人应对主承包商偿付的金额范围内，在提出主张之日获得其请求权的满足。

第 4 章　抵押与不动产典质

第 1 节　抵押的设立

第 3041 条 （抵押的设立方式）

抵押可由法律或判决产生，也可通过合同或其他私人协议设立。

第 3042 条 （不动产出售人的法定抵押权）

任何出售不动产的人都对该不动产享有法定抵押权，以担保清偿约定的价金和履行买卖合同规定的其他任何义务。

第 3043 条 （共同分割财产人的法定抵押权）

共同分割财产人根据分割文件对分配给其共同分割人的不动产享有法定抵押权。

此等抵押权担保以现金偿付可能应归于他的任何赔偿，或在分配给他的任何财产的被剥夺占有时可能应由共同分割人支付的其他赔偿。

第 3044 条 （司法上的抵押权）

法院或仲裁庭可通过授予一方当事人对其他当事人财产的一个或多个不动产的抵押权，以担保其判决、命令或裁决的执行。

判决或裁决应载明抵押权担保的债权额以及此等抵押权所针对的一项或数项不动产。

第 3045 条 （设立抵押权的文件）

设立抵押权的合同或其他协议，除非以书面形式订立，无效。

除非它以埃塞俄比亚货币表明抵押权担保的债权额，无效。

第 3046 条 （抵押权担保的债权）

抵押权可为担保任何债权设立，该债权是现有的、未来的、附条件的或不确定的，在所不问。

抵押权可为担保以凭命令支付或见票即付的权利凭证表示的债权设立。

第 3047 条 （可受抵押的财产）

抵押只能设立于不动产之上。

本法典或特别法关于某些种类的动产可被抵押的规定，不受任何影响。

第 3048 条 （被抵押的不动产）

设立抵押的文件应明确载明被抵押的不动产。

此等文件应特别载明该不动产所在的市和该不动产的性质，并在适当时候说明该不动产在地籍调查表中的编号。

如果该不动产所在地区无地籍调查表，则至少应载明其四至。

第 3049 条 （设立抵押的条件）

抵押可由债务人设立，或由某种其他人为债务人的利益设立。

除非为有权以有偿方式处分不动产者，不能以抵押担保其债务。

有权无偿处分不动产者，可以抵押担保他人债务。

第 3050 条 （制裁）

如果抵押设立人无权按第 3049 条的规定处分不动产，抵押无效。

如果抵押人后来取得了处分该不动产的权利，它不得变成有效。

如果抵押以未来的不动产为标的，无效。

第 3051 条 （以权源契据证明所有权）

如果抵押设立人是在有权当局颁发的权源契据下的不动产的所有人，抵押有效。

即使该权源契据是根据一种无效行为颁发的，抵押仍得有效，利用该抵押的人被证明是恶意的除外。

在此等情形，其抵押权被消灭的所有人应由依行政条例通过对交付权源契据收费创立的保险基金赔偿之。

第 3052 条 （必要的登记）

无论以何种方式设立的抵押，从它在被抵押的不动产所在地的不动产登记簿上得到登记之日起生效，不能以其他方式产生任何效力。

第 3053 条 （进行登记的方式）

不动产登记簿的置备人如被要求进行有关抵押的登记，应以本法典关于“不动产登记簿”之题规定的方式进行该项登记（第 1587 条至第 1601 条）。

就登记的更正和变更，同题的规定（第 1621 条至第 1627 条）适用之。

第 3054 条 （登记费用）

登记费由债务人承担。

无论谁为有用的目的使抵押得到登记并垫付了登记费用，此等费用应由债务人偿还。

第 3055 条 （债权的减少）

在债务人已消灭债务的 1/4 时，他可申请对登记进行相应的更正。

债权人应同意做这种更正。

已消灭部分债务的事实不能使债务人要求免除对不动产之一部的抵押。

第 3056 条 （债权增加）

原登记说明的债权额不能通过对该登记进行更正的方式增加之。

为担保原登记未包括的债权的此等部分，必须进行新的登记。

第 3057 条 （进行登记的时间）

如果某项以抵押为对象的登记是在对清偿债务不承担责任的第三人已取得该不动产并在不动产登记簿上登记了其权利后作出的，无效。

如果某项以不动产为对象的登记是在已提起不动产扣押之诉并在不动产登记簿上登记了此等诉讼后作出的，或在抵押人已被宣告破产后作出的，该登记无效。

第 3058 条 （登记的效力）

抵押登记的有效期为 10 年，从作出登记之日起算。

如果在 10 年期限届满前，为更新第一次登记作了新登记，该登记继续有效。

此等情形，第一次登记再就 10 年的期限有效，此等期限从新登记作成之日起算。

第2节　抵押的效力

第3059条　（原则）

如果被抵押的不动产被抵押人的债权人扣押，则抵押权人可要求从出售该不动产的价金中优先于任何其他债权人获得清偿。

如果该不动产已被抵押人出售，则抵押权人可扣押在抵押登记之后登记其权利的买受人手中的此等不动产。

抵押权人还享有普通债权人的全部权利。

第3060条　（被禁止的规定）

任何规定债权人可在债务到期后不遵守法律规定的条件取得或出售不动产的条款无效，即使此等条款订立于抵押设立后也不例外。

但可订立其内容为在债务到期后抵押人向抵押权人移转不动产之所有权的条款。

第3061条　（诉讼）——1. 管辖

以抵押登记或出售被抵押的不动产为标的的诉讼由该不动产所在地的法院专属管辖。

第3062条　——2. 送达地址

应任何利害关系人的请求，抵押人和抵押权人应在有管辖权的法院的开庭地点指定一个送达地址。

如果他们未在被要求这样做后的1个月内指定此等地址，法院可指定可作出有效送达的地点。

第3063条　——3. 保护人

在不知道债权人的姓名或住所的情况下，如果法律要求该债权人亲自到庭，并将作出紧急判决，经任何利害关系人申请，法院可为此等债权人指定一个保护人。

第1目　抵押权人的优先权

一、此等权利涉及的财产

第3064条　（内在要素和从物）——1. 原则

抵押权应课加于被抵押的不动产及其内在要素和从物。

在创设抵押的文件中被明示说明为从物的任何物件，应被视为从物。

第(2)款规定的推定，可采纳反证推翻之。

第 3065 条 ——2. 第三人的权利

抵押权人不能对已与被抵押不动产分离并转让给第三人的此等物的内在要素或从物执行其权利。

在此等情形，他只能行使本法典第 3073 条、第 3074 和第 3107 条赋予他的权利。

第 3066 条 （改良和建筑物）——1. 原则

抵押应适用于对被抵押的不动产所作的任何改良以及在此等不动产上的建筑物、种植物和庄稼。

第 3067 条 ——2. 承包商和供应商的优先权

营造或作出第 3066 条提到的建筑物或改良的承包商，提供用于这些改良、建筑物、种植物或庄稼的材料、植物、种子或肥料的供应商，就出售该被抵押之不动产的价金，在为弥补他们所作的改良、建筑物、种植物或庄稼的费用所必要的范围内对抵押权人享有优先权。

在发生争议时，法院应决定应优先清偿的金额。

如果这样做适当，法院应决定这一金额将在承包商与供应商之间分配的方式。

第 3068 条 （租金）

在被抵押的不动产已出租时，抵押应适用于从该不动产被扣押之日起产生的租金。

承租人和佃农，已被通知被抵押的不动产遭受扣押了的，不能有效地对该不动产所有人偿付租金。

第 3069 条 （被课加抵押权的赔偿金）——1. 原则

在不动产灭失或减等时，抵押应适用于由此可能发生的任何保险赔偿或损害赔偿。

抵押还应适用于应付给被征用之不动产之所有人的赔偿。

第 3070 条 ——2. 债权人同意支付

保险或征用赔偿和损害赔偿不能支付给抵押人，但对该不动产享有经登记的请求权的全体抵押权人同意此等支付的除外。

应得到此等赔偿的抵押人应通知所有经登记的债权人赔偿的数额和理由、负责支付赔偿的人的姓名和地址。

如果债权人在收到第(2)款规定的通知后的30天内未宣布反对支付，应被视为同意把赔偿支付给债务人。

第3071条　——3.抵押人的权利

抵押人可要求，任何不超过1000埃塞俄比亚元的赔偿都应向他支付。

如果他允诺将赔偿用于重建或修理不动产，并表示要提供充分的保证或担保以确保他遵守其允诺，则他可要求任何赔偿都应向他支付。

在任何情况下，他可要求把赔偿支付给法院指定的受托人。

第3072条　(空虚所有权之抵押)

课加于不动产的空虚所有权的抵押，在用益权消灭时扩及于此等不动产的完全所有权。

第3073条　(不动产价值减少)——1.可归因于抵押人的减少

如果抵押人故意或因疏忽减少了被抵押之不动产的价值或使其价值受到危害，则抵押权人可要求新担保。

如果抵押人未在抵押权人为他合理确定的期限内提供此等担保，抵押权人可要求清偿适当部分的债务。

第3074条　——2.可归因于取得不动产的第三人的减少

如果从抵押人取得被抵押的不动产的第三人减少或危害了该不动产的价值，则抵押权人可对抵押人行使第3073条规定的权利。

第3075条　——3.其他情况

如果被抵押的不动产价值的现实的或可能的减少出于第3073和3074条规定的以外的原因，则抵押权人既不能要求新担保，也不能要求清偿部分债务。

二、抵押权的优先性

第3076条　(债权的本金)

抵押担保抵押权人优先于其他债权人获得债权经登记的数额的清偿。

第3077条　(利息)

抵押担保抵押权人优先于其他债权人依在抵押登记中确定的利率得到债权的利息之支付。

抵押担保优先支付一笔不超过2年利息数额的利息。

抵押登记中不能规定抵押要担保支付更长期间的利息。

第3078条　(必要的费用和保险费)

抵押担保抵押权人优先于其他债权人得到前者为保存被抵押的不动产所支付的必要费用和应由所有人支付，而已由抵押权人支付的保险费之偿还。

第 3079 条 （扣押程序的费用）

抵押担保抵押权人优先于其他债权人得到他为扣押该不动产提起的诉讼的正常费用之偿还。

第 3080 条 （法定利息）

法定利率的利息，从不动产被扣押之日起对第 3076 条至第 3079 条规定的款项开始起算。

抵押得担保此等利息在该不动产在紧接着扣押的拍卖前得到支付。

三、多个抵押权人

第 3081 条 （原则）

如果数个债权人对同一不动产享有经登记的债权，他们应根据登记其债权的日期排列其顺位。

不应考虑债权成为确定或可请求的期日。

第 3082 条 （在同一天登记的债权人）

在同一天登记其债权的债权人应列为同一顺位，并得按其债权数额的比例获得清偿。

第 3083 条 （代位）

经享有优先权的债权人同意，或在不动产依此等债权人的请求被扣押时无需其同意，任一抵押权人都可向此等债权人为清偿。

已进行清偿的债权人可代位已获得其清偿的债权人的权利。

第 2 目　不动产追及权

一、一般规定

第 3084 条 （移转被抵押不动产所有权的权利）

其不动产被抵押的所有人保留移转其所有权的权利。

任何相反的规定无效。

第 3085 条 （抵押权人的权利）

先于证明上述移转的契据登记其抵押的抵押权人，可扣押在该不动产取得人手中的不动产。

第 3086 条　（对原债务人的效力）

被抵押不动产的移转不导致原债务人的债务发生任何改变。

但不动产取得人已允诺清偿该债务的，原债务人将被免除债务，但抵押权人以书面通知原债务人他仍继续对前者承担责任的除外。

上述通知应在抵押权人收到原债务人与不动产取得人之间协议的通知的 1 年内作出，否则丧失此等通知权。

第 3087 条　（抵押的不可分性）

抵押是不可分的。

如果被抵押的不动产的一部分被转让，或该不动产被分割，则每个部分都得担保债务的完全清偿。

第 3088 条　（在被抵押的不动产上创设物权）

其不动产被抵押的所有人仍得保留对之课加用益权、地役权、抵押权或其他物权的权利。

任何相反的规定无效。

第 3089 条　（债权人的权利）

如果在被抵押不动产上设立的物权是在抵押权人登记其抵押权后登记的，则这些经登记的不动产物权不影响抵押权人。

抵押权人可让人出卖该不动产，如同此等权利未被创立。

如果不动产被扣押，上述物权的受益人可要求优先于在他登记自己的物权后进行抵押登记的债权人向他偿付其权利的价值。

二、不动产取得人的地位

第 3090 条　（扣押不动产）——1. 视同保证人

就被抵押不动产的取得人与抵押权人的关系，前者可援用本法典关于“合同的一般规定”之题的规定赋予保证人的权利。

第 3091 条　——2. 改良或建筑物

被抵押不动产的取得人如已通过在该不动产上作出改良、建筑物、种植物或庄稼使其价值增加，可要求从出售价金中支付一笔金额，该金额应与从该不动产的所有权移转被登记之后增加的价值额相应。

不动产取得人在取得前对该不动产享有的地役权及其他物权如果不能复活，他有权得到赔偿。

第 3092 条　——3. 不动产的灭失或减等

被抵押不动产的取得人不必就该不动产的灭失或减等向抵押权人承担责任。

但如果这种灭失或减等是由于他的过错或疏忽,并发生在他已被通知扣押该不动产的诉讼之提起后,他应承担责任。

第3093条 ——4.孳息

被抵押不动产的取得人不必就他在该物被扣押前收取的孳息汇报账目。

处于其控制下的不动产被扣押时,他不再是此等孳息的所有人。

第3094条 ——5.担保之诉

如果不动产在其取得人的控制下被扣押,该人可对他从其取得该不动产的人提起担保之诉。

即使他无偿获得该不动产,他亦可提起上述诉讼。

如果以证明所有权移转之契据的书面形式明示禁止提起担保之诉,则不能提起。

第3095条 ——6.代位权

不动产在处于其取得人的控制下被扣押时,该人代位取得抵押权人的权利。

他不得利用这种代位权损害有偿从债务人或保证人取得准备用于担保债务的不动产之第三人的权利。

第3096条 ——7.指定保护人

不动产取得人如果对受抵押担保的债务的清偿无个人责任,可要求终止已对他提起的扣押之诉。

此等情形,他可指定或让法院指定一个保护人,扣押之诉可对该人继续进行。

保护人应在享有管辖权的法院将开庭的地点居住或在该地指定一个送达地址。

第3097条 (自愿清偿债务)

经对被抵押不动产享有经登记之债权的债权人同意,在不动产是应该债权人的请求被扣押时无需其同意,被抵押不动产的取得人可向此等债权人清偿。

此等情形,他代位取得此等债权人的权利,并且不能对他主张混同。

第3098条 (抵押物的赎回)——1.可能存在的情形

被抵押不动产的取得人如果对受抵押担保的债务的清偿无个人责任,可赎回抵押物。

第3099条 ——2.赎回要约

打算赎回抵押物者，应向经登记的债权人和他从其取得该不动产的人送达一份载明下列事项的文件：

(1)他取得该不动产的权源的性质和期日，以及他登记其权利的日期；

(2)为确定该不动产所必要的所有细节，如该不动产坐落的地点及其在地籍调查表中的编号；

(3)他为该不动产支付的价金，当他无偿取得它时，该不动产的估价；

(4)支付此等价金或估价的要约；

(5)针对该不动产的经登记的抵押权清单，连同经登记的债权人的姓名、债权数额和抵押权登记的期日；

(6)其在享有管辖权的法院将开庭的地点的送达地址。

第3100条 ——3.不得撤回要约

提出赎回抵押物之要约者，在60天的期间内受其要约的约束。

在此期间他不得撤回其要约，但所有受要约人同意撤回的除外。

第3101条 ——4.要约被承诺

如果债权人自发出要约之日起60天内不表示拒绝的，被视为已承诺该要约。

此等情形，要约涉及的金额应根据债权人的顺位在他们中分配。

第3102条 ——5.要约被拒绝

如果债权人拒绝要约，不动产应以公开拍卖方式出售。

拒绝要约的债权人应垫付拍卖费用。

第3103条 ——6.拍卖费用

如果不动产以超过依第3099条提出的价格的10%的价格出售，则出售费用由买方承担。

其他情形，此等费用得由拒绝赎回要约的债权人承担。

第3104条 ——7.发出要约的时间

在已提起扣押之诉并在不动产登记簿上进行了与此相关的登记后，不能发出赎回抵押物的要约。

三、适用于物上保证人的特殊规定

第3105条 （推定）

为担保他人债务而抵押自己的不动产者，被推定为不使其其他财产受到约束。

第3106条 （保证人的地位）

在不损害第3107条和3108条规定的前提下，物上保证人被视同被抵押不动产的取得人。

第3107条 （不动产的灭失或减等）

如果物上保证人故意或因疏忽减少了被抵押之不动产的价值或使其受到危害，抵押权人可要求他提供新担保品。

如果从物上保证人取得不动产的第三人故意或因疏忽减少了不动产的价值或使其受到危害，抵押权人享有同样的权利。

第3108条 （其他区别）

如果不动产在处于物上保证人控制下被扣押，物上保证人不能对他从其取得该不动产的人提起诉讼。

他不能要求终止已对他提起的扣押之诉。

他不能发出赎回抵押物的要约。

第3节　抵押权的消灭

第3109条 （原则）

如果抵押登记在不动产登记簿中被注销，抵押权被消灭。

抵押登记应根据本法典关于“不动产登记簿”之题的规定注销（第1630条至第1636条）。

第3110条 （注销的理由）

具有下列情形之一，任何利害关系人都可要求注销登记：

(1)经抵押担保的债权已消灭；

(2)抵押权人已放弃其抵押权；

(3)被抵押的不动产已被拍卖，并且出卖价金已在债权人中分配；

(4)在要约赎回的情形，债权人承诺的金额已在他们中分配。

第3111条 （用益权抵押）

用益权抵押登记，在这种用益权消灭时，任何利益关系人都可要求注销。

用益权人不得为损害抵押权人而放弃用益权。

第3112条 （放弃抵押权）

债权人放弃其抵押权，除非以书面形式明示为之，此等放弃无效。

除非另有约定，此等放弃不隐含抵押权人放弃其债权的行为。

第 3113 条　（债权人导致代位不能）

如果抵押适用于并非债务人财产的不动产，则在债权人作出使该不动产的所有人不能代位取得债权人的权利的行为时，可请求注销登记。

第 3114 条　（注销登记的条件）

除非法院如此命令，不得注销登记。

在债权人以书面形式同意为注销时，法院应命令注销。

债权人无正当理由拒绝同意注销的，应承担责任。

第 3115 条　（注销的效力）

在登记被注销时，此等注销带来的利益属于在该被注销的登记之后登记其债权的债权人。

所有人不能设立新抵押代替其登记已被注销的抵押。

第 3116 条　（无正当理由作出的注销）

如果登记已被注销，则即使该注销是在无正当理由的情况下作出的，此等登记绝不得复活。

无正当理由注销的抵押应重新登记，并自新登记之日起生效。

导致登记无正当理由被注销者的责任，不受任何影响。

第 4 节　不动产典质

第 3117 条　（定义）

不动产典质合同是债务人允诺向其债权人交付某不动产作为履行其债务之担保的合同。

第 3118 条　（不动产典质的设立）——1. 原则

在不损害第 3119 条之规定的前提下，本题关于设立抵押的规定可适用于不动产典质合同。

第 3119 条　——2. 特殊规则

不动产典质只能以合同设立。

不得设立不动产典质担保体现为凭命令支付或见票即付之票据的债权。

它不得由不动产的空虚所有权人设立。

第 3120 条　（当事人间的关系）

在不损害下列条款之规定的前提下，本法典关于出租人与承租人或佃农之间关系的规定，可适用于不动产典质合同当事人间的关系。

第 3121 条 （交付不动产）

不动产典质设立人应向债权人或合同规定的其他人交付不动产及其从物。

在发生此等交付前，或在不动产被返还给不动产典质设立人后，不动产典质与抵押具有相同的效力。

第 3122 条 （瑕疵担保）

不动产在交付时应处于其在订立合同之日的状态。

不动产典质设立人不对此等不动产的瑕疵承担任何担保责任。

只有他在订立合同时明知不动产存在严重危及其占有人、与占有人共同生活的人或者其雇员的生命或健康的瑕疵而不说明的情况下，才承担责任。

第 3123 条 （修理）

不得强迫不动产典质设立人对不动产为修理。

第 3124 条 （债权的利息）

不动产典质合同中的债权人不必向不动产典质设立人支付任何租金。

债权人对不动产的使用以及从中获得的孳息和利润应抵偿债权的利息。

任何关于债权人除了这种使用、孳息和利润外还有权获得利息的规定无效。

第 3125 条 （无义务为房屋配备家具）

债权人无义务为房屋配备家具。

第 3126 条 （以土地为标的的合同）

除非另有约定，如果依不动产典质合同提供土地作为担保，债权人享有开发方向的确定权。

第 3127 条 （权利让与）

未经不动产典质设立人同意，债权人不能出租不动产，也不能向第三人让与其权利。

第 3128 条 （不动产典质的单方面终止）

债权人可随时放弃其对不动产典质的权利。

除非另有约定，债务人[①]可通过履行由不动产典质担保的债务随时终止此等典质。

第 3129 条 （债权人与第三人的关系）

---

① 原文作“债权人”，与上下文不合，疑有误，故按上下文改为“债务人”。——编者

本题关于抵押的登记和效力的规定，适用于不动产典质合同。

第 3130 条　（不动产典质的消灭）

本题关于抵押的消灭和注销的规定，适用不动产典质合同。

第 19 题　行政合同

第 1 章　一般规定

第 3131 条　（适用于行政当局之合同的规则）

国家或其他行政当局缔结的合同，本法典关于合同总则或分则的规定调整之。

当上述合同具有行政合同之性质时，本题的规定可补充或取代上述规定。

第 3132 条　（行政合同）

具有下列情形之一，合同应被视为行政合同：

(1)法律或当事人明示地把它确定为行政合同；

(2)它与公共事业的活动有关，并隐含着与行政当局缔结合同的当事人对执行此等公共事业的长期参与；

(3)它包含的一项或更多规定只可能出自对不同于私人间关系之公共利益的紧迫考虑的影响。

第 3133 条　（对某些商业组织的适用）

求诸公众储蓄或向公众募集其股份的商业组织在缔结其合同时，可被主管当局强制遵守法律为行政当局规定的程序和手续。

第 1 节　合同的成立

第 1 目　合　　意

第 3134 条　（承诺的形式）

(1)除非行政法律或条例另有规定，行政当局缔结合同的行为即隐含着其意愿的明确表示。

(2)如果批准合同的主管当局保持沉默，在无正式的规定时，此等沉默不得被视为等于批准。

第(1)款、第(2)款的规定,适用于合同的终止或修改。

第3135条 (适用于行政合同的一般条件)——1.起草

每个有相关利益的行政当局都可起草示范性规范、一般条款、条件以及共同指令,并可在《法律公报》上公布的《立法通知》中宣布其可以适用。

第3136条 ——2.定义

示范性规范构成行政当局就公共事业之特许预先以一般方式制定的标准规范。

一般条款和条件确定可适用于全部或某些由特定行政当局缔结的合同的条款。

共同指令确定可适用于以特定种类的工程或供应为标的的所有合同的技术性条款。

第3137条 (规范、条款、条件和指令的效力)——1.合同的缔结

一般条款和条件关于行政当局缔结合同的方式的规定可由合同的候选人援引,在以投标决定合同分配时,尤其可由投标人援引。

第3138条 ——2.合同的内容

示范性规范、一般条款和条件或共同指令关于合同的解释、内容和执行的规定,不得适用于特定的合同,但该合同明示援用这些规定的除外。

专门以一项特许或某一特定合同为标的的规范可排除此等规定。

第3139条 (对规范等的修改)

如果当事人的权利和义务要参照规范、一般条款和条件或共同指令确定,这些规范、条款、条件和指令应被视为在缔结合同时就已存在。

缔约方的权利和义务不受尔后对这些规范、条款、条件和指令所作的修改的影响。

第3140条 (开设以行政当局为受益人的赊购账户)

预算当局批准开设以行政当局为受益人的赊购账户的事实本身,不给予私人利用此等已开设的赊购账户的权利。

在一笔费用为缔结合同所必要时,给予行政当局支出该费用的许可不等于许可缔结合同。

第3141条 (行政当局的契约自由)

给予行政当局缔结某项合同的许可,并不强迫该当局缔结这一合同。

它只授予该当局这样做的权利。

第 3142 条 （信贷缺乏）

某一行政当局缔结了合同的，即使该当局没有得到为履行该合同所必要的信贷，该合同仍有效。

第 3143 条 （许可阙如）

行政当局未得到行政法律或条例规定的必要许可缔结的合同无效。

本法典关于“合同的一般规定”之题中适用于合同因标的不合法的无效的规定，适用于此等无效。

第 3144 条 （合同的批准）

在合同的缔结必须得到进一步批准时，则只有在给予这种批准时合同才成立。

已缔结该合同的行政当局应进行为获得这种批准所必要的所有行为。

它不能作出任何可能妨碍或危害这种批准的行为。

第 3145 条 （迟延批准）

如果已缔结的合同在 6 个月内，或在当事人确定的其他期限内未获批准，则与行政当局缔约的当事人可以通知该当局的方式使自己从合同中解脱。

第 3146 条 （未缔结合同情形中的责任）

在行政当局未缔结合同的情况下，如果某人为缔结这个合同发生了费用，且这些费用的发生是由于行政当局的过错、由于它在谈判磋商过程中采取的态度所致，则行政当局应向此人为赔偿。

如果某人因与行政当局进行谈判已作出研究、起草计划、开展工作或发生费用，并且这些费用或支出是经行政当局同意发生的，且行政当局已从中获益，则行政当局即使无过错，仍得向此人赔偿。

第 2 目 以投标分配合同的程序

第 3147 条 （此等程序的运用）

行政合同可通过投标分配的程序缔结。

只要法律课加了这项义务，它们就应依此等程序缔结，否则无效。

第 3148 条 （以投标为分配的通知）——1. 原则

将发生的分配应以行政条 例规定的方式通知公众，在无这种行政条例时，应以看来最适当的方式为此等通知。

第 3149 条 ——2. 内容

分配通知应写明：

(1)可查阅规范的地点；

(2)将进行分配的当局；

(3)规定的寄送标书的时间；

(4)为分配确定的地点、日和时；

(5)要求投标人提供的担保金额或其他保证。

第3150条 ——3.时间

除紧急情况外，分配通知应在为寄送标书规定的期限届满前至少1个月公布。

第3151条 ——4.效力

从通知公布之日起不能对规范进行任何修改，但发布一个新通知的情形除外。

第3152条 (说明书)

分配说明书应包含关于投标人应具备的条件的陈述。

行政当局可在此等说明书中课加它们认为需要的所有关于技术和职业资质的条件。

在适当时，它们应详细说明准许投标要求的资质、呈交的方案或样品将经受的淘汰性检验。

第3153条 (应提交的文件)

打算作为投标人出席竞标的承包商或供应商应在说明书指定的地点，按说明书规定的时间存放一份关于其投标意思的声明及其标书。

第3154条 (投标意图声明)

投标意图声明应写明候选人的姓、名、资质和地址。

在该声明书后应附有证明，并在规范要求时附贴一个正式的保证书状。

第3155条 (投标)——1.内容和形式

投标应包含关于价金的要约和候选人的承诺。

它应根据说明书规定的条件被存放在一个密封的信封里。

第3156条 (维持出标的义务)

投标人在宣布分配结果前不能撤回或修改其标书。

但他可在其标书中明示地限制他受其约束的期限。

第3157条 (分配办)

分配办的组织，依行政条例和不同行政当局特有的内部条例确定。

第3158条 (分配的公开)

分配程序应公开进行。

第 3159 条　（候选人的准入）——1. 分配办的职责

分配办应首先审查投标意图声明。

它应证实这些声明是否已正常存放，投标人是否满足了分配准入所要求的条件。

第 3160 条　——2. 自由裁量权

分配办只能准许提供了所有合乎需要的财政和职业保证的承包商或供应商所作的投标得到分配。

除非说明书另有规定，分配办无义务听取被它拒绝的候选人的意见。

它亦无义务说明其作出决定的理由。

第 3161 条　——3. 所作决定的不可撤销性

从包含标书的信封被启封时起，准许承包商或供应商得到分配的决定不得再改变。

第 3162 条　（标书的阅读）

包含标书的信封应公开启封。

标书应被宣读。

第 3163 条　（分配记录）

分配的结果应被整理为一个记录，其中应说明分配的所有情况。

第 3164 条　（临时投标人的指定）——1. 原则

分配办应宣布作出了对行政当局最有利的标书的投标人为暂定中标人。

为此目的，分配办应考虑要约的价金和标书根据说明书所附的所有样态。

第 3165 条　——2. 例外

如果分配条例规定行政当局不得意图超出某一价位进行谈判，则该机构不必指定任何暂定中标人。

此等价位不得使投标人知晓。

第 3166 条　——3. 数个投标相同的情形

如果数个投标人作出了相同的标书，而分配办不能在这些投标之间进行选择，则分配条例可规定合同的分配由这些投标人抽签决定。

在无这项规定时，应进行新的分配。

第 3167 条　——4. 效力

分配办指定暂定中标人并不导致缔结合同。

它只有指定可与之缔结合同的唯一投标人的效力。

它解除其他投标人因其投标产生的义务。

第 3168 条 （行政当局的批准）

导致分配合同的行政当局可自由决定批准或拒绝分配的结果。

在给予这种批准时，合同成立。

第 3169 条 （附加条款）

通过分配订立的合同可受制于当事人达成一致的附加条款。

在此等合同期满时，它们还可通过相互协议保持有效或得到更新。

第 3 目　原　　因

第 3170 条 （原因欠缺）

如果在订立合同时，该合同使行政当局所欲且为另一缔约方知晓的结果不能达到，则合同因缺乏原因无效。

第 3171 条 （非法原因）

如果合同由行政当局为某种非法目的订立，则合同因原因非法无效。

如果行政当局为从另一缔约方获得金钱性质的利益而非为公共利益订立合同，尤其应适用本条第 1 款的规定。

第 2 节　合同的效力

第 1 目　合同的正常履行

第 3172 条 （合同的内容）

缔约当事人应按合同规定的方式履行其义务。

他们应以正确的方式履行，这种方式以在当时在相关种类的活动中通行的工艺规则为根据，应被认为令人满意。

他们应勤勉地履行。

第 3173 条 （履行义务的方式）

除非另有约定，已与行政当局缔约的当事人可选择供应商购买为履行其义务所必要的材料和物品。

除非另有约定，他可自负责任选择工人或雇员履行这些义务。

第 3174 条 （期限）——1. 原则

各缔约方应在合同确定的期限内履行其义务。

在合同就此无明确规定时，各缔约方应在合理的期限内履行其义务。

第 3175 条　——2. 行政当局的特权

行政当局不能单方面课加另一缔约方一个尚未达成一致的履行义务期限，但依合同它们可以征用命令决定此等期限的除外。

第 3176 条　（价金的支付）

行政当局应付的价金应根据财政法和公共会计的规则支付。

第 3177 条　（同时履行抗辩）

行政当局不履行其义务并不赋予他方当事人不履行其义务的权利，但此等不履行使他方的义务的履行不能的除外。

其他情形，他方当事人不能为了中止合同的履行而利用行政当局对其合同义务的不履行。

第 3178 条　（抵销）

与行政当局缔约者不能诉诸抵销，但债务并非国库债务的情形除外。

第 2 目　合同的修改

一、行政当局的特权

第 3179 条　（原则）

如果情势的变更证明为公共利益对合同进行修改为合理，则即使合同未作这样的规定，行政当局仍可单方面对与其缔约者课加此等修改。

第 3180 条　（合同的终止）

如果合同变得对公共事业无用或不适合其要求，则即使他方当事人无过错，行政当局仍可终止合同。

第 3181 条　（赔偿）

已与行政当局缔约的当事人有权获得赔偿，其数额等于他因修改或终止合同遭受的损失。

在确定这种赔偿时，必须考虑该当事人能合法预期从合同获得的全部利益。

但如果修改或终止合同是由于外部原因而非缔结合同的行政当局的过错，则法院可以在赔偿涉及利润损失的范围内限制赔偿额。

第 3182 条　（他方当事人请求终止）

如果行政当局干涉的结果损害了合同的一般经济意义，则与行政当局缔约的当事人可要求终止合同。

法院应考虑合同的性质，确定行政当局对它作出修改的经济意义是否超过了在订立它时可预期的经济意义。

除非另有明示约定，该当事人不得自行宣布终止合同。

二、不可预见的情况

第 3183 条 （原则）

如果订立合同时不能预见的情况打破了合同的均衡，与行政当局缔约的当事人应履行其义务，但以此等履行实际上仍然可能为条件。

但此等当事人可要求与其缔约的行政当局通过分担这些情况引起的损失来帮助他克服这些后发的困难。

第 3184 条 （合同的打破）

如果新情况课加给予行政当局缔约的当事人额外的义务，而这些义务肯定超过了当事人在订立合同时可以预期的极限，合同均衡应被视为已打破。

第 3185 条 （不可预见的事件）

如果当事人在订立合同时不可能合理设想某个事件会发生，则该事件应被视为是不可预见的。

如果某事件是由于利用它的人的行为所致，则该事件不应被视为是不可预见的。

在合同订立时已发生的事件，由于其后果的不可预见，或者由于其范围的不可预见，可以援引该事件为不可预见的事件。

第 3186 条 （关于价金的变更或修改的条款）

在下列情形，合同中关于价金的变更或修改的条款之存在不得阻碍应付的赔偿：

该条款未被执行；

执行该条款看来不足以补救合同的经济均衡被打破的后果，例如存在影响已被选定为变更价金条款的指数以外的因素之波动的情况。

第 3187 条 （必要的损失）

如果情况的变化仅减少或剥夺了利益而未给当事人带来损失，不能要求任何赔偿。

第 3188 条 （赔偿额）

情况变化引起的损失的赔偿，应让当事人自己承担一部分。

为此，必须考虑该当事人为克服其困难所作的努力、该企业的一般状况以及所有其他衡平因素。

第 3189 条　（被认定的不可预见事件的停止）

在合同的均衡已被重建时，不可预见的状态停止。

如果合同的不均衡看来是确定的，各缔约方都可要求法院确认由此造成的情势。

在不能就修改合同达成友好协议时，法院应宣告撤销合同。

三、政府行为

第 3190 条　（一般措施）——1.影响合同的实质

公共当局制定的普遍适用的法律、条例、命令和其他措施，直接修改了合同的条款或阻止了合同的某些条款的执行，或提前终止了合同的履行的，与行政当局缔约的当事人可因此要求赔偿。

除非上述普遍适用的措施已规定了不得支付任何赔偿，不能拒绝给予此等赔偿。

第 3191 条　——2.加重履行合同的负担

如果公共当局采取的普遍适用的措施未影响合同的实质，而仅仅修改了合同履行的条件并使这种履行更困难或更繁重，它们不导致任何请求赔偿权。

然而，如果制定的措施或合同本身规定有权获得赔偿时，则必须支付赔偿。

第 3192 条　（特别措施）——1.缔约当局采取的

缔约的行政当局采取的特别措施如果影响了合同的实质，或使合同履行更困难或更繁重，它们导致与该当局缔约者获得赔偿请求权。

但如果所采取的措施仅仅是查明与当事人无关的经济事实或此等经济事实的不可避免的后果，则不导致任何赔偿。

第 3193 条　——2.其他当局采取的措施

如果损害原因行为是缔结合同的当局以外的某个当局作出的，则不发生任何赔偿。

在此等情形，关于不可预见的情况的规则或关于公共当局之责任的规则，不受任何影响。

第 3 目　合同的不履行

第 3194 条　（合同的强制执行）

法院不能命令行政当局履行其义务。

但除非行政当局愿意履行其义务，它可发布支付损害赔偿的命令。

除非法律另有规定，它还可撤销行政当局违反其合同性允诺采取的措施。

第 3195 条 （征用权）

行政当局不能为确保履行其缔结的合同而运用征用权。

但为了结束罢工，可征用公共事业的人员。

第 3196 条 （迟延利息）

具有下列情形之一，行政当局无需被置于迟延即应当然支付迟延利息：

(1)在合同规定期限后的 15 天内，该当局未采取必要措施确认已赋予对他方当事人为偿付的权利；

(2)在从确认起算的 3 个月内，该当局未采取措施作出支付它们应付之款的命令。

第 3197 条 （免责条款）

在下列情形，无论是否有相反约定，与行政当局缔约的当事人在应当向其作出的支付发生迟延的情况下，可向行政当局要求迟延利息或赔偿：

该迟延超过 6 个月；

它可归因于缔约行政当局造成损害的故意，或可归因于其重大疏忽或严重过失。

第 3198 条 （置当事人于迟延的通知失效）

如果在已置他方当事人于迟延后，行政当局为了在另外的基础上恢复合同已开始与他谈判，则置人于迟延的通知失效，需要更新。

行政当局在此等通知后已允许较长的失效期而未适用任何制裁措施的事实，或者它继续与他方当事人保持商业关系的事实，并不必然意味着它默示地放弃了适用制裁权，并且并不使作出一个新通知成为必要。

第 3199 条 （供应商迟延）

订约人不能以其自己的供应商的迟延或违约为由主张不可抗力。

他不能提出其供应商的迟延或违约构成不可抗力的一种情形，使其免除不履行合同的责任。

第 3200 条 （优先权）

行政当局不能自行决定他方当事人由于不履行合同有责任支付违约金。

它们也不能确定他方当事人由于不履行义务或迟延履行其义务而应付的赔偿额。

法院可命令行政当局对因其违法适用的制裁给他方当事人造成的损害支付赔偿。

第 4 目　合同让与与分包合同

第 3201 条　（定义）

让与是与行政当局缔约的当事人让第三人替代自己履行全部合同的行为。

分包合同是与行政当局缔约的当事人让第三人替代自己履行合同的一部分或一个项目的合同。

第 3202 条　（必要的行政许可）

与行政当局缔约的当事人缔结让与和分包合同，应事先得到该当局的许可。

除非合同另有规定，有权许可让与或分包合同的当局是有权许可缔结该合同的当局。

第 3203 条　（行政当局的义务和权利）

行政当局应在合理时期内答复让与请求或准许分包合同。

如果让与或分包合同是公共事业的受让人缔结的，行政当局只能以被提议的新受让人在技术或财政上无能力为由拒绝给予许可。

在其他情形，行政当局对批准或拒绝批准让与或分包合同享有自由裁量权。

第 3204 条　（制裁）

未经许可的让与或分包合同不对行政当局生效。

此种擅自行事构成与行政当局缔约的当事人的合同法上的过错，是可正当取消合同的理由。

第 3205 条　（许可的效力）——1. 让与

行政当局对合同让与的批准具有以受让人代替原订约人的效力。

除非另有约定，原订约人不再对合同的履行承担责任。

只有在行政当局与他有诉讼时，行政当局才可以保留他提供的担保。

第 3206 条　——2. 分包合同

行政当局对分包合同的批准不影响它与其合同相对人之间的合同关系。

原当事人仍应对分包人所做的工程和提供的供应负责，如同它们是它自己所做的或提供的一样。

但行政当局对分包合同的批准，意味着在发生可归因于分包人的迟延时，应免除缔约人交付迟延违约金的责任。

第2章　公共事业的特许

第3207条　（定义）

如果某公共社区决定进行某项活动是因为它认为这项活动为公共利益所必需，并认为私人的主动性不足以完成它，则该活动构成一项公共事业。

公共事业的特许是一个人（受让人）为了支持行政当局而约束自己经营某公共事业，通过对该公共事业的利用进行收费以从此获得报酬的合同。

第3208条　（行政当局的控制权）——1.原则

负责公共事业的良好运作的行政当局可随时监督合同的履行。

受让人应向该当局汇报其经营账目，并给予它实施控制以必要便利。

第3209条　——2.条例

对受让人的控制应根据条例的规定并根据与当事人订立的合同条款安排之。

无论是否有相反约定，应额外适用下列条款的规定。

第3210条　——3.控制的限度

对特许的控制不能改变此等特许的性质，不得事实上把特许转化为行政当局直接经营。

行政当局不能使受让人的活动的所有环节都受预先批准制度的限制。

除非另有规定，受让人可自由决定其履行合同的方式。

第3211条　——4.合同的解释

对合同条款的解释不能使之成为适用关于经营控制的新条例和关于公共秩序之条例的障碍。

但行政当局不得解释意在为控制和确保受让人履行其合同义务提供尺度的条例。

第3212条　（价格或收费标准的协商修改）——1.原则

合同可以规定，如果发生了特定的经济变化，可修改合同中规定的价格或收费标准。

第3213条　——2.不定条款

特许状可规定，价格或收费标准的改变可根据某些原料、商品或服务之价格发生的改变并按此等改变的比例自动进行。

如果确定新价格或收费标准的准据是某一变动公式适用的结果，则在发生争议时，法院应确定该不定条款之适用产生的新收费标准和价格。

第 3214 条 ——3. 修改条款

合同可通过约定，如果经济情势发生了可观的改变，若未精确地设立修改价格和收费标准的准据，此等价格和收费标准可被修改，以此来限制自己的效力。

在此等情形，当发生合同中规定的条件时，当事人可就为合同采纳一个附加条款进行谈判。

在当事人不能达成一致时，法院可确定一个确保受让人得到公平报酬的收费标准。

第 3215 条 ——4. 执行上述条款的时间

除非另有规定，受让人可自投标之日起求诸不定条款和关于修改价格和收费标准的条款。

他不能因在合同为其履行义务规定的正常期限届满后发生的变动求诸这些条款，但行政当局已明示允许他延长此等期限的除外。

第 3216 条 （单方面修改合同）——1. 原则

在特许有效期内，给予特许的行政当局可对受让人课加所有它们认为适合于被特许之事业的适当运作或改善的义务。

它们可对受让人课加修改特许状或说明书中规定的该事业之组织结构的义务。

任何相反的约定无效。

第 3217 条 ——2. 可以修改的条款

只有关于该事业及其运作的条款可以修改。

行政当局尤其可增加或减少受让人经营的该事业的范围，或对他课加增设该事业之分号的义务。

第 3218 条 ——3. 修改的限度

行政当局就该事业的组织结构课加的修改义务不能实际上改变该合同的性质或标的。

它们尤其不能以一个国家控制的经营体取代特许。

它们也不能命令受让人经营一个不同于已被许可的事业的事业，或者经营一个实际上的新事业或明显超出受让人之能力的事业。

第 3219 条 ——4.不能修改的条款

行政当局不能单方面修改该特许确保受让人得到的经济利益。

它们尤其不能对专门授予受让人的任何特权造成损害。

但它们可单方面地对受让人课加修改收费标准的义务，但它们应向受让人赔偿此等修改可能给他造成的损失。

第 3220 条 ——5.应付给受让人的赔偿

行政当局行使其单方面的修改权时，受让人有权要求赔偿他因这种修改遭受的损失。

应付给他的赔偿应等于行政当局对他课加的负担的增加部分。

第 3221 条 （与用户的关系）——1.确定收费标准

如果允许受让人在特许状规定的最高额收费标准的限度内向用户收费，则受让人可在这个最高限度内自由确定收费标准。

第 3222 条 ——2.收费标准的修改

如果行政当局规定的条件或收费标准被修改，则新条件或收费标准应立即适用于受让人与用户之间仍然有效的合同，但不具有溯及力。

第 3223 条 ——3.特许状的约束力

受让人不能通过与一个用户缔结一项特别协议排除特许状或说明书规定的该事业的普遍规则。

第 3224 条 ——4.用户平等

行政当局和受让人都不能采取措施在用户间进行歧视并破坏用户的平等待遇。

公共事业的收费标准不能包含对不同类型用户的区别对待，但此等区别涉及用户在与该事业的关系中的不同状况的，不在此限。

工商性的公共事业，即使法律规定它们应根据私法的规则经营，亦应遵守该原则。

第 3225 条 ——5.用户与受让人的关系

受让人在执行特许条件或收费标准时犯的错误或不当行为，其损害应受填补。

用户请求受让人返还不当收取的款项的诉讼，应在该不当支付发生之日起的 1 年内提起。

受让人要求补足价金的诉讼，应在该错误清偿发生之日起的 1 年内提起。

第 3226 条 ——6.行政当局不代表用户

行政当局不能因为受让人不遵守特许的条款给该事业的用户造成了损失，就要求受让人赔偿。

第 3227 条　（特许的持续时间）

特许的存续时间由合同确定之。

此等期限不得超过 60 年。

除非另有明示规定，特许被视为以 7 年为期。

第 3228 条　（特许的延期）

除非另有明示规定，如果一方当事人未在合同规定的特许终止日的 2 年前向他方当事人表示其终止特许的意思，则特许通过默示的更新延期。

在此等情形，特许将被延期 7 年或延长至当事人原先确定的较短的期限。

第 3229 条　（特许的歇业）——1. 原则

公共事业之特许的终止，由歇业和受让人与行政当局清账组成。

歇业应根据说明书的规定进行。

在无此等规定时，应根据如下条款之规定进行。

第 3230 条　——2. 受让人的义务

受让人应向行政当局提供为便利收回特许和继续经营特许所必要的所有资料。

他应向行政当局交付处于良好状态的、应无偿返还给行政当局或此等当局有权通过赔偿收回的该特许企业的所有工程和原料。

第 3231 条　——3. 应返还的财产

行政当局可收回特许企业包括的不动产而不支付赔偿。

对于说明书中明确规定无赔偿地返还给行政当局的动产，行政当局应以不作赔偿的方式收回之。

第 3232 条　——4. 可收回的财产

行政当局可收回用于经营特许企业的任何其他财产，同时作出赔偿。

行政当局无义务收回用于经营特许企业的财产，但说明书课加它们此等义务的除外。

第 3233 条　——5. 赔偿额

在发生争议时，第 3232 条规定的赔偿额由当事人指定的仲裁员确定，在他们不能确定时，由法院确定之。

如果受让人或行政当局证实了财产花费的价格，应依该价格确定赔偿，在适当时，要从中扣除由于减等或者磨损造成的贬值。

如果为该财产花费的价金不能证实，应考虑这些财产在被收回时的价值确定赔偿。

第 3234 条　——6. 合同

受让人应告知行政当局所有正在履行并涉及特许的合同。

行政当局应在所有这些合同中取代受让人，但它们在被告知某项合同存在的 1 个月内，它们告知了受让人和与缔结合同的当事人废止该合同的意思的除外。

除非合同另有明示规定，受让人不因此等废止对其合同相对人承担责任。

第 3235 条　——7. 担保

行政当局与受让人清账后，应向受让人返还其提供的担保，并免除其提供的保证。

第 3236 条　（特许的赎回）——1. 原则

特许的赎回是即使受让人无任何过错，行政当局在特许期限届满前终止特许的决定。

行政当局为了废除或重组公共事业，可随时赎回特许。

它们不能为了让另一受让人取代原受让人而作赎回。

第 3237 条　——2. 效力

被赎回的特许应根据前数条的规定歇业。

受让人就赎回给他造成的所有损失受赔偿，尤其就因向行政当局移交他尚未有时间转让的财产给他造成的损失受赔偿。

要考虑他本可以合理预期的利润和他因赎回被剥夺的利润授予他公平的赔偿。

第 3238 条　（受让人失权）——1. 作出失权命令的情形

当受让人犯有特别严重的过错时，可命令其失权。

失权命令只可由法院为之，但特许状中明确的相反规定授予此等权利给行政当局的除外。

第 3239 条　——2. 效力

失权的结果是合同最终被撤销。

失权的受让人应承担为确保公共事业之延续的目的所为之交易的负担性后果。

第 3240 条　——3. 失权的受让人的权利

其特许应以投标分配之，其风险由已失权之受让人承担。

已失权的受让人可从新受让人取得以分配确定的价金，该款项将取代他对该特许的全部权利。

第 3241 条　（接管）——1. 条件

在因受让人违约、不胜任或无能力致使公共事业全部或部分中断时，可命令接管。

受让人无过错时，如果看来他不能经营该事业，也可命令接管。

第 3242 条　——2. 效力

接管暂时剥夺受让人依特许拥有的权利之行使。

在接管作为对受让人有过错的违约的制裁被命令时，该事业将由行政当局或其指定的管理人经营，其费用和风险由受让人承担。

其他情形，接管的费用由行政当局承担。

第 3243 条　（法院的权力）

法院可取消行政当局对公共事业的受让人采取的强制性制裁或解除之，如接管、国家控制、失权或终止的措施。

它可命令行政当局赔偿因其违法采取的制裁给受让人造成的损害。

第 3 章　公共工程合同

第 3244 条　（定义）

公共工程合同是一个人（承包商）为支持一个行政当局而约束自己建造、保养或修理某一公共工程以换取价金的合同。

如果合同只以为执行某公共工程供应材料为标的，而供应商自己不参加该工程的执行，则该合同不是公共工程合同而是供应合同。

第 3245 条　（工业生产合同）

本章关于公共工程合同的规定，适用于行政当局缔结的工业生产合同。

工业生产合同是因其制造的复杂性和专门性，与被指明为行政当局的需要的供应有关的合同。

第 1 节　合同的成立

第 3246 条　（竞争）——1. 原则

行政当局可使熟练人员或专门企业竞争制定工程方案。

第 3247 条　——2. 条件的确定

行政当局可自由确定竞争者寄送其方案的时间、这些方案应遵守的形式和实质条件及所有其他的竞争条件。

行政当局在它们认为合适时，还可决定对竞争进行评判和排序的人及其方式。

它们可自由选择它们准许参加竞争的人，而不必说明其选择的理由。

第 3248 条 ——3.行政当局自受约束

行政当局有义务严格遵守它们自定的竞争规则。

第 3249 条 ——4.缔结合同

在竞争后，它们可自由地将合同分配给它们认为合适的人，但它们已明示允诺选择排名第一的竞争者的除外。

第 2 节 合同的正常履行

第 1 目 工程的指挥

第 3250 条 （行政当局的权利）

行政当局可以监督工程的实施。

它们也可向承包商规定实施该工程的方式。

在不与合同中的任何相反约定相冲突的前提下，行政当局的监督权和指挥权应受下列条款的规范。

第 3251 条 （监督权）

行政当局的代表们可随时进入工地，并要求承包商提供实现其控制所必要的资料。

承包商应遵守行政当局制定的条例，以确保工地内良好的秩序和安全。

任何相反的约定无效。

第 3252 条 （工程指挥）

行政当局可以征用命令的方式调整工程的进展，并规定承包商实施此等工程的方式。

承包商应遵守行政当局在执行说明书的过程中交给他的图纸和模型。

第 3253 条 （工程进度）

除非合同另有规定，行政当局可以一次性确定工程的总期限和每个部分的履行期限，或仅确定每个部分的特别期限。

当合同只确定了完成全部工程的总期限时，行政当局可以规定工程开始的时间。

它们可在合同规定的总期限内调整工程的先后顺序和进度。

第 3254 条 （期限的开始点）

期限得从通知合同之日起算。

如果规定承包商开始履行合同义务的时间取决于行政当局的决定或其物资活动，则期限得从有关活动完成时起算。

第 3255 条 （企业的人员和材料）

行政当局可在人力和物力资源的使用问题上作出决定。

它们可监督全体人员，并可要求更换或解雇雇员。

它们可控制所使用之材料的质量，并可拒绝使用它们。

第 3256 条 （缺陷工程）

在履行合同的过程中，行政当局可要求拆除和重建任何缺陷工程，其费用由承包商承担。

第 3257 条 （书面或口头命令）

承包商只需执行以书面形式向他发布的征用命令。

口头发布的命令对他不具有约束力，但它们是在执行说明书的范围内发布的，并且未导致对说明书的任何改变，或合同明示课加了承包商必须遵守口头命令之义务的除外。

第 3258 条 （承包商的上诉）

承包商不能对征用命令提出上诉，但他拒绝签署它或者他有保留地签署了它的除外。

第 3259 条 （承包商的获得赔偿权）

行政当局之控制权在合同规定范围内的正常行使，不导致任何赔偿请求权。

如果行政当局由于其过错通过提出不正当的要求或通过违反合同推迟合同的履行，给承包商造成了损害，承包商有权获得赔偿。

如果履行合同的正常条件恶化，则行政当局即使无任何过错或不曾滥用其权利，仍应向承包商赔偿其费用和他遭受的损害。

第 3260 条 （承包商的责任）

行政当局的控制不免除承包商的责任。

如果承包商仅执行了他有义务遵守的征用命令，则承包商不承担责任。

此等责任在承包商于行政当局的监督下可以保留的自主性的范围内由承

包商承担。

第2目　支付价金

第3261条　（承包商的报酬）——1.固定价金的合同

应付给承包商的报酬可以算总价的方式确定之。

第3262条　——2.规定系列价金的合同

合同可以限制于只分别规定适用于合同中包括的每种工作的不同价金，而不在其缔约时精确确定要履行的工作的范围。

第3263条　——3.根据说明书或计量单位确定价金的合同

合同可以一次性确定要履行的工作量和适用于每种工作的系列价金。

第3264条　——4.费用包干的合同

合同可规定，承包商得只可报销受到适当控制的主要费用，而且他可分享总增值填补其其他费用，并确保自己能获得边际利润。

第3265条　——5.价金为概数的合同

在情境作如此要求时，合同可限制于确定一个与履行合同中的基本劳务或技术阶段确定相应的临时价金。

在此等情形，应制定一项附加条款，以便在合同履行期限的1/3部分届满前确定最终的价金或确定决定此等价金的精确条件。

缔约方之间未达成协议时，该价金由行政当局在3个月内确定，承包商保有向法院上诉的权利。

第3266条　——6.补工

承包商可以因行政当局的征用命令被迫使从事合同中原未规定的劳务。

规定补工之价金的附加条款应在6个月内制定。

缔约方之间未达成协议时，该价金由行政当局在3个月内确定，承包商保有向法院上诉的权利。

第3267条　（支付价金的方式）

行政当局在任何说明书或合同中，可以规定以汇票或者按年分期付款方式付款，其他分期支付条款概不允许。

第3268条　（支付时间）

如果对已完成的工作的查明构成确定价金的前提条件，则此等查明应在合同规定期限内进行。

在此期限届满后的15天后未作查明的，如果可归因于行政当局，迟延利息的请求权自动产生。

第 3269 条　（按期次付款的收受权）

具有下列情形之一，承包商可要求相应期次的付款：

他已经在工地、工厂或车间存放了完全属于他所有的材料或供给，并打算用于履行合同；

他已对他为履行合同专门雇佣的劳工支付工资。

第 3270 条　（分期付款）

经承包商的请求并为了用作分期付款的依据，每月底应起草一份关于承包商实施的工程和支出的费用的临时统计。

除非合同另有规定，分期付款应每 3 个月支付一次。

各期次的数额应等于第 3269 条提到的材料或供给的价值或工资的价值。

第 3271 条　（行政当局预付的款项）

只有在指定了一个保证人或提供其他担保保证偿还预付款的至少一半以后，承包商才可收受行政当局提供的履行该合同的预付款。

预付款得依合同规定的速率，从其扣除尔后以分期付款或清账的方式应向承包商支付的款项的方式偿还。

第 3272 条　（决算）

决算是一种决定行政当局应付的金额，并从此以不可撤销的方式约束当事人的清账方式。

为了产生法律效力，决算需由承包商认可。

根据合同的规定，如果确定的期限已经过，或工程的特定部分已完成，决算可在完工前进行。

第 3273 条　（修改经批准的账目）

经当事人批准的账目不能修改，但修改是针对实质性错误、遗漏或虚假或重复登记的项目的除外。

第 1 款提到的遗漏或实质性错误，仅仅指其改正不要求对价金或合同条款作任何考量或讨论的。

第 3 目　接受工程

第 3274 条　（临时接受）——1. 性质

临时接受是在工程完工后立即对工程作出的共同查明。

在依保留条款作出有效取得占有的情况下，此等占有产生临时接受的效果。

第 3275 条 ——2. 效力

临时接受不免除承包商对在作出此等接受后出现的瑕疵的责任。

其意义等于默示接受承包商可能已在工程中作出的修改。

它是作出最终接受前的担保期的起点。

第 3276 条 ——3. 灭失或减等的风险

只要行政当局尚未临时接受工程，承包商应承担不可抗力导致的灭失或毁损。

一般条款和条件可以排除这项规则。

在此等情形，它们应确定承包商有权获得赔偿的数额以及其请求权的形式和期限。

第 3277 条 (担保期)——1. 性质

担保期是行政当局在最终接受工程前能控制工程的适当履行的期间。

其持续期限由合同规定。

第 3278 条 ——2. 效力

在担保期内，承包商应保养工程。

他得对工程的瑕疵承担责任，并应在收到行政当局以此为目的的征用命令时改正这些瑕疵。

第 3279 条 (最终接受)——1. 性质

最终接受是行政当局在查明承包商已全部履行其义务后明确取得该工程的行为。

此等接受应由双方当事人共同进行，并且应起草一份记录。

第 3280 条 ——2. 行政当局违约

当行政当局违约时，承包商可要求法院确认工程处于待接受状态。

此等情形，最终接受被视为在担保期限届满时已经发生，或在没有这个期限时，已在法院确定的期日发生。

第 3281 条 ——3. 效力

最终接受免除承包商保养该工程的义务。

承包商得有权获得价金余款的支付和作为保证金被保留的金额的返还，以及担保品的返还。

第 3282 条 (对建造缺陷的担保)

除非另有规定，承包商在从行政当局占有工程之日起的 10 年内对该工程的建造缺陷向行政当局承担责任。

但他对于在工程最终接受时已经明显的缺陷，不承担担保责任。

担保只适用于阻碍该工程为合同规定的目的之使用或使此等使用更困难或更少获利的缺陷。

第3节 解除合同

第3283条 （单方面修改合同）——1.行政当局的权利

在公共工程合同有效期间，无论是否有相反约定，行政当局都可单方面课加承包商改变到说明书中指出的合同原有条件的义务。

此等改变只能影响涉及公共工程之安排的规定。

它们不能影响合同的财政条件。

第3284条 ——2.新工程

行政当局可通过支付一笔额外的报酬，要求承包商实施合同中未规定的工程。

但它们不能要求他实施一项其标的完全不同于合同中规定的工程的工程，或与这个工程无关的工程。

它们也不能要求承包商按与合同中已规定的条件完全不同的条件实施一项工程。

第3285条 （承包商的权利）

除非合同另有规定，如果行政当局要求的工程的增加或减少的整体牵涉到合同中规定的成本的1/6以上的变动，承包商可取消合同。

在工程作为整体减少时，他有权获得赔偿，其数额等于他遭受的损失和他因变动合同被剥夺的利润。

如果有情况表明变动是由于外在情势而非订立合同的行政当局的违约，法院可限制以剥夺利润为原因的赔偿额。

第3286条 （不可预见的困难）——1.原则

如果承包商在履行其合同的过程中遇到具有绝对反常性质的、在缔结合同时不可预见的实质性的困难，他可要求修改合同。

在此等情形，与他缔约的行政当局应承担由于这些不可预见的困难发生的额外费用的一部分，但它们选择撤销合同的除外。

在此等情形，应适用本题关于不可预见的事件之情形的规定（第3183条至第3189条）。

第 3287 条　——2. 征询行政当局意见的义务

如果此等困难迫使承包商进行一项合同中规定的补充性工作，则只有在从行政当局获得了责成他进行此等工作的征用命令后，他才能开始该工作。

但如果该工作是为合同的履行所绝对必需并且具有紧迫性，则即使没有征用命令，承包商也可以并且应该进行该工作。

在此等情形，他有权根据本法典关于自愿管理他人事务的规定（第 2257 条至第 2265 条）获得赔偿。

第 4 节　不履行合同

第 3288 条　（置于国家控制之下）——1. 条件

在承包商不履行其义务的情况下，可宣告公共工程合同变成由国家控制。

无论是否有相反的约定，行政当局可在催告承包商履行其义务后的不少于 10 天后宣告工程置于国家控制之下。

如果企业允许部分控制，则置于国家控制之下的宣告可只涉及工程之一部。

第 3289 条　——2. 效力

在工程被置于国家控制之下时，承包商暂时被剥夺其合同。

国家控制的实行，由承包商承担其费用和风险。

第 3290 条　——3. 停止

如果承包商能证明他有必要的手段恢复工程并将它们进行到完工，则他可以免受国家控制。

第 3291 条　（重新分配）

如果合同明确预见到了这种可能，则已被取消的公共工程合同可由行政当局以拍卖的方式重新分配，或者由它们以协议委托给一个新的承包商。

此等情形，被剥夺占有的承包商应承担该交易和新合同对行政当局引起的后果。

第 3292 条　（法院的权力）

法院不能取消行政当局对公共工程合同的他方当事人适用的强制性制裁或解除合同决定。

对此等合同，它只能调查采取这些制裁的各种情形是否具有导致他方当事人获得赔偿请求权的性质。

第 5 节　为合同提供担保或让与合同

第 3293 条　（为合同提供担保）

公共合同可由承包商或经行政当局批准的分包人提供担保。

第 3294 条　（让与合同）

在正常让与合同的情形，受让人是唯一有权收受价金的人。

第 3295 条　（分包人的权利）

经行政当局明确批准的分包人，经合同的持有人同意，并在合同已特别指明由他实施的工程的性质和价值的情况下，可就他实施的工程直接从行政当局收受偿付。

确认该分包人实施的工程的记录应得到合同的持有人的接受。

如果合同持有人已为该合同提供担保，则不能对分包人直接偿付。

第 3296 条　（禁止预付款项）

在任何情况下，分包人不能收受预付款。

第 4 章　供应合同

第 3297 条　（合同的履行）

供应商对履行合同的方式有提议权和选择权。

他可向他认为合适的人申请购买为履行其义务所需的材料和商品。

第 3298 条　（风险）

在行政当局接受物品前，供应商应承担该物因不可抗力意外发生的风险。

行政当局在供应物寄托在它们的仓库之日至作出接受或拒绝它们的最终决定之日的期间，受保管人责任的约束。

第 3299 条　（接受商品）

接受商品应以合同规定的方式，在合同规定的时间进行。

第 3300 条　（推迟接受）

在供应物有缺陷时，行政当局可以推迟接受。

在此等情形，它们应通知供应商对供应物的缺陷进行补救的期限。

第 3301 条　（拒绝商品）

行政当局应拒绝与合同不符的供应物，只要其存在的缺陷使这些供应物对行政当局不具有效用，并且供应商不能或拒绝在规定的时间内补救此等缺陷。

第 3302 条 （检验商品的费用）

在供应商的企业内进行的检验活动的费用由供应商承担，其他检验活动的费用由行政当局承担。

供应商可以出席检验。

他应被通知为检验活动选定的时间，并被允许发表意见。

第 3303 条 （供应商的责任）

行政当局实施的监督不影响供应商承担的责任。

此等责任并不限制行政当局拒绝在接受时发现有缺陷的供应物的权利，或要求在担保期间修理发现有缺陷的部件的权利。

第 3304 条 （因违约的履行）

在供应合同之情形，如果供应商未执行紧急交付或合同已被取消，则可命令进行因违约的履行。

行政当局可以违约的供应商的名义从另一供应商购买供应物，或自己生产它们。

行政当局对违约供应商的损害赔偿请求权，不受任何影响。

第 3305 条 （法院的权力）

法院不能取消行政当局对供应合同的他方当事人采取的强制性制裁或解除合同行为。

对于这类合同，它只能调查采取这些制裁的各种情形是否具有导致他方当事人获得赔偿请求权的性质。

第 3306 条的规定不受任何影响。

第 3306 条 （先诉诸行政当局的原则）

在发生争议的情形，在合同课加了供应商此等诉前程序的措施的范围内，供应商应先向行政当局提出其请求权。

在向行政当局提出这种债务请求前诉诸司法机关的，应驳回。

如果合同规定了向行政当局提出请求权的期限，而供应商未能在适当期限内提出这种请求，则禁止再行提出该请求，其对司法机关的诉求将被驳回。

第20题　和解与提交仲裁

第1章　和　　解

第1节　和解的一般规定

第3307条　（定义）

和解是当事人通过相互让步，以结束现有的争议或防止将来产生的争议的合同。

第3308条　（关于形式的要求）

和解可以为设立、变更或消灭法定义务而作出。

法律对无偿地设立、变更或消灭这些义务要求的形式，应遵守。

第3309条　（解释）——1.原则

导致放弃权利的和解条款，应以严格的方式作出解释。

第3310条　——2.适用

一方当事人放弃其全部权利、诉权和请求权，只在就这些权利、诉讼和请求权达成和解的方面导致其消灭。

如果某人已就他以自己权利形式占有的某项权利达成和解，尔后又通过另一人取得了类似权利，则对新取得的权利，在任何情况下他不受先前和解的约束。

第3311条　（相对效力）

有利害关系的一方当事人达成的和解不约束他方有利害关系的当事人，并且不能用以对抗他们。

第3312条　（关于法的错误）

和解在当事人之间具有既判力，不得上诉。

它不能因一方或双方当事人对他们据之达成和解的法发生错误而被置于争议。

第3313条　（根本错误）——1.无效或虚假文件

为履行和解而订立的契据无效时，和解可因错误被宣告无效。

如果一方或双方当事人的同意可归因于某个经证明是虚假的文件之存在，则和解也可被宣告无效。

在上述任何一种情形，如果在订立合同时，当事人考虑到了契据无效或文件虚假的可能，和解仍得有效。

第 3314 条 ——2.不知道的判决

如果一方或双方当事人不知道某个具有既判力的判决已解决了和解意图解决的争议，和解可被宣告无效。

如果对一方或双方当事人不知道的判决提出了上诉，和解仍得有效。

第 3315 条 ——3.以一揽子解决方式达成的和解

如果当事人已就他们可能共同拥有的全部事项达成了一揽子解决，则和解不能因尔后发现了一方或双方当事人在订立合同时不知道的文件而被宣告无效。

但在此等情形，如果一方当事人在订立合同时故意扣留相关文件的，则可以宣告和解无效。

第 3316 条 （非法标的）

如果和解以标的违反法律或公共道德的合同为对象，无效。

第 3317 条 （当事人应承担的担保责任）

对于一方当事人在和解中放弃的权利，和解具有宣告效力。

当事人应遵守法律就被放弃的权利的转让规定的条件和形式。

和解当事人不必相互给予关于这些权利的任何担保，但关于他们的个人行为的担保以及可能已明确规定的其他担保，不在此限。

第 2 节 调 解

第 3318 条 （指定调解人）

当事人可以把将他们召集在一起，并在可能时，在他们之间议定一个解决办法的任务委托给第三人。

经当事人请求，机构或第三人都可指定调解人。

被指定为调解人者可自由决定接受或拒绝对他的指定。

第 3319 条 （当事人的义务）

当事人应向调解人提供为其履行职责所必要的所有资料。

他们应避免作出任何会使调解人的任务变得更困难或不可能的行为。

第 3320 条 （调解人的义务）

调解人在表明其调解方案前，应给予当事人充分陈述其主张的机会。

他应起草和解协议的条款，或在不能达成任何和解时，应起草一份调解不成的备忘录。

他应将这些文件知会当事人。

第 3321 条 （时间限制）

调解人应在合同规定的期限内履行其义务，在无此等期限时，他应在从被指定之日起的 6 个月内履行其义务。

在此期间内，当事人可实施为保存其权利所必要的行为。

在该期限届满前，他们不能将其争议提交法院，但调解人已经起草一份调解不成备忘录的除外。

第 3322 条 （调解人的权力）

调解人的权力应以严格的方式解释。

调解人起草的和解条款除非已被当事人以书面形式明示作出确认，当事人不受其约束。

第 3323 条 （调解人的费用和报酬）

调解人应被偿还他在履行其职责过程中发生的任何合理费用。

除非另有明确约定，他无权获得报酬。

第 3324 条 （关于和解的规则之准用）

本章第 1 节的规定还应适用于通过调解达成的和解。

第 2 章 提交仲裁

第 3325 条 （定义）

提交仲裁是争议的当事人委托给第三人（仲裁员）解决争议，后者同意根据法律的原则解决此等争议的合同。

可以指示仲裁员只确认事实的争点，而不对由此产生的法律后果为决定。

第 3326 条 （能力和形式）——1. 原则

将关于某项权利的争议提交仲裁者，应具有无偿处分该权利之能力。

提交仲裁合同应以法律为无偿处分权利行为规定的形式订立。

第 3327 条 ——2. 例外

在本法典明示规定仲裁的情况下，不适用第 3326 条的规定。

在此等情形，提交仲裁合同可以由保佐人以未成年人或禁治产人的名义订立。

它不被要求遵守任何特殊形式。

第 3328 条 （合同的标的和仲裁条款）

被提交仲裁的争议可以是现存的争议。

合同的当事人也可将该合同今后可能发生的争议提交仲裁。

关于未来争议的提交仲裁合同，除非它是关于从合同或从其他特定的法定义务产生的争议的，无效。

第 3329 条 （解释）

提交仲裁合同关于仲裁员的管辖权的规定应以严格的方式为解释。

第 3330 条 （管辖的范围）

提交仲裁合同可授权仲裁员对产生于该合同本身之解释的问题作决定。

它可特别授权仲裁员对与他自己的管辖权有关的争议作决定。

在任何情况下，仲裁员不能被要求就提交仲裁合同是否有效作决定。

第 3331 条 （指定仲裁员）——1. 由当事人指定

仲裁员可以在提交仲裁合同中得到指定，也可以在尔后指定。

提交仲裁合同可规定设一个仲裁员或数个仲裁员。

提交仲裁合同未规定仲裁员的人数或指定仲裁员的方式时，各当事人应指定一名仲裁员。

第 3332 条 ——2. 由仲裁员或法院指定

除非另有规定，如果有偶数的仲裁员，则他们应在承担其职责之前指定另一名仲裁员，后者当然成为仲裁庭的主席。

如果他们的人数是奇数，则仲裁员应在他们间指定仲裁庭主席。

仲裁人不能达成一致时，经一方当事人请求，第(1)款、第(2)款规定的指定可由法院为之。

第 3333 条 ——3. 指定程序

在必要时，求诸提交仲裁合同的当事人应说明他打算提交的争议并指定一名仲裁员。

应向他方当事人发出以此为内容的通知，并在适当时，向依提交仲裁合同被委托指定仲裁员的人发出此等通知。

第 3334 条 ——4. 时间限制

如果他方当事人或被要求指定仲裁员的人未在 30 日内作出指定，法院将指定仲裁员。

这一时间限制应从第3333条第(2)款规定的通知被送达至目的地之日起算。

提交仲裁合同可以规定对这些规则的修改。

第3335条 ——5.当事人平等

如果提交仲裁合同就仲裁员之指定置一方当事人于特权地位,该合同无效。

第3336条 (仲裁员违约)——1.替换

如果一名仲裁员拒绝对他的指定、死亡、失去行为能力或辞职,应根据前述条款的规定,按照就其指定规定的程序将其替换。

如果仲裁员被取消资格或被免职,法院可指定新仲裁员。

当事人间的协议可以修改本条的规定。

第3337条 ——2.提交仲裁合同失效

如果在提交仲裁合同中已指定该仲裁员,且当事人未就谁取代他达成一致,则该提交仲裁合同失效。

但如果在以后发生争议时,影响仲裁员履行其职责的障碍已消失,此等合同仍对这个后来发生的争议有效。

当事人间的协议可以修改本条的规定。

第3338条 (当事人死亡)

一方当事人的死亡不导致他指定的仲裁员停止职责,但当事人另有约定的除外。

第3339条 (仲裁员的职责)

任何人都可被指定为仲裁员。

必不得考虑仲裁员的国籍。

被指定为仲裁员者可自由决定接受或拒绝对他的指定。

第3340条 (仲裁员被取消资格)——1.理由

如果仲裁员未成年,或者他被法院宣判有罪,精神不健全,有病或失踪,或由于其他任何原因不能适当地或在合理期限内履行其职责,则他可被取消资格。

由当事人以协议指定的或由第三人指定的仲裁员,如果有能引起对其公正性或独立性之怀疑的任何情事,可以取消其资格。

仲裁庭主席可因相同理由被取消资格。

第3341条 ——2.妨诉抗辩

除非另有规定，当事人对于自己指定的仲裁员，只能为在这种指定后出现的理由或为他能证明他在作出此等指定后才知道的理由寻求取消其仲裁员资格。

第3342条 ——3.程序

取消仲裁员资格的申请由当事人在作出裁决前，并在他知道了取消资格的理由后立即向仲裁庭提出。

当事人可约定，应向另一个当局提出取消仲裁员资格的申请。

如果取消仲裁员资格的申请被驳回，可在10日内向法院起诉这个决定。

第3343条 （仲裁员的免职）

如果仲裁员在接受对他的指定后不适当地迟延履行其职责，经任何一方当事人申请，可以由当事人商定的当局，在无此等商定时，由法院免去该仲裁员的职务。

第3344条 （不履行合同的处罚）

如果提交仲裁合同的当事人将该合同涵盖的争议诉诸法院、拒绝履行为开始仲裁所要求的行为，或者主张他不受提交仲裁合同的约束，则他方当事人可自由决定要求履行该合同，或认定它对于所涉争议已失效。

提交仲裁合同的当事人为防止其权利消灭向法院提出请求的事实，不导致该合同失效。

第3345条 （准用《民事诉讼法典》）

仲裁庭应遵循的程序一如《民事诉讼法典》的规定。

上述规定应适用于从执行仲裁裁决或上诉仲裁裁决产生的问题。

第3346条 （仲裁法典）

本章使用的“提交仲裁”或“当事人的约定”的术语，包括了当事人可以准用的仲裁法典的规定。

第21题　关于被本法典废除的法律的规定

第1章　一般规定

第3347条 （废除）

除非另有明文规定，涉及本法典规定事项的所有先前有效的成文的或习惯上的规则，本法典将取代并废除之。

尤其是下列法律从此被废除：

1948 年 2 月 29 日关于时效的法律；

1923 年关于贷款的法律。

第 3348 条　（依被废除的立法取得的权利）

除非另有明文规定，即使本法典修改了有关法律情势可被创立的条件，在本法典生效前创立的法律情势仍然有效。

除非另有明文规定，本法典不影响在本法典生效前已从这些法律情势产生的结果。

第 3349 条　（未最终创立的法律情势）

除非另有明文规定，如果创立一种法律情势的条件可能或必须在不同时期出现，则本法典的规定只适用于在本法典生效时尚未最终成就的条件。

此等条件受本法典规定的创立法律情势的进一步要求调整。

第 3350 条　（修改期限的法律）

如果期限在本法典生效前已届满，则本法典的任何规定都不能使它们复活。

如果期限已被本法典延长，应适用本法典的规定，并且应扣除本法典生效前已经经过的期限。

如果期限已被本法典缩短，应适用被本法典废除的法律规定的期限，并且应扣除在本法典生效前已经经过的期限。

第 3351 条　（现有法律情势的效力）

除非另有明文规定，本法典关于非契约法律情势之效力的规定，应径直适用于在本法典生效前已创立的法律情势。

在本法典生效时存在的合同应由它们据以订立之法律规定调整，但在本法典规定的情况下和期限内，该合同因错误、诈欺、胁迫或有违良心无效的除外。

第 2 章　特殊规定

第 3352 条　（对能力的限制）

在本法典生效之前订立的关于能力的协议应受制于本法典第 195 条的规定。

第 3353 条　（对无行为能力人的保护）

在本法典生效前指定的监护人、保佐人、共同保佐人和助理保佐人，即使依本法典他们不符合指定条件，亦得被视为依本法典指定的。他们应履行本法典规定的职责。

第 3354 条　（继承）——1. 在本法典生效前开始的继承

在本法典生效前开始的继承，应根据被本法典废除的法律的规定继续之。

第 3355 条　——2. 在本法典生效前订立的遗嘱

在下列情形，在本法典生效前订立的遗嘱有效：

依被本法典废除的立法，它们有效；

它们符合本法典的要求。

第 3356 条　（出版合同）

作者不能在本法典生效后不到两年内终止在本法典生效前订立的出版合同。

第 3357 条　（劳务的计算期间）

在适用本法典的有关规定中，如果一雇员的权利取决于他为雇主或企业提供劳务的时间，则该雇员在本法典生效前为雇主或企业提供劳务的时间应被考虑在内。

第 22 题　临时条款

第 1 章　关于人与继承的规则

第 3358 条　（姓的采用）——1. 在本法典生效前出生的人

不要求在本法典生效前出生的人采用一个姓。

如果一个在本法典生效前出生的人希望采用一个姓，他应采用其父名为姓，但如果在本法典生效时有两代或两代以上的人活着，希望采用姓的人可以活着的年长的男性尊亲属的父名为姓。

已被否认亲子关系或不知其父亲为谁的人可以其母亲的父名为姓。

第 3359 条　——2. 在本法典生效后出生的人

在本法典生效后出生的所有儿童都应给予一个姓。

如果儿童在适用前数条的规定后仍没有姓，他应以其父名为姓。

已被否认亲子关系或者不知其父亲为谁的儿童，在其母亲有姓时以其母姓为姓，或以其母亲的父名为姓。

第 3360 条　——3. 效力

依前两条的规定采用的姓将是所有直系卑亲属的姓。

第 3361 条　（民事身份登记簿）

第 48 条至第 55 条、第 57 条至第 70 条、第 72 条至第 77 条、第 79 条至第 131 条和第 133 条至第 145 条，只有以在《法律公报》上公布的《命令》通知公众之日才开始生效。

第(1)款规定的各条生效前，出生、结婚和死亡的证明，应通过提交由本法典第 146 条第(1)款规定的人或内务部为此目的指定的其他人根据本法典第 146 条至第 153 条之规定起草的公证书为之。

即使有第(1)款的规定，本法典第 121 条至第 145 条的规定可径直适用于公证书，只需在细节上作必要的修改。

第 3362 条　（协会办公室）

在依本法典组建协会办公室之前，赋予该办公室的所有权力和义务由内务部行使。

第 2 章　关于财产与抵押的规则

第 3363 条　（不动产登记簿）

本法典关于不动产登记簿的第 10 题，只有在《法律公报》上公布的《命令》确定的日期才生效。

在此日期被确定前，本章的如下条款的规定应取代第 10 题的规定适用之。

第 3364 条　（所有权的转让或消灭）

有关为移转或消灭不动产所有权必须遵守一定的程式才可对抗第三人的习惯法规定，应适用之。

第 3365 条　（地役权和对所有权的限制）

有关为使地役权、出卖允诺、先买权或禁止扣押或让与的规定可以对抗第三人而应遵守程式的习惯法规则，应适用之。

第 3366 条　（卖方的义务）

不动产的卖方应告知买方对此等不动产所有权的全部限制，这些限制依本法典不能对抗第三人，但它们已在不动产登记簿上登记的除外。

卖方无义务告知买方存在可能以该不动产为对象的表见地役权。

就依本法典要求在不动产登记簿上登记的不动产进行交易的任何人，应履行本条课加给卖方的义务。

第3367条　（抵押）

为使抵押可对抗第三人而应遵守的习惯法规则，应适用之。

译 后 记

这本即将由厦门大学出版社出版的《埃塞俄比亚民法典》(以下简称埃民)建立在对先前译本全面修订的基础之上。10 多年前,在翻译和出版埃民时,我没有想到这个民法典的汉语译本会产生如此大的影响,也没有想到她还有修订再版的机会。

埃民的出版是我的导师徐国栋教授的民法典翻译、研究和编纂事业的一个组成部分。开始这项译事的时候,我还在徐师门下读研究生,译著出版的时候,我已经在罗马师从斯奇巴尼教授攻读博士学位。当时我强烈地感受到,只有徐师那样的胸襟和气概,才会决定翻译出版一个在我们看来属于绝对不发达国家的民法典。虽然徐师为此书专门撰写的序言《埃塞俄比亚民法典:两股改革热情碰撞的产物》对埃民的学术价值和参考意义,进行了热情洋溢的阐述(感谢徐师的慷慨允诺,在新版中仍然保留他的这一序言),我当时对这一法典在中国的命运还是不感到乐观。但事实证明,徐师的判断是对的。中国民法学界认识到这部民法典的特殊性,并且以积极的态度阅读、研究和借鉴其内容。在后来物权法、侵权责任法的立法过程中,埃民所提供的规范模式引发了民法学界高度关注。在具有官方色彩的物权法、侵权责任法的立法汇编资料中,列举参考条文时,多次提到埃民的规定。这一切让我这个译者感到相当自豪,感觉自己做了一件非常有意义的事情。我们的民事立法还在继续。根据权威民法学者的看法,我们应该制定单独的人格权法。我期待着埃民中丰富而且先进的关于人格权的规定,继续得到重视,继续发挥其影响。

不仅在立法中得到关注,民法学界也有不少学者对这部民法典褒扬有加。甚至有重要民法学者在给法官授课时,明确建议法官们购备一本在案头,遇到疑难法律问题时,随时查阅,汲取比较法意义上的灵感和思路。可以预见,埃民在中国民法学建立自己的解释论体系,解决具体法律问题的过程中,还能够继续发挥其作用。这也是本书修订再版的最主要的理由。

毫无疑问,埃民之所以具有这些特点,与其独特的背景存在密切联系。记得在最初出版此书的时候，我曾经向徐师提议，是否可以在封面加上“勒内·达维德著”的字样。后来考虑到这毕竟是一部得到正式颁布的民法典，而且作为大陆法系的传统，民法典一直是由少数几个学者，甚至有时就是一个人编纂的。别人那里都没有标明谁是作者，这里也就只能沿袭惯例了。但无论如何，落户于埃塞俄比亚的这部民法典，从学术脉络上看，其实内嵌在欧洲民法理论和制度传统中，是欧洲的比较法学家的手笔，是一部韦伯意义上的“理想型”的民法典。

在这里，我不准备在法社会学意义上去讨论这部民法典是否存在“水土不服”的问题。国情、语境之类的概念在当下中国，正在遭受严重的误用和滥用，成为某些特定的利益集团固步自封，拒绝进步和愚民的借口。虽然各国民法的具体制度构造可能不同，而且也应该丰富多彩，但我坚信，世界各国的民法应该存在一种具有普遍性的精神内涵。无论是非洲的埃塞俄比亚，还是亚洲的中国，要取得真正的进步和为国民提供幸福安宁的生活秩序，就必须对“理想型”的民法典保持不懈的追求。在这一方面，我们没有任何资格去嘲笑这个非洲国家对于法治现代化的追求。想一想吧，1960 年，他们正在认真地引入这部先进的民法典，而我们当年又在做什么呢？2013 年的今天，我们自己在理念上和具体的法律制度建设和实践上又取得了多少实质性进步呢？望着窗外厚重的雾霾以及近乎爆表的空气污染指数，我觉得我们的路还很长很长。

值得一提的是，我曾经在一个没有正式出版过的文章中提到，有人将埃民评价为“比较法学家的乐事，非洲人的恶梦”。徐师在序言中援用了这个说法。这些年来，我一直确信我的确从某篇文章中看到了这句话，也一直在回忆这句话的出处。在写这个译后记时，终于找到了原话的出处(石泰峰:《市场经济与法律发展》,《中外法学》1993 年第 5 期，第 23 页)。很遗憾的是，作者在文章中没有注明这句话的来源，因此我无法去进一步考证说出这句话的人的事实依据是什么。

希望有机会去处于非洲之巅的这个国家，问一问他们的国民，这部民法典究竟给他们带来了什么恶梦。抑或相反，他们的恶梦恰恰在于背离了当年对于法治现代化，对于通过民法典来奠定社会生活基本法律秩序的追求。我想，根据我们自己的经验，问题的答案不难猜到。

薛　军

2013 年 11 月 1 日于北京

图书在版编目(CIP)数据

埃塞俄比亚民法典 / 薛军译. —厦门:厦门大学出版社，2013.12
(外国民法典译丛)

ISBN 978-7-5615-4790-8

Ⅰ. ①埃… Ⅱ. ①薛… Ⅲ. ①民法—法典—埃塞俄比亚 Ⅳ. ①D942.13

中国版本图书馆 CIP 数据核字(2013)第 229779 号

厦门大学出版社出版发行
(地址:厦门市软件园二期望海路 39 号 邮编:361008)
http://www.xmupress.com
xmup @ xmupress.com
厦门市明亮彩印有限公司印刷
2013 年 12 月第 1 版 2013 年 12 月第 1 次印刷
开本:720×970 1/16 印张:32.5 插页:2
字数:549 千字 印数:1～1 200 册
定价:55.00 元